吕思勉

著

唐朝

大历史

北京联合出版公司
Beijing United Publishing Co.,Ltd.

图书在版编目（CIP）数据

　　唐朝大历史 / 吕思勉著 . —北京：北京联合出版公司，2012.1
（2025.8 重印）
　　ISBN 978-7-5502-0533-8

　　Ⅰ.①唐…　　Ⅱ.①吕…　　Ⅲ.①中国历史—唐代—通俗读物
Ⅳ.① K242.09

　　中国版本图书馆 CIP 数据核字 (2012) 第 015698 号

唐朝大历史

作　　者：吕思勉
出 品 人：赵红仕
责任编辑：史　媛
封面设计：王　鑫

北京联合出版公司出版
（北京市西城区德外大街83号楼9层 100088）
北京新华先锋出版科技有限公司发行
三河市中晟雅豪印务有限公司印刷　新华书店经销
字数411千字　787毫米×1092毫米　1/16　31印张
2012年5月第1版　2025年8月第9次印刷
ISBN 978-7-5502-0533-8
定价：69.00元

目　录

第三章 开元治，安史乱

第四章 大唐帝国自此衰

第一章

初唐兴，武功盛

第一节　高祖与太宗：开国定鼎父子兵

汉、唐并称中国盛世。贞观、永徽之治，论者以比汉之文、景，武功尤远过之；然非其时之君臣，实有过人之才智也。唐太宗不过中材。论其恭俭之德，及忧深思远之资，实尚不如宋文帝，更无论梁武帝；其武略亦不如梁武帝，更无论宋武帝、陈武帝矣。若高祖与高宗，则尤不足道。其能致三十余年之治平强盛；承季汉、魏、晋、南北朝久乱之后，宇内乍归统一，生民幸获休息；塞外亦无强部；皆时会为之，非尽由于人力也。

唐高祖以勋戚起，论其权略，实出李密之下，所以幸获成功者，据关中，得蓄力以待东方之敝，亦事势使然也。观其刑赏之倒错，即知其实无君人之德。萧铣志复先业，虽不免志大才疏，实不可谓之有罪，徒以见高祖时言稍戆直，遂斩于都市。王世充之罪。殊不可恕而舍之。窦建德实较磊落，反杀之。建德之死也，高祖征其故将范愿等，愿等相与谋曰："王世充以洛阳降，其下骁将、公卿单雄信之徒，皆被夷灭，我辈若至长安，必无保全之理，且夏王往日，擒获淮安王，全其性命，遣送还之，唐家今得夏王，即加杀害。我辈残命，若不起兵报仇。实亦耻见天下人物。"遂推刘黑闼为主而叛。此非愿、黑闼等之好乱，唐之措置，固有以自取之也。其用人尤为偏私。裴寂不徒无功，且有拒宋金刚之负，乃用为仆射，册为司空。异时太宗数之曰："武德之时，政刑纰缪，官方弛紊，职公之由。"高祖之政事可见矣。刘文静举义首谋，且有致突厥兵破屈突通之功。高墌之败，太宗亦身在行间，史称其卧疾委事于文静及司马殷开山，未必非讳饰之辞也。徒以与寂有隙，兄弟骈诛。此帝之昵于故旧也。封伦在隋世，依附杨素；虞世基尤非正人，且为宇文化及内史令；而帝以伦为左仆射，世基为中书令，可见其好用小人。宇文士及，化及之弟也，虽兄弟罪不相及，其人亦何足取？乃与虞世基同来，亦见亲待，则以其在隋朝，深自结托，且妹为昭仪故也。元吉之在并州，常共窦诞游猎，蹂践谷稼，放纵亲昵，公行攘夺。甚至当衢而射，观人避箭；夜开府门，宣淫他室。宇文歆频谏不纳，表言之，元吉坐免，乃讽父老诣阙请己，高祖又令复职。逮刘武周兵至，元吉弃军奔还，高祖不罪窦诞，反欲斩宇文歆，赖李纲力争得免。窦轨恣意虐杀，为益州行台左仆射，车骑、骠骑从者二十人，所斩略尽，高祖明知之，乃一下狱，旋复释之还镇。则以轨为太穆皇后从父兄子，诞则其从父兄孙，又尚高祖女襄阳公主故也。此帝之私于亲戚也。帝性好渔色。其起兵也，实由裴寂以晋阳宫人私侍之。即位之后，嫔妃擅宠，女谒盛行，遂致建成、太宗，争相交结，衅隙愈深，终酿玄武门之变。初篡位时，孙伏伽以万年县法曹上书谏诤，万年县，在今陕西长安县西。帝即擢为侍御史，此盖意在徼名。李纲在唐初，亦称鲠直，帝貌优礼之，一怒则骂之曰："卿为何潘仁长史，何乃羞为朕尚书？"何潘仁，隋末义帅。此可以用士君子乎？伏伽谏书曰："近者太常官司，于人间借妇女裙襦五百余具，以充散伎之服，云拟五月五日于玄武门游戏。"其时帝尚未受禅也，而其荒纵已如此。又尝以舞人安叱奴为散骑常侍，李纲谏不听。此与北齐后主何异？世无骤变之风习；唐室之纵侈，实未能大变五胡之旧，特在开国之初，其弊尚未大著耳。然武、韦、开元之纵侈，则有自来矣。

高祖二十二子。正室太穆皇后所生者四人：长建成，次世民，次元霸，次元吉。元霸早卒。建成、元吉，起兵时未尝与谋，时建成在河东，遣使密召之，乃与元吉间行赴太原。案此亦谓起兵之当时耳。至前此蓄谋叛隋，则二人亦必不能不与也。然亦尝身在行间，惟建成既为太子，难数特将，而元吉淫纵，自并州陷后，遂未尝专军耳。高祖起兵置三军，以建成领左，太宗领右，而中军隶于元吉；发太原，建成、太宗从，元吉留守；关中既定，以建成为左元帅，太宗为右元帅，同徇东都；高祖封唐王，建成立为世子，受禅为太子，自此惟武德二年，尝率师平司竹，安兴贵杀李轨，曾往原州应接而已。逮刘黑闼再入，建成乃自请往讨之。《传》云：其计出于中允珪，洗马魏徵，劝其因结山东英俊。盖天下大势，究在山东，太宗威望，亦以平窦建德、王世充而大增，故珪等丞劝建成，起而与之分功。其后王君廓、罗艺皆为党援，盖皆结之于是时也。元吉弃并州，《新书·传》云："高祖怒之，自是常令从秦王征讨，不复专军。"原州，今甘肃固原县。

太宗英姿，或非其兄弟所及，然其戡定之功特多，则亦事会为之也。太宗之平东都也，高祖以旧官不称殊功，特加号为天策上将，以为陕东大行台。此时太宗之势，实于建成为逼，而元吉之必与建成合谋，以倾太宗，亦势使然矣。《新书·元吉传》，谓其欲并图建成。使太宗而败，元吉诚未必不出此，然在当时，则固未暇及此也。《旧书·元吉传》言建成、元吉谋害太宗，太宗召府僚告之，皆曰："大王若不正断，社稷非唐所有，元吉很戾，终亦不事其兄。"此非后来归狱之辞，则当时测度之语耳。于是各交结朝士，曲事宫掖以相图。《旧书·建成传》言：封伦潜劝太宗图之，不许。伦反言于高祖曰："秦王恃有大勋，不服居太子之下。若不立之，愿早为之所。"又说建成作乱，此等暧昧之辞，诚难遽以为信。然伦传言伦潜持两端，卒后数年，太宗方知其事。贞观十七年，治书侍御史唐临追劾之，以此改谥。黜其赠官，则伦之首鼠，决非虚语，恐当时如此者，正不止伦一人也。《建成传》又云：太宗每总戎律，惟以抚接贤才为务，至于参请妃媛，素所不行，此亦讳饰之辞。《新书·建成传》云：高祖幸仁寿宫，太宗及元吉从。建成谓元吉曰："秦王且遍见诸妃。彼金宝多，有以赂遗之也。吾安得箕踞受祸。"久用兵者必多金宝，此语恐非虚诬。则太宗之曲事宫掖，或且过于建成矣。《旧书·建成传》又谓建成、元吉，外结小人，内连嬖幸，高祖所宠张婕好、尹德妃。皆与之淫乱。此则玄武门变作时，太宗之奏语耳，恐实诬蔑之辞也。见下。建成私召四方骁勇，并募长安恶少年二千余人，畜为宫甲，分屯左右长林门，东宫门。号为长林兵。又令左虞候率可达志募幽州突厥兵三百内宫中，将攻西宫。时太宗所居。或告于帝，帝召建成责之，乃流志巂州。今西康西昌县。武德七年六月，高祖幸仁智宫，在今陕西宜君县境。留建成居守。建成先令庆州总管杨文干募健儿送京师，庆州，今甘肃庆阳县。欲以为变。又遣使赍甲赐文干，令起兵相应接。使至豳州，后改为邠州，今陕西邠县。惧罪，驰告其事。高祖托以他事，手诏追建成诣行在所，置之幕中，令殿中监陈万福防御。文干遂反。高祖驰使召太宗曰："文干事连建成，恐应之者众，汝宜自行。还立汝为太子。吾不能效隋文帝诛杀骨肉，废建成，封作蜀王，地既僻小，易制，若不能事汝，亦易取耳。"太宗趣宁州，文干为其下所杀。太宗之行也，元吉及四妃。唐制，皇后而下，有贵妃、淑妃、德妃、贤妃，为夫人。更为建成内请，封伦又外为游说。高祖意改，复令建成还京居守，惟责以兄弟不能相容，归罪于中允王珪、左卫率韦挺，及天策兵曹杜淹等，并流之巂州。建成又与元吉谋行酖毒，《旧书·建成传》云：引太宗入宫夜宴，既而太宗心中暴痛，吐血数升。亦见《房玄龄传》，疑亦诬蔑之辞。太宗是时，安敢轻赴建成之宴？《元吉传》云：太宗尝从高祖幸其第，元吉伏其护军宇文宝于寝内，将以刺太宗，建成恐事不果而止之。亦莫须有之辞也。高祖乃谓太宗曰："观汝兄弟，是不和。同在京邑，必有忿竞。汝还行台，居于洛阳，自陕已东，悉宜主之。仍令汝建天子旌旗，如梁孝王故事。"将行，建成、元吉相与谋曰："秦王今往洛阳，既得土地、甲兵，必为后患。留在京师，制之一匹夫耳。"密令数人上封事曰："秦王左右，多是东人，闻往洛阳，非常欣跃。观其情状，自今一去，不作来意。"高祖遂停。案果如高祖之意，真所谓自树兵矣，可见其无远虑也。九年，突厥犯边，诏元吉率师拒之。元吉因兵集，将与建成刻期举事。《旧书·元吉传》云：建成乃荐元吉代太宗督军北讨，仍令秦府骁将秦叔宝、尉迟敬德、程知节、段志玄等并与同行。又追秦府帐，简阅骁勇，将夺太宗兵以益其府。又谮杜如晦、房玄龄，逐令归第。建成谓元吉曰："既得秦王精兵，统数万之众，吾与秦王至昆明池，于彼宴别，令壮士拉之于幕下，敬德等既入汝手，一时坑之，孰敢不服？"案此计太险，建成、元吉，敢遽行此与否，殊为可疑。然时称兵相攻之局已迫，务弱太宗之兵，则事实也。当时秦府兵力，盖视二人为劣，观二人死后，其兵攻玄武门，太宗兵拒战不利可知。事见《尉迟敬德》、《薛万彻》、《忠义·敬君弘》、《冯立》、《谢叔方》等传，此太宗所由以数人决死也。昆明池，在长安西南。六月三日，太宗密奏建成、元吉，淫乱后宫。因自陈曰："臣于兄弟无负，今欲杀臣，似为世充、建德报仇。臣今枉死，永违君亲，魂归地下，实亦耻见诸贼。"高祖省之愕然。报曰："明日当勘问，汝宜早参。"四日，太宗将左右九人至玄武门。九人之名，诸传颇有异同。《旧书·长孙无忌传》云：与尉迟敬德、侯君集、张公谨、刘师立、公孙武达、独孤彦云、杜君绰、郑仁泰、李孟尝等九人入玄武门讨建成、元吉，平之。是无忌在九人之外。《张公谨传》云：公谨与长孙无忌等九人伏于玄武门以俟变，则公谨在九人之外，无忌顾在其内矣。《刘师立传》云：师立与尉迟敬德、庞卿恽、李孟尝等九人同诛建成有功。庞卿恽之名，为《无忌传》所无。《秦叔宝传》云：六月四日，从诛建成、元吉；《程知节传》云：六月四日，从太宗讨建成、元吉；其名亦在前所列诸人外。《太宗本纪》云：率长孙无忌、尉迟敬德、房玄龄、杜如晦、宇文士及、高士廉、侯君集、程知节、秦叔宝、段志玄、屈突通、张士贵等于玄武门诛之，则并凡与谋者言之，非尽当时入伏者也。《士廉传》：时为雍州治中，率吏卒释系囚，授以兵甲，驰至芳林门，备与太宗合势，可见其不在玄武门内。要之此役，定谋者以长孙无忌之功为大，而房、杜次之；武将中当以尉迟敬德之功为大；故论功时，无忌、敬德，各为第一也。事皆见各本传。高祖已召裴寂、萧瑀、陈叔达、封伦、宇文士及、窦诞、颜师古等，欲令穷覆其事。建成、元吉行至临湖殿，觉变，即回马，将东归宫府。观此，知当时建成、元吉，实未亿入朝即有变故也。《新书·建成传》曰：秦王密奏建成等，张婕妤驰语建成，乃召元吉谋，曰："请勒宫甲，托疾不朝。"建成曰："善。"然不共入朝，事何由知？盖徒以为当廷辩其事耳。太宗随而呼之。元吉马上张弓，再三不彀。太宗乃射之，建成应弦而毙。元吉中流矢走，尉迟敬德杀之。《敬德传》云：建成既死，敬德领七十骑蹑踵继至，元吉走马东奔。左右射之，坠马。太宗所乘马又逸于林下，横被所绁，坠不能兴。元吉遽来夺弓。垂欲相扼，敬德跃马叱之。于是步走。敬德奔逐，射杀之。盖事出仓卒，建成未及斗，元吉则素骁勇，故虽坠马犹能步斗。太宗之勇力，盖非元吉之敌，元吉又非敬德之敌，故为所叱遂气慑而走也。《敬德传》又曰：敬德善避矟。每单骑入贼陈，贼矟攒刺，终不能伤。又能夺取贼矟还刺之。齐王元吉亦善马矟，闻而轻之，欲亲自试命去矟刃，以竿相刺。敬德曰："纵使加刃，终不能伤，请勿除之。"敬德矟谨当却刃。元吉竟不能中。太宗问曰："夺矟、避矟，何者难易？"对曰："夺矟难。"乃命敬德夺元吉矟。元吉执矟跃马，志在刺之，敬德俄顷三夺其矟。二人武艺之优劣可见。俄而东宫及齐府精兵二千人结陈驰攻玄武门。守门兵仗拒之不得入。接战，流矢及于内殿。太宗左右数百骑来赴难。建成等兵遂散。盖时称兵之局已成，东宫、齐府，兵力实较秦府为厚，太宗乃与左右数人，出不意冒险先发也。建成、元吉既死，高祖乃立太宗为太子。八月，遂传位焉。建成六子，长子承宗早卒，余五子及元吉五子皆见杀。

　　建成既死，而庐江王及罗艺之变作。庐江王瑗，高祖从父兄子。武德九年，累迁幽州大都督。《旧书·瑗传》云：朝廷以瑗懦蜫，非边将才，遣右领军将军王君廓助典兵事。瑗倚杖之，许结婚姻，以布心腹。时建成将有异图，外结于瑗。及建成诛，召瑗入朝。瑗惧，君廓素险薄，欲因事陷之，以为己功，说瑗反。瑗召北燕州刺史王诜，将与计事。兵曹参军王利涉说瑗委兵于诜而除君廓。君廓知之，驰斩诜。遂禽瑗，缢杀之。以功兼幽州都督。在职多纵逸。长史李玄道数以朝宪胁之。惧为所奏，殊不自安。后追入朝。行至渭南，隋县，今属陕西。杀驿吏而遁，将奔突厥，为野人所杀。《罗艺传》云：艺入朝，自以功高位重，无所降屈。太宗左右尝至其营，艺无故殴击之。高祖怒，以属吏，久乃释。时突厥屡为寇患，以本官领天节军将镇泾州。太宗即位，拜开府仪同三司。而艺惧不自安。诈言阅武，因追兵，矫称奉密诏勒兵入朝。至豳州，入据之。太宗命长孙无忌、尉迟敬德讨之。未至，艺为统军杨岌所攻，溃奔突厥。至宁州界，为左右所杀。君廓"群盗"，唐何由任之使辅庐江？庐江亦安得杖之？其为建成置以自辅明甚。若罗艺则本因建成来降，与太宗有隙，其背叛之由，更不待言而可见矣。王利涉说瑗复酉豪旧从窦建德者职，各于所在遣募本兵，河北之地，呼吸可定，然后分遣王诜，北连突厥，而王亲诣潼关，以入洛阳，是合窦建德、王世充为一人也。更加以如罗艺等起于肘腋之间，纵无所成，安知其不北走胡更为刘武周、高开道、梁师都？况于建成、元吉旧属，或有不可保者邪？故知当时之情势，实颇险恶也。

两晋、南北朝政治之坏，一由贵人之淫侈，一则胡俗之粗犷。唐高祖之怠荒，何异于晋武帝？使元吉而得志，亦何异于齐文宣哉？故知五代之敝风，至唐初而犹未殄也。幸其末年风气稍变，右文者渐多，而太宗即其人，故获致一时之治焉。太宗之为太子，断决庶务，即纵禁苑鹰犬，停诸官所进珍异；即位后，放掖庭宫女三千余人；贞观二年，又简出隋末宫人；颇能干父之蛊。御宇之初，亦能勤于听政，容受直言。王珪、魏徵，同事建成，帝并用为谏议。朝臣如虞世南、姚思廉、褚遂良、刘洎、马周、张玄素等，咸有才猷，亦颇著风节。虽外戚如高俭、长孙无忌亦然。俭字士廉，以字显。其妹适长孙晟，生子无忌，女即太宗文德皇后也。马周之见用，乃由其初客常何，何时为中郎将，太宗令百寮言得失，周为何陈便宜二十余事。太宗怪其能。何曰："此非臣所能，家客马周具草也。"太宗即日召之。未至间，遣使催促者数四。及见，与语，甚悦，令直门下省。明年，授监察御史。奉使称旨。以何举得其人，赐帛三千匹。张玄素为景州参军。景州，今河北景县。太宗闻其能。即位，召见，访以政道，善其对，擢为侍御使。其渴于求贤，破格任用，亦诚有不可及者。房玄龄、杜如晦并称贤相。如晦贞观三年，始与玄龄共掌朝政，四年即卒。玄龄则元年为中书令，至二十三年乃卒，其相业实与帝相终始。史称其"明达吏事，饰以文学，审定法令，意在宽平"，此正足救五代来之失；而其重视用兵，亦足救太宗之好大喜功；固无怪其能辅帝以致一时之治也。

太宗颇好文学，为天策上将时，即于宫城西起文学馆，以待四方之士，居其闲称学士者十八人。见新旧《书·褚亮传》。此事为论史者所艳称，采春华而忘秋实，实无裨于治道，然究异于武断之治耳。此盖其所以能用贤臣。然其人究系武夫，且家世渐染北俗，故骄暴之习，卒难尽免。待苏威之无礼。孔德绍事窦建德，尝草檄毁薄帝，建德败，执登氾水楼，帝责之。对曰："犬吠非其主。"帝怒曰："贼乃主邪？"命壮士摔殒楼下。此君人之道乎？抑寇贼之所为也。《旧书·刘洎传》言：帝善持论。每与公卿言及治道，必诘难往复。洎上书谏云："顷上书人有不称旨者，或面加穷诘，无不惭退。"其诐之态可见。循是而行，终必有如罗道琮以上书忤旨，配流岭表者矣。其用刑亦多过差。戴胄为大理少卿，号能守法。然尝以许之交州，已又中悔，斩卢祖尚于朝堂；又尝怒苑西守监，欲于朝堂斩之；此何异于隋文帝？而其俭德则远逊之矣。马周尝言："今京师及益州诸处，营造供奉器物并诸王妃主服饰，议者皆不以为俭。"充容徐惠上疏，极陈辽海、昆丘戍转，翠微、玉华营造之劳民。事在贞观末。辽海指伐高丽。昆丘指伐龟兹。时阿史那社尔伐龟兹，授昆丘道行军总管。翠微、玉华，皆宫名。翠微在骊山绝顶。玉华，在宜君县。又云："服玩纤靡，如变化于自然，织贡珍奇，若神仙之所制。"其服御之侈可知。帝尝作《帝范》以赐太子，曰："吾居位已来，不善多矣。锦绣珠玉，不绝于前；宫室台榭，屡有兴作；犬马鹰隼，无远不致；行游四方，供帐烦劳；此皆吾之深过，勿以为是而法之。"帝最好名，使非事不可掩，夫岂肯自言之？其为此言，盖又欲以博不自文之美名耳。然则史所称帝之俭德可知矣。德莫大于不自满盈。帝于封禅，虽未尝行，而实有是意，此即可见其骄盈。贞观六年，群臣请封泰山。太宗拒之，魏徵亦言其劳费。史称太宗深嘉徵言。然仍遣杜正伦行七十二帝坛迹。是年两河水潦，其事乃寝。十一年，群臣复劝封泰山。始议其礼。十五年四月，诏以来年二月，有事于泰山。车驾已至洛阳宫。六月，有星孛于太微，乃罢其事。二十一年正月，又诏以来年二月，有事于泰山。其时虽薛延陁败，漠北尽平，然正伐高丽丧师之后也。八月，河北大水，乃复停。论者每谓帝之荒怠，在于中年以后。然《旧书·戴胄传》言：贞观五年，将修复洛阳宫，胄上表极陈民生之憔悴。而《窦威传》谓其从兄子琎，为将作大匠，修葺洛阳，于宫中凿池起山，崇饰雕丽，太宗怒，遽令毁之。夫下之于上，不从其令而从其意，非帝先有侈靡之心，琎亦安敢为是？然则修复洛阳宫之举，不惟不以胄言而止，并未因之而稍从俭省也。其初年之节俭，又安在哉？刘洎以贞观十五年转治书侍御史，疏言："比来尚书诏敕稽停，文案壅滞，并为勋亲在位，品非其任。"勋亲用人，为唐室之大弊，而其原亦自帝开之。帝之所谓有道者，果何在乎？

《旧书·本纪》于贞观四年书云：是岁断死刑二十九人，几致刑措。东至于海，南至于岭，皆外户不闭，行旅不赍粮焉。《新书·食货志》曰：贞观初，户不及三百万，绢一匹，易米一斗。至四年，米斗四五钱；外户不闭者数月，马牛被野，人行数千里不赍粮；民物蕃息，四夷降附者百二十万人；是岁天下断狱，死罪者二十九人；号称太平。又《魏徵传》云：帝即位四年，岁断死二十九，几至刑措。米斗三钱。东薄海，南逾岭，户阖不闭，行旅不赍粮，取给于道。又《旧书·本纪》于贞观三年书云：是岁，户部奏言中国人自塞外来归，及突厥前后内附，开四夷为州县者，男女一百二十余万口。《新书》略同。《通鉴》贞观四年云：元年关中饥，米斗直绢一匹，二年天下蝗，三年大水。上勤而抚之，民虽东西就食，未尝嗟怨。是岁，天下大稔。流散者咸归乡里，米斗不过三四钱。终岁断死刑才二十九人。东至于海，南极五岭，皆外户不闭，行旅不赍粮，取给于道路焉。此其所本皆同，特辞有详略耳。此论史者所由称贞观之治，足以媲美汉文，而为三代下所希有者也。然戴胄之谏营洛阳宫也，曰："比见关中、河外，尽置军团，富室强丁，并从戎旅。重以九成作役，九成宫，即隋仁寿宫。唐于是年九月修之，改名。余丁向尽。……乱离甫尔，户口单弱，一人就役，举家便废。入军者督其戎仗，从役者责其糇粮，尽室经营，多不能济。"此四年之翼岁耳，与史所言四年之情形，相去何其远也？合《秦汉史》第四章第三节论汉文帝之语观之，书其可尽信乎？

第二节　太宗痛歼突厥

唐初大敌，自为突厥。其在突厥之北，而占地甚广者，则为铁勒。《旧书》述其部名云：薛延陀，契苾，回纥，都播，骨利干，多览葛，仆骨，拔野古，同罗，浑，思结，斛薛，奚结，阿跌，白霫，凡十五部。《新书》同。诸部之众，以回纥为最多。《新书》述其数为众十万，胜兵半之，此疑已是后来之事。余则胜兵多者，不过万人耳。骨利干胜兵五千，多览葛万，仆骨帐户三万，拔野古六万，兵皆万人。思结、奚结二部合兵凡二万，斛薛亦胜兵万人。然其部落既多，占地亦广，故突厥瓦解，遂与之代兴也。

始毕当隋末。《旧书》云控弦百余万。《新书》云且百万。盖由中国大乱，华人奔之者众，亦《旧书》语。又北方诸族，多臣服之故也。唐高祖初起，尝称臣以乞援焉。《旧书·李靖传》：太宗初闻靖破颉利，大悦。谓侍臣曰："朕闻主忧臣辱，主辱臣死。往者国家草创，太上皇以百姓之故，称臣于突厥，朕未尝不痛心疾首，志灭匈奴。坐不安席，食不甘味，今者暂动偏师，无往不捷，单于款塞，耻其雪乎？"《新书》此事见《突厥传》中。《通鉴》则系贞观三年十二月突利入朝时，案《旧书》单于款塞之语，盖即指突利入朝言之，《通鉴》是也。所以奉之者甚厚。然其患殊不戢。武德二年二月，始毕卒。子什钵苾幼，弟俟利弗设立，是为处罗可汗。《旧书·郑善果传》作比罗可汗。复妻隋义成公主。三年二月，迎隋萧后及齐王暕之子政道，置之定襄。是岁卒。子奥射设丑弱，义成公主废之。弟咄苾立，是为颉利可汗。启民第三子。亦妻义成，而以什钵苾为突利可汗。《新书》云：主契丹、靺鞨部，树牙南直幽州，东方之众皆属焉。七年八月，颉利、突利举国入寇。自原州连营而南。太宗亲率百骑驰诣虏陈说谕之。颉利乃请和而去。是役也，太宗纵反间于突利，突利归心焉。九年七月，颉利又自率十万余骑寇武功。唐县，今属陕西。太宗又驰六骑至渭水上与语。颉利又请和而退。盖颉利本无大略，徒利房掠，故虽强而易与也。《新书·突厥传》：是时或说高祖，谓虏数内寇者，以府库子女所在，我能去长安，则戎心止矣。帝使宇文士及按行樊、邓，将徙都焉，以太宗谏而止。帝会群臣问备边策。将作大匠于筠请五原、灵武置舟师于河扼其入。中书侍郎温彦博曰："魏为长堑遏匈奴，今可用。"帝乃使桑显和堑边大道。召江南船工，大发卒治战舰。始兼天下，罢十二军，至是复置之。可见虏患之亟矣。《旧书·郑元璹传》：突厥寇并州，元璹充使招慰。谓颉利曰："抄掠赀财，皆入将士，在于可汗，一无所得。不如早收兵马，遣使和好。国家必有重贵，币帛皆入可汗。免为勃劳，坐受利益。"此与宋富弼说契丹之辞同。北狄恒情，所利原祇在抄掠。此太宗所以能再却颉利之兵。新旧《书》于此两役，载太宗策敌之语，固多文饰之辞，然谓"啖以玉帛，顽虏骄恣，必自此始，将欲取之，必固与之"，则固当时情实也。唐灵武县，在今灵武县西北。郑元璹事，《旧书》附《郑善果传》。贞观元年，薛延陀、回纥、拔野古相率叛之，击走其欲谷设。欲谷设，颉利子。是时处罗可汗子阿史那社尔为拓设，与欲谷设分统回纥、仆骨、同罗等部。欲谷设既败，社尔击之，复为延陀所败。事见新旧《书·回纥》及《社尔传》。遣突利讨之，又败绩。颉利怒，拘之十余日。《突利传》云：因而挞焉。突利怨望，内欲背之。是岁大雪，羊马多冻死。突厥俗素质略。颉利得华士赵德言，才其人，委信之，稍专国。又委政诸胡，斥远宗族。兴师岁入边，下不堪苦。胡性冒沓，数翻复不信，号令无常。岁大饥，哀敛苛重，诸部愈贰。《旧书·张公谨传》：公谨策突厥可取之状曰："同罗、仆骨、回纥、延陀之类，并自立君长，将图反噬。"又曰："华人入北，其类实多。比闻自相啸聚，保据山险。师出塞垣，自然有应。"又曰："胡人反覆，大军一临，内必生变。"盖突厥部族，本不甚大，赖铁勒归附，又乘乱招致华人，并抚纳西胡，以成其大。然大矣而本不固，故一朝失政，即土崩瓦解也。二年，突利请击颉利。三年，又表请入朝。是岁，薛延陀自称可汗于漠北，遣使来贡方物。《延陀传》云：诸部共推为主，夷男不敢当，盖对中国之逊辞。乃以请和后复援梁师都为名，诏李靖等讨之。四年正月，靖夜袭定襄。颉利惊，徙牙碛口。胡酋康苏密等以隋萧后及杨政道来降。二月，颉利窜于铁山，胡三省曰：盖在阴山北？使入朝谢罪。太宗遣唐俭、安修仁持节安抚之。颉利稍自安。靖乘间袭击，大破之。颉利奔其小可汗苏尼失于灵州西北。苏尼失，启民可汗母弟。始毕以为沙钵罗设，牙直灵州西北。突利来奔，颉利乃立为小可汗。颉利擒，苏尼失亦举其众归国。其事《旧书》附《阿史那社尔传》，《新书》即在《突厥传》中。三月，为行军总管张宝相所禽。于是复定襄、恒安，斥境至大漠矣。

颉利之败也，其部落或走薛延陀，或走西域，而来降者尚甚众。据《旧书》。《新书》云十余万。案《旧书》载魏徵之言，谓今降者几至十万，则其数实不及十万。诏议处置之宜。当时议者，略分三派：朝士多欲俘之兖、豫，使习耕织，俾中国有加户，而塞北常空，一也。温彦博谓遣向兖、豫，有乖物性，欲准汉建武置降匈奴塞下，全其部落为捍蔽，二也。魏徵谓秦、汉发猛将以收河南，晋不用郭钦、江统之言，遂倾瀍、洛，欲遣还河北。颜师古、杜楚客、李伯药亦欲处之河北，多树首长，令不相臣，三也。据《新书·突厥传》，《旧书·窦威传》载窦静议，亦与师古等同。帝主彦博议，度朔方地，自幽州至灵州，置顺、化、祐、长四州，为都督府。又分颉利之地为六州。左置定襄，右置云中都督府，以统其部众。顺州是时隶营州都督府。贞观六年，侨治营州南之五柳戍。李尽忠叛后，侨治幽州城中，改隶幽州都督府。定襄都督府，侨治宁朔，云中侨治朔方境，皆见《新书·地理志》。五柳戍，在今热河朝阳县南。宁朔县，在今陕西榆林县界。其酋首至者，皆拜将军。中郎将等，布列朝廷，五品已上百余人。因而人居长安者数千家。《温彦博传》云且万家。盖欲藉是为羁质，亦彦博意也。以突利为顺州都督，令率其下就部。五年，徵入朝。道卒，子贺逻鹘嗣。十三年，帝幸九成宫，突利弟结社率以郎将宿卫，阴结种人谋反，欲劫贺逻鹘北还。不克而走，徵逻禽斩之。诏原贺逻骨投岭外。于是群臣更言处突厥中国非是。《温彦博传》云：与魏徵等争论数年不决，则当时颇重视此事。至此时则彦博已卒矣。乃立颉利族人思摩为乙弥泥孰俟利苾可汗，赐氏李，率所部建牙河北。思摩等惮薛延陀，不肯出塞。帝为赐延陀玺书，令居碛北，突厥居碛南，各守土境。十五年，思摩乃率众十余万，胜兵四万，马九万匹渡河。牙于故定襄城。思摩不能抚其众，至十七年，相率叛之，南渡河，请处胜、夏二州间，诏许之。思摩遂入朝，而其地为车鼻可汗所盗。处置突厥降众之议，新旧《书》皆是魏徵，然观开元时河曲六州降胡之事，则实以朝士移之兖、豫之策为得也。

隋大业中，西突厥处罗可汗始强大，铁勒诸部皆臣之。处罗征税无度，诸部皆怨，处罗诛其酋帅百余人。铁勒相率而叛，共推契苾哥楞为可汗，薛延陀乙失钵为小可汗。后西突厥射匮可汗强，二部复去可汗之号臣之。时则回纥、拔野古、阿跌、同罗、结骨、白霫在郁督军山者，东属始毕；乙失钵所部在金山者，西臣西突厥之统叶护。贞观二年，统叶护死，国乱，乙失钵之孙曰夷男，率其部落七万余家，附于东突厥。颉利政衰，夷男反，攻破之。颉利所部诸姓，多叛归夷男，共推为主。夷男不敢当。太宗方图颉利，贞观三年，遣使从间道拜为真珠毗伽可汗。夷男乃建牙于郁督军山下。回纥、拔野古、阿跌、同罗、仆骨、霫诸大部落皆属焉。颉利平，朔塞空虚，夷男率其部东返故国，建庭于都尉楗山北独逻河之南。胜兵二十万，使二子大度设、突利设分将之，号南北部，太宗以其强盛，恐为后患，十二年，拜其二子皆为小可汗，欲以分其势。思摩立，夷男甚不悦。十五年，太宗幸洛阳，将有事于泰山。夷男谓边境空虚，命大度设击思摩。诏李勣等分道经略。大度设走，勣追败之。夷男遣使谢罪。十七年，使其兄子突利设来请婚。见《旧书·本纪》。盖其子为突利设者既拜为小可汗，兄子继为突利设？太宗谋诸群臣。房玄龄重用兵，请许之。太宗从之。许以新兴公主下降。新兴公主，太宗女，后嫁长孙曦。因征夷男备亲迎之礼，仍发诏将幸灵州，与之会，夷男大悦，调敛所部，涉沙碛无水草，羊马多死，遂后期。太宗于是停幸灵州。后其聘来至，所耗将半，乃下诏绝其婚。《新书》云：或曰："既许之，信不可失。"帝曰："公等计非也。延陀谨事我者，新立，倚我以服众。我又妻之，名重而援坚，诸部将归之，戎狄野心，能自立则叛矣。今绝婚，诸姓闻之将争击，亡可待也。"《契苾何力传》以是为何力之谋。案太宗初欲以亲女妻延陀，其无意用兵可知。后忽变计绝婚，必有为之谋者。固非出自本心，亦未必遂出何力。《突厥传》及《何力传》之辞，皆伯宗攘善之类耳。史乘固多如是。时谏绝婚者为褚遂良，意亦惮用兵，与房玄龄同。延陀之亡，用力少而成功多，乃直天幸，非必庙算致胜。玄龄、遂良之谋，不能谓非老成持重也。十九年，夷男卒，子肆叶护拔灼当即大度设？《新书》云：夷男嫡子，统西方。袭杀其兄突利失可汗而自立。突利失当即突利设，盖时亦自立为可汗也。《新书》云：夷男庶子，统东方。是为颉利俱利设沙多弥可汗。发兵寇边。诏江夏王道宗等分屯以备之。道宗，高祖从父昆弟子。拔灼多杀父时贵臣，而任所亲昵，国人不安。其阿波设与唐使者遇于鞡鞨东鄙，小战不利，还怖国人曰："唐兵至矣。"众大扰，诸部遂溃。拔灼遁去，俄为回纥所杀。宗族殆尽。其余众尚五六万，窜于西域。又诸姓俟斤，递相攻击，各遣使归命。二十年，太宗遣道宗等分道并进。亲幸灵州，为之声援。于是回纥、拔野古、同罗、仆骨、多览葛、思结、阿跌、契苾、跌结、浑、斛薛皆降，北荒悉平。《旧书·本纪》。后延陀西遁之众，共推夷男兄子咄摩支为伊特勿失可汗，西归故地。去可汗之号，遣使奉表，请居郁督军山之北。诏兵部尚书崔敦礼及李勣慰安之。铁勒素服延陀，九姓渠帅，莫不危惧。突厥，回纥，皆有所谓九姓者。回纥九姓：曰药罗葛，曰胡咄葛，曰咄罗勿，曰貊歌悉纥，曰阿勿嘀，曰葛萨，曰斛嗢素，曰药勿葛，曰奚耶勿，药罗葛即可汗姓，新旧《书》本传皆同。突厥九姓，史无明文。《旧传》言开元三年，默啜与九姓首领阿布思等战，九姓大溃，阿布思率众来降。明年，默啜又北讨九姓拔曳固，负胜轻归，为其逆卒所杀。《新书》略同，惟无阿布思之名，而云思结等部来降。又《旧书·张说传》：王晙诛阿布思等，并州九姓同罗、拔曳固等部落皆怀震惧，说率轻骑诣其部落，宿于帐下，召酋帅慰抚。九姓感义，其心乃安。则思结、拔曳固、同罗，似皆九姓之一。西突厥属部，有左五咄陆，右五弩失毕，是称十姓，见第六节，《旧书》本传言室点密统十大首领往平西域，盖即此十部。此十部于西突厥最亲，然亦异部归附者，西突厥本部，则自在其外，故《新书·陈子昂传》：子昂于武后时上书，言国家能制十姓者，由九姓强大，臣服中国也。然则西突厥本部，亦为九姓矣。窃疑突厥传说，谓阿史那兄弟凡有十人，九姓即其九兄之后也。朝议恐为碛北之患，复令勣进讨。咄摩支因诏使在回纥者萧嗣业以请降。嗣业与俱至京师。铁勒仍持两端。勣纵兵追击。二十二年，诸部以延陀散亡殆尽，乃相继归国。于是以回纥、仆骨、多览葛、拔野古、同罗、思结置都督府六，浑、斛薛、奚结、阿跌、契苾、思结别部。白霫置州七，《旧书·薛延陀传》。《回纥传》奚结作跌结，思结别部作阿布思。于故单于台置燕然都护府以统之，单于台，在今内蒙古境内。以李素立为都护。素立见《良吏传》。时又于其西北结骨、北骨利干、东北俱罗勃置府州。结骨者，古坚昆。亦曰居勿，曰纥骨，曰纥扢斯，曰黠戛斯，曰戛戛斯，皆一音之异译也。地在伊吾西，焉耆北，白山旁。其人皆长大、赤发、皙面、绿瞳。盖高加索种？然又云：其地为匈奴西鄙。匈奴封汉降将李陵为右贤王。俗以黑发为不祥。黑瞳者，必曰陵苗裔也。则似颇杂有汉种。结骨于景龙中献方物，中宗引使者劳之曰："而国与我同宗，非他蕃比。"太和中破回鹘，得大和公主，自以李陵后，与唐同宗，使奉以来归。其文字、语言，与回纥同，盖回纥久居西方，为所化也。铁勒诸部之降，请于回纥、突厥部治大涂，号参天至尊道。中国亦诏碛南鹏鹈泉之阳置过邮六十八所，具群马、湩、肉，以待使客焉。《新书·回纥传》。《旧书·本纪》，事在贞观二十一年。六十八作六十六。案《旧书·本纪》。贞观四年，颉利之平，西北诸蕃，咸请上尊号为天可汗。于是降玺书册命其君长，则兼称之。二十年，铁勒诸部使至灵州，咸请至尊为可汗。《新书》所谓天至尊，盖与天可汗实一语也。《新书·地理志》载贾耽入四夷路，中受降城，正北如东八十里，有呼延谷，又五百里，至鹏鹈泉，又十里入碛。唐三受降城，中在朔州，今内蒙古五原县境。东在胜州，今托克托县境。西在灵州，今临河县境。永徽元年，延陁首领先逃逸者请归国，高宗更为置溪弹州以安之。

车鼻，亦阿史那族，而突利部人，名斛勃。世为小可汗。牙于金山之北。颉利之败，北荒诸部，将推为大可汗，车鼻不敢当，率所部归延陁。为人勇烈，有谋略，颇为众所附。延陁恶而将诛之。车鼻知其谋，窜归旧所。自称乙注车鼻可汗。西歌罗禄，北结骨，皆附隶之。延陁破，请入朝。太宗遣征之，竟不至。贞观二十三年，遣高侃潜引回纥、仆骨等兵袭之。永徽元年，获之，处其余众于郁督军山，置狼山都督府以统之。车鼻长子羯漫陁，先统拔悉密部，在北廷附近。车鼻未败前，遣子入朝，太宗嘉之，置新黎州以统其众。据《新书·地理志》。事在贞观二十三年。歌罗禄，亦曰葛逻禄，在北廷西北，金山之西，跨仆固振水，包多怛岭。有三族，亦于此时内属。车鼻既破，突厥尽为封疆之臣。于是分置单于、瀚海二都护府，分领诸羁縻都督府、州。龙朔三年，改燕然都护府曰瀚海，以领回纥。瀚海都护府曰云中，徙治古云中城。碛以北蕃州，悉隶瀚海，南隶云中。云中言愿以诸王为可汗遥统之。帝曰："今可汗，古单于也。"麟德元年，改云中为单于大都护府，以殷王旭轮为大都护。总章二年，又改瀚海曰安北焉。兼据《旧书·本纪》、《新书·突厥传》。《通鉴》胡三省《注》引宋白曰：振武军，旧为单于都护府，即汉定襄郡之盛乐县也。案今为内蒙古之和林格尔县。殷王，即睿宗。

第三节　在东北的统治

东北诸族，最近者为奚、契丹。隋、唐时，入中国者颇多。唐初尝置饶乐都督府。武德五年，析置鲜、崇二州。又有顺化州，未详设置年月。此奚部族也。武德初，契丹酋长孙敖曹内附，以其地置归诚州。二年，以内稽部置辽州。贞观元年，改为威州。其明年，以松漠部置昌州。三年，以契丹、室韦置师州。十年，以乙失革部置带州。此契丹部族也。皆在营州界内。太宗伐高丽，悉发奚、契丹酋长从军。还过营州，又召契丹酋长窟哥及老人，差赐缯采。当时奚或亦见召，而史失其纪。契丹大酋曲据来归，即其地为玄州。二十二年，窟哥及奚酋可度者等咸请内属。时饶乐府已废，乃复置之，以可度者为都督。又置松漠府，以窟哥为都督。皆赐姓李。奚所属五部，契丹所属八部皆置州，以其酋长为刺史。奚：阿会部为弱水州，处和部为都黎州，奥失部为洛瑰州，度稽部为大鲁州，元俟折部为渴野州。契丹：达稽部为峭落州，纥便部为弹汗州，独活部为无逢州，芬问部为羽陵州，突便部为日连州，芮奚部为徒河州，坠斤部为万丹州，伏部为匹黎、赤山二州，以州名观之，则芬问部即元魏时之羽陵，突便部即其时之日连，芮奚部即其时之何大何，坠斤部即其时之悉万丹，伏部即其时之匹絜及黎也。置东夷都护府于营州以统之。营州治今朝阳。《唐书·地理志》营州入安东道，营州西北百里曰松陉岭，其西奚，其东契丹。

奚、契丹之东北为靺鞨。《旧书》云：其国凡为数十部，各有酋帅，或附于高丽，或臣于突厥。《新书》云：其著者曰粟末部，居大白山，亦曰徒太山，与高丽接。依粟末水以居。水源于山西，北注它漏河。大白山，即下白山，今长白山也。粟末水，《渤海传》作涑末，今松花江。此江上源古称粟末，东折后曰黑水。《唐书》所云黑水，非今黑龙江也。它漏河，今洮儿河。稍东北曰汨咄部。《隋书》作伯咄。又次曰安居骨部，益东曰拂涅部。居骨之西北曰黑水部。粟末之东曰白山部。部间远者三四百里，近者二百里。白山本臣高丽，王师取平壤，其众多入唐。汨咄、安居骨等皆奔散，寝微无闻焉，遗人进入渤海。惟黑水完强，分十六落，以南北称。《新书·地理志》，高丽降户州中有拂涅，则其部落亦完好。此今松花江流域之部族也，亦有入中国者。《旧书》云：有突地稽者，隋末率其部千余家内属，处之营州。炀帝授辽西太守。《新书·地理志》：隋于营州之境汝罗故城置辽西郡，以处粟末靺鞨降人，则突地稽亦粟末部首。营州入安东道，营州东百八十里至燕郡城，又经汝罗守捉，渡辽水，至安东都护府五百里。武德初，遣间使朝贡。以其部落置燕州，以突地稽为总管。刘黑闼之叛，突地稽率所部赴定州，遣使诣太宗，请受节度。以战功封蓍国公。又徙其部落于幽州之昌平城。在今河北昌平县西。贞观初，拜右卫将军，赐姓李氏，寻卒。子谨行。麟德中，历迁营州都督。其部落家僮数千人。以财力雄边，为夷人所惮。《新书》谨行自有传。又有慎州，武德初置，以处粟末、乌素固部落。乌素固为室韦部落，见下。夷宾州，乾封中置，以处靺鞨愁思岭部落，亦皆在营州界内。《旧书·地理志》：载初二年，析慎州置黎州，处浮渝靺鞨、乌素固部落，浮渝字疑有误。《新书·纪》：武德四年六月，营州人石世则执其总管晋文衍，叛附于靺鞨。《旧书·纪》：贞观十五年，薛延陀以同罗、仆骨、回纥、靺鞨、霫之众度漠，屯于白道川。《梁师都传》：师都说处罗内侵，处罗谋令突利与奚、霫、契丹、靺鞨入自幽州，可见靺鞨之西出者，不徒蔓衍营州，且逼近突厥、延陀也。

靺鞨之西北为室韦。《旧书》云："其地东至黑水靺鞨，西至突厥，南接契丹，北至于海。其国无君长，有大首领十七人，并号莫贺弗，世管摄之，而附于突厥。武德中，献方物。贞观三年，遣使贡丰貂。自此朝贡不绝。"又云："室韦，我唐有九部焉，所谓岭西室韦、山北室韦、黄头室韦、大如者室韦、小如者室韦、婆莴室韦、讷北室韦、骆驼室韦，并在柳城郡之东北。近者三千五百里，远者六千二百里。《新书》云：近者三千里，远者六千里。删去奇零之数，殊不精密。今室韦最西与回纥接界者，有乌素固部落，当俱轮泊之西南。俱轮泊，今呼伦池，《新书》作俱伦。次东《新书》作自泊而东。有移塞没部落。次东又有塞曷支部落。此部落有良马，人户亦多。《新书》无此十字，曰最强部也。居啜河之南。其河，彼俗谓之燕支河。今绰尔河。次又有和解部落。次东又有乌罗护部落。又有那礼部落。又东北有山北室韦。又北有小如者室韦。又北有婆莴室韦。东又有岭西室韦。又东南至黄头室韦。此部落兵强，人户亦多。《新书》无此六字，但云强部也。东北与达垢接，岭西室韦北，又有讷北支室韦。此部落较小。乌罗护之东北二百余里，那河之北，那河，今嫩江。有乌丸之遗人，今亦自称乌丸国。武德、贞观中，亦遣使来朝贡。其北大山之北，有大室韦。其部落傍望建河居，《新书》作室建河，今额尔古讷河。其河源出突厥东北界俱轮泊。屈曲东流，经西室韦界。又东，经蒙兀室韦之北，落俎室韦之南。《新书》作骆丹。俎盖坦之字误，即前骆驼室韦也。又东流，与那河、忽汗河合。忽汗河，今牡丹江。又东，经南黑水靺鞨之北，北黑水靺鞨之南，东流注于海。乌丸东南三百里，又有东室韦部落，在猱越河之北。白鸟库吉《失韦考》云：今结雅河。其河东南流与那河合。"此篇合三种材料而成。篇首所述，盖自隋以前即通于中国之室韦。《新书·地理志》：蓟州东北渡滦河，蓟州，今河北蓟县。有古卢龙镇。自古卢龙镇北至奚王帐六百里。又东北行，傍吐护真河，五百里，至奚、契丹衙帐。又北百里至室韦帐，即此部所在也。下云：我唐有九部焉，盖至唐代始通。云九部而实止八，盖合前所云者为九也。今室韦以下，盖开元后史家所记，故下文述其来贡，皆开元至会昌间事也。师州既兼有室韦部落，乌素固部又与靺鞨杂处慎州，则其部族，亦有入居塞内者矣。《新书·室韦传》曰"其语言靺鞨也"；《旧书·靺鞨传》曰"俗皆编发"，《室韦传》曰"被发左衽"，又两传皆曰"兵器有角弓楛矢"；可见其实为同族，且为古肃慎之遗。《旧书·靺鞨传》曰："无屋宇。并依山水，掘地为穴，架木于上，以土覆之，状如中国之冢墓。夏则出随水草，冬则入处穴中。"金室先世，正是如此，见《金史·世纪》。《新书·靺鞨传》曰：其酋曰大莫弗瞒咄。瞒咄，满住之异译。明末，清人称其酋曰满住，明人误以为部族之名，清人亦即以之自号，其后讹为满洲，已见《两晋南北朝史》第十六章第十节。蒙兀，《新书》作蒙瓦，即后来之蒙古。故满、蒙实为同族。当时大体，靺鞨在松花江之右，室韦则在其左也。自东晋末年，辽东即为高丽所据。其文明程度，实较鲜卑为高。故满、蒙二族，皆资其启牖。试观渤海部族，本臣高丽；金室始祖为高丽人；清室先世，亦为朝鲜臣仆可知。《旧书·室韦传》曰：斫木为犁，不加兵刃，而《新书》曰：土少金铁，率资于高丽。即此一端，亦可知其文化之所自来矣。

《旧书》云：乌罗浑，盖后魏之乌洛侯也。今亦谓之乌罗护。在京师东北六千三百里。东与靺鞨，西与突厥，南与契丹，北与乌丸接。风俗与靺鞨同。贞观六年，其君长遣使献貂皮焉。《新书》附《回鹘传》末；其说略同。又曰：乌丸，或曰古丸。又有鞠，或曰袄。居拔野古东北。有木无草，地多苔，无羊马。人豢鹿若牛马，惟食苔。俗以驾车。又以鹿皮为衣，聚木作屋，尊卑共居。又有俞折者，地差大，俗与拔野古相埒。少羊马，多貂鼠。贾耽入四夷路，自回鹘牙帐东北渡仙娥河二百里至室韦。骨利干之东，室韦之西，有鞠部落，亦曰袄部落。其东十五日行，有俞折国，亦室韦部落，仙娥河，今色楞格河。又有驳马者。或曰弊剌，曰遏罗支，直突厥之北。距京师万四千里，随水草，然喜居山。胜兵三万。地常积雪，木不凋。以马耕田，马色皆驳，因以名国云。北极于海。虽畜马而不乘，资湩酪以食。好与结骨战。人貌多似结骨，而语不相通。大汉者，处鞠之北。饶羊马。人物颀大，故以自名。与鞠俱隣于黠戛斯剑海之濒。剑海，当即元史之谦河，在今唐努乌梁海境内。见《两晋南北朝史》第十六章第九节。鞠居拔野古东北，又邻剑海之濒，足见拔野古亦初处西方也。此皆古所未宾者。当贞观逮永徽，奉貂马入朝，或一再至。此中乌丸当为鲜卑族。鞠及俞折，当与乌罗浑同属靺鞨族。驳马貌似结骨，似系高加索种。今之俄罗斯，《元史》作阿罗思，亦作斡罗思，秘史作斡鲁速，不详其命名之由。据西史：此种人当唐季，居今列宁格勒之南，莫斯科之北，北邻瑞典、挪威。国人有柳利哥者，兄弟三人，夙号雄武，侵陵他族。收抚种人，立为部落。柳利哥故居地，有遏而罗斯之名，遂以名部。西人云：遏而罗斯为橹声。古瑞、挪国人，专事钞掠，驾舟四出，柳利哥亦盗魁，故其居地有是称。参看《元史译文证补》。其说牵强附会已极。遏罗支与遏而罗斯，音极相近，岂正柳利哥之故居欤？大汉人物顾大，似亦高加索种。此二族与黠戛斯，盖白人之迁徙而东者也。

《新书·东夷传》曰：流鬼，去京师万五千里。直黑水靺鞨东北少海之北，三面皆阻海，其北莫知所穷。人依屿散居。多沮泽，有渔灵之利。南与莫曳靺鞨邻，东南航海十五日行乃至。希勒格云：今堪察加之地。见《中国史乘未详诸国考证》。冯承钧译，商务印书馆本。贞观十四年，其王遣子三译来朝。龙朔初，有儋罗者，遣使入朝。国居新罗武州南岛上。麟德中，酋长来朝，从帝至泰山。即隋时之聃牟罗。开元十一年，又有达末娄、达姤二部首领朝贡。达末屡自言北扶余之裔，高丽灭其国，遗人度那河，因居之。或曰：它漏河。东北流入黑水。兼滨嫩江及洮儿河。达姤，室韦种也。在那河阴，冻末河之东。未详。西接黄头室韦，东北距达末娄云。流鬼当亦靺鞨族，儋罗则三韩之类。达末娄即《魏书》之豆莫娄，已见《两晋南北朝史》第十六章第一节。

第四节　平定吐蕃、吐谷浑

吐蕃缘起，中国不详。《旧唐书》曰：其种落莫知所出。或云：南凉秃发利鹿孤之后也。利鹿孤有子曰樊尼。利鹿孤卒，樊尼尚幼，弟傉檀嗣位。傉檀灭，樊尼招集余众，投沮渠蒙逊。蒙逊以为临松太守。在今张掖县南。蒙逊灭，樊尼率众西奔，济黄河，逾积石。于羌中建国，开地千里。遂改姓为窣勃野，以秃发为国号，语讹谓之吐蕃。其后子孙繁昌，又侵伐不息，土宇渐广。历周及隋，犹隔诸羌，未通于中国。案秃发氏久渐汉俗，从其自即于夷，亦不应于先世之事，一无省记。且在羌中开地千里，后又侵伐不息，纵使未通使译，岂其竟阙传闻。周、隋之世，氐、羌小部，自通上国者多矣，又岂以泱泱大风，转乏观光之念？故知此说不足信也。樊尼或实有其人，西奔亦实有其事，而以为吐蕃之祖，则系据音译附会。《新唐书》曰：吐蕃本西羌属。盖百有五十种，散处河、湟、江、岷间，有发羌、唐旄等，然未始与中国通。居析支水西。祖曰鹘提勃窣野，健武多智，稍并诸羌，据其地。蕃发声近，故其子孙曰吐蕃，而姓勃窣野。蕃发声近，亦出附会。勃窣、窣勃，未知孰为倒误，要以其名为姓氏，则其人似非子虚。下文又曰：其后有君长曰瘕悉董摩，董摩生陀土度，陀土生揭利失若，揭利生勃弄若，勃弄生讵素若，讵素生论赞素，论赞生弃宗弄赞。其后之其字，当系指鹘提勃悉野言之。子京文字，每多鹘突，杂采诸文，而不留意于诠次，遂使读者惑于其字之所指矣。吐蕃疆域，《新书》云：距鄯善五百里。盖指隋所设郡。此乃指其北境言之。又云：其赞普居跋布川或逻娑川。《旧书》云：其都城号逻些城。逻娑、逻些，皆拉萨之异译。逻些，《新书·地理志》亦作些，不作娑。据《志》，自此更五百五十里，乃至赞普牙帐，其西南为拔布海，见鄯州下分注。其地实在群羌西南，距中国最远，故自隋以前，无闻焉尔也。中国今日，所知吐蕃古史止此。《蒙古源流考》谓吐蕃先世，出于天竺，予昔以为藏人自述之语而信之，实则喇嘛教徒附会之说，不足信也。吐蕃强盛以后，濡染印度之俗甚深，然此乃后来之事，其初则纯系羌俗。《新书》本传云："其俗重鬼右巫，事羱羝为大神。喜浮屠法。习咒诅，国之政事，必以桑门参决。"亦以新旧杂陈，肴其伦次。《旧书》云："其君与其臣下，一年一小盟。刑羊、狗、弥猴，先折其足而杀之，继裂其肠而屠之。令巫者告于天地、山川、日月、星辰之神，云：若心迁变，怀奸反覆，神明鉴之，同于羊、狗。三年一大盟。夜于坛埠之上，与众陈设肴馔。杀犬、马、牛、驴以为牲。咒曰：尔等咸须同心戮力，共保我家。惟天神、地祇，共知尔志。有负此盟，使尔身体屠裂，同于此牲。"此其巫鬼之旧俗，与浮屠法固不相蒙。《新书》云："其君臣自为友，五六人，曰共命，君死，皆自杀以殉。"此秦穆三良生共此乐死共此哀之约，秦固杂戎狄之俗者也。又云：其妇人辫发而萦之，亦羌俗。《旧书》云：其人或随畜牧，而不常厥居，然颇有城郭。屋皆平头，高者至数十尺，贵人处于大毡帐，名为拂庐。《新书》云：此号大拂庐，容数百人，部人处小拂庐。盖吐蕃本游牧之民，征服城郭之国而攘其地也。《旧书》云："无文字，刻木结绳为约。"《新书》"无文字"上多"其吏治"三字，盖《旧书》承其王为赞普，相为大论小论，以统理国事言之，本说政治，故删此三字也，然则"无文字"者，惟外来之族为然，土著之族，未必如此矣。《蒙古源流考》谓西藏之有文字，乃由弃宗弄赞遣大臣子弟，问学印度，归而创制。藏文本于梵文，固也，然女国文字，亦同天竺，则邻居者固易相资，又岂必有待于弄赞？中国文字，果轩辕、仓颉所为邪？女国文字同天竺，见下。其俗既右武，又于战备极严，故其初兴之时，强不可围也。《新书》云：其俗谓强雄曰赞，丈夫曰普，故号君长曰赞普。《旧书》曰：其俗弓箭不离身。重壮贱老。母拜子，子倨父。出入皆少者在前，老者居其后。此其俗右武之证。又曰：虽有百，不常厥职，临时统领，可见其治制之简陋。然又曰：军令严肃。每战，前队皆死，后队方进。重兵死，恶病终。累代战殁，以为甲门、临陈败北者，县狐尾于其首，表其似狐之怯，稠人广众，必以徇焉，其俗耻之，以为次死。《新书》曰：其举兵，以七寸金箭为契。百里一驿。有急兵，驿人臆前加银鹘甚急，鹘益多，告寇举烽。其铠胄精良，衣之周身，窍两目，劲弓利刃。不能甚伤。则其于兵备，又颇严密也。

唐初，今青海之地，仍为吐谷浑所据，而陇、蜀间之党项亦稍强。吐谷浑伏允之子顺，炀帝立之，不得入而还。高祖受禅，顺自江都来归长安。时李轨犹据凉州，高祖遣使与伏允通和，令击轨自效，当放顺还国。伏允大悦，兴兵击轨，交绥。而频遣使朝贡，以顺为请。高祖遣之还。《旧书·李安远传》：安远尝使吐谷浑，与敦和好，于是伏允请与中国互市，事亦当在高祖时。太宗即位，吐浑掠鄯州，今青海乐都县。又寇兰、廓。廓州，在旧巴燕戎格之南。时伏允老耄，其臣天柱王用事，拘我行人。使者宣谕十余返，竟无悛心。贞观八年十二月，命李靖、侯君集等六总管并突厥、契苾之众击之。明年五月，破之。顺之质隋，伏允立其弟为太子，顺归常鞅鞅，至是，斩天柱王来降。伏允遁碛中死。《唐书》本传云自缢死。《实录》云为左右所杀，见《通鉴考异》。国人乃立顺为可汗，称臣内附，封为西平郡王，仍授趉胡吕乌甘豆可汗。未几，为其下所杀。《旧书·本纪》，顺皆作顺光。子燕王诺曷钵立，幼，大臣争权，国中大乱。诏侯君集等就经纪之。封为河源郡王，仍授乌地也拔勒豆可汗。诺曷钵因入朝请婚。《纪》在十年。十四年，以弘化公主妻之。宗女。

党项之地，《旧书》云：东至松州，今四川松潘县。西接叶护，盖谓西突厥统叶护可汗。南杂春桑、迷桑等羌，北连吐谷浑。处山谷间，亘三千里。盖今川、藏、青海间地。其种每姓别自为部落，一姓之中，复分为小部落，大者万余骑，小者数千骑，不相统一，而拓跋氏最强。拓跋氏傥自吐谷浑入党项者邪？贞观三年，其酋细封步赖内附，列其地为轨州。在松潘西北。其后诸姓酋长，相率内附，皆列其地置州、县，隶松州都督府。五年，又开其地，置州十六，县四十七。《新书·地理志》。有拓跋赤辞者，初臣吐谷浑，为伏允所昵，与之结婚。李靖之击吐谷浑，朝廷厚币遗党项，令为乡导。赤辞来诣靖军，请无侵掠，当资给粮运。而岷州都督李道彦淮安王神通之子。为赤水道行军总管，袭之。为赤辞所乘，死者数万。后刘师立代为岷州都督，《旧书·师立传》作岐州，疑误，此据《党项传》。遣人为陈利害，赤辞乃率其种落内属。以其地为三十二州，擢赤辞西戎州都督，赐氏李。于是自河首积石山而东，皆为中国地。又有黑党项者，在赤水西。李靖之讨吐谷浑，自鄯州分两道，靖出北道，诸将战牛心堆、赤水源，则赤水应在牛心堆之西。《水经注》：牛心川出西南远山，东北流，经牛心堆，又东北入于湟水。今南川河也。牛心堆当在西宁西南。李靖之击吐谷浑，浑主伏允奔之。及浑内属，其酋亦贡方物。又有雪山党项，姓破丑氏，居于雪山之下，岷江上源之山在雪线上者，在松潘县境。刘师立亦击破之。《旧书·师立传》称为河西党项。白兰羌，武德六年，使者入朝。明年，以其地为维、恭二州。维州，在四川旧理番县境。恭州，在松潘叠溪营西南。其特浪生羌，则于永徽时内属。以其地为剑州焉。《地理志》：剑州，永徽五年，以大首领冻就部落置，隶松州。

成都西北有附国，其东部有嘉良夷，并居川谷，垒石为巢。嘉良水广三十步，附国水广五十步，皆南流，以韦为船。盖今雅砻江、金沙江。《唐书》列《南蛮传》中，实皆羌族。《地理志》：剑南道诸羌州有东嘉梁、西嘉梁，疑因嘉良夷而置也。附国南有薄缘夷，西接女国。女国，新旧《书》皆列《西域传》中，称为东女，以其时拂菻西南复有一女国也。西女见《新书·西域传》。《传》述波剌斯事竟，乃云："西北距拂菻，西南际海岛有西女，皆女子，多珍货，附拂菻。拂菻君长，岁遣男子配焉。俗产男不举。"其说本于西域记。然《西域记》云："拂懔西南海岛有西女。"则此文拂菻二字当重。疑传写夺落也。然其所谓东女者，实仍苞涵二国。一为《大唐西域记》所述，其本名为苏伐剌拏瞿呾罗。唐言金氏，以出土黄金故名。其地东接吐蕃，北接于阗，明为今之后藏。一则《旧书》所云东与茂州、党项接，茂州，今四川茂县。东南与雅州接者，明在今四川西境，《新书》合两说为一，则大误矣。然《旧书》述国名及疆界虽不误，其叙事仍多杂糅，不可不察也。如云：其王所居名康延川，中有弱水南流，用牛皮为船以济，此类乎附国及嘉良夷。又云：文字同于天竺，则必后藏地方之国矣。后藏地方之女国，惟隋开皇中或曾一来，若唐世，则自武德至天宝频来，贞元时复来宾服者，皆四川西境之女国也。女国亦羌族。《新书·地理志》：剑南道诸羌州百六十八，隶松、茂、嶲三州都督府者，多高祖、太宗、高宗时置，隶黎、雅二州者，则玄宗时所置也。黎州，今四川汉源县。

　　羌、浑、党项甫宾，吐蕃之患旋起。《新书·本纪》：武德六年四月，吐蕃陷芳州，在今青海东南境。此为吐蕃犯塞之始。贞观八年，其赞普弃宗弄赞遣使来。弃宗弄赞，亦名弃苏农，亦号弗夜氏。弱冠嗣位。性骁武。其邻国羊同及诸羌并宾伏之。太宗遣行人冯德往慰抚之。弄赞使随入朝。求婚，太宗未之许。使者反，言于弄赞曰："初至，大国待我甚厚，许嫁公主。会吐谷浑王入朝，有相离间，由是礼薄，遂不许嫁。"弄赞遂与羊同连兵，以击吐谷浑，吐谷浑不能支，遁于青海之上。于是进兵攻破党项及白兰诸羌，率众二十余万，顿于松州西境。遣使贡金帛，云来迎公主。又谓其属曰："若大国不嫁公主与我，即当入寇。"遂进攻松州。《本纪》贞观十二年八月。太宗遣侯君集、执失思力、牛进达、刘兰将步骑五万击之。进达先锋夜袭其营，斩千余级。弄赞大惧，引兵而退。遣使谢罪，因复请婚。太宗许之。十五年，以文成公主妻焉。宗女。弄赞亲迎于河源。及归国，谓所亲曰："我父祖未有通婚上国者，今我得尚大唐公主，为幸实多。"当为公主筑一城，以夸示后代。遂筑城邑，立栋宇以居。公主恶其人赭面，弄赞令国中，权且罢之。据《旧书》。《新书》云：弄赞下令国中禁之，则似永禁之矣。其《逆臣·朱泚传》：刘文喜以泾原叛，求救于吐蕃，吐蕃游骑升高招泾人。众曰："安能以赭蔑面为异俗乎？"可见其赭面之俗，迄未尝改。《新书》好窜易旧文，而不顾事实，不可胜举也。自亦释毡裘，袭纨绮，渐慕华风。仍遣酋豪子弟请入国学，以习诗书。又请中国识文之人，典其表疏。太宗伐辽东还，遣其相禄东赞来贺，献金鹅，黄金铸成，高七尺，可实酒三斛。高宗嗣位，授弄赞驸马都尉，封西海郡王。弄赞献金、银、珠、宝十五种，请置太宗灵坐之前。因请蚕种及造酒、碾硙、纸、墨之匠，并许焉。弄赞之袭吐浑，破党项，犯松州，实其素定之计。云疑吐浑离间，特其藉口之辞，或竟唐人不能救浑，乃造作此语，聊自解嘲，拥众二十万，岂惧牛进达之一击？且松州境外，岂可顿二十万大军乎？疑唐将不能却敌，张大其辞，以胁朝廷，而朝廷亦遂从而许之也。蕃可谓得志而去矣。然弄赞初虽桀骜，得婚之后，事中国则甚恭，因得渐染华风，有裨于西藏之开化者亦不少也。

文成公主下降之岁，吐谷浑所部丞相王《旧书》本传。《新书》作其相宣王，《通鉴》作丞相宣王。欲袭击公主，劫诺曷钵奔吐蕃。诺曷钵走鄯善城。胡三省曰：隋鄯善郡治。鄯州刺史杜凤举《新书》作果毅都尉席君买。《通鉴》同，云从《实录》。案盖君买以凤举之命击之。与其威信王击丞相王，破之。高宗即位，又以宗女妻诺曷钵长、次子，其待之可谓甚厚。然吐浑本非强大，又益之以内乱，而吐蕃日伺于境外，和平之局，终难持久矣。

第五节　太宗征战辽东、高丽

　　唐太宗之定四夷，多不甚烦兵力，惟于高丽，则仍蹈隋炀帝之覆辙。可见时势所限，虽英杰无如之何。然亦可见太宗之武功多徼天幸，非其材武之过人也。高丽王高建武，元异母弟。百济王扶余璋，新罗王金真平，武德时皆入贡受封爵。建武为辽东郡王高丽王，璋为带方郡王百济王，真平为乐浪郡王新罗王。其初新罗、百济，同诉建武闭其道路，不得入朝。武德九年。高祖遣使和解之。建武请与新罗对使者会盟。而百济，太宗于贞观元年赐以玺书，则外称顺命，而内实相仇如故。盖其地相接近，故其争斗尤烈也。五年，真平卒，无子，立其女善德。十五年，璋卒，子义慈立。十六年，高丽西部大人钱盖苏文此据《旧书·高丽传》。《新书》云：姓泉氏，自云生于水中以惑众，则其姓似有所取义者，然恐系附会之谈也。弑其君，立其弟之子藏。亦据《旧传》。本《纪》云兄子。自为莫离支，《旧传》云：犹中国兵部尚书兼中书令。《新传》同。专国政。乃与百济和亲，以伐新罗。十七年，新罗使者来告急。太宗遣使谕之。盖苏文不从。太宗时蒋俨，使高丽被囚，高丽平乃得归，见《新书》本传。十八年七月，诏营州都督张俭等发幽、营兵及契丹、奚、靺鞨讨之。会辽水溢，师还。据《新书·高丽传》。《本纪》无靺鞨。十一月，命张亮以兵四万自莱州泛海趋平壤。李勣以兵六万趋辽东。十九年，太宗亲御六军以会之。四月，李勣渡辽，拔盖牟城。以为盖州，今盖平县。五月，张亮副将程名振拔沙卑城。今海城县。李勣进军辽东，帝亦渡辽水至城下，拔之。以为辽州，今辽阳县。遂降白崖城。以为岩州，在今辽阳东北。六月，进攻安市。在今盖平东北。高丽北部傉萨高延寿、南部傉萨高惠贞率高丽、靺鞨之众十五万来援，破降之。然攻安市城遂不能克。九月，班师。《新书·高丽传》曰：始行，士十万，马万匹，逮还，物故裁千余，马死什七八。船师七万，物故亦数百。《通鉴》曰：战士死者几二千人，马死者什七八。此乃讳饰之辞，岂有马死什七八，而士财丧百一之理？是役虽未战败，所丧失者，则孔多矣。高丽之初来朝也，高祖欲让而弗臣，以温彦博谏而止，见《彦博》及《高丽传》。颇能鉴前代骄矜之失，而太宗仍以此败。太宗谓高丽地止四郡，我发数万众攻辽东诸城，必救，乃以舟师自东莱驶海趋平壤固易，《新书·高丽传》。此失之视敌太轻。高丽是时，地已不止四郡。《新书·渤海传》言其盛时士三十万，此语无待夸张，当近于实，夫岂数万之众所能挠？当时谏者甚多；知其不可止者，亦欲尼帝亲行，如褚遂良、姜确、张亮、尉迟敬德皆是。房玄龄留守京师，李大亮为副。玄龄数上书劝帝勿轻敌，盖知帝此行实犯此病。大亮旋卒。临殁，表请罢役。逮帝丧败欲再举，玄龄疾亟，又上书言之。张亮谏而不纳，乃请自行。盖皆深知其不可也。《新书·高丽传》言帝攻安市不下，高延寿、惠贞谋曰："乌骨城傉萨已耄，朝攻而夕可败，乌骨拔，则平壤举矣。"群臣亦以张亮军在沙城，召之一昔至，若取乌骨，度鸭渌，迫其腹心，计之善者，长孙无忌曰："天子行师不僥幸，安市众十万在吾后。"乃止。即因亲征之故，不能应机也。此役赞之者惟一李勣，固佞人。沙城即卑沙城，乌骨城，当在自盖平趣安东道上。而帝卒不听。乃妄云："今天下大定，惟辽东未宾。后嗣因士马强盛，谋臣导以征讨，丧乱方始，朕故自取之，不遗后世忧。"次定州时告左右语，见《新书·高丽传》。以此掩其沾沾自喜之迹，岂不谬哉？是役也，帝使韦挺主饷运，自言自幽距辽二千里无州县，军糜所仰食，东北空匮如此，尚何强盛之有哉？

太宗亲征既败，二十一年，二十二年，再遣将征高丽，皆无功。帝命江南造大船，莱州贮粮械，欲图大举，未行而崩。时新罗王善德已卒，妹真德立。贞观二十一年。太宗之东征也，百济乘虚破其十城，后又破其十余城，二十二年。而此数年间，朝贡亦绝。高宗永徽二年，乃又遣使朝贡。使还，帝赐以玺书，令释新罗。明年，新罗王真德卒，弟子春秋立。六年，百济与高丽、靺鞨侵其北界，陷三十余城。诏营州都督程名振伐高丽。显庆三年，复遣名振率薛仁贵攻之，未能克。五年，苏定方伐百济。自城山济海，城山，即成山，在今山东荣城县东。至熊津江口，熊津，即朝鲜史籍之泗沘，今扶余。败其兵，其王义慈及太子隆走北鄙。次子泰自立。嫡孙文思绹城出降，民多从之。泰不能止，亦降。义慈、隆又为其将挟之以降，百济平。分其地为五都督府，各统州、县，命王文度为熊津都督，总兵以镇之。文度济海而卒。百济僧道琛及扶余璋从子福信据周留城以叛。金于霖《韩国小史》曰：周留城，在全州西。使迎故王子丰于倭，立为王。西部、北部，并翻城应之。围留镇将刘仁愿。诏刘仁轨代文度统众，发新罗兵救却之。新罗兵以粮尽引还。时龙朔元年三月也。道琛、福信保任存城，《新书》作任孝。《通鉴》亦作任存。《考异》曰：《实录》或作任孝。未知孰是，今从其多者。《韩国小史》曰：今大兴。招诱亡叛，势益张。已而福信杀道琛，并其众，扶余丰主祭而已。百济之平也，高宗命苏定方讨高丽。又大募兵，拜置诸将，欲自行。蔚州刺史李君球谏。武后亦苦邀，乃止。是岁八月，定方破高丽兵于浿江，遂围平壤。明年，庞孝泰以岭南兵壁蛇水，未详。盖苏文攻之，举军没。定方乃解而归。时新罗王春秋已卒，子法敏立。高宗以一城不可独固，命刘仁轨拔就新罗。"金法敏藉卿留镇，宜且停彼。若其不须，即泛海还。"仁轨以平壤之军既回，熊津又拔，则百济余众，势必鸱张，高丽逋薮，何时可灭？福信凶暴，余丰猜惑，外合内离，势必相害。惟宜坚守观变，乘便取之。遂不奉诏。二年七月，仁愿、仁轨率留镇之兵击破福信，遂通新罗运粮之路。仁愿奏请益兵。诏发淄、青、莱、海兵七千，命孙仁师将，浮海益之。淄州，今山东淄博市。青州，今山东益都县。海州，今江苏东海县。福信谋杀扶余丰，丰率亲信斩之。使往高丽及倭请兵。于是仁师、仁愿及金法敏自陆，仁轨水军、粮船自熊津江往白江《韩国小史》曰：今白马江。与之会，同趋周留，仁轨败扶余丰及倭兵于白江口。丰脱身走。伪王子忠胜、忠志及倭众并降。百济诸城，皆复归顺。参看新旧唐书《黑齿常之传》。仁师、仁愿，振旅而还。仁轨率兵镇守。仁轨言其众赏薄，又留驻太久，余丰在北，其弟勇走在倭，不可忽。上深纳其言，又遣仁愿率兵渡海，与旧镇兵交代。乾封元年，盖苏文死。子男生代为莫离支，与弟男建、男产相攻。男生走据国内城，遣子献诚诣阙求救。诏契苾何力率兵应援。男生脱身来奔。十二月，命李勣与何力并力。明年，渡辽。所向克捷。总章元年，进攻平壤。高藏遣男产出降，然犹与男建固守。九月，勣攻拔之，虏藏及男建。分其地置都督府、州。府九，州四十三，后所存州止十四，见《新书·地理志》。置安东都护府于平壤，以薛仁贵为都护，总兵二万镇之。唐是时诸将，惟刘仁轨确有才气谋画，余皆琐琐不足道，然卒获成功者，则以丽、济之有衅可乘也。然丽、济是时，民族性稍已成熟，故唐终不能久据其地矣。

　　《旧唐书》倭与日本，分为二传。《倭传》云："其王姓阿每氏。贞观五年，遣使献方物。太宗遣高表仁持节往抚之。与王子争礼，不宣朝命而还。二十二年，又附新罗奉表。"《日本传》云："倭国之别种也。以其国在日边，故以日本为名。或曰：倭国自恶其名不雅，改为日本。或曰：日本旧小国，并倭国之地。其人入朝者多自矜大，故中国疑焉。"《新书》则云："日本，古倭奴也。其王姓阿每氏。"记贞观五年遣使，后附新罗上书与《旧书》同，而云高仁表与王争礼。又云："永徽初，其王孝德即位，献虎魄、玛瑙。时新罗为高丽、百济所暴，高宗赐玺书，令出兵援新罗。未几，孝德死，子天丰财立。死，子天智立。明年，使者与虾夷人皆朝。天智死，子天武立。死，子总持立。咸亨元年，遣使贺平高丽。后稍习夏音，恶倭名，更号日本。使者自言国近日所出，以为名。或云：日本乃小国，为倭所并，故冒其号。使者不以情，故疑焉。"三说自以倭自改名之说为是。倭自南北朝来，久与中国有交接，在东海中已为望国，此时自不得忽冒所并国之号；更不得有日本国能并倭也。倭自南北朝以前，皆臣服中国，以得受官爵为荣，隋时始傲然自大，此时犹袭其故智，故至与使者争礼。《新书》载其历代世系，皆与日人所自言者合。又谓其使者妄夸其国都方数千里，南西尽海，东北限大山，此说在今日观之，亦非虚妄。《旧书》亦有此语，而不云其为妄夸。则所谓不以情者，亦不过闲有夸饰之辞，不应举所言而尽疑之也。然日本是时，究不足与中国相亢，虚骄之气，终不可以持久，故其后，其君与夫人，卒躬自来宾焉。

第六节　平定高昌、西突厥

唐平西域，与突厥关系最大。以是时自玉门已西，殆皆为西突厥所控制也。

《旧唐书·西突厥传》云：其人杂有都陆及弩失毕、歌逻禄、处月、处密、伊吾等种。歌逻禄，即葛逻禄。《新书》言其地在北庭西北，金山之西，跨仆固振水。岁月之地，唐以之置金满州，见下。徐松《西域水道记》云：其地即今之济木萨，突厥之可汗浮图城，为北庭都护府治，故城在今保惠城北二十余里，有唐金满县残碑。沙畹《西突厥史料》云：仆固振水，今乌隆古河。又云：处月在乌鲁木齐东，处密在乌鲁木齐西，玛纳斯河缘岸。案铁勒诸部，多自西徂东，仆固振水，疑为仆骨旧坏。风俗大抵与突厥同，惟言语微差。都陆亦作咄六，又作咄陆。咄利失之立也，分其国为十部，部令一人统之，号为十设。每设赐以一箭，故称十箭焉。又分为左右厢：左厢号五咄六，置五大啜。右厢号五弩失毕，置五大俟斤。盖此十部直属西突厥，余皆羁縻而已，犹辽之部族与属国也。《传》又言：室点密可汗统十大首领，往平西域诸胡国，自为可汗，号十姓部落，盖即此十部。沙钵略可汗时，咄六五啜：曰处木昆律，曰胡禄屋阙，曰摄舍提暾，曰突骑施贺逻施，曰鼠尼施鼠半；弩失毕五俟斤；曰阿悉结阙，曰哥舒阙，曰拔塞干敦沙钵，曰阿悉结泥熟，曰哥舒处半：盖即此十部之姓。突厥虽起西海，然久处平凉，又迁金山，其所统自多东方部族。当时习称西域白种深目高鼻者为胡，而《新书·突厥传》言思摩开敏善占对，始毕、处罗皆爱之，然以貌似胡，疑非阿史那种，故不得为设，则阿史那非胡种可知。然则《旧传》言室点密统十姓往平诸胡，亦明十姓之非胡也。然既与诸胡杂处，自不能无习而稍化，此其言语所由与北国微差欤？曷萨那之入隋也，国人立其叔父曰射匮可汗。始开土宇，东至金山，西至海，自玉门已西，诸国皆役属之。与北突厥为敌。乃建庭于龟兹北三弥山。寻卒，弟统叶护可汗立。北并铁勒，西拒波斯，南接罽宾，沙畹云：烈维考订唐时之罽宾为迦毕试 Kapicd，其证有三：一、归兹 Koatcha，沙门礼言撰梵语杂名，以罽宾对 Kapicd 译为劫比舍。二、玄奘《西域记》、悟空《行记》，皆以罽宾、迦毕试与 Kapicd 为一地。三、统叶护境南接罽宾，《慈恩传》：六百三十年玄奘至统叶护衙，统叶护令人送之至迦毕试也。悉归之，控弦数十万，霸有西域。移庭于石国北之千泉。沙畹云：据《慈恩传》千泉在怛逻斯城东百五十里。此城在今怛逻斯河缘岸 Aulie-ata 附近。西域诸王，悉授颉利发，并遣吐屯一人监统之，督其征赋。此为西突厥极盛之世。高祖欲与并力，以图北蕃，许之婚。遇颉利频岁入寇，西蕃路梗，未果。而颉利亡，唐通西域之路以启。

　　隋炀帝使薛世雄城伊吾，时列其地为伊吾郡。隋末，为西域杂胡所据。《旧书·地理志》。天下乱，复臣突厥。《新书·西域传》。贞观四年，颉利灭，城主举七城降。以其地为西伊州。六年，去西字。《旧书·地理志》。高昌王麴伯雅，隋末，曾妻以戚属女宇文氏。号华容公主。见《隋书·苏威传》。唐初，伯雅死，子文泰立。以妹妻突厥叶护。见慧立《三藏法师传》。然其事唐甚谨。盖麴氏本中国人，故其乡化甚殷也。已忽壅遏西域朝贡，并与西突厥攻焉耆。《旧书·焉耆传》曰："隋末罹乱，碛路遂闭，西域朝贡，皆由高昌。唐初，焉耆请开大碛路，以便行李，太宗许之。高昌大怒，遣兵袭之。贞观十二年，又与处月、处密陷其五城。"盖西域贡使，实多商胡，商胡出其国，主人有利焉，故闻焉耆请开别道而怒。所谓壅遏朝贡者，亦遏其出于新道耳，非欲使与中国绝也。又隋末时，华人多投突厥，颉利败，有奔高昌者，文泰皆拘留不遣。太宗诏令括送。文泰仍隐蔽之，此亦欲增益户口耳，非有意于逆命也。然太宗于西域，颇有侈心，遂命侯君集将，又发突厥、契苾兵击之，文泰发病死，子智盛降，时贞观十四年八月也。以其地置西州。又置安西都护府，留兵以镇之。初文泰厚饷西突厥欲谷失，欲谷失遣其叶护屯可汗浮图城，与相影响，至是，亦来降。以其地为庭州。焉耆王龙氏，名突骑支。侯君集之讨高昌，使与相结，突骑支许为声援。然是岁，西突厥重臣屈利啜为其子娶王女，由是复相唇齿，朝贡遂阙。安西都护郭孝恪请讨之。太宗许焉。适王弟栗婆准来降，栗婆准，《通鉴》作先那准。以为乡导。十八年十月，袭虏其王。以栗婆准摄国事。师还，屈利啜囚栗婆准，而西突厥处般啜《通鉴》作处那咄。令其吐屯来摄焉耆，遣使朝贡，太宗数之，吐屯惧而返国。焉耆立栗婆准从父兄薛婆阿那支、龟兹王白氏，亦臣西突厥，郭孝恪伐焉耆，遣兵援助。处般啜执栗婆准送之，又为所杀。二十年，遣阿史那社尔与孝恪等率五将军，又发铁勒十三部兵伐之。薛婆阿那支惧，奔龟兹，保其东城。社尔击禽之，斩以徇。立突骑支弟婆伽利为王。龟兹王诃黎布失毕与其相那利，将羯猎颠来拒，前军败之。遂下其城，使孝恪守之，诃黎布失毕退保拨换。贾耽《入四夷路》曰：拨换城，一曰威戎城，曰姑墨州。南临思浑河。《新书·西域传》曰：跋禄迦，一曰亟墨，即汉姑墨国。沙畹曰：《新书》以拨换即《西域记》之跋禄迦。悟空《行记》曰：威戎城，亦云钵浣国，正云怖汗国。应为今之阿克苏。思浑河，《西域水道记》以为塔里木河。社尔进擒之，及羯猎颠。而那利潜引西突厥，袭杀孝恪。唐兵复战，败之。龟兹人执那利诣军。社尔立王弟叶护而还。于阗王尉迟氏，本臣西突厥。贞观六年，其王屈密遣使来献。社尔将还师，行军长史薛万备，请因兵威胁其入见。其王伏阇信，遂随万备来朝。疏勒王裴氏，贞观中，突厥以女妻之，然九年即遣使来献矣。唐声威遂达葱岭。徙安西都护府于龟兹，统于阗、碎叶、疏勒，号四镇。碎叶，城名。沙畹云：即 Saj-ab 城。如不在 Tokmak 原址，必在其附近。《入四夷路》：碎叶城北有碎叶水，今之吹河也。

《新书·西域传》曰：朱俱波，亦名朱俱槃，汉子合国也，并有西夜、蒲犁、依耐、德若四种地。此国为《西域记》之斫句迦。今叶城。喝盘陀，或曰汉陀，曰渴馆檀，亦谓渴罗陀，由疏勒西南人剑末谷、不忍岭六百里，其国也。《西域记》朅盘陀。今新疆塔什库尔干塔吉克族自治县。其王本疏勒人，世相承为之。人貌言如于阗，案自高昌已西，诸国人等，深目高鼻，惟于阗貌不甚胡，颇类华夏，已见《两晋南北朝史》第十六章第八节。唐玄奘《西域记》，亦谓于阗语异诸国。又记其国传说，谓昔有东西两王相争，东王获胜。又谓其国初不知蚕桑，闻东国有之，命使者往求，东国之君，秘不出赐。王乃卑辞求婚。及命使迎妇，乃谓之曰："国无丝绵桑蚕，可以持来，自为裳服。"女乃以桑蚕之子置帽絮中。关防主者不敢检。其国乃知蚕桑。《新书·于阗传》谓自汉武帝已来，中国诏书旄节，其王传以相授，可见其慕化之深。喝盘陀言貌与同，傥亦汉人之分支西徙者欤？此国亦称葱岭。《入四夷路》：葱岭守捉，故羯盘陀国。显庆四年都曼之叛，见下。是役也，《新书·苏定方传》言其劫疏勒、朱俱波、喝盘陀与俱，《旧书·定方传》喝盘陀作葱岭。贞观九年，曾遣使来朝。然后西突厥乙毗射匮可汗请婚，太宗令割龟兹、于阗、疏勒、朱俱波、葱岭五国为聘礼，见下。则仍服属于西突厥也。于阗东三百里有建德力河，七百里有精绝。河之东有汗弥，居建德力城，亦曰拘弥城，即宁弥故城。皆小国也。此两国，史不言其曾通唐。又于阗东有媲摩川，度碛行二百里得尼壤城，于阗以为东关。又东行，入大流沙。四百里至故都逻。又六百里至故折摩驮那，古且末也。又千里至故纳缚波，古楼兰也。此诸国，史明言其未尝与唐通。盖天山南路，沙碛日扩，邑落凋敝，交通艰阻使然。其西北出直抵西海之道，则全在西突厥羁制之中。《新书》又云：自龟兹行六百里，逾小沙碛，有跋禄迦，小国也。一曰亟墨，即汉姑墨。西三百里度石碛，至凌山，葱岭北原也，水东流。西北五百里至素叶水城，比国商胡杂居。素叶以西数十城，皆立君长，役属突厥。素叶城西四百里至千泉，突厥可汗岁避暑其中。西行百里至呾逻斯城，沙畹云：可当今塔拉斯水上之 Aulieata 城。亦比国商胡杂居。有小城三百，本华人，为突厥所略，群保此，尚华语。西南赢二百里至白水城。沙畹云：未能确知所在，度在 Tchimkent 东北不远。南五十里有笯赤建国。又二百里即石国。《新书》此文，本于《西域记》。《西域记》云：呾逻私城南行十余里，有小孤城，三百余户。本中国人也，昔为突厥所掠，后遂鸠集同国，共保此城，于中宅居。衣服去就，遂同突厥，言辞仪范，犹存中国。则《新书》有小城三百句有夺文也。石与康、安、曹、米、何、火寻、戊地、史，并称昭武九姓，已见《两晋南北朝史》第十六章第八节。康，隋时，其王屈木支娶西突厥女，遂臣突厥。石，隋大业初，西突厥杀其王，以特勒匐职统其国。自石国东南行，有拔汗那，或曰钹汗，即元魏时破洛那。在真珠河北。沙畹云：真珠河。应为锡尔河上流之 Ajak-tach 河。贞观中，王契苾，为西突厥瞰莫贺咄所杀。自此西南，居乌浒河南，乌浒河，今阿母河。与悒怛杂处者为吐火罗，其王号叶护。《西域记》曰：自数百年，王族绝嗣，酋豪力竞。各擅君长，依川据险，分为二十七国。虽画野分区，总役属突厥。叶护盖突厥所命，而为二十七国之共主者也。悒怛，亦曰挹阗，即南北朝时之哒哒，见《两晋南北朝史》第十六章第八节。俗类突厥。吐火罗西南曰谢飓，其王居鹤悉那城，沙畹云：即今之 Ghazna。东距罽宾，东北帆延，王治罗烂城，有大城四五。水北流入乌浒河。沙畹云：指 Kouhaouz 河上流。南婆罗门，《天竺传》：或曰摩伽陀，曰婆罗门。西波斯。国中有突厥、罽宾、吐火罗种人杂居。谢飓北五百里有弗栗恃萨傥那，其君突厥种。东北大雪山下有安呾罗缚，西逾岭四百里有阔悉多，西北三百里有活国，沙畹云：玄奘渡缚刍河后行抵活国。此国都城在河南岸，即今之 Kounaouz 是也。此三种皆居吐火罗故地，臣于突厥。君亦突厥种。又有护蜜，亦吐火罗故地。北临乌浒河。沙畹云：指 Pandz 或斡罕河，Wakhan daria 而视为乌浒河上流也。显庆中，其王称沙钵罗颉利发。在吐火罗东北者有俱密，治山中，沙畹云：即玄奘之拘谜陀，在今 Karatégin 之 Sourkhab 流域。王为突厥延陀种。而罽宾之王，亦有特勒之称。最西者波斯。《旧书》云：大业末，西突厥叶护可汗频击破其国。王库萨和，为西突厥所杀。其子施利立，叶护因分其部帅，监统其国，波斯竟臣于叶护。及叶护可汗死，其所令监统者，因自擅于波斯，不复役属于西突厥。施利立一年死，乃立库萨和之女，突厥又杀之。沙畹云：此叶护可汗似西突厥之统叶护而实非。据西方史料，与罗马攻波斯，致库萨和于死者，实可萨部而非统叶护可汗也。然可萨部亦役属于西突厥者也。可萨，名见新旧《唐书·波斯》、《大食传》。《新书·火寻传》作曷萨。可见突厥之势力，弥漫于西域矣。诸国当武德、贞观时，亦多通朝贡，然西突厥未平，则亦文属而已。

　　太宗之平高昌也，岁调千余人戍之。褚遂良上疏谏，其辞极切。其言曰："陛下诛灭高昌，以为州县。王师初发之岁，河西供役之年，飞刍挽粟，十室九空，数郡萧然，五年不复。岁遣千余人，远事屯戍。终年离别，万里思归。去者资装，自须营办。既卖菽粟，倾其机杼，经途死亡，复在其外。兼遣罪人，增其防遏。彼罪人者，生于贩肆，终朝惰业，犯禁违公，止能扰于边城，实无益于行陈。所遣之内，复有逃亡，官司捕捉，为国生事，设令张掖尘飞，酒泉烽举，陛下岂能得高昌一人一粟而及事乎？终须发陇右诸军，星驰电击。由斯而言：此河西者，方于心腹，彼高昌者，他人手足。岂得靡费中华，以事无用。"可见是时之事西域，纯出好大喜功之心，初非事势所须也。故及高宗即位，而其策一变。焉耆王婆伽利死，国人请还突骑支，即许之。并复封诃黎布失毕为龟兹王，与那利、羯猎颠俱归国。弃四镇，移安西都护府于高昌。《本纪》在永徽二年十一月。史称其不欲广地劳人，《旧书·龟兹传》。然终因西突厥之乱，引起兵事。

西突厥统叶护可汗，自负强盛，无恩于国。其伯父杀之而自立，是为莫贺咄侯屈利俟毗可汗。据《旧书》。《新书》云：其诸父莫贺咄杀之立，是为屈利俟毗可汗。《旧书》侯字，疑涉俟字误衍。国人不附，弩失毕部共推泥熟莫贺设为可汗。泥熟不从。时统叶护之子咥力特勒亡在康居，盖指康国言之。彼传云：即汉康居之国也。泥熟迎立之，是为乙毗钵罗肆叶护可汗。连兵不息。莫贺咄败，遁于金山，为泥熟所杀。国人乃奉肆叶护为大可汗。肆叶护猜狠信谗，欲图泥熟，泥熟适焉耆。后没卑达干与弩失毕二部潜谋击之。肆叶护遁于康居。寻卒。国人迎泥熟而立之。是为咄陆可汗。贞观七年，遣鸿胪少卿刘善因至其国，册为吞阿娄拔奚利邲咄陆可汗。据《旧书》。《新书》夺奚字。《通鉴》从《实录》，无"吞阿娄拔"四字。明年卒。其弟同娥设立，是为沙钵罗咥利失可汗。《旧书·阿史那社尔传》：社尔为延陀所败，贞观二年，率余众保可汗浮图。西蕃叶护死，奚利邲咄陆可汗兄弟争国。社尔扬言降之，引兵西上。因袭破西蕃，半有其国。得众十余万。自称都布可汗。率五万余骑讨延陁于碛北。连兵百余日。遇我行人刘善因立同娥设为咥利始可汗，社尔部兵，又苦久役，多委之逃。延陁因纵击，败之。复保高昌国。其旧兵在者才万余人，又与西蕃结隙，九年，率众内属。所谓奚利邲咄陆兄弟争国，似即指其与肆叶护相争之事言之。叶护死之叶护，盖指统叶护，而辞不别白，一似谓肆叶护死后，与同娥设相争者，则以昔人行文，于外语专名，多截取其末二字，同名者多，致启此疑也。《新书》云：奚利邲咄陆与泥熟争国，误。册同娥设者，据《良吏传》乃韦机，新旧书皆同，云刘善因，似亦误。不为众所归。十二年，西部立欲谷设为乙毗咄陆可汗，与咥利失中分。自伊列河已西属咄陆，已东属咥利失。伊列河，今伊犁河。十三年，咥利失、吐屯俟利发与欲谷设通谋作难。咥利失穷蹙，奔拔汗那而死。国人立其子，是为乙屈利失乙毗可汗，逾年死。弩失毕酋帅迎咥利失弟伽那之子薄布特勒而立之，《新书》作毕贺咄叶护。是为乙毗沙钵罗叶护可汗。咄陆遣石国，吐屯攻擒之。寻杀之。弩失毕不服，叛去。咄陆攻康居，道米国，即袭破之。系虏其人，取赀口，不以与下。其将泥熟啜怒，夺取之。咄陆斩以徇。泥孰啜之将胡禄屋袭咄陆，多杀士，国大乱。大臣劝其返国，不从。弩失毕遣使者至阙下请所立。帝遣通事舍人温无隐持玺诏，与国大臣择突厥可汗子孙贤者授之。乃立乙屈利失乙毗可汗之子，是为乙毗射匮可汗。遣使贡方物，且请婚。帝令割龟兹、于阗、疏勒、朱俱波、葱岭五国为聘礼，不克婚。初室点密可汗五代孙弥射，世为莫贺咄叶护。贞观六年，诏遣鸿胪少卿刘善因立为奚利邲咄陆可汗。号与泥熟同，《通鉴考异》疑为一人，非也，胡三省已辩之，见显庆二年《注》。其族兄步真欲自立，谋杀弥射弟侄二十余人。十三年，弥射入朝。其后步真遂自立为咄陆叶护。其部落多不服，委之遁去。步真复入朝。咄陆乃立贺鲁为叶护，以继步真。《新书》云：贺鲁，室点密五世孙。居于多逻斯川。沙畹云：此多逻斯乍观之似即怛逻斯 Talas，其实不然。Talas 习译为怛，不作多。怛逻斯川与城在西州之西，处月、处密、葛逻禄等部在西州之北，《西域图志》以多逻斯川为哈剌额尔齐斯，证以《新书·王忠嗣传》，忠嗣纵反间于拔悉密、葛逻禄、回纥三部而攻多逻斯城，其说是也。统处密、处月、姑苏、歌逻禄、弩失毕五姓之众。冯承钧云：姑苏，疑哥舒或孤舒之别译。咄陆西走，射匮遣兵迫逐，不常厥居。二十二年，乃内属。诏居廷州。寻授瑶池都督。永徽二年，与其子咥运率众西遁。据咄陆之地，建牙于双河及千泉。《新书》但云建牙于千泉。沙畹云：双河，《西域图志》谓在博罗塔拉 Borotal 流域。自号沙钵罗可汗。统率咄陆、弩失毕十姓。数侵扰西蕃诸部，进寇廷州。贺鲁之叛，《旧纪》在永徽元年十二月。三年，诏遣梁建方、契苾何力发府兵二万，合回纥骑五万击之。《旧纪》在二年七月，盖二年命将，三年师始出。处月朱邪孤注附敌，据牢山，建方等攻斩之。四年，罢瑶池都督府，即处月置金满州。是岁，咄陆可汗死，其子真珠叶护请讨贺鲁自效，为贺鲁所拒，不得前。六年五月，又遣程知节率诸将进击，破其兵。副总管王文度不肯战，贺鲁遁去。事在显庆元年，见新旧《书·知节》及《苏定方传》。显庆二年闰正月，擢苏定方为伊丽道行军大总管，仍使弥射、步真为安抚大使，出金山道。贺鲁与咥运走至石国苏咄城，城主诱执之，送石国。燕然副都护萧嗣业至，取之。《旧纪》在显庆三年三月。西域平。分其种落置都督府。又置昆陵、蒙池二都护以统之。以弥射为兴昔亡可汗，昆陵都护，领五咄陆部。步真为继往绝可汗，蒙池都护，领五弩失毕部。四年十一月，贺鲁部悉结阙俟斤都曼寇边，苏定方伐之。五年正月，俘以献。先是诃黎布失毕复来朝，那利烝其妻阿史那，王不能禁，左右请杀之，由是更猜忌，使者言状，帝并召至京师，囚那利，护遣王还。羯猎颠拒不纳，遣使降贺鲁。王不敢进，悒悒死。诏发兵擒羯猎颠，穷诛部党。以其地为龟兹都督府，更立子素稽为王，为都督。徙安西都护府于其国。以故安西为西州都督府。显庆三年。龙朔元年，西域诸国遣使内属。于其地置都督府十六，州八十，县百一十，军府百二十六，皆隶安西都护府。仍于吐火罗国立碑以纪之。《旧书·地理志》。《新志》云州七十二。《通鉴》云：以吐火罗、哌哒、罽宾、波斯等十六国置都督府八，州七十六。县与军府之数同。《考异》云：《唐历》云置州二十六，今从《统纪》。胡《注》云：十六都督府中，其八实为州，故《通鉴》云八也。史称唐之封域，南北如汉之盛，东不及而西过之，《新书·地理志》。皆西突厥为之驱除难也。然虽鞭之长，不及马腹，故虽能取乱亡之突厥，而卒无如方兴之大食何。初波斯女王之为西突厥所杀也，施利之子单羯方奔拂菻，国人迎而立之，是为伊怛支。在位二年而卒。兄子伊嗣俟立，为大首领所逐，奔吐火罗，半道，大食击杀之。子卑路斯，入吐火罗以免。遣使者告难。高宗以道远不可师，谢遣。会大食解而去，吐火罗纳之。龙朔初，又诉为大食所侵。是时天子方遣使者到西域分置州县，以疾陵城为都督府，即拜卑路斯为都督。沙畹云：吐火罗纳卑路斯，只能在波斯最东属地。疾陵城，予谓即塞斯坦 Sedjestan 之都 Zereng 城。上元元年十二月，据《纪》。新旧《书传》均云咸亨中。按此年改元在六月。入朝，死。始其子泥涅师为质。调露元年，诏裴行俭护送，复王其国，行俭以路远，至碎叶而还。泥涅师客吐火罗，初有部落数千人，后渐离贰。景龙二年，又入朝。无何，病死。其国遂灭。沙畹云：泥涅师败后，尚有自号波斯王者。《册府元龟》卷九百九十九载七百二十二年，波斯王勃善活入贡。回历百一十年，有伊嗣俟 Yezdegerd 之裔名 Kuosrou 者，在可汗军中。七百三十二年，有大德僧及烈，随波斯王使至中国。此等波斯王，只能王吐火罗西境而已。大食，永徽二年，其王啖密莫末腻遣使朝贡。更西之拂菻，隋炀帝欲通之不能致。贞观十七年，其王波多力亦遣使来献焉。

第七节　威震西南

唐世，西南夷落之分布，仍与前世略同。晋代宁州之地，为爨氏所擅者，《唐书》称曰两爨蛮。西爨曰白蛮，东爨曰乌蛮。西爨，自言先世出于中国。东爨与西爨言语不同，且须四译乃通。盖二者实非同族，特同戴爨氏为君长而已。《唐书》云：西爨，自云本安邑人，七世祖晋南宁太守，中国乱，遂王蛮中。安邑，汉县，今仍为县，属山西。齐世宁州诸爨，恃远擅命，已见《两晋南北朝史》第十六章第二节。由此上溯之，三国李恢，为建宁俞元人，俞元，后来之澄江县也，其姑夫曰爨习，见《蜀志》本传。《晋书·穆帝纪》：永和元年，有李势将爨颜来奔。《王逊传》：李骧等寇宁州，逊使姚崇、爨琛拒之。可见爨氏在西南，久为强族。中国仕宦之家，为大长于蛮夷中者不乏，西爨此说，当非妄相攀附也。南诏强后。阁罗凤胁徙西爨于永昌，东爨以言语不通，多散依林谷，得不徙，则其言语、居处，皆与西爨不同。其语四译乃与中国通，则与中国交涉，亦必甚鲜。《唐书》所载；东钦二姓为白蛮，妇人衣白缯，初裹五姓为乌蛮，妇人衣黑缯，疑乌白之名，乃汉人因其衣色不同而名之，非其本为近族。所异止于衣色也。爨蛮之地：《唐书》云：自曲州、靖州西南，昆川、曲轭、晋宁、喻献、安宁距龙和城，通谓之西爨白蛮。自弥鹿、升麻二川，南至步头，谓之东爨乌蛮。曲州，本隋恭州，武德八年改名。靖州，唐析隋协州置，当在今曲靖境。晋宁、安宁现已并入昆明市；弥鹿川，疑今之弥勒彝族自治县，乃以此得名。唐南宁州有属县曰升麻，疑亦因川而置，未详为今何地。步头，伯希和云：即贾耽《入四夷路》之古涌步，在今建水县境，见所著《交广印度两道考》。冯承钧译。商务印书馆本。东爨地近于僚，疑僚族也。参看下文。爨蛮西有徒莫祗蛮、俭望蛮。又西为白水蛮。地与青蛉、弄栋接，青蛉即靖蛉。更西，有大勃弄、小勃弄二川蛮。西与西洱河接。此今云南之东境及北境也。前世牂柯之地曰牂柯蛮。其北五百里，有别部曰充州蛮，以唐于此置充州名，见下。又其北曰东谢。在黔州西三百里。东谢之南曰南谢，西曰夷子。夷子之西为西赵。西属昆明蛮，南至西洱河。《唐书》云：山洞阻深，莫知道里，南北十八日行，东西二十三日行，则其占地颇广。此今贵州之东北境，四川之南境也。益西，入西康境，曰松外蛮。胡三省曰：盖以其在松州之外而得名。见《通鉴》贞观二十二年《注》。又西南，入云南西北境，曰西洱河蛮。此中除东爨外，当皆为濮族，其俗与中国甚近。其俗颇类有殷，如以十二月为岁首，婚嫁不避同姓是也。《通鉴》云：语虽小讹，其生业、风俗，大略与中国同。自云本皆华人。其所异者，以十二月为岁首。见贞观二十二年。案濮族之俗，类乎中国者，盖皆传之自古，其语仅小讹，则皆后来播迁其中之华人，濮族本种，自不如此也。然既有语仅小讹者居其中，则决无四译乃通之理，此亦可见东西爨之必非同族矣。《唐书》云：自夜郎、滇池已西，皆庄蹻之裔，虽不必信，要其汉化实甚深，汉人与之杂居者，亦必不少矣。昆明蛮境接西洱河，而其风俗判然不同，《唐书》云：人辫首左衽、与突厥同。随水草畜牧。夏处高山，冬入深谷。尚战死，恶病亡。盖汉世巂昆明之裔也。居古永昌郡地者曰永昌蛮，盖汉哀牢夷之裔。其西有扑子蛮、以青婆罗为通身袴，此亦贯头衣之变也。望蛮。青布为衫裳，联贯珂贝珠络之。髻垂于后。又有黑齿、金齿、银齿三种，见人以漆及镂金银饰齿，寝食则去之。直顶为髻。青布为通裤。及绣脚种，刻踝至腓为文。绣面种，生逾月，涅黛于面。雕题种，身面涅黛。穿鼻种，以金环径尺贯其鼻，下垂过颐。君长以丝系环，人牵乃行。其次以二花头钉贯鼻下出。长鬃种，栋锋种。皆额前为长髻，下过脐，行以物举之。君长则二女在前，共举其髻，乃行。云南徼外千五百里有三濮：曰文面濮，俗镂面，以青涅之。曰赤口濮，裸身而折齿，劖其唇使赤。曰黑僰濮。以幅布为裙，贯头而系之。皆观其俗而知其为古之越。《旧书·地理志》，于邕管诸州，多言其为古西瓯骆之地，邕州，今广西邕宁县。而渝州之北有南平僚，渝州，今四川巴县。南平僚人楼居，梯而上，妇人横布二幅，穿中贯其首，号曰通裙。美发，髻垂于后。竹筒三寸，斜贯其耳，贵者饰以珠珰。其附近有飞头僚、头欲飞，周项有痕如缕，妻子共守之，及夜，如病，头忽亡，比旦还，此盖其人刻项为文，乃有此传说也。乌武僚，地多瘴毒，中者不能饮药，故自凿齿。案此亦因其凿齿而有是说也。俗亦皆类于越。盖又其族之北出者也。

隋世用兵西爨，已见第一章第二节。《唐书·南蛮传》曰：震、玩惧而入朝，文帝诛之，诸子没为奴。高祖即位，以其子弘达为昆州刺史，奉父丧归。上并言震、玩，而下但云其子，殊不别白，隋世刺昆州者为玩，弘达盖玩之子也。《传》又云：益州刺史段纶，遣俞大施至南宁治共范川，诱诸部皆纳款贡方物。太宗遣将击西爨，开青蛉、弄栋为县，青蛉，属髳州。髳州，初名西濮州，武德四年置，贞观十一年改名，今云南牟定县也。弄栋，武德七年，尝置褎州。盖与西濮州皆尝废，而太宗又以兵力定之。《地理志》：武德元年，开南中，置南宁州。治味，在今曲靖县西。五年侨益州。四年，置总管府。又于姚州置都督府。今云南姚安县。八年，更南宁州曰郎州。贞观元年，罢都督府。而《传》言二十二年徙莫祗蛮、俭望蛮内属，以其地为傍、望、览、丘、求五州，隶郎州都督府，则后复置都督也。永徽初，大勃弄酋杨承颠寇麻州。在今楚雄附近。都督任怀玉招之，不听。高宗以赵孝祖为郎州道行军总管，与怀玉讨之。孝祖先破白水蛮，又斩小勃弄酋殁盛，而执承颠。乃罢郎州，更置戎州都督。牂牁与东谢、南谢，首领皆姓谢氏。牂牁酋龙羽，武德三年，遣使朝贡。以其地为牂州。在今贵州德江县西。充州蛮亦来朝贡。以其地为充州。东谢酋元深，南谢酋强，贞观三年偕来。据《唐书·南蛮传》。《通鉴》亦系武德三年。以东谢地为应州。亦在德江县境。南谢地为南寿州，四年，改为庄州。在旧思南府境。西赵首领赵氏，夷子李氏，自古未尝通中国。贞观中，黔州豪帅田康讽之，皆遣使入朝。而西赵首领赵酋摩《旧书》作赵磨。率所部万余户内附。以其地为明州。在旧思南府之南。松外蛮，分数十百部，大者五六百户，小者二三百，凡数十姓，赵、杨、李、董为贵族，皆擅山川，不能相君长。贞观中，嶲州都督刘伯英上疏请击之。居数岁，《本纪》在二十二年。太宗使梁建方发蜀十二州兵进讨。谕降七十余部，户十万九千，署首领蒙河为县令。《地理志》：嶲州昌明县。贞观二十二年，开松外蛮，置牢州及松外、寻声、林开三县。永徽三年，州废，省三县入昌明。昌明，在今盐源县西南。西洱河蛮，道由郎州三千里，建方遣奇兵自嶲州道千五百里掩之。其帅杨盛欲遁去，使者好语约降，乃遣首领纳款军门焉。昆明蛮，武德中，嶲州治中吉伟使南宁，因至其国，谕使入朝贡，自是岁与牂牁使者偕来。总章三年，置禄州、汤望州。当在楚雄境。咸亨三年，其十四姓率户二万内附。析其地为殷州、总州、敦州。殷州居戎州西北，总州居西南，敦州居南，远不过五百余里，近三百里。其后又置盘、麻等四十一州，皆以首领为刺史。盘州，今贵州盘县。南平僚，王姓朱氏，号剑荔王。贞观三年，遣使纳款。以其地隶渝州。永昌蛮，咸亨五年叛。高宗以梁积寿为姚州道行军总管，讨平之。三濮，龙朔中，遣使与干支弗、磨腊同入贡。干支弗、磨腊为南印度之国，见下。三濮盖亦自海道来者也。以上略据《唐书·南蛮传》，皆其部落较大，能自达于朝廷者，其较小者，仅隶属于州郡，则史不能尽著其事矣。《传》云：建中三年，大酋长检校蛮州长史资阳郡公宋鼎与诸谢朝贺，德宗以其国小，不许。诉于黔中观察使王础，以州接牂柯，愿随牂柯朝贺。础奏牂、蛮二州，户繁力强，为邻蕃所惮，请许三年一朝。诏从之。此小部落不达于天子之证也。《新书·地理志》：羁縻州，在剑南道者，诸蛮州九十二，分隶戎州、姚州、泸州三都督府；泸州，今四川泸县。江南道五十一，皆隶黔州；岭南道九十二，分隶桂州、邕州及安南都护府；安南都护府，治今越南河内。可略见其分布之迹。唐世南方民族，情势异于前世者，为僚族之盛。前世僚仅盛于巴、蜀，唐世则州县之招生僚置者，遍于剑南、岭南两道，山南、江南两道亦有之。皆见新旧《书·地理志》。兵事，散见纪、传中者亦不绝。《新书·南蛮传》所载，特其十一而已。盖其种落日盛，出居平地者亦日多也。

隋世用兵林邑，已见第一章第五节。《唐书》云：其王范梵志，哀遗众别建国邑。武德时，再遣使贡方物。贞观时，王头黎又来献。头黎死，子镇龙立。十九年，摩诃慢多伽独弑镇龙，灭其宗。范姓绝。国人立头黎婿婆罗门为王。大臣共废之，更立头黎之女。诸葛地者，头黎之姑子。父得罪奔真腊。女之王，不能定其国，大臣共迎诸葛地为王，妻以女。永徽至天宝，凡三入献。至德后更号环王。马司培罗《占婆史》冯承钧译，商务印书馆本。据碑文云："范梵志名商菩跋摩（Cambhuvarman）。头黎名建达婆达摩（Kandarpadharma）。镇龙因碑文漫漶，名不可考。摩诃慢多伽独，乃 Mahamantrakrt 之译音，此言大臣，非姓名也。镇龙之死，国人立其妹之子拔陀罗首罗跋罗为王，Bhadrecvaravarman 乃婆罗门之子 Chandasya satya Kauika Svamin，《唐书》云立头黎婿婆罗门，误。诸葛地，碑名波罗迦舍达摩（Prakacavarman）。是为毗建陀跋摩一世（Vikrantavarman I）。乃梵志父律陁罗跋摩一世（Ku cri Rudravarman I）外孙之子，《唐会要》称为铸迦舍波摩云。"《唐书》又云：环王，一曰占不劳，亦曰占婆。马司培罗云："环王之称，在占文、梵文中，皆无从求其元名。考诸碑志，占婆皆称占婆王或占婆国，从未改易称号云。"案占婆，即《西域记》之摩诃占波。桑原骘藏《蒲寿庚传》曰："占不劳乃香泊拉（Champura）之音译。泊拉（pura）梵语都城，香泊拉者，香族（Cham）之都城。盖指占婆国都言之，占城乃其义译，中国人以城名名其国云。"隋之破林邑也，尝以其地为三郡，置守令，而道阻不得通。唐世未尝用兵占婆，盖无意于收复其地矣。此亦民族进化，稍趋独立之征也。

占婆之南，新兴之国为真腊。《唐书》云：其王刹利伊金那，贞观初，并扶南，有其地。而《扶南传》云：治特牧城，俄为真腊所并，益南徙那弗那城，武德、贞观时再入朝，则其国仍存。案《隋书》即云扶南为真腊所并，而至唐世仍存者，盖其国之地，日为真腊所侵削，国都数经移徙，每移都一次，史辄云为真腊所并，实则所并者非其全境，而其统绪亦迄未尝绝也。《旧书·地理志》云：笼州，贞观十二年招慰生蛮置。天宝元年，改为扶南郡。乾元元年，复为扶州。今广西扶南县。扶南国，在日南郡之南海西大岛中，去日南郡约七千里，在林邑国西三千里。其王，贞观中遣使朝贡。故笼州招置之，遥取其名，非正扶南国也。然则是时之扶南，已播迁至海岛中矣。婆利为扶南别名，已见《两晋南北朝史》第十六章第四节。《唐书》：诃陵东距婆利，诃陵为今爪哇，婆利，近人拟诸爪哇东之 Bali 岛，则扶南之播迁入海，由来已旧。岂亦如越灭于楚，其子孙分王于江南海上欤？真腊西北有僧高、武令、迦乍、鸠密，后亦为所并。《唐书》云：贞观十二年，僧高、武令、迦乍、鸠密四国使者朝贡。僧高直水真腊西北。其后鸠密又与富那王等遣使来贡。僧高等国，永徽后为真腊所并。僧高而外，诸国所在，多不甚明晰。见并者共有几国，亦难质言。子京文字，往往鹘突如此。此等皆小国，既偕来、相去当不甚远，其见并，或亦不相先后也。西北有参半，北有道明，亦为之属。而其本国，自神龙后分为二半：北多山阜，号陆真腊半，南际海，饶陂泽，号水真腊半焉。半字当系译语。

此外海南诸国，见于史者，环王西有甘毕，南有殊禁，泛交趾海三月乃至。西南有盘盘。冯承钧云，应在湄南江下流。盘盘北有堕和罗，异译亦曰投和，《唐书》误析为二。亦冯承钧说。又云：即《义净求法传》之杜和钵底，在湄南江流域。有二属国：曰昙陵，曰陀洹。昙陵在海洲中。盘盘东南有哥罗。一曰箇罗，亦曰哥罗富沙罗。冯承钧曰：一作迦罗舍弗，一作哥罗舍分，又有哥古罗、古罗、古逻诸译，即大食人之 Kalali，马来人之 Kera，今马来半岛之 Kra 是也。哥罗东南有拘娄密，西北距文单。文单，即陆真腊。其西为赤土。今暹罗境。赤土南有丹丹，《唐书》云：婆利，直环王东南，自交州泛海，历赤土、丹丹诸国乃至，则丹丹应在赤土之南。西南入海得婆罗。益南为罗越，隔海与佛逝相望。见贾耽《入四夷路》。其西南哥谷罗，冯承钧云：在马来半岛西岸。商贾往来所凑集，岁乘舶至广州，州必以闻。佛逝者，室利佛逝之简称，今苏门答腊。又其南为诃陵，诃陵南有多摩苌，西有堕婆登，则皆当在今爪哇也。

诸国在武德、贞观、永徽中，多通朝贡，后亦时来，其文化多受诸印度。惟盘盘兼有佛、道士祠；官，在外曰那延，犹中国刺史也；投和，官有朝请、将军、功曹、主簿、赞理、赞府，分领国事。分州、郡、县三等。州有参军，郡有金威将军，县有城、有局，长官得选僚属自助；犹是中国之遗制。诃陵旁小国二十八，莫不臣服，实为海南盛国。《唐书》传其轶事曰：上元间，国人推女子为王，号悉莫。威令整肃，道不举遗。大食君闻之，赉金一囊置其郊。行者辄避。如是三载。太子过，以足躏金。悉莫怒，将斩之。群臣固请。悉莫曰："而罪实本于足，可断趾。"群臣复为请。乃斩趾以徇。大食闻而畏之，不敢加兵。观此传说，隐见大食贾胡，在南海中卓有势力。诃陵有文字，知星历，傥亦受诸大食者欤？

印度与中国，久有往还，然皆商贾及传法求法之僧人。《梁书》虽载其王屈多，于天监初遣使来献，见《两晋南北朝史》第十六章第四节。其究为贾胡，抑真信使，犹未可知也。至唐世，乃确有国交焉。《唐书·中天竺传》曰：隋炀帝时，遣裴矩通西域诸国，独天竺、拂菻不至为恨。武德中，国大乱。王尸罗逸多勒兵战，无前。四天竺皆臣之。会唐浮屠玄奘至其国。尸罗逸多召见，曰："而国有圣人出，作《秦王破陈乐》，试为我言其人。"玄奘粗言："太宗神武，平祸乱，四夷宾伏状。"王喜，曰："我当东面朝之。"贞观十五年，自称摩伽陀王，遣使者上书。帝命云骑尉梁怀璥持节慰抚。尸罗逸多惊问国人："自古亦有摩诃震旦使者至吾国乎？"皆曰："无有。"乃出迎。膜拜受诏书，戴之顶。复遣使者随入朝。诏卫尉丞李义表报之。尸罗逸多复献火珠郁金菩提树。二十二年，遣右卫率府长史王玄策使其国，以蒋师仁为副。未至，尸罗逸多死，国乱，其臣那伏帝阿罗那顺自立。《旧书·太宗纪》：贞观二十二年五月，右卫长史王玄策击帝那伏帝国，大破之。获其王阿罗那顺。《通鉴》云：击帝那伏帝王阿罗那顺，大破之。新旧《书·天竺传》皆但作那伏帝。发兵拒玄策。时从骑才数十，战，不胜，皆没。遂剽诸国贡物，玄策挺身奔吐蕃西鄙，檄召邻国兵。吐蕃以兵千人来，泥婆罗以七千骑来。《旧书》云：玄策走至吐蕃，发精锐千二百人，并泥婆罗国七千余骑以从。玄策部，分进战茶𬭸和罗城。三日，破之。阿罗那顺委国走。合散兵复陈。师仁擒之。余众奉王息阻乾陀卫江。师仁击之，大溃。获其妃、王子，虏男女万二千人，杂畜三万，降城邑五百八十。东天竺王尸鸠摩送牛马三万馈军，及弓刀宝缨络。迦没路国献异物。拜上地图，请老子像。《旧书》云：因请老子像及《道德经》。玄策执阿罗那顺献阙下。《旧书·本纪》云：吐蕃赞普击破中天竺国，遣使献捷。

　　唐世兵威能伸于印度者，吐蕃之宾服实为之。《唐书》：羁属吐蕃者，有泥婆罗，今廓尔喀。有悉立，当吐蕃西南。有章求拔。或曰章揭拔。本西羌种，在悉立西南四山中。后徙山西，与东天竺接。皆尝通贡使，而章求拔当唐讨天竺时，亦尝发兵来赴云。此皆今印、藏间之国也。此外通朝贡者，又有摩揭陀、那揭、乌茶、《唐书》云：一曰乌仗那，亦曰乌苌。《西域记》乌仗那、乌茶各为一国。罽宾，及狮子国，锡兰。亦皆在五印之域。名蔑，其人短小，兄弟共妻，妇总发为角，以辨夫之多少，亦一妻多夫之族，分布于印度地方者也。《唐书》又云：赡博，或曰赡婆。北距兢伽河。恒河。显庆中，与婆岸、千支弗、舍跋若、磨腊四国并遣使者入朝。千支当夺弗字。在西南海中，本南天竺属国。亦曰半支跋，若唐言五山也。北距多摩苌。又云：多摩苌，东距婆凤，西多隆，南千支弗，北诃陵。显庆中贡方物。伯希和云：此诃陵非在今爪哇岛之诃陵，而为《西域记》之羯俊伽。《册府元龟》载显庆三年，千私弗、舍利君、摩腊并遣使贡献，云三国并属南天竺。舍利君即舍跋若，其国难考。千支弗者，干支弗之讹，乃Kancipura建志补罗。之省译，即今之Conieveram摩刺即贾耽《入四夷路》之没来，《西域记》之秣罗矩吒，固皆在南印度也。

第二章
武则天过了把"皇帝瘾"

第一节　高宗李治得帝位

《诗》曰：赫赫宗周，褒姒灭之。灭周者果褒姒邪？抑别有其人也。

太宗十四子，文德皇后长孙氏所生者三：长子承乾，第四子魏王泰，第九子晋王治是也。承乾立为太子。《旧书·传》曰：先患足，行甚艰难，而泰有美誉，太宗渐爱重之，潜怀夺适之计，各树朋党，遂成衅隙。《新书·传》曰：承乾使户奴数十百人习音声，学胡人椎髻，翦采为舞衣，寻橦跳剑，鼓鞞声昼夜不绝。造大铜炉、六熟鼎，招亡奴盗取人牛马，亲视烹煏，召所幸厮养共食之。又好突厥言及所服，选貌类胡者，被以羊裘，辫发。五人建一落，张毡舍，造五狼头纛，分戟为陈，系幡旗，设穹庐自居。使诸部敛羊以烹，抽佩刀割肉相啖。承乾身作可汗死，使众号哭劙面，奔马环临。忽复起，曰："使我有天下，将数万骑到金城，然后解发，委身思摩当一设，顾不快邪？"其辞容有溢恶，然自典午已来，渐胡俗者甚多，唐亦起代北，则此亦理所可有，承乾盖隋房陵王一流人。承乾之恶，又见张玄素、于志宁传。时二人为宫僚，谏诤，承乾皆遣客刺之。魏王虽有夺宗之谋，承乾初非无过也。泰，太宗以其好士爱文学，特令就府别置文学馆，任自引召学士，月给料物，有逾于皇太子。泰乃招驸马都尉柴令武、房遗爱等二十余人，厚加赠遗，寄以腹心。令武，绍子。绍妻，高祖女平阳公主也。令武又尚太宗女巴陵公主。遗爱，见下。黄门侍郎韦挺，工部尚书杜楚客，如晦弟。相继摄泰府事，俱为泰要结朝臣，津通赂遗。其夺宗之谋，亦不下于隋炀帝也。承乾召壮士左副卫率封师进，及刺客张师政、纥干承基，令杀泰，不克。寻与汉王元昌，高祖第七子。兵部尚书侯君集，左屯卫中郎将李安俨，隐太子臣。太子败，安俨为之力战，太宗以为忠，亲任之，使典宿卫。洋州刺史赵昂，洋州，今陕西洋县。昂，高祖女长广公主之子。驸马都尉杜荷如晦子。尚太宗女城阳公主。谋反，将纵兵入西宫。胡三省曰：谓大内。以在东宫西，故称之。贞观十七年，齐王祐反。祐太宗第五子。十年授齐州都督。齐州，即齐郡。《旧书·传》曰：其舅尚乘直长阴弘智谓祐曰："王兄弟既多，即上百年之后，须得武士自助。"乃引其妻兄燕弘信谒祐。祐接之甚厚。多赐金帛，令潜募剑士，有昝君谟、梁猛彪者，并以善骑射，得幸于祐。长史权万纪斥逐之。而佑潜遣招延，狎昵愈甚，万纪斥出，不许与祐相见。事占及君谟谋，杀万纪。事泄，万纪悉收系狱，发驿奏闻。诏刑部尚书刘德威往按之，并追祐及万纪入京。祐大惧。俄而万纪奉诏先行，祐遣燕弘信兄弘亮追射杀之。既杀万纪，君谟等劝祐起兵。诏遣李勣与刘德威便道发兵讨之。《通鉴》云：德威按之，事颇有验，及祐反，乃诏勣发兵讨之。未至，兵曹杜行敏执祐送京师，赐死。此事亦如建成时之庐江，无待论也。《承乾传》曰：祐反，承乾谓纥干承基曰：我西畔宫墙，去大内正可二十步来耳。此间大亲近，岂可并齐王乎？言近易为变也。《新书》云：岂与齐州等？会承基亦外连齐王，系狱当死，遂告其事。太宗命长孙无忌等参鞫之，事皆明验。废承乾为庶人，徙黔州。十九年，卒于徙所。元昌赐自尽。侯君集等咸伏诛。王珪少子敬直，以尚主太宗女南平公主。拜驸马都尉，坐与承乾交结，徙于岭外。《魏徵传》：徵尝密荐杜正伦、侯君集有宰相才，徵卒后，正伦以罪黜，君集犯逆伏诛，太宗始疑徵阿党。徵又自录前后谏诤言辞往复，以示史官起居郎褚遂良，太宗知之，愈不悦。先许衡山公主降其长子叔武，于是手诏停婚，《廿二史考异》云：《公主传》：太宗二十一女，无封衡山者，《于志宁传》云：衡山公主既公除，将下嫁长孙氏，则衡山停婚魏氏后，许嫁长孙。《公主传》，下嫁长孙氏者，有新兴、新城两公主，未审何人初封衡山也。顾其家渐衰矣。《新书》云：徵之没，晋王奉诏致祭，帝作文于碑，遂书之，及是，遂仆所为碑。此事论者皆谓太宗纳谏非诚，故积忿至斯而发。然君集固确有反谋。《正伦传》云：行太子左庶子。太宗谓曰："我儿全无令誉，私所引接，多是小人，卿可察之。若教示不得，须来告我。"正伦数谏不纳，乃以太宗语告之。承乾抗表闻奏。太宗谓正伦曰："何故漏泄我语？"对曰："开导不入，故以陛下语吓之，冀其有惧，或当反善。"帝怒，出为谷州刺史。又左授交州都督。后承乾构逆，事与侯君集相连，称遣君集将金带遗正伦，由是配流欢州。《韦挺传》云：承乾多过失，太宗微有废立之意，杜正伦以漏泄禁中语左迁。时挺亦与泰事，太宗谓曰："朕已罪正伦，不忍更置卿于法。"特原之。然则正伦所泄者，乃太宗欲废立之意，非教示不得须来告我之语也；又与侯君集交关；太宗安得不因此而疑及徵？且安知叔武之不为杜荷、王敬直乎？若然，则停其婚者，正所以保全之矣。

承乾既废，泰亦同败，晋王乃获渔人之利焉。《旧书·泰传》曰：承乾败，太宗面加谴让。承乾曰："臣贵为太子，更何所求？但为泰所图，与朝臣谋自安之道，不逞之人，遂教臣为不轨。今若以泰为太子，所谓落其度内。"太宗谓侍臣曰："承乾言赤是。我若立泰，便是储君之位，可经求而得。泰立，承乾、晋王皆不存，晋王立，泰共承乾可无恙也。"乃幽泰于将作监，下诏降封东莱郡王。因谓侍臣曰："自今太子不道，藩王窥伺者，两弃之，传之子孙，以为永制。"寻改封顺阳王，徙居郧乡。今湖北郧县。二十一年，进封濮王。永徽三年，薨于郧乡。《长孙无忌传》曰：承乾得罪，太宗欲立晋王，而限以非次，回惑不决。御两仪殿，群官尽出，独留无忌及房玄龄、李勣。谓曰："我三子一弟，所为如此，我心无谬。"因自投于床，抽佩刀欲自刺。无忌等惊惧，争前扶抱，取佩刀以授晋王。无忌等请太宗所欲。报曰："我欲立晋王。"无忌曰："谨奉诏。有异议者，臣请斩之。"太宗谓晋王曰："汝舅许汝，宜拜谢。"晋王因下拜。太宗谓无忌等曰："公等既符我意，未知物论何如？"无忌曰："晋王仁孝，天下属心久矣。伏乞召问百僚，若不蹈舞同音，臣负陛下万死。"于是建立遂定。寻又欲立吴王恪。无忌密争之，其事遂辍。恪，太宗第三子。太宗次子楚王宽早卒，故承乾、泰废，以嫡当立晋王，以长则恪亦可立。《新书·传》曰：恪善骑射，有文武才；母隋炀帝女，地亲望高；中外所向。帝初以晋王为太子，又欲立恪。长孙无忌固争。帝曰："公岂以非己甥邪？且儿英果类我，若保护舅氏未可知。"无忌曰："晋王仁厚，守文之良主。且举棋不定则败，况储位乎？"帝乃止。故无忌常恶之。永徽中，房遗爱谋反，因遂诛恪，以绝天下望。临刑呼曰："社稷有灵，无忌且族灭。"《泰传》曰：太子败，帝阴许立泰，岑文本、刘洎请遂立泰为太子。长孙无忌固欲立晋王。帝以太原石文有治万吉，复欲从无忌。泰微知之。因语晋王："尔善元昌，得无及乎？"王忧甚。帝怪之。以故对。会召承乾谴勣，承乾言若泰为太子，正使其得计。帝乃幽泰，降王东莱。然犹谓无忌曰："公劝我立雉奴，雉奴仁懦，得无为宗社忧？"夫君臣父子之际，人所难言，《旧书·褚遂良传》曰：魏王为太宗所爱，礼秩如嫡。贞观十五年，太宗问侍臣："当今国家，何事最急？"遂良进曰："太子诸王，须有定分，陛下宜为万代法，以遗子孙。"太宗曰："此言是也。"因言："公等为朕搜访贤德，以傅储宫，爰及诸王，咸求正士。"又曰："事人岁久，即分义情深，非意窥窬，多由此作。"于是限王府官僚，不得过四考。则当时文武之官，各有托附，亲戚之内，分为朋党，太宗亦颇知之，特不审耳。若群臣则岂有不知者？然终莫能为太宗言之。然则当承乾获罪，太宗意未宣露之际，无忌安敢固执欲立晋王？且太宗岂以石文决事者乎？《传》又曰：承乾废，魏王泰入侍，太宗面许立为太子。因谓侍臣曰："昨青雀自投我怀，云臣今日始得与陛下为子，更生之日也。臣惟有一子，臣百年之后，当为陛下杀之，传国晋王。父子之道，故当天性，我见其如此，甚怜之。"遂良进曰："陛下失言。伏愿审思，无令错误也。安有陛下百年后，魏王执权，为天下主，而能杀其爱子，传国晋王者乎？陛下昔立承乾，复宠爱魏王，嫡庶不分，所以至此，殷鉴不远，足为龟镜。今立魏王，伏愿别安置晋王，始得安全耳。"太宗涕泗交下曰："我不能。"即日召长孙无忌、房玄龄、李勣与遂良等定策，立晋王为皇太子。斯言尤野。安有如此诞谩之辞而可欺太宗者？《无忌传》言定策者固无遂良名，而《新书·遂良传》，载其贬爱州后上表云："往者承乾废，岑文本、刘洎奏东宫不可少旷，宜遣濮王居之，臣引义固争，明日仗入，先帝留无忌、玄龄、勣及臣定策，立陛下。"疑其表亦不足信也。太宗废承乾，亦兼废泰，似甚英断，为中主所不及。然果如此，先何得宠泰，使之礼秩如嫡？窃疑是时泰夺宗之谋，亦必大彰露，其事丑恶，史官讳之不书，附会揣测之辞，遂因之而多也。然遂良虽不与定策，而其与长孙无忌如骖之靳，则固不疑矣。

晋王既立，魏王之党，阴谋仍未尝息。《旧书·刘洎传》曰：太宗征辽，令洎与高士廉、马周留辅皇太子定州监国。太宗谓洎曰："我今远征，使卿辅翼太子，社稷安危之机，所寄尤重，卿宜深识我意。"洎进曰："愿陛下无忧。大臣有愆失者，臣谨即行诛。"太宗以其妄发，颇怪之。谓曰："君不密则失臣，臣不密则失身。卿性疏而大健，恐以此取败。深宜戒慎，以保终吉。"十九年。太宗辽东还，发定州，在道不康。洎与马周入谒。出，褚遂良传问起居。洎泣曰："圣体患臃，极可忧惧。"遂良诬奏之曰："洎云：'国家之事不足虑。正当傅少主行伊、霍故事，大臣有异志者诛之，自然定矣。'"太宗疾愈，诏问其故。洎以实对，又引马周以自明。太宗问周，周对与洎所陈不异。遂良又执证不已。《通鉴考异》引《实录》云：洎以实对。遂良执证之不已。洎引马周自明。太宗问周。周对与洎所陈不异。帝以诘遂良，遂良又证周讳之，较为明白。《旧书》与《鉴》，所本者同，而辞不完具，且颇失次。乃赐洎自尽。洎临引决，请纸笔欲有所奏。宪司不与，太宗知，怒之，并令属吏。则天临朝，其子弘业上言："洎被遂良谮而死。"诏令复其官爵。此事之必非如此，无待于言。《唐书》之文，本于《实录》，见《通鉴考异》。《通鉴》不信遂良谮之之说，然又载诏云："洎与人窃议，窥窬万一，谋执朝衡，自处伊、霍，猜忌大臣，皆欲诛戮，宜赐自尽。"则太宗固信其欲谋危东宫。此时而谋危东宫，谈何容易？洎若怀此志，岂得泄之于褚遂良？疑遂良所以谮之，太宗所以杀之者，其故实别有在，诏语特诬辞也。洎与岑文本同党魏王，文本是时，已从征辽而死，洎之所处，实甚孤危，而犹相龁龁如此，朋党分争之烈，可以想见。史所传太宗属洎之语，虽不足信，而其尝有所属，则似无可疑。岂既立晋王，又虑长孙无忌威权过重，而特以魏王之党参之邪？

贞观二十三年五月，太宗崩。治立，是为高宗。《新书·张行成传》曰：高宗即位，晋州地震不息，晋州，今山西临汾县。帝问之。对曰："天阳也，君象。地阴也，臣象。君宜动，臣宜静。今静者顾动，恐女谒用事，人臣阴谋。又诸王、公主，参承起居，或伺间隙，宜明设防闲。且晋陛下本封，应不虚发。伏愿深思，以杜未萌。"此时之情势可见。果也，至永徽四年，而有房遗爱之变。遗爱，玄龄次子也，尚太宗女高阳公主。玄龄卒，子遗直嗣。《旧书·传》曰：初主有宠于太宗，故遗爱特承恩遇，与诸主婿礼秩绝异。主既骄恣，谋黜遗直而夺其封爵，诬告遗直无礼于己。高宗令长孙无忌鞫其事，因得主与遗爱谋反状，《通鉴》云：公主使人诬告遗直无礼于己。遗直亦言遗爱及主罪。云罪盈恶稔，恐累臣私门。上令长孙无忌鞫之，更获遗爱及主反状。遗爱伏诛，主赐自尽，诸子配流岭表。遗直以父功，特宥之，除名为庶人。时牵连获罪者：有宁州刺史薛万彻，岚州刺史柴令武，皆主婿也，万彻尚高祖女丹阳公主。伏诛。高祖第六子荆王元景及吴王恪、巴陵公主赐死。左骁卫将军执失思力，亦主婿也，思力突厥酋长，随隋萧后入朝，击薛延陀、平吐谷浑有功。尚高祖女九江公主。配流巂州。侍中宇文节、太常卿江夏王道宗配流桂州。此据《旧书·本纪》。《传》及《新书·传》皆作象州，今广西象县。恪母弟蜀王愔废为庶人。令封兄哲威徙岭南，盖文武各有托附，亲戚分为朋党之祸，至斯毕作矣。高宗之党，是时可谓全胜，然不旋踵而毙于武后。螳螂捕蝉，黄雀又随其后。世事之变幻可胜慨哉！唐起代北，骄淫矜夸之习，积之已久，势不能无所发泄。太宗之后，承乾倪获继位，未必不为齐文宣，泰而获遂所求，亦未必不为隋炀帝。然大化迁流，往事终不可以复演也。天乃又易一局，使庸懦者承之。以牝鸡司晨，肆其淫暴而极之于天宝，而唐遂终以自毙矣。发泄之途不同，而有所蕴者，终必一肆其毒而后已，不亦重可惧乎？然灭周者果褒姒邪？抑别有其人也。

第二节　武则天变唐为周

武后，并州文水人。今山西文水县。父士彟。大业末，为鹰扬府队正。唐兵起，从平京城。贞观中，累迁工部尚书、荆州都督。后年十四，太宗闻其美容止，召入宫，立为才人。太宗崩，为尼，居感业寺。高宗于寺见之，复召入宫，拜昭仪。皇后王氏、良娣萧氏与昭仪争宠，互谗毁之，帝皆不纳。《旧书·后纪》。《纪》又云：进号宸妃。《通鉴》云：唐因隋制，后宫有贵妃、淑妃、德妃、贤妃，皆视一品。上欲特置宸妃，以武昭仪为之。韩瑗、来济谏，以为故事无之，乃止。《考异》曰：《唐历》云：瑗、济谏帝不从。按立武后诏书犹云昭仪武氏，则未尝为宸妃也。今从《会要》。《新书·后传》云：高宗为太子时入侍，悦之。王皇后久无子，萧淑妃方幸，后阴不悦。他日，帝过佛庐，才人见且泣，帝感动。后廉知状，引纳后宫，以挠妃宠。武后之入宫，未知其在何年。《旧书·高宗本纪》：永徽三年七月，立陈王忠为皇太子。《忠传》曰：王皇后无子，其舅中书令柳奭说后，谋立忠为太子，以忠母贱，冀其亲己。后然之。奭与尚书右仆射褚遂良、侍中韩瑗讽太尉长孙无忌、右仆射于志宁等固请立忠为储后。高宗许之。案高宗在位三十四年，崩年五十有六，则其即位之三年，年仅二十有五，中宫无子，理宜待之，而亟亟于立庶者？武后长子弘生于是年，《旧书·忠传》云：王皇后被废，武昭仪所生皇子弘年三岁，案弘薨于上元二年，年二十四，新旧书同，则永徽六年，年当四岁。盖古人计年，有如今人以虚年计者，亦有如西俗，周岁然后增年者。《弘传》所云，以虚年计，《忠传》所云，以足岁计也。然则弘实生于永徽三年。盖虑其以有子而夺适？则是时王后之位，已颇危矣。然建储之谋，卒不能戢易后之议。六年六月，昭仪诬后与其母柳氏共为厌胜。敕禁柳氏入宫。奭亦贬谪。时中书舍人李义府，为长孙无忌所恶，左迁。诏未下，义府阴知之。问计于同僚王德俭。德俭教以建策立昭仪。义府于是复留，且超拜中书侍郎，参知政事。德俭者，许敬宗之甥。敬宗时为卫尉卿。敬宗为后党，而义府问计于其甥，知后与朝臣，久有交关矣。易后之说既起，高宗召无忌、遂良、志宁及李勣问焉。勣称疾不入。志宁无言，以持两端。惟遂良争之甚力。韩瑗及中书侍郎来济亦力谏。他日，勣入，帝问之。勣曰："此陛下家事，何必问外人？"许敬宗亦宣言于朝曰："田舍子剩穫十斛麦，尚欲更故妇，况天子邪？"乃贬遂良为潭州都督。今湖南长沙县。下诏云：王皇后、萧淑妃谋行鸩毒，废为庶人。后母、兄及淑妃兄弟皆流岭南，而立昭仪为后。时十一月也。后与淑妃，皆为武后所杀。《旧书·后妃传》云：废后及萧良娣皆为庶人，囚之别院。武昭仪令人皆缢杀之。又云：初囚，高宗念之，间行至其所。见其室封闭极密，惟开一窍通食器出入。高宗恻然，呼曰："皇后、淑妃安在？"庶人泣而对曰："妾等得罪，废弃为宫婢，何得更有尊称？"又曰："今至尊思及畴昔，使妾等再见日月，出入院中，望改此院为回心院，妾等再生之年。"高宗曰："朕即有处置。"武后知之，令人杖庶人及萧氏各一百，截去手足，投于酒瓮中，曰："令此二妪骨醉。"数日而卒。二说自相违异，盖古人著书，信以传信，疑以传疑，并存其说，以待后人之抉择，原不谓其必可信也。武后语不足信者极多，举此一事，以例其余，不再一一致辩。萧淑妃亦作萧良娣者，《通鉴考异》曰："新旧《唐书》或作萧淑妃，或作萧良娣。《实录》皆作良娣。废皇后诏亦曰良娣萧氏。当时后宫位号，无良娣名，惟汉世太子宫有良娣。疑高宗在东宫时，萧为良娣，及即位拜淑妃也。"案废后诏亦曰良娣者，或史所传诏书未必皆元文，唐人史笔尚不甚谨严也。然则以立后诏称昭仪，而谓武后未尝为宸妃，亦难遽断矣。明年，为显庆元年，正月，废太子，立后子代王弘。二年三月，遂良改桂州都督。八月，许敬宗、李义府奏韩瑗、来济与遂良潜谋不轨，以桂州用武之地，以授遂良，欲以为外援。乃贬瑗为振州，今广东崖县。济为台州，今浙江临海县。遂良为爱州刺史。柳奭亦自荣州再贬象州。新旧《书》皆作爱州。《通鉴考异》云误，从《实录》作象州。荣州，今四川荣县。四年，洛阳人李奉节告太子洗马韦季方、监察御史李巢朋党。敕侍中许敬宗、辛茂将鞫之。季方自刺不死。敬宗因奏季方欲与无忌构陷忠臣近戚，使权归无忌，伺隙谋反。于是削无忌太尉，以为扬州都督，今江苏江都县。于黔州安置。敬宗又奏无忌谋逆，由褚遂良、柳奭、韩瑗构扇；奭仍潜通宫掖，谋行鸩毒。时遂良已卒，追削官爵。夷与瑗并除名。于志宁亦以党附无忌免官。遣使发道次兵援送无忌诣黔州。诸子皆流岭表。遂良二子流爱州，于道杀之。无忌族弟俭，尚太宗女新城公主，其女兄，韩瑗妻也，俭坐流巂州。至流所，县令希旨杖杀之。俭甥赵持满，善骑射，喜任侠，时为凉州长史，敬宗亦诬其与无忌谋反，杀之。命御史往高州追无忌族弟恩，象州追柳奭，振州追韩瑗，并枷锁诣京师。旋又命许敬宗等覆按无忌事。敬宗遣人诣黔州逼令自缢。诏柳奭、韩瑗所至斩决。夷死于象州。瑗已死，发验而还。长孙恩流檀州。今河北密云县（今属北京）。籍没三家，近亲皆流岭表为奴婢。明年，徙来济庭州。龙朔二年，西突厥入寇，济赴敌死焉。此事为唐初一大狱。懿戚、旧臣，相继就戮，非极暴虐无忌惮者，不敢出此。高宗听武后为之而不能止，可见其昏庸异于寻常矣。长孙无忌、褚遂良等非必正人，然太宗之政，究有典型，使任此等旧人，必不能遽大坏，永徽之治，史称其有贞观遗风，由此也。至险诚徼幸者竞进，而朝局不可问矣。当时乱政最甚者为李义府。后立之岁，即以中书侍郎同平章事。显庆三年，复为中书令。性既贪冒，母、妻、诸子、女婿，又皆卖官粥狱，其门如市。虽不久而败，而四年八月，复同三品。至龙朔三年，乃以典选卖官流嶲州。武后时贪夫竞进，淫刑以逞，实皆自太帝时已然矣。

高宗八子：长废太子忠。次原王孝，早薨。麟德元年。次泽王上金。次许王素节。素节母，萧淑妃也。次弘，次贤，次哲，即中宗。初名显，封周王。仪凤二年，徙封英王，改名哲。武后圣历元年，召还东都，立为皇太子，依旧名显。次旦，即睿宗。初名旭轮，封殷王。乾封元年，徙封豫王。总章二年，徙封冀王。去旭字。上元二年，徙封相王。仪凤三年，改名旦。徙封豫王，降为皇嗣，依旧名轮。中宗为太子，封为相王，又改名旦。皆武后所生。忠之废，封为梁王，为梁州都督。今陕西南郑县。后徙房州。今湖北房县。显庆五年，废为庶人。徙黔州，因于承乾故宅。帝自显庆已后，多苦风疾，百司表奏，皆委后详决。《旧书·后纪》。后因牵制帝，专威福。帝不能堪。《新书·上官仪传》。麟德元年，后召方士郭行真入禁中为蛊祝。宦人王伏胜发之。上密召西台侍郎上官仪谋废后。左右驰告后。后诣帝上诉。帝羞缩，待之如初。《新书·后传》。仪先为陈王谘议，与伏胜俱事忠，于是许敬宗奏仪、伏胜与忠谋大逆。仪、伏胜皆被杀。忠亦赐死。上元元年八月，帝称天皇，后称天后。自诛上官仪后，上每视朝，后垂帘于御坐后，政事大小，皆与闻之，内外称为二圣。帝欲下诏令后摄国政，中书侍郎郝处俊谏止之。《旧书·高宗纪》上元二年。又《李义琰传》，义琰亦谏止帝。后乃更为太平文治事，大集诸儒内禁殿，撰定《列女传》、《臣轨》、《百寮新诫》、《乐书》等。因令学士密裁可奏议，分宰相权。后自立后即与政事，至是二十年矣。是岁，太子弘卒。新旧《书·弘传》皆云：弘以萧淑妃女义阳、宣城二公主幽掖庭，年逾三十，请即出降，忤后意。惟《旧书》不云弘被害，《新书》则云遇酖，《本纪》又径书天后杀皇太子。《通鉴考异》云：《实录》亦不言弘遇害，《唐历》则云请嫁二公主，不以寿终，而李泌对肃宗，亦有天后图临朝鸩杀弘之语。案请降二公主，何至一怒而欲杀？武后是时欲图临朝，岂复弘所能沮？则谓后杀弘殆不足信也。弘既死，乃立贤为太子。永隆元年，又废之。新旧《书》皆云：有明崇俨者，以左道事后，言英王类太宗而相王贵，贤闻恶之。宫人或传贤为后姊韩国夫人所生。贤闻之，益自疑。调露中，天子在东都，崇俨为盗所杀，后疑贤谋，遣人发其阴事。诏中书侍郎薛元超、黄门侍郎裴炎、御史大夫高智周与法官杂治之。于东宫马坊搜得皂甲数百领。乃焚甲于天津桥，而废贤为庶人。开耀元年，徙巴州。今四川巴中县。及武后废中宗，命丘神勣往巴州检校贤宅，神勣逼令自杀。太宗子曹王明，先坐与贤通谋，降封零陵王，徙于黔州，都督谢祐胁令自杀。贤好声色，与户奴狎昵，事见《旧书·韦思谦传》，则其人确有失德，然罪不至废。至于焚甲天津桥，则所以示舆人耳。贤在是时，岂能为武后之害？武后虽残，亦未闻自杀其子，然则谓贤为韩国所生，其事或不诬也。贤既死，乃立哲为太子。弘道元年十二月，高宗崩，哲立，是为中宗。

中宗之立，太后临朝称制。明年，中宗嗣圣。武后废立，改元文明。九月，又改为光宅。二月，废帝为庐陵王，而立豫王旦。后仍临朝。九月，李勣孙敬业及其弟敬猷、唐之奇、骆宾王、杜求仁等起兵扬州。敬业为眉州刺史，坐事贬柳州司马。敬猷为盩厔令，免官。之奇为给事中，贬括苍令。宾王为长安主簿，贬临海丞。求仁为詹事司直，贬黟令。又魏思温，尝为御史被黜，是时为盩厔尉。皆不得志之徒也。眉州，今四川眉山县。柳州，今广西马平县。盩厔，今陕西盩厔县。括苍，今浙江丽水县。临海郡，即台州。黟，今安徽黟县。太后遣淮安王神通孙孝逸讨之。敬业党魏思温劝其直指东都，而薛璋欲先取常、润。常州，今江苏武进县。润州，今江苏镇江县。敬业从璋计，渡江取润州。还兵拒孝逸于高邮。败，走润州。欲入海，为其下所杀。《旧书·裴炎传》曰：中宗既立，欲以后父韦玄贞为侍中，又欲与乳母五品。炎固争以为不可。中宗不悦，谓左右曰："我让国与玄贞岂不得？何为惜侍中邪？"炎惧，乃与则天定策废立。炎与中书侍郎刘棉之、羽林将军程务挺、张虔勖等勒兵入内，宣太后令，扶帝下殿。徐敬业构逆，太后召炎议事，炎奏曰："皇帝年长，未俾亲政，乃致猾竖有辞。若太后返政，则此贼不讨而解矣。"御史崔察闻而奏炎有异图，炎遂见杀。凤阁侍郎胡元范明炎不反，流死琼州。今广东琼山县。纳言刘齐贤、吏部侍郎郭待举皆坐救炎贬。程务挺时为安抚大使，督兵以御突厥。炎下狱，务挺密表申理，由是忤旨。务挺素与唐之奇、杜求仁友善，或构其与裴炎、徐敬业皆潜相应接，武后遣就军斩之。夏州都督王方翼，王后从祖兄也，有边功，与务挺亲善，徵下狱，流死崖州。在今琼山县境。《新书·炎传》曰：豫王虽为帝，未尝省天下事。炎谋乘太后出游龙门，即伊阙。在洛阳南。以兵执之，还政天子。会久雨，太后不出而止。《刘仁轨传》曰：裴炎下狱，仁轨方留守京师。郎将姜嗣宗以使来，因语炎事，且曰："炎异于常久矣。"仁轨曰："使人知邪？"曰："知。"及还，表嗣宗知炎反状不告。太后怒，拉杀之。观此二事，炎似确有意于兵谏。然亦不过欲返政睿宗而已，未尝欲复中宗也。《旧书·刘祎之传》：祎之尝窃语凤阁舍人贾大隐曰："太后既能废昏立明，何用临朝称制？不如返政以安天下之心。"其意正与炎同。是则废立之举，当时舆论，并不以为不然，可见中宗之不克负荷。《炎传》论云：惟虑中宗之过失，不见太后之苞藏，自是当时实况，然则敬业等之举动，谓其非叛焉不可也。至救炎者之骈死，则自出于猜忌。李孝逸虽有功，既为唐之宗室，自亦不能免矣。垂拱二年二月，左迁施州刺史。今湖北恩施县。三年十一月，《新书·本纪》，事在天授二年，《通鉴》从《旧传》及《实录》在此月。复被构流儋州，死。今广东儋县。

武后之废中宗，非遂有意于革命也，然其为人也，贪于权势而不知止，而导谀贡媚之徒，复不惜为矫诬以逢迎之，则推波助澜，不知所止矣。垂拱二年正月，太后下诏复政，睿宗知其非情，固让，后仍临朝称制。四年二月，毁乾元殿，就其地造明堂。四月，兄子承嗣，伪造瑞石，文云圣母临人，永昌帝业。令雍州人唐同泰雍州，后改为京兆府，今陕西长安县。表称获之洛水。太后大悦，号其石为宝图。五月，后加尊号曰圣母神皇。七月，大赦天下，改宝图曰天授圣图。封洛水神为显圣，加位特进，并立庙，就水侧置永昌县，变革之机肇矣。时高祖之子在者，尚有韩王元嘉、第十一。霍王元轨、第十四。舒王元召、第十八。鲁王灵夔；第十九。太宗之子在者，有越王贞、第八。纪王慎。第十。后之称制，贞与元嘉、元轨、灵夔，及元嘉子黄国公撰，元轨子江都王绪，灵夔子范阳王蔼，及贞长子琅邪王冲等，密有匡复之志。后以明堂成，将行大享之礼，追皇宗赴集。元嘉等递相语曰："大享之际，神皇必遣人告诸王密，因大行诛戮，皇家子弟，无遗种矣。"于是撰诈为皇帝玺书与冲曰："朕被幽系，王等宜各救拔我也。"冲又伪为玺书，云神皇欲移国祚。冲时为博州刺史，今山东聊城县。遂起兵。贞亦自蔡州应之。今河南汝南县。太后遣丘神勣讨冲，麴崇裕、岑长倩讨贞。冲攻武水，县，在今聊城西南。不克，还走州，为守门者所杀。神勣未至，乱已平矣。贞子规，逆官军而败，与贞俱自杀。于是收韩、鲁二王及黄公诛之。霍王废徙黔州，行至陈仓县，后改名宝鸡，今陕西宝鸡县。而死。江都王戮于市。范阳王知越王必败，发其谋，得不诛，后亦为酷吏所杀。冲弟常山公倩，坐与父兄连谋诛。温，以前告流岭南，寻卒。东莞公融，高祖子虢王凤之子也，为申州刺史。今河南信阳县。得越王书，仓卒不能应，为僚吏所逼，奏之，得擢授，寻为支党所引，仍被诛。寿州刺史赵瑰，妻高祖女常乐长公主也。越王将起兵，作书告之，瑰许率兵相应；公主对使者，复有激厉诸王之语；皆伏诛。济州刺史薛颛，济州，在今山东茌平县西南。太宗女城阳长公主子也，及弟绪、绍，皆与琅邪王通谋，颛、绪皆诛，绍以尚武后女太平公主，死于狱。于是海内更无与后抗者，变革之机益亟。是岁十二月，神皇拜洛受图。《天授圣图》。明堂成。明年正月，亲享。大赦天下。改元曰永昌。十一月，依周制改为建子，以是月为正月。改元延载。至久视元年，乃复夏正。自以曌字为名。读如照。改诏书曰制书，避嫌名也。有沙门十人，伪撰《大云经》表上之，盛言神皇受命之事，制颁于天下。九月九日，遂革唐命，改国号为周。武氏自托于周，谓周平王少子，生而有文在手曰武，遂以为氏，故其自王，追尊周文王为始祖文皇帝，而谥所谓平王少子者曰睿祖康皇帝。改元天授。加尊号曰圣神皇帝。降皇帝为皇嗣，赐姓武氏。

武后以一女主，而易姓革命，开旷古未有之局，论者多以为奇，其实无足异也。专制之世，政权谁属，人民本不过问；天泽之分既严，称兵废置，往往有反叛之嫌，苟非握大权，拥强兵，自度全国莫能与抗者，亦多不敢为是；此历代篡夺之主，所以获安其位也。母后临朝，有帝王之实者，本自不乏，特未尝居其名耳。武后在高宗时，盗窃政柄，已余二十年，其形势，又非他临朝摄政者比，实既至矣，易其名何难？特视其欲不欲耳。武后为纵恣而无忌惮之人，有以旷古未有之局歆之者，自将试为之，而革命之局成矣。若谓皇帝之名，本无足歆，居之，徒足招人讥议，且授人以攻击之柄而自蹈危机，何必为是？则试问至二十世纪，皇帝之名，更何足歆？袁世凯何以犹冒不韪而为之，以致身败名裂乎？从来居权势之地者，多无学识，亦罕能深思远虑，不能以读史者之见衡之，求之深而反失之也。

第三节　女皇帝的杀戮一生

武后何如主？曰：暴主也。然亦暴主之一耳，谓其暴有特甚于他暴主之处，亦不其然。

后诒毒最甚者，为其淫刑以逞。杀人既多，即亲族亦不得免，后自杀其子，已见上节。残害武氏亲属，见第五节。又中宗妃赵氏，睿宗妃刘氏、窦氏，亦皆为后所杀，见《新书·后妃传》。论者因谓其残酷有过寻常。考后之任刑，实自废中宗时始，《通鉴》：中宗废后，有飞骑十余人，饮于坊曲。一人言："乡知别无勋赏，不若奉庐陵。"一人起出。诣北门告之。坐未散，皆捕得。系羽林狱。言者斩，余以知反不告绞，告者除五品官。告密之端，自此兴矣。至徐敬业叛而益甚。乃置匦朝堂，以受密奏。事在垂拱二年三月。有告密者，皆给公乘，州县护送至阙下，廪之宾馆，称旨者则授之爵赏以诱之。《旧书·酷吏传》文。酷吏遂乘时而起。后时酷吏，见于《旧书》列传者十一人，曰来俊臣，曰周兴，曰傅游艺，曰丘神勣，曰索元礼，曰侯思止，曰万国俊，曰来子珣，曰王弘义，曰郭霸，曰吉顼。此特其事之有传于后者耳，非谓其为最酷者也。中宗神龙元年三月，尝列举当时酷吏已死者及未死者，加以惩处，凡二十七人。玄宗开元十三年三月，御史大夫程行谌，又就此二十七人，加以区别，其中二十三人罪较重，子孙不许与官，四人罪较轻，但不许近仕而已。见《本纪》及《酷吏传》。丘神勣即在较轻之四人中也。此二十七人，盖当时为虐最甚者，其余尚难悉数。如《刑法志》及《来俊臣传》，尚有康暐、卫遂忠、彭先觉是也。又《旧书·崔元综传》，言其每受制鞫狱，必披毛求疵，陷于重辟；《外戚传》言武懿宗自天授已来，常受中旨推鞫制狱。王公大臣，多被陷成其罪，亦皆是。其时平恕之吏，首推徐有功，次则杜景俭、裴守真、李日知、严善思等。然区区补救，不能戢其凶焰也。景俭，《新书》作景佺，今从《旧书》。《通鉴》云：《实录》同。后乃置诏狱，《旧书·刑法志》云：周兴、来俊臣等相次受制推究大狱，乃于都城丽景门内别置推事使院，对人谓之新开狱。《新书·酷吏传》作新开门。又云：武后欲因大狱去异己者，索元礼揣旨，即上书言急变召对，擢游击将军，为推使。即洛州牧院为制狱。令单车专断于外。《通鉴》：天授二年，御史中丞知大夫事李嗣真上疏曰：比日狱官，单车奉使，推鞫既定，法家依断，不令重推；或临时专决，不复闻奏。又长寿元年，万年主簿徐坚上疏曰：比有敕，推按反者，令使者得实，即行斩决。诸酷吏则招集无赖，共为罗织；又使诸囚互相牵引，而多作非刑以求之。详见新旧《书·酷吏传》。非徒酷吏然也，即武后亦自用之。如郝处俊孙象贤，垂拱中为太子通事舍人，坐事诛，临刑言多不顺，后大怒，令斩讫仍支解其体，发其父母坟墓，焚爇尸体，处俊亦坐斫棺毁枢。又如阎知微，为突厥所立，此实出迫胁，事见下节，而朝廷以为卖国，夷其族。知微不知，逃还。后以业已然，乃曰："恶臣疾子，赐百官甘心焉。"于是骨断脔分，非要职者不能得。此尚有人理邪？虽后所亲任者，亦时遭其祸。如魏元忠，尝为后监李孝逸军讨徐敬业，然寻为周兴所陷，免死配流贵州。后起用，复为来俊臣、侯思止所陷，流岭表。召还。复为张易之、昌宗所陷，下诏狱。又如元万顷、范履冰、苗神客、周思茂、胡楚宾，皆高宗时以修撰为名，在禁中助后参决政事者。后时，神客、楚宾前卒。万顷、履冰、思茂，相次为酷吏所杀。李昭德最为后所信，亦为来俊臣诬以谋逆。俊臣虽败，昭德仍与同日诛。贵州，今广西贵县。非藉告变不得免焉。狄仁杰为武后相，长寿元年，来俊臣诬以谋反，仁杰承反。俊臣小宽之。仁杰乃书冤苦置绵衣中，请付家人去其绵。子光远持之称变。得召见。凤阁侍郎乐思晦，先一年被族诛，男年八九岁，宜隶司农，亦上变得召见。言俊臣苛毒，愿陛下假条反状以付之，无大小皆如状矣。后意少解。乃召见仁杰曰："卿承反何也？"曰："不承，已死于枷棓矣。"曰："何为作谢表？"曰："无之。"以表示之，乃知其代署也。仁杰乃得免。详见《旧书·酷吏传》。此其残酷，诚罕伦比。然后所杀戮最甚者，为唐之宗戚，韩、鲁诸王诛后，高祖之子存者，仍有舒王元名。太宗子存者有纪王慎，高宗子存者有泽王上金、许王素节。诸王之叛也，慎独不与谋，亦系狱。临刑放免，流于巴州，行及蒲州而卒。时永昌元年七月也。明年七月，元名为丘神勣所陷，迁于和州、杀其子豫章王亶。时上金为随州刺史，素节为舒州刺史，武承嗣使周兴诬告其谋反，追赴都。素节至都城南，被杀。上金闻之，亦自缢。子七人，六人流死。素节子死者九人，四人以幼长禁雷州。诸王子孙，亦多诛死，幼者咸配流岭外。又诛其亲党数百家。其幸存者，如章怀太子贤幼子守礼，与睿宗诸子同处宫中，至圣历元年，睿宗封相王，许出外邸，始与其诸子居于外。中宗遗诏封守礼为邠王。玄宗时，积阴累日，守礼白诸王曰欲晴，果晴。愆阳涉旬，守礼曰即雨，果连澍。岐王等奏之，云邠哥有术。守礼曰："臣无术也。则天时幽闭宫中十余年，每岁被敕杖数顿。见瘢痕甚厚。欲雨，臣脊上即沈闷，欲晴即轻健，臣以此知之，非有术也。"因涕泗沾襟。玄宗亦悯然。唐宗室之遭酷虐，可云甚矣。然自来有天下者，谁不欲自除其逼？此岂武后一人为然？《旧书·韩休传》：休伯父大敏，仕武后为凤阁舍人。梁州都督李行褒为部人诬告，云有逆谋，诏大敏就州推究。或谓曰："行褒诸李近属，太后意欲除之。"大敏竟奏雪之。则天俄命御史重覆，遂构成其罪。大敏坐推反失情，与知反不告得罪，赐死于家。似武后之于诸李，无所纵舍矣。然如濮王泰子千里，褊躁无才，复数进献符瑞，则终后世无恙。又如太祖玄孙思训，后时为江都令，以后多杀宗室，弃官去，亦不闻后之追戮也。公主见害者亦多，然太宗女千金公主，以巧媚善进奉，抗疏请以则天为母，反承恩宠。改邑号，为延安大长公主，加实封，赐姓武氏，以其子娶武承嗣女。则后之所除，亦其逼己者而已，此岂后之所独哉？蒲州，今山西永济县。和州，今安徽和县。随州。今湖北随县。舒州，今安徽潜江县。雷州，今广东海康县。江都，扬州所治。岐王隆范，玄宗弟，见第七节。次则大臣，因及一时豪杰，《新书·徐有功传》曰：武后僭位，畏唐大臣谋己，于是周兴、来俊臣、丘神勣、王弘义等，揣识后指，置总监、牧院诸狱，捕将相，俾相钩连，又污引天下豪杰，驰使者，即按一切以反论。此后兴大狱之本旨也。《旧书·酷吏传》曰：朝士多因入朝，默遭掩袭，以至于族，与其家无复音息，每入朝，必与其家诀，曰："不知重相见不？"其意之所在可见。狄仁杰、魏元忠等，受后信任，不为不厚，仍不免时遭诬陷者此。且如魏玄同，年已七十有三，尚何能为？亦何所求？而为周兴所诬，竟至赐死，则以兴谓其言太后老当复皇嗣，正触后之所忌也。裴寂，开国时功臣也，而其孙承先；魏徵，太宗时名臣也，而其子叔璘；刘仁轨，高宗时名将也，且尽心于武后，而其子濬；皆为酷吏所陷。泉男生子献诚，受父命以一国降，黑齿常之以蕃将有功，杀之何以慰绝域、劝来者？而皆不得免，后之所忌，亦可见矣。其事皆在变革之前。《旧书·酷吏传》言：载初元年十月，左台御史周矩上疏，诏狱稍息，时正初变革时也。其后杀戮最甚者：一为长寿二年之杀六道流人，一为神功元年綦连耀之狱，亦皆防其欲图己而已。后既革命，改元天授。其明年，丘神勣、周兴皆败。索元礼之死，通鉴亦系是年。又明年，为长寿元年，来子珣配流。二年，有上封事言岭表流人有阴谋逆者，后遣司刑平事万国俊摄监察御史就按之。国俊至广州，遍召流人，矫制赐自尽。并号哭称冤，国俊拥就水曲，杀三百余人。然后锻炼，曲成反状。更诬奏云：诸道流人，咸有怨望。若不推究，为变不遥。后乃更遣五使，分往诸道，各杀数百人，远年杂犯，亦枉受祸。然国俊等亦相继窜死。明年，为延载元年，王弘义死。来俊臣亦贬。阅三年，为神功元年，洛州录事参军綦连耀有反谋，来俊臣时为合宫尉，明堂尉吉顼告之，俊臣上变。太后使武懿宗推之。懿宗令其广引朝士，凡破三十六家，坐流窜者千余人。俊臣因此复用，顼亦以进。然俊臣不久即败，久视元年，顼亦流岭表。明堂县，高宗分万年县置。合宫县，武后以东都河南县改。此固历代开创之主所同。后之杀唐宗室，亦岂甚于隋文帝之杀宇文氏哉？故曰：后特暴主之一，谓其暴有特甚于他暴主之处，实不然也。然刑之不祥，终不免滥及平民，如越王贞之败，缘坐者六七百人，籍没者五千口。赖狄仁杰出为豫州，密表申理，乃得配流丰州。丘神勣兵未至，琅邪已败，神勣至州，官吏素服来迎，神勣尽杀之，破千余家。契丹乱后，武懿宗安抚河北，胁从来归者，以为同反，尽杀之。甚至王弘义游赵、贝，见闾里耆老作邑斋，告其谋反，杀二百余人。此岂能为患者邪？丰州，今五原县。豪猾或转漏网，裴炎从子伷先，炎死，坐流岭南，上变求面陈得失。后召见。言宜还太子东宫，罢诸武权。后怒，命曳出，杖之朝堂，长流瀼州。岁余逃归，为吏迹捕，流北廷。无复名检，专居贿，至数千万，娶降胡女为妻。妻有黄金、骏马、牛羊，以财自雄，养客数百人。自北廷属京师多其客。调候朝廷事，闻知十常七八。时补阙李秦授为后谋曰："谶言代武者刘。刘无强姓，殆流人乎？今大臣流放者数万族，使其协乱，社稷忧也。"后谓然，夜拜秦授考功员外，分走使者，赐墨诏慰安流人，实命杀之，伷先前知，以橐驰载金币宾客奔突厥。行未远，都护遣兵追之，与格斗，为所执，械系狱，以状闻。会武后度流人已诛，更遣使者安抚十道，流人存者，一切纵还，伷先得不死。如伷先者，正后所惧，欲连污一网尽之者也，而卒不能杀。当时如伷先者，岂止一二人哉？亦幸而天下之势，未至土崩瓦解耳，不则敌可尽乎？瀼州，今广西上思县。甚且身所信任者，即怀异志焉。《新书·来俊臣传》云：俊臣知群臣不敢异己，乃有异图。常自比石勒。欲告皇嗣及庐陵王与南北衙谋反，因得逞志。其党卫遂忠发其谋。初俊臣屡摭诸武、太平公主、张昌宗等过咎，后不发。至是，诸武怨，共证其罪，有诏斩于西市。谓俊臣欲干大位，似近于诬，然自来酷吏，为人多近狂易，亦难保其必无此事也。则又百世之鉴矣。

纵侈为后之大恶，亦非自后始也。唐起代北，又世贵戚，其宫廷本无轨范。自太宗即有意于封禅，至高宗卒行之。事在乾封元年。又欲立明堂，以岁饥未果。总章二年。据《旧书·礼仪志》，封禅之举，天后实密赞之。祭地祇及梁父，皆以后为亚献。后又屡劝帝封中岳。高宗尝三下诏欲封中岳。一在仪凤元年，以吐蕃犯塞停。一在调露元年，以突厥温傅、奉职二部叛停。一在其崩年。初诏以十一月有事，以不豫改来年正月。十一月疾甚，乃诏罢之。十二月，遂崩矣。自其入宫，逮于专政，所习见者如是，一朝得志，安得不肆然行之？后之得宝图也，既命洛水为永昌，亦改嵩山为神岳。万岁通天元年，遂封焉。明堂之作，以僧怀义为使，后之外嬖也。凡役数万人。号曰万象神宫。又于明堂后造天堂，以安佛象。高百余尺。始起建构，为大风吹倒，俄又重营。其功未毕，而御医沈南璆得幸，怀义心愠，密烧之。延及明堂皆尽。事在证圣元年。重营之。仍以怀义为使。万岁登封元年成。其高二百九十四尺，东西南北广三百尺。又铸铜为九州鼎，置于明堂庭前。神功元年成。神都鼎高丈八尺，受千八百石；余八州各高丈四尺，受千二百石。都用铜五十六万七百一十二斤。时又欲造大仪钟，敛天下三品金，功竟不成。武三思劝率诸蕃酋长，奏请征敛东都铜、铁，造天枢于端门外，端门，皇城正南门。立颂以纪功业。延载元年。以姚璹为督作使。无虑用铜、铁五万斤，至敛天下农器以铸。其高四百有五尺，八面面别五尺，冶铁象山为趾，员周四百七十尺。太后自书其榜曰大周万国颂德天枢。天册万岁元年。其变革实藉沙门之造《大云经》，故命诸州各置大云寺，凡度僧千人。其明年，又令释教在道法之上，僧、尼处道士、女冠之前。久视元年，欲造大象，使天下僧、尼人日出一钱以助之，以狄仁杰谏而止。长安末，复将建之白司马坂，在北邙山上。李峤谏，不纳。张廷珪又以为言，乃罢。后迄居东都，后惟长安元年十月至京师，三年十月还洛，居西京者两年，其余迄在东都。后死，至神龙二年，中宗乃还长安。春秋高，厌居宫中。武三思欲因此市权，乃诱胁群不肖，建三阳宫于嵩山，事在久视元年，见《旧纪》。兴泰宫于寿安县之万安山。事在大足四年，亦见《旧纪》。寿安，今河南宜阳县。请后岁临幸，己与二张易之、昌宗，见下。昵侍驰骋，窃威福自私焉。工役巨万万，百姓愁叹。《新书·外戚传》。后之纵侈，视前世可谓加厉矣，然溯其原，则皆自高祖以来开之也。

史颇称后能用人，误也。陆贽之告德宗也，曰："往者则天太后，践阼临朝，欲收人心，尤务拔擢弘委任之意，开汲引之门。进用不疑，求访无倦。非但人得荐士，亦许自举其才。所荐必行，所举辄试。其于选士之道，岂不伤于容易哉？而课责既严，进退皆速，不肖者旋黜，才能者骤升。是以当世谓知人之明，累朝赖多士之用。"此乃激厉德宗，极言求才贵广，考课贵精耳。其实武后所用，皆昧死要利，知进而不知退之徒，如狄仁杰、魏元忠即是。次焉者益之以岔戾，如李昭德即是。下焉者谀媚容悦，以全其躯，如姚踌、娄师德、苏味道、杨再思之徒皆是。踌等皆武后相。踌为夏官侍郎，坐从父弟敬节同徐敬业之乱，贬桂州都督府长史。访诸山川、草树，名号有武字者，皆以为上应国姓，列奏其事。则天大悦。召拜天官侍郎。天枢之作，踌为督作使，已见前。明堂灾，则天欲责躬避正殿，踌止之。重造明堂，又充使督作。娄师德，弟守代州，辞之官，教之耐事。弟曰："人有唾面，拭之乃已。"师德曰："未也。拭之是逆其怒。正使自乾耳。"苏味道尝谓人曰："处事不欲明。决断明白，若有错误，必贻咎谴，但模棱以持两端可矣。"时人号为苏模棱。杨再思，恭慎畏葸，未尝忤物。或谓曰："公名高位重，何必屈折如此？"再思曰："世路艰难，直者受祸，苟不如此，何以全身？"当时苟免之徒，皆此类也。最下者，则如和逢尧之负鼎，阎朝隐之为牺，不复知有人间羞耻事矣。《新书·逢尧传》：武后时，负鼎诣阙下，上书自言。愿助天子和饪百度。有司让曰："昔桀不道，伊尹负鼎于汤，今天子圣明，百司以和，尚何所调？"逢尧不能答，流庄州。又《文艺传》：阎朝隐，累迁给事中，仗内供奉。后有疾，令往祷少室山。乃沐浴，伏身俎盘为牺牲，请代后疾。还奏，会后亦愈，大见褒赐。此安足以云得才？后喜谀媚，鲠直者多遭害。如载初中，新丰因风雪山移，乃改县名为庆山，四方毕贺。江陵人俞文俊，诣阙上书，言"地气不和而堆阜出。今陛下以女主处阳位，反易刚柔，故地气隔塞，而山变为灾"。则天大怒，流于岭外，后为六道使所杀。即其一事也。见《旧书·忠义传》。江陵，今湖北江陵县。其擢授之滥，后世斜封墨敕之原实开焉。《通鉴》：后革命后，命史务滋等十人巡抚诸道。长寿元年一月，引见存抚使所举人，悉加擢用。高者试凤阁舍人、给事中，次试员外郎、侍御史、补阙、拾遗、校书郎。试官自此始。时人为之语曰："补阙连车载。拾遗平斗量，榷推侍御史，碗脱校书郎。"进退之速，正所谓加膝坠渊，适见其赏罚之无章，又安足语于课责也？乃《新书·后传》，亦从而称之。其文曰："太后不惜爵位，以笼四方豪杰自为助。虽妄男子，言有所合，辄不次官之，至不称职，废诛不少纵，务取实材真贤。"此则唐世士务进取，变世之后，忘其戮辱之酷，而羡其升进之易，乃相率为是言耳。

武后非徒不能用人也，又多嬖幸。其始有僧怀义。怀义，鄠人，本姓冯，名小宝，因千金公主以进。后欲使出入禁中，乃度为僧，名怀义。又使与薛绍合族，命绍以季父事之。怀义之造明堂，其厉民已如上述。又多畜恶少年，纵横犯法，至于殴辱御史。后以宠移，言多不顺，后乃选宫人有力者，执而杀之。其寺僧徒，皆流远恶处。戈矛伏于衽席之间，亦危矣。其后则有张易之、昌宗兄弟。为置控鹤府，以易之为监。圣历二年。后又改为奉宸府，用为令。久视元年。多引词人，以为供奉。又令选美少年。右补阙朱敬则谏曰："嗜欲之情，愚智皆同，贤者能节之，不使过度，则前圣格言也。陛下内宠，已有薛怀义、张易之、昌宗，固应足矣。近闻上舍奉御柳模，自言子良宾，洁白美须眉；左监门卫长史侯祥云：阳道壮伟，过于薛怀义；专欲自进，堪奉宸内供奉。无礼无仪，溢于朝听。臣愚职在谏诤，不敢不奏。"以如此亵渎之辞，形诸奏牍，实为古今所罕闻。后顾劳之曰："非卿直言，朕不知此。"赐采百段。《旧书·张易之昌宗传》，附《张行成传》后。此似能受直言，然此说可信与否，尚未可知，且后仍加昌宗司仆卿，易之麟台令，俄又改昌宗为吏部侍郎，政事多委之，而祸机不可道矣。

第四节　极盛而衰，边患频生

唐室之兵威，至高宗时而极盛，亦至高宗时而就衰。盖其时之兵力，本不足恃，灭突厥，平高丽，皆因人之衅，故一与新兴之强敌吐蕃遇，遂致败绩失据矣。

吐蕃弃宗弄赞，以高宗永徽元年卒。子早死，孙立。国事皆委禄东赞。即为弄赞来迎文成者也。性强毅严重。讲兵训师，雅有节制。吐蕃之并诸羌，雄霸本土多其谋。有子五人：长曰赞悉若，早死，次钦陵，次赞婆，次悉多干，次勃论。东赞死后，钦陵兄弟，复专其国，《旧书·吐蕃传》。《传》又云：钦陵每居中用事，诸弟分据方面。赞婆则专在东境，与中国为邻，三十余年。案东赞之死，在龙朔三年破吐谷浑后不久，不能确知其年月。而患遂中于边疆矣。

龙朔三年，吐蕃攻吐谷浑，破之黄河上，吐谷浑主诺曷钵与弘化公主走凉州。命苏定方为安集大使以安集之。《旧书·吐谷浑传》叙此事于大非川败后，误。定方之殁，在乾封元年。乾封二年，破生羌十二州，悉罢之。《通鉴》。咸亨元年，与于阗陷龟兹拨换城，安西四镇并废。新旧《书·本纪》。案于阗当后藏出新疆孔道，《新书·本纪》，于麟德二年，记吐蕃与疏勒、弓月攻于阗，盖至是为所胁服，与之共攻龟兹也。《旧书·龟兹传》云：太宗既破龟兹，移置安西都护府于其国城，以郭孝恪为都护，兼统于阗、疏勒、碎叶，谓之四镇。高宗嗣位，不欲广地劳人，复命有司弃龟兹等四镇，移安西于西州。其后吐蕃大入，焉耆已西四镇城堡，并为贼所陷。则天临朝，长寿元年，武威军总管王孝杰、阿史那忠节大破吐蕃，复龟兹、于阗等四镇。自此复于龟兹置安西都护府，用汉兵三万人以镇之，《新书》略同。《旧书·本纪》，于是年十月，书武威军总管王孝杰大破吐蕃，复龟兹、于阗、疏勒、碎叶四镇。似四镇所在，迄未尝变。然新旧《书·龟兹传》，皆有焉耆已西四镇之语，又似焉耆实在四镇之中。而《通鉴》于是年，且明书罢龟兹、于阗、焉耆、疏勒四镇。是自太宗平龟兹，至于咸亨，确曾改碎叶为焉耆也，此固可云史佚其事，然自咸亨至长寿，四镇迄在废罢之中，又何由改焉耆为碎叶乎？今案新旧《书·地理志》，举四镇都督府之名，皆曰龟兹、毗沙、疏勒、焉耆。毗沙即于阗，见下。《新书》于焉耆都督府下注曰：有碎叶城。盖四镇所属，城堡非一，镇之所理，时有迁移，但仍在所统之内，则亦得以旧名该之。此镇盖初理碎叶，咸亨前移于焉耆，至长寿复设，则又在碎叶也。《新书·焉耆传》：开元七年，十姓可汗请居碎叶，安西节度使汤嘉惠表以焉耆备四镇，则又自碎叶移于焉耆矣。弓月，城名，在轮台县西约六百里，当自庭州通碎叶之道，见《新书·地理志》庭州下。此城在当时颇强。龙朔二年，安西都护高贤尝伐之。至咸亨四年，与疏勒俱降。其明年，为上元元年，于阗王尉迟伏阇雄亦来朝。明年，以其地为毗沙都督府。《旧纪》云：以其击吐蕃有功也。是岁，龟兹王白素稽亦献银颇罗。盖吐蕃之侵西域，至是又一挫。时吐蕃犹与吐谷浑相表奏论曲直。高宗欲徙吐谷浑于凉州，又欲先击吐蕃，议不决。及是，乃以薛仁贵为大总管，纳诺曷钵于故庭。与钦陵战大非川，今布喀河。败绩。吐谷浑地遂尽入吐蕃矣。《新书》本传云：王师败于大非川，举吐谷浑地皆陷。诺曷钵与亲近数千帐才免。三年，乃徙治湟水南。诺曷钵以吐蕃势盛不抗，而鄯州地狭，又徙灵州。帝为置安乐州，即拜刺史。死，子忠立。忠死，子宣超立。宣超死，子曦皓立。曦皓死，子兆立。吐蕃复取安乐州，残部徙朔方、河东。语缪为退浑。贞元十四年，以慕容复为长乐都督国王，袭可汗号。复死，停袭。吐谷浑自晋永嘉时有国，至龙朔三年吐蕃取其地，凡三百五十年。及此，封嗣绝矣。《地理志》：威州，本安乐州。吐谷浑部落自凉州徙鄯州，不安其居，又徙灵州境。咸亨三年，以灵州故鸣沙县地置州以居之，至德后没吐蕃。大中三年收复，更名。则兆在至德后也。此为吐谷浑王室结局。至其部落：则本传载圣历时，余部诣凉、甘、肃、瓜、沙等州降。议徙于秦、陇、丰、灵间，凉州都督郭元振不可，乃止。元振谓降虏皆突矢刃，弃吐蕃而来云。此部落不知其本在何处，度必在青海北境，近凉、甘、肃、瓜、沙等州者也，其在青海东南境近鄯州者：元振谓前日王孝杰自河源军徙耽尔乙句贵置灵州。《旧书·王忠嗣传》：天宝时，伐吐谷浑于墨离，虏其全国而归。《王思礼传》：天宝十三年，吐谷浑苏毗玉款塞，诏哥舒翰至磨环川应接之。《新书·王难得传》：天宝时，从哥舒翰击吐蕃，至积石，虏吐谷浑王子悉弄川及悉类藏而还。《地理志》：鄯州有河源军，西南约二百里为振武军，自振武九十里至莫离驿，又经公主佛堂、大非川二百八十里至那录驿，吐浑界也。磨环川，即后来置神策军处，在今甘肃临潭县西。积石山，即置积石军处，在今甘肃临夏县西北。此等皆距吐浑界尚远，盖自大非川败后，青海已西之地，举不可问，吐浑部落之留者，悉为之臣属矣。湟水，今大通河。鸣沙，在今中卫县境。甘州，今张掖，肃州，今酒泉，瓜州，在安西东。沙州，今敦煌、秦州。振武军，故石堡城，后更日天威军云。仪凤元、二年，吐蕃复寇鄯、廓等州。高选刘仁轨为洮河镇守使，久之，无功。时李敬玄为中书令，仁轨奏请，多为所抑，意不平，而知其非将帅才，乃奏以自代。三年，敬玄与钦陵战于青海，败绩。蕃将黑齿常之百济降将。夜斫贼营，敬玄乃得脱。于是以常之充河源军副使。调露元年，赞普死，子器弩悉弄立。年八岁。复委政于钦陵。永隆元年，吐蕃寇河源军，黑齿常之击却之。擢为大使。常之"严烽逻，开屯田，虏谋稍折。"初剑南兵募于茂州之西南筑安戎城，以压蕃境。俄生羌为蕃乡道，攻陷守之。因并西洱河诸蛮。尽收羊同、党项及诸羌之地。拓跋氏于此时内徙，移其部落于庆州，置静边等州以处之。其故地陷于吐蕃。处者为所役属，吐蕃谓之弭药。羌亦有流移至西北者。河陇陷后蕃祸之深，实由羌、浑、党项为所驱率也。东与凉、松、茂、巂等州相接，南至婆罗门，西陷四镇，北抵突厥。汉、魏已来，西戎之盛，未之有也。《旧书·吐蕃传》文。此婆罗门指印度。《通鉴》作南邻天竺，见永隆元年。武后秉政，永昌元年，韦待价击之，败于寅识迦河。《旧书》本传：旋师弓月，顿于高昌。胡三省曰：据阳书·传》，当在弓月西南。长寿元年，武威军总管王孝杰复四镇。更置安西都护府于龟兹，用汉兵三万人以镇之。复四镇之谋，起自唐璿，见《新书》本传。证圣元年，寇临洮。即洮州，今甘肃临潭县西南。明年，王孝杰、娄师德与钦陵战于素罗汗山，胡三省曰：在洮州界。败绩。是岁九月，钦陵遣使请和。求罢四镇兵，分十姓地。诏通泉尉郭元振往察其宜。通泉县，在今四川射洪县东南。元振言绝之恐其为患甘、凉，可要以还吐浑诸部及青海为易，从之。盖吐蕃距河、湟、青海近，西域远，故唐于陇右，每战辄北，四镇则吐蕃不能以力取，乃谩为好辞以求之也。圣历二年，器弩悉弄渐长，与大臣密图钦陵，乘其在外，阳言将猎，召兵，执其亲党二千余人，杀之，而发使召钦陵、赞婆等。钦陵举兵不受召。赞普自讨之。钦陵未战而溃，自杀。赞婆来降。长安三年，吐蕃南境属国泥婆罗门等皆叛，赞普自讨之，卒于军。诸子争立。久之，国人立其子弃隶缩赞，年七岁，蕃祸乃少纾。景龙二年，郭元振论阙啜欲引吐蕃击娑葛事云："往者吐蕃争论十姓四镇，今不相侵扰者？不是顾国家和信，直是其国中诸豪及泥婆罗门等属国，自有携贰。赞普南征，身殒寇庭，国中大乱，嫡庶竞立。将相争权，自相屠灭。兼以人畜疲疬，财力困穷，人事天时，俱未称惬。所以屈志，且共汉和。"又云："其国中诸蛮及婆罗门等国见今携背，忽请汉兵，助其诛讨，不知欲以何辞拒之？"则吐蕃是时，内忧外患颇烈，且历数岁未定也。

自车鼻平后，北鄙无事，殆三十年。调露元年，单于管内突厥阿史德、奉职二部叛，立阿史那泥熟匐为可汗。明年，永隆元年。裴行俭平之。温傅部又迎颉利族子伏念于夏州，将渡河，立为可汗。明年，开耀元年。行俭又平之。事亦见《程务挺传》。颉利疏族骨咄禄，《旧书·本纪》作骨笃禄。鸠集亡散，入总材山为盗，《新书》云：又治黑沙城，当皆在单于管内。渐强盛，又自立为可汗。在单于府之阿史德元珍降之，与共寇边。事在永淳元、二年，见《旧书·本纪》。天授中，此据《旧书》本传，《新书》作天授初。《通鉴》系延载元年，盖因其入寇追溯之也。病卒。子幼，弟默啜立。延载元年，寇灵州，武后以薛怀义为大总管，领十八将军讨之。不遇，班师，而契丹之寇又作。

今热河之地，山深林密，又饶水草，本可孕育一强部。两晋之世，鲜卑宇文氏居之，东见阨于慕容，西见陵于拓跋；慕容氏败，高丽入侵，稍及辽西，宇文遗种，又为所厌；故卒以不振。隋文帝、炀帝，屡勤兵于高丽，虽云丧败，然征战皆在辽东，辽西远于锋镝矣。至武后之世，奚、契丹之获休息，盖已历百年，故其势渐张。时窟哥之裔尽忠，仍为松漠都督。孙敖曹之裔万荣，其妻兄也。《新书》：窟哥有二孙：曰枯莫离，曰尽忠，万荣为敖曹孙。《旧书》以万荣为敖曹曾孙，枯莫离为窟哥曾孙，于尽忠，则但云窟哥之胤而已。营州都督赵文翙数侵侮其下，尽忠等皆怨望。万岁登封元年五月，遂杀文翙以叛。尽忠自号无上可汗，以万荣为将。纵兵四略，所向辄下。武后发二十八将击之。又以武三思为安抚大使。八月，诸将战西硖石黄獐谷，败绩。胡三省曰：平州有西硖石、东硖石二戍，黄獐谷在西硖石。平州，今河北卢龙县。九月，更以武攸宜为大总管。是月，尽忠死。默啜请为太后子，并为其女求婚，愿率部众讨契丹。太后使册为迁善可汗。《通鉴》。默啜袭其部，破之。虏尽忠、万荣妻子。万荣收散兵复振。十月，使别将骆务整、何阿小入冀州。今河北冀县。武后更诏王孝杰、苏宏晖以兵十七万讨之。明年二月，战东硖石，败绩，孝杰死之。万荣遂屠幽州。四月，以武懿宗为大总管，娄师德副之，沙吒忠义为前军总管，将兵二十万击契丹。懿宗至赵州，闻骆务整将至，退据相州。契丹遂屠赵州。万荣鼓而南，残瀛州属县。瀛州，今河北河间县。默啜复袭其后。万荣军中闻之，恼惧。奚人叛。神兵道总管杨玄基乃击破之。获何阿小，降骆务整及别将李楷固。万荣走潞水东，为其奴所杀。久视元年，武后使李楷固、骆务整讨其余党，平之，然奚、契丹遂臣突厥，营州不复可理，耶律氏之坐大，兆于此矣。方事之殷，营州境内诸"夷州"，多内迁河南，神龙时乃还治幽州，又为安、史造乱及乱平后河北诸镇负固不服之由。故李尽忠之乱，虽不久戡定，其关系实绝大也。《旧书·地理志》：尽忠之乱，鲜州迁青，崇州迁淄。青，此奚部落也。威州迁幽，昌州迁青，载初间自昌州析置之沃州迁幽，师州、带州迁青，玄州迁宋，此契丹部落也。慎州迁淄、青，载初二年自慎州析置之黎州迁宋，夷宾州迁徐，此靺鞨部落也。又有顺州，本侨治营州南之五柳戍。瑞州，本威州，贞观十年，以乌特汗达干部落置，在营州境，咸亨中更名。二者皆突厥州。顺州此时未知所迁，瑞州亦迁于宋。此等自神龙至开元，皆还附幽州。盖营州在是时，已非中国之力所及矣。《志》叙东北蕃降胡羁縻州名凡十七。云："禄山之乱，一切驱之寇扰中原，至德以后，入据河朔，其部落之名无存者。"盖当时入处塞内者甚多，而松漠、饶乐，转成为宽间之境，此河朔所以难理，亦契丹所以坐大也。宋州，今河南商丘县。

不仅此也，因契丹之动荡，靺鞨之内属者，亦不得安其居而走归故土，遂开满族兴起之端民族动荡之波澜，亦可谓壮阔矣。《旧书·传》云：渤海靺鞨大祚荣者，本高丽别种也。高丽灭，率家属徙居营州。李尽忠叛，祚荣与靺鞨乞四比羽各领亡命，东奔保阻以自固。尽忠既死，则天命李楷固讨其余党。先破斩乞四比羽。又度天门岭，以迫祚荣。祚荣合高丽、靺鞨之众以拒，王师大败，楷固脱身而还。属契丹及奚，尽降突厥，道路阻绝，则天不能讨。祚荣遂率其众东保桂娄故地。据东牟山，筑城居之。祚荣骁勇，善用兵。靺鞨之众及高丽余烬，稍稍归之。圣历中，自立为振国王。遣使通于突厥。其地在营州之东二千里。南与新罗相接，越喜靺鞨。此处当有夺文。东北至黑水靺鞨。地方二千里。编户十余万。胜兵数万人。《新书》则云：渤海，本粟末靺鞨附高丽者，姓大氏。高丽灭，率众保挹娄之东牟山。地直营州东二千里，南比新罗，以泥河为境。东穷海，西契丹。筑城郭以居。高丽逋残稍归之。万岁通天中，契丹尽忠杀营州都督赵翙反。有舍利乞乞仲象者，与靺鞨酋乞四比羽及高丽余种东走。度辽水，保大白山之东北，阻奥娄河，树壁自固。武后封乞四比羽为许国公，乞乞仲象为震国公，赦其罪。比羽不受命。诏玉钤卫大将军李楷固、中郎将索仇击斩之。是时仲象已死，其子祚荣，引残痍遁去。楷固穷蹑，度天门岭。祚荣因高丽、靺鞨兵拒楷固，楷固败还。于是契丹附突厥，王师道绝不克讨。祚荣即并比羽之众，恃荒远，乃建国，自号震国王，遣使交突厥。地方五千里，户十余万，胜兵数万。案《新书》叙次，甚为错乱。其所谓保大白山东北阻奥娄河者，盖即其所谓挹娄，亦即《旧书》所谓桂娄故地之东牟山。太白山今长白山，当中韩界上。桂娄为高丽部名，《新书》作挹娄疑误。此自楷固败还后祚荣东徙所据之地。若仲象之东奔，则徒以违尽忠之难，其去营州，当不能甚远。胡三省据《新书·安禄山传》，谓天门岭在土护真河北三百里，其说自确。胡氏说见开元元年，渤海建国事，《通鉴》至此乃追叙也。《新书》之文，盖采自两书？一就祚荣所保之山言之，则曰东牟。一但举名山以表其方位，则曰太白山之东北。《新书》既不察其本为一地，又任意次比，一系诸尽忠未叛之前，一系诸尽忠虽叛，楷固尚未出师之日，使人读之，一若天门岭更在大白山之表者，则其讹误甚矣。若高丽亡后，靺鞨迁居营州东二千里，则其于尽忠之乱，可谓风马牛不相及，何缘因之东走？若一东走即至太白山之东北，武后亦何缘出师征之？虽高宗灭高丽时，兵力亦未能至此也。且营州东二千里，远在辽水之表，何缘东走反渡辽水乎？此等皆显而易见，而竟弗之思，作史如此，是为绝物矣。然因其文，乃知初叛者实为仲象而非祚荣。又仲象本姓乞乞，则大氏似系祚荣建国后所改。其所定国名，《旧书》作振，《新书》作震，震为东方之卦，渤海习知中国文义，或谓其必以此自号，而疑振字为误，观《新书》，知此封号实出武后，则亦未必作震者是，作振者非矣。可见史料虽用之不善，但能多存，即有益也。渤海为靺鞨开化之最早者，于金、清两朝之兴起，皆远有关系，其建国，实艮隅一大事也。

默啜既破契丹，武后又册为颉跌利施大单于立功报国可汗。圣历元年，默啜表请与则天为子，并言有女请和亲。初咸亨中，突厥部落来降者，多处之丰、胜、灵、夏、朔、代等六州，谓之降户。至是，默啜又索之。及单于都护府之地。兼请农器、种子。则天不许。默啜怒，言辞甚慢，拘我使人。纳言姚璹、鸾台侍郎杨再思建议许其和亲。遂尽驱六州降户数千帐，并种子四万余石，农器三千事以与之。默啜由此寖强。事亦见《旧书·良吏咽仁会传》。其年，则天令武延秀就纳其女为妃，遣阎知微送之。行至黑沙南庭，默啜收延秀等拘之。伪号知微为可汗，与之率众十余万，入寇河北。则天发兵三十万击之。又以兵十五万为后援。默啜陷定、赵二州而去。所过杀掠，不可胜纪。诸将皆观望不敢战。惟狄仁杰总兵十万追之，无所及。自此连岁寇边，唐恒以重臣为总管，屯兵以备之。至中宗神龙三年，张仁愿于河北筑三受降城，牛头朝那山北置烽候千八百所，牛头朝那山，在今萨拉齐西北九十里。突厥不得度山放牧，朔方无复寇掠，乃获减镇兵数万人焉。

　　高宗虽因高丽、百济之衅翦灭之，然兵力不充，故得其地而不能守。刘仁轨定百济，即请用扶余隆，使绥定其余众。乃以隆为熊津都督，遣还本国，共新罗和亲。麟德二年八月，隆到熊津，与新罗盟，刘仁愿监之。已而仁愿、仁轨还。隆畏新罗，亦归京师。咸亨元年，高丽大长钳牟岑叛，立高藏外孙安舜。诏高侃、李谨行讨之。新罗纳高丽叛众，又略百济地守之，侃、谨行遂并与战。凡四年乃平。事见《旧书·本纪》。舜杀钳牟岑，走新罗。上元元年，削金法敏官爵，命刘仁轨讨之。其弟仁问，先在京师，以为新罗王，令归国。明年，新罗使入朝服罪，乃舍之。然新罗遂取百济地，抵高丽南境矣。仪凤元年，移安东都护府于辽东故城。《旧书·本纪》。《地理志》。华人任东官者悉罢之。徙熊津都督府于建安故城。百济户口，先徙于徐、兖等州者，皆置于建安。《通鉴考异》云：《实录》：咸亨元年，高侃出讨，始拔安东都护府，自平壤城移于辽东州。仪凤元年二月，甲戌，以高丽余众反叛，移安东都护于辽东府城。《会要》无咸亨元年移府事。盖咸亨元年言移府者，终言之也。仪凤元年言高丽反者，本其所以移也。窃疑咸亨之移，乃用兵时暂退，至此乃定移治之令。建安城，在辽东西三百里，汉平郭县地。二年，又以高藏为辽东都督朝鲜王，《新书·泉男生传》：是年，亦受诏安抚辽东。扶余隆为熊津都督带方郡王，以安辑其余众，而移安东都护府于辽东新城以统之。太宗置辽州所治。丽人先编侨内地者皆原遣。藏至安东，与靺鞨通，谋叛。事觉，召还，配邛州，分徙其人于河南、陇右。贫弱者留居安东城旁。百济地为新罗所据，隆不敢还，寄治高丽而卒。武后神功元年，狄仁杰为相，疏言西戍四镇，东戍安东劳费，请以四镇委斛瑟罗，废安东，复高氏为君长。《传》云：事虽不行，识者是之，然其明年，圣历元年。改安东为都督府，新旧《书·地志》。委藏孙宝元统摄旧户，则实用仁杰之策也。事竟不行。高丽旧户，遂分投突厥、靺鞨。又明年，授藏男德武安东都督。《新书》本传云：后稍自国。至元和末，犹遣使献乐工云。《地理志》载贾耽入四夷路：自鸭渌江口舟行百余里，乃小舫溯流，东北三十里至泊灼口。又溯流五百里至丸都县城，盖渤海以为县。故高丽王都。又东北溯流二百里至神州，又陆行四百里至显州，神州、显州，皆渤海州名。神州盖其西京鸭渌府所治，显州盖其中京显德府所治也。从朝鲜金于霖《韩国小史》说。天宝中王所都，盖即德武之后也。新旧《书·地理志》：安东自圣历更名后，神龙元年，仍复故名，开元二年，徙于平州，天宝二年，又徙于辽西故城。《通鉴》：万岁通天元年，龙山军讨击副使许钦寂与契丹战于崇州，军败被擒，敌将围安东，令钦寂说其属城未下者。安东都护裴玄珪在城中，钦寂谓曰："狂贼天殃，灭在旦夕，公但厉兵谨守，以全忠节。"敌杀之。胡三省疑安东此时已徙平州，此时契丹兵力，不能至辽东，固也，然观圣历后之措置，仍在辽东之境，则此时似不得已徙平州。窃疑时因契丹反叛，玄珪未能之官，在他处被围，史乃误为围安东，实则所围者乃安东都护其人耳。唐自平丽、济后，盖未尝能一日安辑之。其地乃人于新罗。然新罗北疆，亦仅及浿水，其北乃为女真所荐居，稍以坐大矣。《新书·地志》载高丽诸羁縻州，有拂涅、越喜，此皆靺鞨部落，不独白山、粟末，初皆为之臣属也。故能控制靺鞨，牖启靺鞨者，高丽也。隋、唐两代，倾全力以覆高丽，而其终局，乃为女真驱除难。此事关系之大，亦岂下于夫余之颠覆哉？

高宗、武后之世，国威之陵替，实缘其兵力之式微，观魏元忠、陈子昂之论可知。皆见新旧《书》本传。武后本不知兵，又尽力于防遏异己，无暇更及他事，其措置之乖方，自更不可问矣。时有欲开蜀山，自雅州道入讨生羌，以袭吐蕃者，此何异为吐蕃开道？而后亦欲从之，以陈子昂谏乃止。亦见《子昂传》。甚者，契丹之叛，夏官郎中侯味讨之，不利，乃奏言"贼徒炽盛，常有蛇虎导其军"，《旧书·薛季昶传》。此尚成何言语？然后乃至以薛怀义、武懿宗为大将，亦何怪此等语之日至于耳哉？狄仁杰之请罢四镇，安东之戍也，曰："近者国家，频岁出师，所费滋广。调发日加，百姓虚弊。转输靡绝，杼轴殆空。越碛逾海，分兵防守，行役既久，怨旷亦多。方今关东饥馑，蜀汉逃亡，江、淮已南，征求不息，人不复业，则相率为盗。根本一摇，忧患不浅。"盖其势之岌岌如此。然唐自太宗时，本无迫切之外患，而开边不已，高宗已后，国力日衰，而终不肯有所弃。于是玄宗继起，不得不重边兵，边兵重而安、史之乱作，节镇遍于内地，大局遂不可收拾矣。《易》曰："履霜坚冰至。""其所由来者渐矣，非一朝一夕之故也。"君子观于此，而知诒谋之不可不慎，又知奋然能革前人之弊者之难也。

第五节　召回京城，中宗复国

武后以女主革命，为前世所无，身没之后，将传诸子，复以周为唐乎？抑虽传诸子，而不易其赐姓，不改其国号，遂以唐为周乎？又或传诸武氏之子乎？此本无成法可循。以当时事势论，自以传诸子，复以周为唐，为较洽乎人心；即后亦未必欲舍其子而传诸武氏之子也。然行险徼幸者，则何所不至？于是有武承嗣觊觎储位之事。

后父士彟，有兄三人：曰士棱、士让、士逸。士彟娶于相里氏，生子曰元庆、元爽。又娶杨氏，生三女：长适贺兰越石，次即后，次适郭孝慎，前死。后既立，杨氏封代国夫人，改荣国。越石妻封韩国夫人。士彟卒后，士让子惟良、怀运及元爽等遇荣国无礼，荣国憾焉。讽后抗疏请出元庆等为外职。于是元庆自宗正少卿出为龙州刺史，今四川平武县。元爽自少府监出为濠州，今安徽凤阳县。惟良自卫尉少卿出为始州。后改为剑州，今四川剑阁县。元庆至州，病卒。乾封元年，怀运为淄州刺史，号惟良以岳牧例集泰山下。时韩国夫人女贺兰氏在宫中，颇承恩宠，《新书·后传》云：韩国出入禁中，一女国妹，帝皆宠之。韩国卒，女封魏国夫人，欲以备嫔职，难于后，未决。后意欲除之。讽高宗幸其母宅。因惟良等献食，密令人以毒药贮贺兰氏食中。贺兰氏食之，暴卒。乃归罪于惟良、怀运，诛之。元爽等缘坐，配流岭外而死。以韩国子敏之为士彟嗣。恃宠多愆犯，配流雷州。行至韶州，今广东曲江县。以马缰自缢死。乃召元爽子承嗣还袭祖爵。周国公。后革命，封为魏王。承嗣弟承业前死，赠陈王。承嗣以子延晖嗣焉。元庆子三思封梁王。承嗣子延基、延秀，三思子崇训、崇烈，惟良子攸宜、攸绪，其弟怀道子攸宁、攸暨，怀运子攸归、攸止、攸望，士逸孙懿宗、嗣宗、重规、载德，皆封为王。兼据《新书·宰相世系表》及《外戚传》。后族中惟攸绪远于权利，弃官隐嵩山。载德子平一，亦隐嵩山，修浮屠法。余多随俗浮沈，或冒进竞利，甚有觊觎非分如承嗣者，然皆无德无才，不足以干大位也。

中宗之为庐陵王也，迁于均州，今湖北均县。又迁于房州。是岁，徐敬业起兵，以匡复为名，已见前。垂拱三年九月，复有虢州人杨初成，虢州，在今河南灵宝县南。自称郎将，募州人欲迎王，不果，见杀。天授二年，凤阁舍人张嘉福，与洛阳人王庆之等上表，请立武承嗣为太子。时相岑长倩、格辅元不肯署名，仍奏请切责。长倩、辅元，因此为诸武所陷而死，然庆之亦为李昭德所杖杀。据《旧书·长倩传》、《昭德传》云：张嘉福令王庆之率轻薄恶少数百人，诣阙上表。则天不许。庆之固请不已。则天令昭德诘责之令散。昭德使杖杀庆之，余众乃息。《新书》亦云：昭德笞杀庆之，余众散走。合恶少上表，无缘邀宰相署名，盖嘉福使庆之等请之于前，已又邀百官继之于后也。《通鉴》云：庆之见太后。太后曰："皇嗣我子，奈何废之？"庆之对曰："神不歆非类，民不祀非族。今谁有天下，而以李氏为嗣乎？"太后谕遣之。庆之伏地以死泣请。太后乃以印纸遗之，曰："欲见我，以此示门者。"自是庆之屡求见。太后颇怒之。命凤阁侍郎李昭德赐庆之杖。昭德引出光政门外，以示朝士，曰："此贼欲废我皇嗣，立武承嗣。"命扑之。耳目皆血出，然后杖杀之。其党乃散。此等举动，甚似近世雇用无赖，使自称某某代表请愿者。如此谋位，岂有成理？可知武氏之无能为也。长寿元年，复以昭德言罢承嗣政事。二年，少府监裴匪躬、内侍范云仙坐私谒皇嗣要斩，自此公卿已下，皆不得见。惟太常工人安金藏等得在左右。或告皇嗣潜有异谋。命来俊臣穷状。金藏剖胸以明之，乃命停推。圣历元年三月，召庐陵王还神都。光宅元年，改东都曰神都。是岁八月，武承嗣死。延基袭，避父名，称继魏王。后以议张易之见杀，见下。复以承嗣次子延义为继魏王。九月，皇嗣逊位，庐陵王复为太子。明年正月，赐姓武氏。中宗之获还储位，史谓狄仁杰、李昭德、吉顼、王及善、李嗣真、齐浣、王琳有力焉。然仁杰之匡维，事近后人增饰。诸臣即使有言，亦未必能回后意。盖后本无立侄之意，诸臣实潜窥其旨，而后敢于有言也。扶翼中宗之功，当以吉顼为最大。《旧书·顼传》云：中宗未立为太子时，张易之、昌宗尝密问顼以自安之策。顼说以请建立庐陵及相王。易之然其言，遂承间奏请。则天知顼首谋，召而问之。顼曰："庐陵、相王，皆陛下之子，先帝顾托，当有主意，惟陛下裁之。"则天意乃定。顼既得罪，时无知者。睿宗即位，左右发明其事，乃下诏赠左御史台大夫。此事之信而有征者也。《李昭德传》云：昭德既杖杀王庆之，因奏曰："臣闻文、武之道，布在方策，岂有侄为天子，而为姑立庙乎？"此亦差可征信者。《仁杰传》云：中宗在房陵，吉顼、李昭德，皆有匡复谠言，则天无复辟意。惟仁杰从容奏对，每以母子恩情为言，则天亦渐有悟，竟召还中宗，复为储贰。夫为天下者不顾家，岂徒母子恩情，所能感动，其说殊不近情。《传》又云：仁杰前后匡复奏对凡万言。开元中，北海太守李邕撰为《梁公别传》，备载其辞。其书，《通鉴考异》谓其辞鄙诞，非邕所为。而《新书·仁杰传》且改易之、昌宗问计于吉顼为问计于仁杰，可谓信史乎？《旧传》称其举张柬之之功，其事亦无可征也。《王及善传》：为内史，则天将追庐陵王，立为太子，及善赞成其计。及太子立，又请太子出外朝，以慰人心，则天从之。《新书·李嗣真传》云：武后尝问嗣真储贰事。对曰："程婴、杵臼，存赵氏孤，古人嘉之。"后悟，中宗乃安。《齐浣传》云：中宗在庐陵，浣上言请抑诸武，迎太子东宫，不报。及太子还，武后召浣宴同明殿，谕曰："朕母子如初，卿与有力焉，方不次待尔。"浣辞母老。不忍远离，赏而罢。又《王綝传》赞曰：李德裕著书，称方庆为相时，子为眉州司士参军，武后曰："君在相位，何子之远？"对曰："庐陵是陛下爱子，今尚在远，臣之子庸敢相近。"建言不斥太子名，以动群臣，示中兴之渐。此等皆可谓有匡复之辞者，然谓武后之还中宗由此，恐未必然也。《旧书·忠义传》：苏安恒投匦上书，请禅位东宫，黜武氏诸王为公侯，太后召见，赐食，慰谕而遣之。明年，安恒复上疏，以传位为言，后亦不之罪也。其意之所在可知矣。王綝，字方庆，以字显。中宗既还，后虑其与诸武不相容，命与相王、太平公主及诸武誓于明堂，为文以告天地，铭之铁券，藏于史馆。其思患豫防，不过如此，可见其神明已衰，无力把持政柄矣。其时盗弄政权者为张易之、昌宗，乃嬖幸而非权奸，自更不能操纵朝局。于是朝臣树党相攻，后既就衰，漫无别白，事势相激，而兵戈起矣。

中宗嫡长子重润，高宗时曾立为皇太孙，中宗失位，贬为庶人，别囚之。及还为太子，重润立为邵王。妹永泰郡主，嫁后兄孙延基。大足元年，三人窃言二张专政。易之诉之太后，后皆杀之。《旧书·武延基传》云：咸令自杀。《易之传》云：付太子自鞫问处置，太子并自缢杀之。《新书》本传云：后怒，杖杀之。《延基传》云：得罪缢死。御史大夫魏元忠尝奏二张之罪，易之惧不自安，乃诬奏元忠与司礼丞高戬云："天子老矣，当挟太子为耐久朋。"而引凤阁舍人张说为证。说同寮宋璟激厉说，说乃显言其诬，然仍贬元忠为高要尉，今广东高要县。戬、说皆流岭表。长安四年十二月，后卧疾长生院，宰臣希得进见，惟易之兄弟侍侧。屡有人为飞书及榜其书于通衢者，云："易之兄弟谋反。"太后皆不问。许州人杨元嗣，*许州，今河南许昌县。*告昌宗尝召术士李弘泰占相，弘泰言昌宗有天子相，劝于定州造佛寺，则天下归心。太后命凤阁侍郎韦承庆、司刑卿崔神庆、御史中丞宋璟鞫之。承庆、神庆奏言昌宗款称弘泰之语，寻已奏闻，准法首原，弘泰妖言，请收行法。璟与大理丞封全桢奏：虽云奏闻，终是包藏祸心，请收付狱。太后不听。寻敕璟外州推按，又敕副李峤安抚陇、蜀，璟皆不肯行。司刑少卿桓彦范，鸾台侍郎崔玄暐亦以为言。璟复奏收昌宗下狱。太后乃可其奏。旋遣中使召昌宗，特敕赦之。后是时既不能去易之、昌宗，又不能罪攻易之、昌宗者，纷争久而不决，则人心愈摇，而乘之者起矣。

张柬之者，久仕武后之朝。是年十月，以姚元之荐同平章事，年几八十矣。与同官崔玄暐、中台右丞敬晖、司刑少卿桓彦范、相王府司马袁恕己密谋拥立中宗。结右羽林卫大将军李多祚，*《新书》云：其先为靺鞨酋长，号黄头都督。后入中国，世系湮远。黄头为室韦部名，多祚之先，盖室韦黄头部长，与靺鞨杂居者也。《旧书》云：多祚前后掌禁兵，北门宿卫，二十余年。*多祚许诺。初柬之代杨玄琰为荆州长史，相与泛江中流，知其有匡复之意，乃引为羽林将军，又用晖、彦范及右散骑侍郎李湛，*义府少子。*皆为左右羽林将军。时太子每于北门起居。晖、彦范因得谒见，密陈其策。太子许之。明年，中宗神龙元年。柬之、玄暐、晖、彦范帅左右羽林兵五百余人，使多祚、湛及王同皎迎太子，*同皎者，尚太子女定安郡主，时行太子典膳郎。*又使恕己从相王，统南牙兵，以备非常。太子不肯出，同皎强之乃可，至玄武门，斩关而入，时太后寝疾迎仙宫。柬之等斩张易之、昌宗于庑下。后乃传位于太子，时正月乙巳也。丁未，后徙于上阳宫。上尊号为则天大圣皇帝。二月甲寅，复国号为唐。十一月，则天崩，年八十三。遗制去帝号，称则天大圣皇后。

第六节　韦皇后霍乱朝纲

张柬之等之杀张易之、昌宗也，史谓洛州长史薛季昶，朝邑尉刘幽求，皆劝其遂诛诸武，而柬之等不听。朝邑县，今属陕西。此事新旧《书》诸传及诸史，说颇违异。《旧书·敬晖传》言：季昶劝晖诛三思之属，晖与张柬之不可。《新书》则谓晖亦主诛诸武。其《桓彦范传》，又谓柬之勒兵将遂诛诸武，季昶亦劝之，而彦范不可。《通鉴考异》谓《唐统纪》、《唐历》、《狄梁公传》，并与《旧书·敬晖传》同，《御史台纪》则与《新书·彦范传》同。《旧书·刘幽求传》谓幽求劝彦范、晖诛三思，《新书》则但云劝彦范等而已。案《旧书·敬晖传》言：诸武得志后，张柬之叹曰："主上昔为英王时，素称勇烈，吾留诸武，冀自诛锄，今事势已去，知复何言？"《新书·彦范传》以是为彦范之语，云："主上昔为英王，故吾留武氏，使自诛定，今大事已去，得非天乎？"《十七史商榷》云：英王是封号，而《新书》以为英烈之意，可谓粗忽。《新书》粗忽，诚难为辩，然与此事之实不实，则无涉也。中宗封英王，事在仪凤二年，《新书》亦漏去。案柬之等若以周为唐，自可正诸武之罪，然观当日，自中宗复位至复国号，其间凡历九日，财柬之等实替一周室之君，立一周室之君耳。此与太宗之代高祖何异？太宗代高祖，可以诛诸李乎？此以名义论也，若以事势论，则柬之等皆当国日浅，事权不属，且亦无多徒党，安能总揽朝权？季昶本非岂弟之士，季昶，《旧书》列《良吏传》，然《徐有功传》云：润州刺史窦孝谌妻庞氏为奴诬告，令给事中薛季昶鞫之。季昶锻炼成其罪，庞氏当斩。有功独明其无罪，季昶等反陷有功，几死，则其所为反类酷吏矣。幽求亦属权谲之徒，使柬之等而用其说，杀戮甚而无以善其后，亦未必有裨大局也。

政局既未大变，则倾险者终胜，此自然之势也。《旧书·外戚传》：言武三思性倾巧，便辟善事人，特蒙武后信任，盖在诸武之中，最称狡诈者。中宗自为皇太子，传授之局已定，初无忌于诸武，而李之与武，肺腑之亲实深。武后女太平公主，初嫁薛绍，绍死，武后杀武攸暨妻，以主配焉。中宗八女，永泰公主归武延基，已见上节。新都公主嫁武延晖。安乐公主，韦后生，后与中宗所最爱也，适武崇训。上官婉儿者，仪之孙。襁褓中随母郑氏配入掖庭。有文辞，明习吏事。圣历已后，据《旧书》、《新书》云通天已来。百司表奏，多令参决。中宗即位，令掌制命，拜为昭容。昭容既久事武后，自于武氏易亲。宗楚客者，武后从父姊子。纪处讷，以三思妇娣为妻。此外朝士，武氏之党尚多。情势如斯，诸武自易得志。史谓昭容通于三思，三思因之入宫，又得幸于韦后；并谓三思死后，韦后复私武延秀。又谓昭容与崔湜乱，故引知政事。以政权之移易，专归诸床第之间，恐亦揣测之辞，不必实也。柬之等本疏逖，以幸功故，结宿卫以立新君。不有废也，君何以兴？然为之君者，遂不免有芒刺在背之感，此亦人情，而诸武遂因而中之矣。

中宗复国号旬日，丙寅。即以武三思为司空，同三品。又以武攸暨为司徒，封定王。三思、攸暨固让。后又以桓彦范奏，降封二人为郡王。武懿宗等十二人皆为公。此特体制如是，于武氏之握权，固无损也。五月，封柬之、玄晖、晖、彦范、恕己皆为王，罢其政事。玄晖以长安四年六月，为鸾台侍郎平章事。柬之以是年十月，自秋官侍郎同平章事。诛易之时，惟此二人为相。神龙元年正月，恕己自司刑少卿为凤阁侍郎，同平章事，柬之为夏官尚书。玄晖守内史。晖、彦范并为纳言。三月，恕己守中书令。四月，柬之为中书令。晖为侍中。柬之表请归襄州养疾，以为刺史。不知州事，食全俸。玄晖检校益州长史，又改梁州。明年，又出晖、彦范、恕己于外。二月，王同皎被杀。其罪状曰：谋杀武三思，因以兵胁废韦后。新旧《书·同皎》及《宋之问传》云：同皎招集壮士，期以则天灵驾发引，劫杀三思。同谋者有洛阳人张仲之、祖延庆，抚州司仓冉祖雍，武当丞周憬，校书郎李悛。之问及弟之逊，初皆诏附二张。之问坐左迁泷州参军，之逊迁播州参军。之问逃匿仲之家，而之逊外妹妻延庆，故之问及之逊子昙得其谋。之问使昙发其事。悛，之问甥也。三思使上言同咬谋于杀三思后拥兵诣阙废韦后。中宗怒，斩同皎于都亭驿。《通鉴考异》引《实录》、《统纪》略同，惟云之逊初亦与谋。又引《御史台记》，李悛作李恮。云昙将发之，未果，遇恮及祖雍于路，白之。雍、恮以闻。《朝野佥载》则云：之逊出为宛州司仓，亡归，同皎匿之。同皎忿三思乱国，与所亲论之，之逊窃听，遣侄昙上书告之。则同皎或有欲杀三思之言，而其谋杀三思及废韦后，皆为三思所诬矣。《通鉴》从《佥载》。抚州，今江西临川县。武当郡，即均州。泷州，在今广东罗定县东。播州，今贵州遵义县。谓五人与之通谋，皆贬岭外。三思令人疏皇后秽行，榜于天津桥，云五人为之，乃更长流远州。初晖、彦范等引考功员外郎崔湜为耳目，湜反以其计议，潜告三思。三思引为中书舍人。至是，湜又说三思杀五人。三思问谁可使者？湜表兄周利贞，先为晖、彦范所恶，湜举充此行。乃以利贞为御史中丞，奉使岭外。柬之、玄晖已死。晖、彦范、恕己皆为所杀。薛季昶初以与诛张

101

易之，进户部侍郎。及五王失柄，累贬为儋州司马。以与昭州首领周庆立、广州司马宗楚客不协，不敢往，仰药死。昭州，今广西平乐县。惟杨玄琰豫知祸作，托辞欲祝发为浮屠，悉辞官封，得全。于时居相位者：韦巨源、杨再思，皆热中谄佞之徒。宗楚客尤惟武、韦是附，与侍中纪处讷共为朋党，时人呼为宗、纪。魏元忠，中宗复位即召之，倚之颇重，然实权不属，亦无能为。《旧书·元忠传》云：元忠作相则天朝，议者以为公清，至是再居政事，天下莫不延首倾属。元忠乃亲附权豪，抑弃寒酸，议者以此少之。案观其与于重俊之谋，则知其非附武、韦者，特势处于无可如何耳。此外崔湜、郑愔、太常少卿。宗晋卿、楚客弟，将作大匠。甘元柬、鸿胪卿。及周利用、冉祖雍、李俊、宋之逊、姚绍之等，绍之为陷王同皎于法者，利用等五人，常为三思耳目，时人谓之三思五狗。亦莫非三思之党者。而韦后又黩乱于其间，朝局遂不可问矣。

韦后随中宗于房州，同艰危累年，情义甚笃。《传》言帝尝谓后："一朝见天日，誓不相禁忌。"此盖因帝纵任后无所矫正，造为是言，不必实也。然后干政确颇甚。《旧书·桓彦范传》：彦范尝表论时政，言："陛下每临朝听政，皇后必施帷幔，坐于殿上，与闻政事。"此表苟非伪造，则中宗复位之初，后之所为，已与麟德后之武后无殊矣。武后在高宗朝，尝上意见十二条，请王公百寮，皆习《老子》，又请子父在为母服三年。《旧书·本纪》上元元年。而后亦表请天下士庶为出母服丧三年；又请百姓以年二十三为丁，五十九免役。神龙元年十一月，百官上帝号为应天皇帝，后为顺天皇后。景龙元年九月，又加号为顺天翊圣皇后。此亦模放武后与高宗并称天皇、天后也。二年正月，宫中希旨，妄称后衣箱中有五色云出。帝使画工图之，出示于朝。乃大赦天下。内外五品已上，母、妻各加邑号一等。无妻者听授女。天下妇人八十已上，版授乡、县、郡等君。三年七月，表请诸妇人不因夫子而加邑号者，许同见任职事官，听子孙用荫。知太史事迦叶志忠上表曰："昔高祖未受命，天下歌《桃李子》，太宗未受命，天下歌《秦王破陈乐》，高宗未受命，天下歌《侧堂堂》，天后未受命，天下歌《武媚娘》，皇帝未受命，天下歌《英王石州》，皇后未受命，天下歌《桑条韦》。谨进《桑条歌》十二篇。伏乞宣布中外，进入乐府，皇后先蚕之时，以享宗庙。"兵部尚书宗楚客，又讽补阙赵延禧，表陈符命，解桑条以为十八代之符，请颁示天下，编诸史册。此则几欲与君代兴矣。冬，帝将亲祠南郊，国子祭酒祝钦明、郭山恽建议云：皇后亦合助祭，乃以后为亚献，此又武后之有事于泰山、梁父也。盖后之与政事，收人望，无一不与武后同，而其矫诬则又过之。其为欲践武后遗迹，了无疑义。夫后身受武后之祸，可谓极酷；且以武后之才，在高宗时得政之久，而亦终于颠覆，后何人斯？乃欲效之。抑后特一寻常妇人耳，何以有此大欲？其事殊不可解。案中宗四子：长邵王重润，为武后所杀，已见上节。次谯王重福，次卫王重俊，次温王重茂，皆非后所生。重福之妃，张易之之甥也。后疑重润之死，重福实为之，言于中宗，贬为濮州刺史。今山东濮县。改均州，尝令州司防守。重俊立为太子。神龙二年七月。盖亦非后所欲？后生四女，幼安乐公主，最为后所爱。史言主尝求为皇太女。《旧书·节愍太子传》云：或劝主请废重俊为王，自立为皇太女。《魏元忠传》云：主尝私请废节愍太子，立己为皇太女，中宗以问元忠，元忠固称不可，乃止。《韦后传》云：主请自立为皇太女，帝虽不从，亦不加谴。后岂以无子故，欲传之于女，故身冒不韪，而欲效武后之所为邪？不可知矣。

中宗盖极昏愚之主，故虽饱经忧患，而仍志昏近习，心无远图，惟取当年之乐。《旧书·本纪》赞语。朝政既敝，宫闱尤无轨范。太平、长宁、安乐、宜城、新都、定安、金城七公主，皆开府置官属。《新书·太平公主传》。长宁以下五公主，皆中宗女。《廿二史考异》云：神龙朝，公主别无封金城者。惟高宗女高安公主，始封宣城，神龙初进册长公主，实封千户，开府置官属。此金城或宣城之误。安乐尤骄。卖官鬻爵，势倾朝廷。尝自草制敕，掩其文，请帝书焉，帝亦笑而从之，竟不省视。左右内职，皆许时出禁中。于是上官昭容及宫人贵幸者，皆立外宅。朝官邪佞者候之，恣为狎游，祈其赏秩，以至要官。上官与其母郑氏，尚宫柴氏、贺娄氏，树用亲党，广纳货赂，别降墨敕授官。臧获屠贩，累居荣秩。《旧书·本纪》：神龙二年三月，是月，大置员外官，自京诸司及诸州佐。凡二千余人。超授阁官七品已上及员外者千余人。广营佛寺，所费无艺。封家岁给绢至百二十万匹已上，而每年庸、调，多不过百万匹，少则七八十万而已。《旧书·韦嗣立传》。帝方幸玄武门，与近臣观宫女大酺。又遣宫女为市肆，鬻卖众物，令宰臣及公卿为商贾，与之交易，因为忿争。又于上元夜与皇后微行观灯。放宫女数千人看灯。因此多有亡逸者。令群臣集梨园球场，分朋拔河，与皇后、公主亲往观之。屡幸安乐公主及群臣第宅山庄。游骊山。临渭修禊饮。其在宫中，则武三思至与韦后共御床博戏，而帝从旁典筹。国子祭酒叶静能善禁架，常侍马秦客善医，光禄少卿杨均善烹调，皆引入后庭。史言均、秦客烝于后，虽未必实，然其黩乱，则可谓古今所罕矣。

重俊既为太子，安乐公主常凌忽之。重俊因此忿怨。景龙元年七月，与左羽林大将军李多祚，右羽林将军李思冲、敬玄子。李承况，高祖子楚哀王子云嗣玄孙。独孤祎之、沙吒忠义等矫制发羽林、千骑三百余人，杀武三思、崇训于其第。使左金吾大将军成王千里本名仁，吴王恪子。及其子天水王禧分兵守宫城诸门，而自率兵趋肃章门，斩关而入。求韦后及安乐公主所在。叩阁索上官昭容。后及公主拥帝驰赴玄武门楼，召羽林留军自卫。多祚兵至，帝冯槛谕之。千骑倒戈斩多祚、承况、祎之、忠义等。余党溃散。重俊奔终南山，为左右所杀。是役也，魏元忠与其谋。其子太仆少卿升实从重俊，为乱兵所杀。元忠因此贬务川尉，务川县，今曰婺川，属贵州。道卒。史称李多祚犹豫不战，元忠又持两端，故败。《旧·元忠传》。盖二人皆非犯上作乱之徒，故临事不能果决也。元忠文人，且已老，多祚则拥立中宗者，夫岂有叛心？二人亦与重俊之谋，而朝局之危可知矣。

太平公主多权略，则天以为类己，每与谋议，又与诛张易之，韦后、上官昭容皆自以为智谋不及，甚惮之。《旧书》公主事见《外戚传》中。重俊既败，安乐公主、宗楚客使冉祖雍奏太平、相王，皆与于重俊之谋。御史中丞萧至忠保持相王，乃免。于时朝臣攻武、韦者甚众。武后时请复辟之苏安恒，时为集艺馆内教，或言其与重俊之谋，下狱死。先是雍州人韦月将、高轸并上疏言三思父子，必为逆乱。三思知而求索其罪。有司希旨，奏月将当弃市，轸配流岭外。黄门侍郎宋璟执奏，月将乃得配流岭南，广州都督周仁轨仍杀之。《通鉴考异》引《朝野佥载》。三思怒，斥璟为外职。武崇训之死，武延秀复尚安乐公主，故武氏之势不减。有燕钦融者，景龙末，为许州司户参军，再上书斥韦后干与国政，与安乐公主、武延秀等图危社稷。中宗召至廷，扑杀之。又有博陵人郎岌，亦表言后及宗楚客乱被诛。此等疏逖之人，何与朝廷之事？而其言之不已如此，知必有阴主之者。观于此，而知危机之潜伏者深矣。

第七节　唐隆政变，玄宗上位

景龙四年，是岁，韦后临朝，改元为唐隆，睿宗立，又改为景云。六月，中宗崩。《旧书·本纪》云：时安乐公主志欲皇后临朝称制，而求立为皇太女，由是与后合谋进鸩。《通鉴》云：马秦客、杨均得幸于后，恐事泄被诛，安乐公主欲后临朝，自为皇太女，乃相与合谋，于饼馉中进毒。《旧书·韦后传》，既云帝"遇毒暴崩"，又云：时马秦客侍疾，议者归罪于秦客及安乐公主；则时帝实有疾，以为死于鸩毒，事亦近诬。然韦后不能总揽朝权，则必有乘机而起者，相王本曾居宸极，其必遭疑忌者势也。时相李峤，尝密表请措置相王诸子，勿令在京。而太平公主与上官昭容谋，草遗制，立温王重茂为太子，皇后知政事，而以相王参谋，盖亦欲持两端。《新书·昭容传》云：始从母子王昱为拾遗，昱戒曰：上往困房陵，武氏得志矣，卒中兴，天命所在，不可幸也。三思虽乘衅，天下知必败，今昭容上所信而附之，且灭族，郑以责婉儿，不从。节愍诛三思，果索之，始忧惧。及草遗制，即引相王辅政。临淄王兵起，被收。婉儿以诏草示刘幽求，幽求言之王，王不许，遂诛。乱世处权势之地者，其机实至危，迫而思自全之计，固理所可有也。然韦后之党，不以是为已足。宗楚客乃云："皇后于相王为嫂叔。嫂叔不通问。"卒罢之。后与从兄韦温定策，温，玄贞兄玄俨之子。以刑部尚书裴谈、工部尚书张锡知政事，留守东都。又命左金吾大将军赵承恩，及宦者左监门卫大将军薛思简率兵往均州，以备谯王重福。立温王重茂为皇太子。召诸府兵五万人屯京城，列为左右营，然后发丧。少帝即位，时年十六。尊后为皇太后，临朝称制。后令韦温总知内外兵马，守援宫掖。驸马韦捷、温弟滑之子，尚中宗女成安公主。韦濯玄贞世父弘庆之孙。尚定安公主，即王同皎妻也，同皎死，更嫁濯。分掌左右屯营。武延秀及温从子播、温兄灌之子。族弟璿、玄贞弟玄昭之子。外甥高崇一作嵩。共典左右羽林及飞骑、万骑。又遣使诸道巡抚。然京城恐惧，相传将有革命之事，往往偶语，人情不安。盖已成惊弓之鸟也。

相王子临淄王隆基居京师，尝阴接万骑豪俊。兵部侍郎崔日用，素附三思、延秀及宗楚客，恐祸及，往输诚，潜谋推戴。隆基与太平公主谋，公主使子卫尉卿薛崇简从，又与苑总监钟绍京及刘幽求等谋之。时韦播、高崇分押万骑，数榜棰以取威，万骑皆怨，果毅葛福顺、陈玄礼诉之隆基。隆基使幽求讽以诛韦氏，皆踊跃愿从命。果毅李仙凫亦与谋。隆基乃微服与幽求入苑中，止绍京廨舍。使福顺、仙凫夜攻玄武门。入羽林军，杀韦璿、韦播及高崇，送首隆基，绍京率丁匠从隆基出，使福顺攻玄德门，仙凫攻白兽门，斩关而入。宿卫梓宫之兵闻噪声，皆被甲应之。韦后皇惑，走入飞骑营，为乱兵所害。安乐公主及武延秀亦见杀。诛上官昭容。明日，迎相王入禁中。杀韦温、宗楚客、纪处讷、马秦客、杨均、叶静能等。韦巨源闻乱，出至都街，为乱兵所杀，年八十矣。崔日用诛诸韦于杜曲，在长安南。褓褓儿无免者。武氏宗族，缘坐诛死及配流殆尽。盖至是而武韦之势，始一大挫矣。少帝下诏让位于相王。相王即位，是为睿宗，迁谯王重福为集州刺史。今四川南江县。初韦后之临朝也，贬吏部侍郎郑愔为江州司马。愔潜过均州，与重福及洛阳人张灵均谋诛韦氏。未发而韦氏败。据《通鉴》。灵均说重福直诣洛阳，袭杀留守，西据陕州，今河南陕县。东下河南北，重福乃遣家臣王道先赴东都，潜募勇敢，而与灵均自均州乘驿继进。情时自秘书少监左迁沅州刺史，今湖南沅陵县。亦迟留洛阳以俟之。洛州长史崔日知日用弟。破获王道之党。留台侍御史李邕谕屯营兵拒重福，破之。重福投漕河死。灵均及憎皆斩于东都市。时八月也。明年正月，改封温王为襄王，迁于集州，遣兵守卫。玄宗开元二年，转房州刺史，寻薨，时年十七，谥曰殇皇帝。

睿宗六子：长宋王成器，次申王成义，次临淄王隆基，次岐王隆范，次薛王隆业，次隋王隆悌。隆悌早薨。韦氏之败，以临淄王为平王，旋立为太子。刘幽求、钟绍京等虽知机务，旋即罢去，而以姚元之、宋璟为相，罢斜封墨敕官，革正选务，纲纪颇振起矣。然太平公主，自中宗已来，进达朝士，多至大官。词人后进，造其门者，或有贫窭，则遗之金帛。及此，又提下幼主，授天下于睿宗。《新书》本传云：将立相王，未有以发其端者。主顾温王儿子，可劫以为功，乃入见王曰："天下事归相王，此非儿所坐。"乃掖王下，取乘舆服进睿宗。军国大政，事必参决，如不朝谒，则宰相就第议其可否。其必不能自远于权势也审矣。乃数为流言云："太子非长不当立。"以宰相韦安石不附己，欲倾之，赖郭元振救之，乃免。《旧书·安石传》曰：太平公主与窦怀贞等潜有异图，引安石与其事，屡使子婿唐晙邀安石至宅，安石竟拒不往。睿宗尝密召安石，谓曰："闻朝廷倾心东宫，卿何不察也？"安石对曰："陛下何得亡国之言？此必太平之计也。"睿宗瞿然曰："朕知之矣，卿勿言也。"太平于帘中窃听之。乃构飞语，欲令鞫之，赖郭元振保护获免。又尝乘辇邀宰相于光范门，讽以易太子，以宋璟抗言而罢。景云二年正月，郭元振、张说皆同平章事。二月，宋璟与姚元之密言于上，请出宋王及高宗孙幽王守礼于外，罢岐、薛二王左右羽林大将军，使为卫率，以事太子，而安置太平公主于蒲州，从之。张说又进言，命太子监国。未几，太子奏宋璟、姚元之离间姑、弟，皆外出。幽、宋二王出刺之命亦寝。五月，复以太子请，召太平公主还京师。十月，张说转尚书左丞，留司东都。明年先天元年。六月，武攸暨卒。七月，星官言帝坐前星有变。八月，帝传位于太子，是为玄宗。然惟知三品已下除授及徒罪而已，其军国大务并重刑狱，太上皇并兼省之。《通鉴考异》引《睿宗实录》。是月，刘幽求为右仆射，同三品，与右羽林将军张暐谋以羽林军诛太平。侍御史邓光宾泄其谋，三人皆流岭外。崔湜讽广州都督周利贞杀幽求，桂州都督王晙知其谋，留幽求不遣，乃免。十一月，上皇诰遣皇帝巡边。又明年，先天二年，玄宗开元元年。二月，乃罢之。六月，郭元振同三品，时宰相七人，窦怀贞、萧至忠、岑羲、崔湜皆太平党，而元振与魏知古、陆象先不附。新旧《书》传皆云：宰相七人，五出其门。《通鉴考异》云：《唐历》曰：宰相有七，四出其门。或者《新旧》传并象先数之，《唐历》不数象先耳。案新旧《书·象先传》，亦皆言其不附太平。左羽林大将军常元楷，知右羽林将军事李慈皆私谒主。主乃谋使元楷、慈举羽林兵入武德殿，羲、至忠举兵南衙应之。王琚者，初与王同皎善，同皎败，变姓名亡去，后事玄宗于东宫。及即位，拜中书侍郎。言不可不速发。张说亦自东都使人遗上佩刀，劝速决，崔日用自荆州长史入奏事。劝上先定北军，后收逆党，帝从之。以为吏部侍郎。七月，魏知古告公主欲以是月四日作乱。三日，上与岐、薛二王、元振、琚、日用等定策。王毛仲者，高丽人。父以犯事没官。与李宜德俱事玄宗为奴。玄宗之入苑，宜德从之，毛仲避不入，数日而归。玄宗不之责，而超授将军。玄宗之监国，奏改左右万骑曰龙武军，与左右羽林为北门四军，以葛福顺等为

109

将军。毛仲专知东宫驰马、鹰狗等坊。及是，因毛仲取闲厩马及兵三百余人，自武德殿入虔化门，召元楷、慈先斩之，又诛至忠、羲、怀贞等。崔湜流窦州，在今广东信宜县南。宫人引其同谋进毒，赐死。太平逃入山寺，三日乃出，赐死于家。诸子、党与，死者数十人，惟薛崇简以数谏其母获免。于是上皇诰：自今军国刑政，一听皇帝处分。武氏余孽，至斯而尽，时局乃有澄清之望矣。

第三章
开元治，安史乱

第一节　玄宗之路：从盛世到乱世

开元、天宝，世皆以为有唐盛衰治乱之界，其实非也。传曰：拨乱世，反之正，欲言拨乱，则必举致乱之原而尽去之，玄宗则安能？彼其放纵淫乱之习，一切无异于前人，特即位之初，承极乱之后，不得不稍事整顿耳。积习既深，终难自拔，则阅时不久，复蹈前人之覆辙矣。

国于天地，必有与立。专制之世，所恃为桢干者，士大夫之气节也，而唐世则最阙于是。长孙无忌、褚遂良等，号称正人，校其所为，亦何莫非植党死权？而武、韦之朝，更不必论矣。玄宗之起，扶翼之者，亦多倾险之士。《旧书·崔日用传》：日用尝语人曰："吾一生行事，皆临时制变，不专守始谋，每一念之，不觉芒刺之在背也。"当时如此者，岂独一日用而已？帝于此辈，能速去之，如刘幽求、钟绍京、王琚等，皆暂用即斥。郭元振旧有勋劳，且有讨萧、岑之功，帝于骊山讲武，顾以军容不振，坐诸蠹下，欲斩之，盖亦所以挫折之也。姜皎藩邸之旧，即位拜殿中少监，与诛韦氏之谋，迁太常卿，出入卧内，亲宠无比；弟晦，亦历御史中丞、吏部侍郎，宋璟请抑损之，亦即放归田园。而用姚崇、宋璟，崇以开元元年相，璟以四年相。史称崇善应变，承权戚干政之后，罢冗职，修制度，择百官；璟善持正，务清政刑，使官人皆任职；此其所

113

以获致一时之治也，然为时初不久。开元九年，张说相，导帝以行封禅，而骄盈之志萌矣。

帝于诸王，外示敦睦，实则禁约甚严。驸马都尉裴虚己，坐与岐王范即隆范，避帝讳去隆字。游燕，配徙岭外，并离其妻睿宗女霍国公主。万年尉刘庭琦，大祝张谔，皆坐与范饮酒赋诗见黜。开元十三年，帝不豫，薛王业即隆业。妃弟内直郎韦宾与殿中监皇甫恂私议休咎，事发，宾杖杀，恂左迁。此等事似乎过当，然前三年，开元十年。尚书左领军兵曹权楚璧，尚与其党李齐损等作乱，立楚璧兄子，诈称为襄王重茂之子。见《通鉴》。则知承置君如弈棋之后，人心不免浮动，帝之禁约诸王，不令与外人交结，亦有所不得已也。

武韦之世，奢侈之风，可谓荡焉无复纲纪。宗楚客败，太平公主观其第，叹曰："见其居处。吾辈乃虚生耳。"即此一事，可概其余。睿宗正位，初未能少拯其敝。睿宗先天元年正月，幸安福门观酺，三日夜。七月，幸安福门观乐，三日乃止。二年正月，上元日，御安福门，出内人连袂踏歌，纵百寮观之，一夜方罢。二月，初有僧虔陁请夜开门，然灯百千炬，三日三夜。皇帝御延喜门，观灯纵乐，凡三日夜，左拾遗严挺之上疏谏，乃止。睿宗女金仙、玉真两公主，皆为道士，筑观京师。公主以方士史崇玄为师，观之筑，即由崇玄护作，日役万人。而佛寺之兴造尤盛。玄宗立，乃思矫之。开元二年正月，姚崇上言，请检责天下僧尼，以伪滥还俗者，二万余人。《旧书·本纪》。敕所在毋得创建佛寺，旧寺颓坏应葺者，诣有司陈牒，检视然后听之。《通鉴》。六月，内出珠玉、锦绣、服玩。《旧书·本纪》。《纪》云：又令于殿前焚之，此即下引七月乙未敕，纪终言之耳。七月，乙未，制乘舆服御；金银器玩，宜令有司销毁，以供军国之用。其珠玉、锦绣，焚于殿前，后妃已下，皆毋得服。戊戌，敕百官所服带及酒器、马衔镫，三品已上，听饰以玉，四品以金，五品以银，自余皆禁之。妇人服饰，从其夫子。其旧成锦绣，听染为皂。自今天下更毋得采珠玉、织锦绣等物。罢两京织锦坊。《通鉴》。此等禁令，未知其效如何，要胜于坐视其流荡也。

然唐之宫廷，夸毗之习深矣，帝初非拔俗之流，其安能久自振饬？帝以开元十三年封泰山，历汴、宋、许，车骑数万，王公、妃主、四夷君长马、橐驰亦数万，所顿弥数十里焉。《新书·齐浣传》。名曰登封，实游观也。先是已祠后土于汾阴。开元十一年。汾阴，汉县，唐改曰宝鼎，在今山西荣河县北。后又欲封西岳，而西岳庙适灾，天又久旱，乃止。天宝九载。帝屡幸东都及骊山，于西京、东都往来之路作行宫千余间。《通鉴》开元二十二年。广温泉宫为华清宫，环宫所置百官区署。《新书·房琯传》。华清宫，在今陕西临潼县南。选乐工数百人自教之，号皇帝弟子。以置院近禁苑之黎园。又云黎园弟子。见《旧书·音乐志》。尝在东都酺五凤楼下，命三百里内县令、刺史，各以声乐集。《新书·元德秀传》。此何异于隋炀帝之所为邪？帝即位之初，吴兢上言：比见上封事者，言有可采，但赐束帛，未尝蒙召见，被拔擢，其忤旨则朝堂决杖，传送本州，或死于流贬。此睿宗之败德，殊不闻帝能干蛊，而谀媚之风大开。《旧书·本纪》：开元二十五年，大理少卿徐岵奏天下断死刑五十八，鸟巢狱上。亦见《刑法志》。二十八年，又书频岁丰稔，京师米斛不满二百，天下又安，虽行万里，不持兵刃，与贞观史官之娇诬，如出一辙。

唐之亡也，以禁军及宦官，启之者帝也。帝之任用王毛仲、李宜德，已见第三章第七节。即位之后，毛仲至为大将军，封公，持节充朔方道防御大使。从东封，加开府仪同三司，自帝即位已来，得此者，后父王同皎及姚崇、宋璟而已。毛仲子娶葛福顺女，及宜德等数十人，皆倚之为不法。至开元十九年，乃皆远贬。毛仲于道见杀。《旧书·文苑·齐浣传》：浣为吏部侍郎，乘间论毛仲等曰："福顺典兵马，与毛仲婚姻，小人宠极则奸生，若不豫图，恐为后患，惟陛下思之。高力士小心谨慎，又是阉官，便于禁中驱使，腹心之委，何必毛仲？臣闻君不密则失臣，臣不密则失身，惟圣虑密之。"玄宗嘉其诚，谕之曰："卿且出！朕知卿忠义，徐俟其宜。"会大理麻察，坐事出为兴州别驾。兴州，今陕西略阳县。浣与察善，出城饯之，因道禁中谏语。察性噂沓，遽奏之。玄宗怒。令中书门下鞫问。又召浣于内殿，谓之曰："卿疑朕不密，翻告麻察，何邪？察轻险无行，常游太平之门，卿不知邪？"浣免冠顿首谢。乃贬高州良德丞，又贬察为浔州皇化尉。良德，在今广东茂名县东。浔州，今广西桂平县。皇化在其东。此事在开元十七年。《通鉴》。北门诸将，几于尾大不掉矣。帝于刘幽求、王琚等，皆去之如振槁，独于毛仲等豢之至于如此，岂不由其欲倚为腹心邪？齐浣知论此，而必以高力士易毛仲，知帝之所信，在中宫，不在外廷也。此岂有君人之量邪？史言诸将中惟陈玄礼淳朴自守，然他日马嵬之变，唱六军而作难者又何人？然则虽去葛福顺等，禁军之患，又曷尝能弭也？《通鉴》：开元二十年，渤海帅"海贼"寇登州，命右领军将军葛福顺发兵讨之。胡三省曰：去年春，葛福顺以党附王毛仲贬，今则仍为宿卫，盖毛仲既诛，福顺等复叙用也。案此事亦见新旧《书·本纪》，《旧书》作左领军将军盖福顺，《新书》作盖福慎，与葛福顺似非一人。胡说恐误。登州，今山东蓬莱县。

高力士者，潘州人，潘州，今广东茂名县。冯盎曾孙，而内侍高延福之养子也。初太宗定制，内侍省不置三品官。则天称制，二十年间，差增员位。神龙中，宦者三千余人，超授七品已上员外官者千余人，然衣朱紫者尚寡。玄宗在位既久，中官稍称旨者，即授三品左右监门卫将军。开元、天宝中，长安大内、大明、兴庆三官，皇子十宅院，皇孙百孙院，开元时，皇子幼多居禁内，既长，诏附苑城为大宫，分院而处，号十王宅，举全数也。既诸孙多，又于宅外更置百孙院。东都大内、上阳两宫，大率宫女四万人，品官黄衣已上三千人，朱紫者千余人。杨思勖持节讨伐，黎敬仁、林招隐奉使宣传，尹凤祥主书院，而力士知内侍省事。四方文表，必先呈然后进御，小事便决之。史言宇文融、李林甫、李适之、盖嘉运、韦坚、杨慎矜、王鉷、杨国忠、安禄山、安思顺、高仙芝，皆因之而取将相高位，其余职不可胜纪。《旧书》本传。《新书》略同，惟无李适之。宦官之监军者权过节度，出使者列郡辟易，郡县丰赡者，一至军则所冀千万计，修功德，市鸟兽，诣一处则不啻千贯，皆在力士可否云。力士谨慎无显过，然其实权之大，则历代宦寺所罕也。

帝之败德，尤在好色。帝后王氏无宠。次子瑛，母赵丽妃，本伎人，帝在潞州时得幸，帝景龙二年，为潞州别驾，四年乃入朝。潞州，今山西长治县。开元二年，立为太子。武惠妃者，攸止女，即位后得幸。生夏悼王一，怀哀王敏，皆襁褓不育。后又生寿王瑁第十八。及盛王琦。第二十一。十一年，王皇后以符厌废，将遂立惠妃为后，已而不果。《新书·后妃传》云：御史潘好礼疏谏，并载其疏辞。《通鉴考异》谓其疏不足信。见开元十四年。帝在藩邸，鄂王瑶。第五。母皇甫德仪，光王琚。第八。母刘才人，亦皆有宠，及惠妃宠幸，亦渐疏。瑛于内第，与二王等常有怨望。惠妃女咸宜公主，出降杨洄，洄日求其短，谮于惠妃，惠妃泣诉于帝，谓太子结党，将害妾母子，亦指斥至尊。玄宗谋于宰相，意将废黜，张九龄不可，事且寝，而李林甫代九龄为中书令。二十五年四月，杨洄又构于惠妃，言瑛兄弟三人，与太子妃兄薛锈，常构异谋。玄宗召宰相筹之。林甫曰："此陛下家事，臣不合参知。"玄宗意乃决。使中官宣诏于宫中，并废为庶人。锈配流,俄赐死于城东驿。瑛、瑶、琚寻亦遇害。十二月,惠妃薨。明年六月,立忠王玙为皇太子。第三。后改名绍,二十七年九月。又改名亨。天宝三载。《旧书·李林甫传》言:林甫因中官匄惠妃,愿保护寿王,惠妃阴助之,因此得为相。太子废,林甫请立寿王。玄宗曰:"忠王仁孝,年又居长,当守器东宫。"乃立为皇太子。自是林甫惧,巧求阴事,以倾太子。《新书·高力士传》曰:太子瑛废,武惠妃方嬖,李林甫等皆属寿王。帝以肃宗长,意未决。居忽忽不食。力士曰:"大家不食,亦膳羞不具邪?"帝曰:"尔我家老,揣我何为而然?"力士曰:"嗣君未定邪?推长而立,孰敢争?"帝曰:"尔言是也。"储位遂定。盖瑛废而惠妃旋死,故力士敢言之,而林甫亦不复坚持也。然异时大狱,潜伏于此矣。

武惠妃死而杨妃宠,其纵侈,乃十倍于惠妃。杨妃者,父曰玄琰,始为寿王妃。惠妃死,后庭无当帝意者,或言妃姿质天挺,遂召纳禁中。为出自妃意者,丐籍女官,号太真。《新书》本传。《通鉴》:开元二十三年十二月。册故蜀州司户杨玄琰女为寿王妃。《考异》曰:《实录》载册文云玄璬长女。按陈鸿《长恨歌传》云:诏高力士潜搜外宫,得杨玄琰女于寿邸。《旧·贵妃传》云:玄琰女,早孤,养于叔父玄璬。又云:玄琰女容色冠代,宜蒙召见。时妃衣道士服,号太真。旧史盖讳之耳。蜀州,今四川崇庆县。天宝四载八月,册为贵妃。姊三人,并封国夫人。韩国、虢国之封,事在七载十月,见《旧书·本纪》。《国忠传》云:三夫人同日拜命。叔玄珪,为光禄卿。再从兄铦,鸿胪卿,锜,侍御史,尚武惠妃女太华公主。杨国忠者,妃之从祖兄,本名钊。蒲博无行,为宗党所鄙,乃发愤从蜀军。蜀大豪鲜于仲通颇资给之。玄琰死蜀州,国忠护视其家,因与妹通。虢国。剑南节度使治益州。章仇兼琼与李林甫不平,闻妃新有宠,思结纳之,使仲通之长安,仲通辞，而以国忠见。兼琼表为推官，使部春贡长安，与以蜀货百万。国忠至京师，见群女弟，致赠遗，诸杨日为兼琼誉，而言国忠善樗蒲。玄宗引见，稍入供奉，累迁监察御史，擢兼度支员外郎，领使五十余。子暄，尚延和郡主。昢，尚万春公主。玄宗女。妃弟鉴，尚承荣郡主。韩国夫人婿秘书少监崔峋。女为代宗妃，虢国男裴徽，尚代宗女延安公主。《旧书·后妃传》。《新书·公主传》：肃宗女郜国公主，始封延光，下嫁裴徽，《旧书》恐误。女嫁让帝男。让帝，即宋王成器，后更名宪。以让储位于玄宗追谥。秦国夫人婿柳澄，先死。男钧，尚长清县主。澄弟潭，尚肃宗女和政公主。韩、虢、秦三夫人与铦、锜等五家，每有请托，府县承迎，峻如召敕。四方赂遗，其门如市。甲第洞开，僭拟宫掖。车马仆御，照耀京邑，递相夸尚。每构一堂，费逾千万，见制度宏壮于己者，即彻而复造，土木之工，不舍昼夜。玄宗颁赐，及四方献遗，五家如一，中使不绝。玄宗凡有游幸，贵妃无不随侍。乘马则高力士执辔授鞭。宫中供贵妃院织锦、刺绣之工，凡七百人，雕刻、镕造，又数百人。扬、益、岭表刺史，必求良工，造作奇器、异服，以奉贵妃献贺，因致擢居显位。玄宗每年十月幸华清宫，国忠姊妹五家扈从，每家为一队，着一色衣，五家合队，照映如百花之焕发。而遗钿、坠舄，瑟瑟，珠翠，璨瓓芳馥于路。其纵侈，盖又轶武、韦之世矣。《新书·后妃传》云：铦、秦国早死，韩、虢与国忠贵最久。

所以能如是其侈者，则计臣之聚敛实为之。《新书·食货志》云：玄宗时，海内富实。米斗之价钱十三，青、齐间斗才三钱。绢一匹钱二百。道路列肆，具酒食以待行人，店有驿驴，行千里不持尺兵。天下岁入之物：租钱二百余万缗，粟千九百八十余万斛，庸、调绢七百四十万匹，绵百八十余万屯，布千三十五万余端。天子骄于佚乐而用不知节，大抵用物之数，常过其所入，于是钱谷之臣，始事朘刻。《旧书·食货志》云：掌财赋者，开元已前，事归尚书省，开元已后，权移他官。开元中，有御史宇文融，献策括籍外剩田，色役伪滥及逃户，许归首免五年征赋，每年量税一千五百钱。置摄御史，分路检括隐审，得户八十余万，田亦称是。得钱数百万贯。事在开元九年。《旧书》本传曰：奏置劝农判官十人，并摄御史，分往天下。《新书》及《通典》并云二十九人，《通典》且列其姓名，则《旧书》误也。《旧书》又云：所括皆虚张其数，亦有以实户为客者。玄宗以为能，数年间，拔为御史中丞、户部侍郎。事在开元十二年。《旧书》本传曰：融乃驰传巡历天下，事无大小，先牒上劝农使而后申中书，省司亦待指按而后决断，其侵官如此。杨崇礼为太府卿，清严善句剥。分寸锱铢，躬亲不厌。转输纳欠，折估渍损，必令征送，天下州县征财帛，四时不止。崇礼正道子。《旧书》事见其子慎矜传，云为大府卿二十年，公清如一，其人实一畜聚之臣，不能以其事侈欲之主，而并没其才守也。及老病致仕，事在开元二十一年，时崇礼年九十余矣。以其子慎矜为御史，专知大府出纳；其弟慎名，又专知京仓；皆以苛刻害人，承主恩而征责。《旧书·慎矜传》曰：诸州纳物，有水渍伤败及色下者，皆令本州征折估钱，转市轻货。此与韦坚同，皆括诸州之财，以归诸中央者也。又有韦坚，规融、慎矜之迹，乃请于江淮转运租米。取州县义仓粟，转市轻货，差富户押船。若迟留损坏，皆征船户。开关中漕渠，凿广运潭，以挽山东之粟，岁四百万石。坚以天宝元年为陕郡太守，领江淮租庸转运使。于咸阳截灞、浐水，引至长安城东，与渭合，以通长安至关门运渠。陕郡，即陕县。咸阳县，今属陕西。帝以为能，又至贵盛，王鉷进计，奋身自为户口色役使。事在天宝四载。鉷，方翼孙。征剥财货，每岁进钱百亿，宝货称是。云非正额租庸，便入百宝大盈库，以供人主燕私赏赐之用。《旧书·杨炎传》曰：旧制：人丁戍边者，镯其租庸，六岁免归。玄宗方事夷狄，戍者多死不反，边将怙宠而讳不以死申，故其贯籍之名不除。至天宝中，王鉷为户口使，以丁籍且存，丁身焉往？是隐课而不出耳。遂案旧籍，计除六年之外，积征其家三十年租庸。又《陆贽传》：德宗于奉天行在贮贡物于廊下，仍题琼林、大盈二库名。贽谏曰：琼林、大盈，自古悉无其制。传诸耆旧，皆云创自开元。贵臣贪权，饰巧求媚。乃言郡邑贡、赋，所用盍各区分？赋税当委于有司，以给经用，贡献宜归于天子。以奉私求，玄宗悦之，新是二库，荡心侈欲，萌柢于兹。逮乎失邦，终以饵寇。玄宗日益眷之，数年间，亦为御史大夫、京兆尹，带二十余使。又杨国忠，藉椒房之势，承恩幸，带四十余使，云经其听览，必数倍弘益，又见宠贵。夫谷帛降贱，适益耕夫织妇生计之艰。货物流衍，更开驵侩豪民并兼之路。若此者，往往外观繁盛，实则贫富愈不均。富者恣其骄奢，贫者耻不逮焉而追随于后，则俗益坏而民益嚣然愁苦，不聊其生。事势如斯，最宜警惕，而唐人转以是称开元为全盛，只见其昧于治体也。国家取民虽薄，利亦或不在民，而归于中饱，搜剔征责，谁曰不宜？然亦视其用之之如何。若竭天下之资财，以供一人之侈欲，则其贤于中饱者几何？而中饱者究犹有所惮也。且搜剔征责者，岂能域于吏而不及于民乎？欲剥民者，不益得所藉手乎？故曰：与其有聚敛之臣，宁有盗臣。

　　玄宗治绩之衰，盖自其相张说时始。开元十四年，杜暹以安西都护入相，始开边将干进之端，十六年，宇文融继之，又开计臣柄政之路，理财用兵，实当时召乱之两大端也。十七年，张九龄相。九龄虽文人，颇称持正。二十二年，李林甫相。林甫者，高祖从父弟长平王叔良之曾孙，史称其"每事过慎，条理众务，增修纲纪，中外迁除，皆有恒度"，盖亦守成综核之才。玄宗在位岁久，倦于万机，遂一以委成，恣其宴乐。唐人本好党援进取，林甫尤耽宠固权，苟患失之，不惜举国事以为之殉，而朝局不可问矣。牛仙客者，王君㚟河西节度判官。萧嵩代君㚟，又以军事委之，竟代为节度，参看第三节。河西节度，治凉州。后改朔方总管。朔方军，治灵州。玄宗欲用为尚书。九龄以其本出使典，不可。玄宗不悦，又以争废太子事忤旨。二十四年，遂罢九龄，相仙客。唯诺而已。天宝元年，仙客卒。林甫复引李适之。适之者，恒山王承乾之孙。雅好宾友，颇有时誉，亦务进取，则其势于林甫为逼，而龃龉之端以开。韦坚妹为太子妃。坚妻，姜皎女，林甫舅子也，初甚昵比，后稍不协。坚又与适之善。四载，林甫乃引为刑部尚书，而罢其诸使，实夺之权也。以杨慎矜代之。陇右节度治鄯州。皇甫惟明，故忠王友。时破吐蕃入献捷，见林甫专权，意不平，微劝上去之。林甫使杨慎矜密伺之。五载，正月望夜，太子出游，与坚相见。坚又与惟明同会景龙观道士之室。慎矜发其事，谓坚戚里，不合与边将狎昵。林甫因奏坚与惟明结谋，欲共立太子，贬坚为缙云太守，今浙江缙云县。惟明为播川太守。播川郡，即播州。李适之惧，自求散地，遂罢知政事。坚弟将作少匠兰，兵部员外郎芝，为兄讼冤，且引太子为言，上益怒。太子惧，表请与妃离昏。坚再贬江夏别驾，今湖北武昌县。兰、芝皆贬岭南。林甫因言坚与李适之等为朋党。坚长流临封，即封州。适之贬宜春太守。坚亲党坐坚流贬者数十人。赞善大夫杜有邻，女为太子良娣。良娣姊为左骁卫兵曹柳勣妻。淄川太守裴敦复，荐勣于北海太守李邕，淄川，今山东淄川县。北海郡，即青州。邕，高祖子虢王凤之孙。勣至京师，又与著作郎王曾等为友，皆当时名士也。勣与妻族不协。为飞语，告有邻妄称图谶，交构东宫，指斥乘舆。林甫令京兆士曹参军吉温与御史鞠之。温者，京兆尹萧炅荐之林甫，与殿中侍御史罗希奭，俱为林甫爪牙，时人谓之罗钳吉网者也。鞫其狱，乃勣首谋。温令勣连引曾等。有邻、勣、曾等皆杖死。别遣希夷往按李邕。六载，邕及裴敦复皆杖死。希奭自北海如岭南，所过杀迁谪者。李适之忧惧，自杀。林甫又奏分遣御史至贬所，杀韦坚兄弟及皇甫惟明。又遣使于循河及江、淮州县求坚罪，收系纲典船夫，溢于牢狱，征剥逋户，延及邻伍，皆裸死公府，至林甫死乃止焉。王忠嗣者，父海宾，与吐蕃战死，忠嗣养于禁中，肃宗在忠邸，与之游处，后为河东、朔方节度使。河东军，治太原。皇甫惟明败，充河西、陇右节度。仍权知朔方、河东，至六载四月乃让还。林甫使人告其欲奉太子。玄宗怒，征入朝，令三司推讯。初玄宗使忠嗣取石堡城，忠嗣不可。边将董延光献策请取之，诏忠嗣分兵应接，忠嗣不为赏格，延光过期无功，诉忠嗣缓师。参看第四节。及是，上曰："吾儿在深宫，安得与外人通谋？此必妄也。"但劾其阻挠军功。三司奏忠嗣罪当死。哥舒翰代为陇右，力言之，乃贬汉阳太守。汉阳郡，即沔州。林甫是时之所为，似专欲危太子者，盖太子之立，本非其意，而林甫专权日久，玄宗春秋高，惧一朝晏驾，新君继世，有不测之祸，故为自全之计耶？玄宗意既不回，杨慎矜稍避事防患，因与王鉷有隙。《旧书·杨国忠传》。此为林甫与鉷陷慎矜真相，盖其谋实有不可告人者在也。鉷构其规复隋室，蓄异书，与凶人来往，说国家休咎。林甫使人发之。遂与兄慎余、弟慎名同赐自尽。鉷兼京兆尹，威权转盛。子准既骄恣，弟銲尤凶险不法。十一载，銲所善邢縡与右龙武军、万骑谋作乱，杀宰相及杨国忠。事泄，伏诛。銲杖死。鉷赐自尽。准与弟备流岭南，道杀之。初林甫以杨国忠怙宠敢言，援之为党，以按韦坚。于京城别置推院。连岁大狱，追捕挤陷，皆国忠发之。及国忠骤迁领五十余使，林甫始恶之。复相贼。王鉷获罪，国忠代为御史大夫，权京兆尹。初突厥默啜政衰，九姓首领阿布思来降，见第二节。上宠之，赐姓名为李献忠。十载，禄山讨契丹，败绩。十一载，出兵将以报怨，请阿布思俱行。阿布思素与禄山不协，惧，叛归漠北。参看第五、第七节。国忠乃穷竟邢綝狱，令引林甫交私鈇、銌、阿布思事状。南诏侵蜀，国忠遥领剑南节度，蜀人请其赴镇，见第六节。林甫奏遣之。将辞，泣陈必为林甫所排。帝怜之，不数月，召还。会林甫卒，十一月。遂代为右相。时安禄山方宠，国忠使人说之，禄山乃使阿布思部落降者诣阙，诬告林甫与阿布思约为父子。上信之，下吏按问。林甫婿谏议大夫杨齐宣惧累，附国忠证之。乃削林甫官爵。剖棺，抉取含珠，褫金紫，更以庶人礼葬。子孙有官者，皆除名流岭南、黔中。近亲党与坐贬者五十余人。朝局之鼎沸如此，益以边将之骄横，而乱迫眉睫矣。

第二节　突厥兴亡

唐代天宝之乱，原因孔多，边兵之重，要为其大者。唐初武功，看似卓越，实皆乘敌国之敝，非由兵力之强。故在高宗时，东西两面，业已遭受挫折；武、韦之世，敌势弥张。仍欲维持开国时之规模，则边兵不得不重。边兵重而内地空虚，朝纲弛紊，乱事遂一发而不可收拾矣。唐代武功，为今人所艳称，然昔人多惜其黩武而自敝，信有由也。今分述开、天时边事如下：

唐代大敌，自首突厥，然突厥再兴之后，不久亦即就衰。《旧书·突厥传》曰：景云中，默啜西击娑葛，破灭之。契丹及奚，自神功之后，常受其征役。其地东西万余里，控弦四十万。自颉利之后，最为强盛。神功下距景云凡十三年，默啜之势，盖初张于东，而后盛于西也。娑葛者，突厥别部突骑施酋长。贺鲁之平，以阿史那弥射、步真分统五咄陆、五弩失毕之众，已见第二章第六节。龙朔二年，二人从苏海政讨龟兹。步真怨弥射，且欲并其部，乃诬弥射谋反。海政不能察，即收斩之，步真死乾封时。咸亨二年，以西突厥部酋阿史那都支为匐延都督，以安辑其众。平贺鲁时，以处木昆部为匐延都督府。仪凤中，纪在二年。都支自号十姓可汗，与吐蕃连和，寇安西。诏裴行俭讨之。行俭请毋发兵，可以计取。乃诏行俭册送波斯王子，并安抚大食，若道两蕃者。都支上谒，遂禽之。时调露元年也。永隆中，又有阿史那车薄，自称十姓可汗，与咽𪏈俱叛。永淳元年，命行俭往讨。未行卒。安西都护王方翼破平之。见新旧书《本纪》及《行俭》、《方翼传》。《纪》系其事于永淳元年，乃因行俭受命，方翼出征追书之，其叛自当在此之前，《旧书·方翼传》云永隆中是也。《新书》改为永淳中，误矣。咽𪏈，羁縻州名，隶燕然都护府，长安二年，为都督府，隶北庭，见《地理志》。西姓益衰，二部人日离散。垂拱初，擢弥射子元庆、步真子斛瑟罗袭父所领及可汗号。长寿中，元庆坐谒皇嗣，为来俊臣所诬，要斩。流其子献于振州。圣历二年，以斛瑟罗为平西军大总管，令振抚国人。时突骑施乌质勒张甚，斛瑟罗不敢归，与其部人六七万内迁，死长安。《旧书·解琬传》：圣历初，充使安抚乌质勒及十姓部落。长安三年，召献还，袭兴昔亡可汗，为安抚招慰十姓大使、北廷大都护。四年，《旧书》云神龙中。以斛瑟罗子怀道为十姓可汗，兼濛池都护。未几，擢献为碛西节度使。时乌质勒帐落寖盛。稍攻得碎叶，即徙居之。谓碎叶川为大牙，弓月城、伊丽水为小牙。伊丽水，即伊列河。尽并斛瑟罗地。神龙中，封怀德郡王。是岁死。子嗢鹿州都督娑葛袭。贺鲁之平，以突骑施索葛莫贺部为嗢鹿都督府。与阿史那阙啜忠节不和，阿史那姓，阙啜官名，忠节其人之汉名。屡相侵掠。阙啜兵众寡弱，渐不能支。安西都护郭元振奏请追阙啜入朝宿卫，移其部落于瓜、沙等州安置。制从之。阙啜行至播仙城，贾耽入四夷路，播仙镇，故且末城，高宗上元中更名。与经略使周以悌遇。以悌劝其赆宰相宗楚客、纪处讷请留。仍发安西兵，并引吐蕃，以击娑葛，求阿史那献为可汗，以招十姓。使郭虔瓘历城人，时为西边将。历城县，今属山东。往拔汗那征甲马，以助军用。阙啜从之。元振闻其谋，疏言"用吐蕃非便。阿史那献不能招胁十姓。又言吐蕃频年亦册献兄俀子、叔仆罗、拔布相次为可汗，亦不能招得十姓，皆自磨灭。往年虔瓘已曾与忠节擅入拔汗那，税甲税马不得，拔汗那不胜侵扰，转南句吐蕃，将俀子重扰四镇。"疏奏，不省。而遣摄御史中丞冯嘉宾持节安抚阙啜，御史吕守素处置四镇。除牛师奖为安西副都护，便领甘、凉已西兵、募，兼征吐蕃，以讨娑葛。娑葛发兵掩擒阙啜，杀嘉宾，又害守素、使弟遮弩率兵盗塞。师奖与战，败死。遂陷安西。时景龙二年十一月也。楚客又请以周以悌代元振，使阿史那献为十姓可汗，置军焉耆，以取娑葛。元振使子鸿间道奏其状。以悌竟得罪，流于白州。今广西博白县。复以元振代以悌。赦娑葛罪，册为十四姓可汗。胡三省曰：西突厥先有十姓，今并咽麫、葛逻禄、莫贺达干、都摩支为十四姓。莫贺达干、都摩支，见下节。西土遂定。娑葛与遮弩分治其部。遮弩恨众少，叛归默啜，请为乡道，反攻其兄。默啜留遮弩，自以兵二万击娑葛，擒之。归语遮弩曰："汝兄弟不相协，能事我乎？"两杀之。《旧书》曰：自垂拱已后，十姓部落，频被默啜侵略，死散殆尽。案默啜之立，乃在天授，安得垂拱时已掠十姓？而垂拱上距永淳，不过三岁，即骨咄禄亦初起，不能侵略十姓也。然张仁愿筑三受降城，事在景龙元年，《传》云乘默啜尽众西击娑葛之虚，则默啜与娑葛构兵，不自遮弩叛降始。彼自圣历已后，未尝大举寇边，盖其兵锋实已渐移于西也。娑葛之亡，实为默啜之极盛。然默啜虐用其下。既年老，愈昏暴，部落怨叛。开元二年，使子同俄特勒、妹婿火拔颉利发攻北廷。都护郭虔瓘击之，斩同俄城下。火拔不敢归，携妻子来奔。于是默啜属部，纷纷降附，分崩离析之机肇矣。默啜讨九姓，战碛北，九姓溃，人畜多死。思结等部来降。此据《新书》。《旧书》云：与九姓首领阿布思等战，阿布思来降。阿布思盖思结部之酋长也。默啜又讨九姓拔野古，战独乐河，拔野古大败。默啜轻归不为备，道大林中，拔野古残众突出，击斩之。与入蕃使郝灵佺传首京师，时开元四年六月也。骨咄禄之子阙特勒鸠合旧部，杀默啜子小可汗及诸弟并亲信略尽。立其兄左贤王默棘连，是为毗伽可汗，国人谓之小杀。

毗伽可汗立未几，而有河曲降人叛变之事。《旧书·王晙传》曰：默啜为九姓所杀，其下酋长，多款塞投降。《突厥传》曰：降户阿悉烂、跌思泰等自河曲叛归。案跌跌思泰，乃默啜未死时来降者。置之河曲之内。俄而小杀继立，降者渐叛。晙时为并州长史，上疏言："降者部落，不受军州进止，辄动兵马，屡有伤杀，私置烽铺，潜为抗拒，公私行李，颇实危惧。北虏如或南牧，降户必与连衡。臣问没蕃归人，云却逃者甚众。南北信使，委曲通传，此辈降人，翻成细作，傥收合余烬，来逼军州，虏骑凭陵，胡兵应接，表里有敌，进退无援。望至秋冬之际，令朔方军盛陈兵马，告其祸福。啖以缯帛之利，示以麋鹿之饶，说其鱼米之乡，陈其畜牧之地，并分配淮南、河南宽乡安置。虽复一时劳弊，必得久长安稳。二十年外，渐染淳风，将以充兵，皆为劲卒。若以北狄降者，不可南中安置，则高丽俘虏，置之沙漠之曲，西域遍亘，散在青、徐之右，何独降胡，不可移徙？谋者必言降户旧置河曲，昔年既得康宁，今日还应稳便。往者颉利破亡，边境宁谧，降户之辈，无复他心。今虏未见破灭，降户私使往来，或畏北虏之威，或怀北虏之惠，又是北虏戚属，夫岂不识亲疏？将比昔年，安可同日？纵因迁移，或致逃叛，但有移得，即是良图。留待河冰，恐即有变。"疏奏未报，降虏果叛。敕睃帅并州兵西济河以讨之。时叛者分为两道，其在东者，睃追及之。以功迁左散骑常侍，持节朔方道行军大总管，寻迁御史大夫。时突厥跌跌部落及仆固都督匀磨等，散在受降城左右，谋引突厥陷军城而叛。睃因入奏，密请诛之。八年秋，睃诱诛跌跌等党与八百余人于中受降城。授兵部尚书，复充朔方军大总管。九年，兰池州胡康待宾。苦于赋役，诱降虏余烬攻夏州。诏陇右节度使郭知运与睃相知讨之。知运与睃不协，睃所招抚降者，知运纵兵击之，贼以为睃所卖，相率叛走，俄复结聚。睃坐左迁。《张说传》：开元七年，检校并州长史，兼天兵军大使。天兵军，开元五年置，即在并州城中，以时九姓之众，散在太原以北，宿重兵以镇之也。八年秋，王睃诛河曲降虏阿布思等千余人。此语似误，不则别一阿布思，非赐姓名李献忠者也。参看第七节。时并州大同、横野等军大同军，在代州北。横野军，在蔚州东北。有九姓同罗、拔曳固等部落，皆怀震惧。说率轻骑，持旌节，直诣其部落，宿于帐下，九姓乃安。九年四月，胡贼康待宾反，攻陷兰池等六州。王睃率兵讨之，仍令说相知经略。时叛胡与党项连结，说击破之，奏置麟州，在今陕西神木县北。以安置党项余烬。明年，为朔方军节度大使。康待宾余党庆州方渠降胡康愿子，方渠县，今甘肃环县。自立为可汗，谋掠监牧马，西涉河出塞。说进兵讨擒之。于是移河曲六州残胡五万余口配许、汝、唐、显州改。邓、仙、开元二年，析许、汝、唐、豫四州之地置，二十六年废。豫等州，始空河南朔方千里之地。康待宾、康愿子之叛，见新旧《书·本纪》开元九年、十年。六胡州者，鲁、丽、塞、含、依、契，调露元年所置。长安四年，并为匡、长二州。神龙二年，置兰池都督府，置六县以隶之。开元十年，复分为鲁、丽、契、塞四州。十一年，克定康待宾，迁其人于河南、江、淮。十八年，又为匡、长二州。二十六年，自江淮放回胡户，置宥州及延恩、怀德、归仁三县，事见《旧书·地理志》。六胡州，本在灵、盐二州境，开元中，于废匡州置怀恩县，宥州理焉。地在东胜县境。其东北三百里有榆多勒城。天宝中，王忠嗣奏于其地置经略军，宥州亦寄治焉。宝应后废。元和八年，李吉甫奏复之，以备回纥、党项。十五年，移治长泽县，在今陕西靖边县之东。降户安处河南、江、淮者凡十五年，初不闻有风尘之警。二十六年之放回，未知其故安在，然必不能全回。且如王睃之言，则当时高丽、西胡，杂处内地者，尚不少矣。此可见突厥初降时，群臣或欲处之兖、豫，实为善策。盖内地中国人多，易于同化。苟非种落太多，反客为主，而又政刑大乱，郡县极敝，如典午之初者，原不虑其呼啸而起。正不容因噎废食，动援郭钦、江统之说以为难也。

《旧书》云：毗伽可汗性仁友。自以得国是阙特勒之功，固让之，阙特勒不受，遂以为左贤王，专掌兵马。是时奚、契丹相率款塞；突骑施苏禄自立为可汗；突厥部落，颇多携贰；乃召默啜时衙官暾欲谷为谋主。初默啜下衙官，尽为阙特勒所杀，暾欲谷以女为小杀可敦，免死归部落。年七十余，蕃人甚敬伏之。《传》侈陈暾欲谷智谋，容有附会。然又载玄宗东封时，张说欲加兵以备突厥，曰："小杀仁而爱人，众为之用；阙特勒骁武善战，所向无前；暾欲谷深沈有谋，老而益智。"则是时突厥君臣，确为一时俊杰，而又能和衷共济，一扫前此相猜相鬻之习，此其所以能拯默啜之敝，复雄北方三十年欤？小杀既得降户，谋欲南入为寇；又欲修筑城壁，造立寺观；暾欲谷皆止之。开元八年冬，王晙奏请西征拔悉蜜，东发奚、契丹，期以明年秋初，引朔方兵数道俱入，掩突厥牙帐于稽落河上。暾欲谷策拔悉蜜去两蕃远，谓奚、契丹，见第五节。势必不合；王晙兵马，亦不能至；拔悉蜜轻而好利，必先来，可击。九年九月，拔悉蜜果来，而王晙及两蕃不至，惧而退。突厥蹑之。拔悉蜜时在北廷，暾欲谷分兵间道袭拔其城，因纵卒击，悉擒之。回兵掠凉州，败中国兵。《本纪》在八年十一月，《实录》同，《通鉴》从之。由是大振，尽有默啜之众。明年，固乞和，《通鉴》在九年二月。许之。又连岁遣使献方物求婚，不许。十五年，使来朝，时吐蕃与书，计同时入寇，并献之。上嘉其诚，许于西受降城互市，每年赏缣帛数十万匹就边以遗之。十九年，阙特勒死。二十二年，《本纪》。小杀为其大臣梅录啜所毒。药发未死，先讨斩梅录啜，尽灭其党。《新书》云：夷其种。既卒，国人立其子为伊然可汗。寻卒，《通鉴》。其弟嗣立，是为苾伽骨咄禄可汗，册为登利可汗。年幼，其母名婆匐，暾欲谷女。与小臣饫斯达干通，干与国政，不为蕃人所伏。登利从叔父二人，分掌兵马，在东者号左杀，在西者号右杀。登利与其母诱斩右杀，并其众。左杀惧及，攻登利杀之。《旧书·本纪》在开元二十九年七月。左杀者，判阙特勒也。立毗伽可汗子，俄为骨咄叶护所杀。立其弟，又杀之。叶护乃自为可汗。天宝初，回纥、葛逻禄、拔悉蜜并起攻叶护，杀之。尊拔悉蜜之长为颉跌伊施可汗。回纥、葛逻禄，自为左右叶护。国人奉判阙特勒子为乌苏米施可汗。拔悉蜜等三部共攻之。米施遁亡。三载，拔悉蜜等杀之，传首京师。其弟白眉特勒鹘陇匐立，是为白眉可汗。于是突厥大乱。国人推拔悉蜜酋为可汗。诏朔方节度使王忠嗣以兵乘其乱，击其左十一部，破之。其右未下，此据《新书·突厥传》。《旧书·王忠嗣传》云："取其右厢而归。"而回纥、葛逻禄杀拔悉蜜可汗，奉回纥骨力裴罗定其国。明年，杀白眉可汗，传首。《新书》云：突厥国于后魏大统时，至是灭，后或朝贡，皆旧部九姓云。突厥本西海部族，然据东方未久，奚、契丹、靺鞨及北徼诸部落，尽臣服之，其用物也弘矣，其取精也多矣，故自颉利之亡，至于是，几百二十年，屡蹶而屡起。使有英主出，收率旧众，以图中兴，未尝不可为中国之大患。其亡也，实中国之天幸也。铁勒诸部，本气势郁勃，突厥既亡，必有代之而兴者，而回纥盛矣。

薛延陀亡时，回纥酋长曰吐迷度。《新书》本传云：吐迷度与诸部攻薛延陀，残之，并有其地，遂南逾贺兰山，境诸河。可见回纥本据，实在贺兰山北。上文云居薛延陀北娑陵水上，乃延陀亡后东迁之所宅也。太宗以其地为瀚海都督府，拜吐迷度为都督，隶燕然都护府。龙朔中更号瀚海。吐迷度兄子乌纥，烝吐迷度之妻，与俱陆莫贺达干俱罗勃谋乱，而归车鼻可汗。二人皆车鼻婿。乌纥领骑夜劫吐迷度，杀之。燕然副都护元礼臣绐乌纥，许白为都督。乌纥往谢，因斩以徇。擢吐迷度子婆闰袭父所领。俱罗勃入朝，帝不遣。婆闰死，子比栗嗣。比栗死，子独解支嗣。武后时，默啜取铁勒故地，回纥与契苾、思结、浑三部度碛徙甘、凉间。独解支死，子伏帝匐立。明年，助唐攻杀默啜，死，子承宗立。凉州都督王君㚟诬暴其罪，流死瀼州。在今广西上思县南。族子瀚海府司马护输乘众怨，共杀君㚟，梗绝安西诸国朝贡道。参看第四节。久之，奔突厥死。子立，即骨力裴罗也。既斩颉跌伊施，遣使上状，自称骨咄禄毗伽阙可汗。天子以为奉诚王。南居突厥故地。徙牙乌德鞬山、昆河之间，南距西城千七百里。昆河，今鄂尔坤河。西城，汉高阙塞，在今临河县北。有诏拜为骨咄禄毗伽阙怀仁可汗。斥地愈广，东极室韦，西至金山，南控大漠，俨然代突厥而兴矣。

第三节　西域边事

默啜之杀娑葛也，突骑施别种车鼻施啜苏禄，裒拾余众，自为可汗，众至三十万。开元中，拜顺国公，《通鉴》事在六年五月。进号忠顺可汗。《通鉴》在七年十月。以阿史那怀道女为交河公主妻之。是岁，突骑施鬻马于安西，使者致公主教于杜暹，《新书·苏禄传》。据《通鉴》，唐以交河公主妻苏禄，事在开元十年十二月，杜暹为安西副大都护，在十二年三月；《旧书·暹传》，亦在是年；则此是岁二字似误。暹怒，笞其使，不报。苏禄怒，阴结吐蕃，举兵略四镇，围安西。暹方入当国，赵颐贞代为都护，乘城。久之，出战，又败。苏禄略人畜，发囷贮，徐闻暹已宰相，乃引去。《新书·苏禄传》。《旧书·杜暹传》：暹以开元十二年为安西都护。明年，于阗王尉迟眺阴结突厥及诸蕃国，图为叛乱。暹密知其谋，发兵捕而斩之，并诛其党与五十余人，更立君长，于阗遂安。《新书》略同。《通鉴》亦有其事。《旧书·于阗传》：天授三年，其王伏阇雄卒，则天封其子璥为于阗国王，开元十六年，复册立尉迟伏师为于阗王，无眺为王及为暹所废事，盖史家仅记封册。虽不完具，犹可校以《杜暹传》而知其不备也。《新书·于阗传》曰：伏阇雄死，武后立其子璥，开元时献马驼貂，璥死，复立尉迟伏师战为王，则亿撰璥死而立伏师之事，谓其身相接，使人反疑杜暹传为不足信矣。暹之相，在开元十四年九月，苏禄与吐蕃赞普围安西，在十五年闰九月，皆见《旧书·本纪》。《纪》云：副大都护赵归贞击败之，盖讳饰之辞，不足信也。《新书·本纪》，十五年九月丙子，吐蕃寇瓜州。下连书闰月，庚子，寇安西，副大都护赵颐贞败之。一似安西之役，专出吐蕃，而于苏禄无与者。欧、宋二公之疏如此。始苏禄爱治其人。性勤约，每战有所得，尽以与下，故诸族附悦之，为尽力。又交通吐蕃、突厥，二国皆以女妻之。遂立三国女，并为可敦，以数子为叶护。费日广而无素储，晚年，卤获稍留不分，下始贰。又病风，一支挛，不事事。于是大首领莫贺达干、都摩支二部方盛，此据《新书·苏禄传》，《旧书·突厥传》都摩支作都摩度。《实录》同。见《通鉴考异》。而种人自谓娑葛后者为黄姓，苏禄部者为黑姓，更相猜雠。俄而莫贺达干、都摩支夜攻苏禄，杀之。据《旧传》，事在开元二十六年夏。都摩支又背达干，立苏禄子吐火仙骨啜为可汗，居碎叶城。引黑姓可汗尔微特勒保怛逻斯城，共击达干。帝使碛西节度使盖嘉运和抚西方诸国。达干与嘉运率石王、史王破吐火仙，擒之。《旧书·本纪》：开元二十七年七月，北庭都护盖嘉运以轻骑袭破突骑施于碎叶城，杀苏禄，盖误。嘉运当时，并擒吐火仙弟顿阿波，皆以献俘，赦不诛。《新书·本纪》，系吐火仙之擒于八月。疏勒镇守使夫蒙灵誉挟锐兵，与拔汗那王掩怛逻斯城，斩黑姓可汗。诸国皆降。初阿史那献为碛西节度使。十姓部落都担叛，献击斩之，据《新书·本纪》，事在开元二年三月。收碎叶已西帐落三万内属。玺书嘉慰。葛逻禄、胡屋、鼠尼施三姓，咄陆五啜，有胡禄屋阙啜，鼠尼施处半啜。胡屋当即胡禄屋阙，鼠尼施当即处尼施处半。因默啜政衰内属，为默啜所侵掠，以献为定远道大总管，与北廷都护汤嘉惠等掎角。于是突骑施阴幸边隙，献乞益师，身入朝，玄宗不许。然献终亦归死长安。《新书》本传云：献终以娑葛强很不能制，归死长安。案时娑葛已前死。及是，又以怀道子昕为十姓可汗。领突骑施所部。莫贺达干怒，诱诸落叛。诏嘉运招谕，乃降。《旧书·本纪》，在开元二十八年十二月。遂命统其众。后数年，复以昕为可汗，遣兵护送至碎叶西俱兰城，俱兰名见《新书·西域传》。《通鉴考异》云：《会要》作俱南城。为莫贺达干所杀。西突厥遂亡。《通鉴》系天宝元年。此据《新书·西突厥传》。《突骑施传》，莫贺达干作莫贺咄。云莫贺咄自为可汗，安西节度夫蒙灵詧诛斩之。其事，《通鉴》系天宝三载。天宝后，突骑施部以黑姓为可汗，仍通使贡，受诏册。至德后，黄、黑姓皆立可汗，相攻，中国多故，不暇治。大历后，葛逻禄盛，徙居碎叶川，二姓微，臣役焉。

唐初西域，本羁制于西突厥。西突厥亡，突骑施等莫能继起；默啜、吐蕃，虽皆意存觊觎，而力有不及；大食方兴，亦未能遽行兼并；故开天之际，中国之声望犹存。葱岭东西，西暨拂菻，南抵天竺，仍通朝贡，受册命。并有赐姓、尚主，遣子宿卫者。唐或于其国置军州，或更其国号。如拔汗那以助平吐火仙，册其王为奉化王。天宝三载，改其国号宁远。以外家姓赐其王为窦氏。又封宗室女为和义公主降之。十三载，其王忠节遣子入朝，请留宿卫，习华礼，许之。此国，史称其事唐最谨焉。护蜜，即元魏时之钵和。乾元元年来朝，赐氏李。南天竺丐名其军，玄宗赐名为怀德军。史国，天宝中改号为来威国。虽安史乱后，余风遗烈，犹未尽绝也。然开天之际，要为极盛之时。当是时，西方强国，实惟吐蕃、大食，陵轹诸国，诸国多有来乞援者。南天竺尝乞师讨大食、吐蕃。乌荼，亦曰乌苌，东鄙与大食接，开元中数诱之。其王与骨咄、俱位，皆不肯臣。玄宗命使者册为王。箇失蜜，即迦湿弥罗，王木多笔，遣使来朝。言国有象、步、马三种兵。臣身与中天竺王阤吐蕃五大道，禁出入，战辄胜。有如天可汗兵至勃律者，虽众二十万，能输粮以助。康，其王乌勒伽，与大食亟战不胜，来乞师，天子不许。石，开元二十九年，王伊捺吐屯屈勒上言：今突厥已属天可汗，惟大食为诸国患，请讨之。天子不许。俱蜜，开元中来献。其王那罗延，颇言大食暴赋，天子但慰遣而已。东曹，天宝十一载，其王与安王请击黑衣大食，不听。唐与吐蕃，所争在于四镇。开元中尝破平喝盘陁，于其地置葱岭守捉，为安西极边戍，亦所以固四镇也。吐蕃出西域之道，实惟于阗，既不获逞，乃思假道于勃律，亦为唐所阻遏，事见下节。大食席方兴之势，去葱岭已西诸国近，实非唐所能与争。故唐于来乞师者，皆谢绝焉。度德量力，宜也。而边将贪功，安西节度高仙芝，以天宝九载，出师以讨石国。其王车鼻施约降，仙芝仍浮之，献于阙下，斩之。其子走大食乞兵。明年七月，仙芝遂大败于怛逻斯城。经此挫折，设更欲兴忿兵以报怨者，后事必更不堪设想，而安史之乱旋作，唐于西域，遂不复能过问，此转所以保全威望，为要功生事之臣藏拙也。《新书·西域传》赞曰："西方之戎，古未尝通中国，至汉始载乌孙诸国，后以名字见者寖多。唐兴，以次修贡盖百余，皆冒万里而至，亦已勤矣，然中国有报赠、册吊、程粮、传驿之费。东至高丽，南至真腊，西至波斯、吐蕃、坚昆，北至突厥、契丹、靺鞨，谓之八蕃；其外谓之绝域；视地远近而给费。开元盛时，税西域商胡，以供四镇，出北道者，纳赋轮台。事在开元七年，见《焉耆传》。轮台，今新疆轮台县。地广则费倍，此盛王之鉴也。"夫报赠、册吊、程粮、传驿，为费几何？征戍之劳，盖有什百于此者矣。唐北平突厥，西御吐蕃，东抚治奚、契丹，皆所谓"守在四夷"，虽知其劳，势不容已。若西域则异于是，不徒大食不能越葱岭而叩玉门，即吐蕃欲为患甘、凉，亦必道南山而不由四镇也。唐事外之劳费无谓，盖莫西域若，而自太宗已来，皆明知其然而不能自克，然后知后汉世祖闭关却使之不易几也。

第四节　挑起与吐蕃的战争

武后末年，吐蕃因内乱寖弱，此时中国实不必亟亟与和。乃中宗时，赞普祖母使来为其孙请昏，遽以所养雍王守礼女金城公主妻之。事在景龙四年，即睿宗景云元年也。帝幸始平县送之。哀其孩幼，为之悲泣。为曲赦县大辟罪已下，百姓给复一年，改县曰金城，乡曰凤池，里曰怆别。齐景公涕出而女于吴，不得已也，中国是时，有何不得已邪？守礼，章怀太子子。金城县，后又改曰兴平，今陕西兴平县。使杨矩送主。睿宗即位，矩为鄯州都督，吐蕃使厚遗之，因请河西九曲之地，为公主汤沐之所，矩遽奏与之。《新书·本纪》，系此事于景龙四年三月，似不得如是之速。《通鉴》系此年末。其地肥良，堪顿兵畜牧，又近唐境，吐蕃自是益张雄，易入寇。一时君臣之昏愦庸懦可知矣。开元二年，吐蕃相岔达延上书宰相，请载盟文，定境于河源。未及定，寇临洮军、兰渭等州。临洮军，在今甘肃临洮县境。渭州，在今甘肃陇西县西南。杨矩悔惧，饮药死。玄宗下诏将亲征，俄诸将破其兵，乃止。宰相建言吐蕃本以河为境，以公主故，桥河筑城，置独山、九曲二军，距积石二百里。今既负约，请毁桥复守河。诏可。吐蕃请和。然恃盛强，求与天子敌国，语悖敖。使者至临洮，诏不纳。金城公主上书求听修好，且言赞普君臣，欲与天子共署誓刻。吐蕃又遣使上书，言孝和皇帝尝赐盟，唐宰相在誓刻者皆殁，故须再誓。帝谓昔已和亲，有成言，寻前盟可矣。不许复誓，礼其使而遣之。且厚赐赞普。自是岁朝贡，不犯边。《新书·吐蕃传》《本纪》，开元四年、五年、七年，皆书吐蕃请和。盖时吐蕃究承丧乱之后，未能大为边患也。然其在西域，复有战事。

吐蕃之用兵，似诸方面各自为政，中枢不甚能制御，盖其地广而交通阻塞，不得不委任边将，遂成尾大不掉之局，钦陵兄弟之行事，即其明证也。西域、天竺，皆文明之地，为野蛮好侵略者所垂涎，故吐蕃甘心焉。诸国多有乞师中国，以讨吐蕃者，已见上节。其附从之者，则有护蜜及大勃律，而小勃律亦数为所困。大小勃律，为今泊米尔高原之地。小勃律在大勃律西北，护蜜在勃律北。《传》云：地当四镇入吐火罗道，故役属吐蕃。吐蕃曰："我非谋尔国，假道攻四镇耳。"开元十年，又攻之。其王没谨忙，诒书北廷节度使张孝嵩求救，孝嵩遣疏勒副使张思礼以步骑四千昼夜驰，与谨忙夹击，大破之。杀其众数万，复所失九城。吐蕃侵西域之锋一挫。

时中国事吐蕃颇劳费，开元十三年，封禅礼毕，张说奏请许吐蕃和，以息边境，帝与河西节度使王君㚟筹之。君㚟请深入。十五年正月，破之青海之西。先是吐蕃大将悉诺逻攻大斗谷，当即大斗拔谷，《新书·地理志》：凉州西有大斗军，本赤水守捉，开元十六年为军，因大斗拔谷为名。又移攻甘州，君㚟袭其后，俘其辎重及疲兵，是年九月，悉诺逻攻陷瓜州，执君㚟之父，俄而君㚟为回纥所杀。初凉州界有回纥、契苾、思结、浑四部落。君㚟微时，往来凉府，为所轻。及为节度，以法绳之。回纥等密使人诣东都自陈枉状，君㚟遽发驿奏回纥部落难制，潜有叛谋。上使中使按问。回纥等竟不得理，四姓首长皆长流。其党谋杀君㚟，会吐蕃使间道往突厥，君㚟率精骑往肃州掩之，还至甘州，为所杀，参看第二节。乃命萧嵩为河西节度，张守珪为瓜州刺史。嵩纵反间，吐蕃赞普召悉诺逻诛之。嵩、守珪及陇右节度使张忠亮战皆捷。十七年，朔方大总管信安王祎太宗子吴王恪之孙。又率兵赴陇右，拔石堡城，置振武军。于是吐蕃频遣使请和。忠王友皇甫惟明陈通和之便，上乃令惟明及内侍张元方充使。十八年十月，吐蕃令其重臣名悉猎随惟明等入朝。名悉猎，即来迎金城公主者，其人略通华文。明年正月，诏御史大夫崔琳报聘。吐蕃请交马于赤岭，在石堡城西二十里。互市于甘松岭。在今四川松潘县西南。宰相裴光庭言甘松中国阻，不如许赤岭。乃听以赤岭为界，表以大碑，刻约其上。碑立于二十二年六月。二十四年正月，吐蕃遣使贡方物。其年，吐蕃西击勃律。勃律遣使来告急。上使报吐蕃，令其罢兵。吐蕃不受诏，遂攻破勃律国。《旧书·吐蕃传》、《西域传》，事在二十二年。上甚怒之。时崔希逸为河西节度使，吐蕃与汉树栅为界，置守捉，希逸请皆罢之，而其傔人孙诲入朝奏事，言吐蕃无备可掩。上使内给事赵惠琮与诲驰往，观察事宜。惠琮等遂矫诏令希逸掩袭，破之青海上。《旧书·吐蕃传》。《传》云：吐蕃自是复绝朝贡。然据《希逸传》，其袭破吐蕃，在开元二十五年三月，而《本纪》，是年十二月，吐蕃尚遣使朝贡。希逸以失信怏怏。俄迁为河南尹。萧炅代为节度。又以杜希望为陇右节度，王昊此据《旧书·吐蕃传》。《通鉴》依《实录》、《唐历》作王昱。为剑南节度，分道经略。仍令毁其分界之碑。二十六年，希望攻吐蕃新城，拔之，以为威武军。《旧书·吐蕃传》。《通鉴》从《实录》作威戎军。案《通鉴》是也。《新书·地理志》：鄯州星宿川西三百五十里有威戎军。又发兵夺河桥，于河左筑盐泉城，置镇西军。在河州西百八十里。河州，今甘肃导河县。王昊攻安戎城，大败。二十八年，益州长史章仇兼琼诱城中羌族归款，据诏书。乃取之。诏改为平戎城。二十九年春，金城公主薨。吐蕃遣使来告哀，仍请和。上不许。《旧书·吐蕃传》。《本纪》在二十八年，《新书》同，盖薨于二十八年，而告哀使以二十九年至。十二月，吐蕃袭石堡城。河西、陇右节度盖嘉运不能守。天宝初，会皇甫惟明、王忠嗣为节度。皆不能克。七载，以哥舒翰为节度。八年六月，乃攻拔之。改为神武军。先二岁，六载。安西副都护高仙芝击小勃律，降之。《新书》本传曰：没谨忙死，子难泥立。死，兄麻来今立。死，苏失利之立。为吐蕃阴诱，妻以女，故西北二十余国，皆臣吐蕃，贡献不入。疑开元二十四年攻破其国后，复以女妻之，与结好也。传又言仙芝平其国，拂菻、大食诸胡七十二国皆震恐，咸归附，此亦张大之辞。当时执苏失利之及其妻归京师，诏改其国号归仁，置归仁军，募千人镇之。安西之戍，尚嫌劳费，况于勃律邪？是岁，吐火罗邻胡羯师谋引吐蕃攻吐火罗，吐火罗叶护失里忙伽罗丐安西兵助讨。《新书·西域传》。九载，仙芝又击破之，虏其王。仙芝破羯师之事，新旧《书》本传皆不载。《新书·西域传》，亦但云失里忙伽罗丐安西兵助讨，帝为出师破之而已。《通鉴》：天宝八载十一月乙未，吐火罗叶护失里忙伽罗遣使表称：羯师王亲附吐蕃，困苦小勃律镇军，阻其粮道。臣思破凶徒。望发安西兵，以来岁正月至小勃律，六月至大勃律。上许之。九载，安西节度使高仙芝破羯师、虏其王勃特没。三月，庚子，立勃特没之兄素迦为羯师王。《考异》曰：《实录》：去载十一月，吐火罗叶护请使安西兵讨羯师，上许之，不见出师。今载三月，庚子，册羯师国王勃特没兄素迦为王，不言羯师为谁所破。按十载正月，高仙芝擒羯师王来献，然则羯师为仙芝所破也。案观困苦小勃律镇军之语，则知唐之出兵，非为吐火罗，正以归仁置军，不得不救耳。然敌果洊至，其可终守乎？贪功生事之举，辗转诒累如此。十三载三月，《新书·本纪》。《旧书·外戚·王子颜传》亦云十三载。哥舒翰收九曲故地，置神策军于临洮西，浇河郡于积石西，浇河郡，即廓州。及宛秀军，《新书·地志》：廓州西八十里宛秀城有威胜军，当即此宛秀军。以实河曲。《新书·吐蕃传》。《哥舒翰传》云：收黄河九曲，以其地置洮阳郡，筑神策、宛秀二军。《通鉴》：十三载七月，哥舒翰奏于所开九曲之地置浇河、洮阳二郡及神策军。洮阳郡，即洮州。唐是时，可谓西域、河湟，两路皆致克捷，然未几，禄山难作，尽征河、陇、朔方之兵入赴难，而局势急变矣。

第五节 反复无常的契丹

自李尽忠之败，契丹不能立，遂附突厥。奚亦与突厥相表里，号两蕃。景云元年，奚首领李大酺此据《新书》。《旧书》本传作李大辅，《本纪》亦作酺。遣使贡方物，睿宗嘉之，宴赐甚厚。延和元年，幽州都督孙佺，亦从《新书》。《旧纪》、《传》皆作孙俭。顾与李楷落周以悌袭之，大败，佺、以悌皆为虏禽，送默啜害之。《旧书》云：俭没于陈。朝廷方多故，不暇讨。开元二年，并州节度大使薛讷仁贵子。伐契丹，又败绩。尽忠从父弟失活，旋以默啜政衰来归。《新传》在开元二年，《旧传》在三年。四年八月，《新书·本纪》。又与李大酺偕来。于是复置饶乐、松漠二府，以大酺、失活为都督。《通鉴》皆在开元四年八月。《新书·传》，大酺为饶乐都督在二年，《旧传》在三年。又置静析军，以失活为经略大使。以东平王外孙杨元嗣女为永乐公主妻失活，《旧纪》开元五年十一月。东平王续，太宗子纪王慎之子。宗室出女辛为固安公主妻大酺。《旧纪》开元五年三月。五年，大酺、失活请于柳城依旧置营州都督府，从之。《旧纪》在三月。六年五月，《旧书·纪》、《传》。失活死，弟娑固袭。《新传》。《旧传》云从父弟。八年，有可突干者，为静析军副使，悍勇得众，娑固欲去之，未决，而可突干反，攻娑固。娑固奔营州。都督许钦澹，以州甲五百，合李大酺兵攻可突干，不胜，娑固、大酺皆死。钦澹惧，徙军入榆关。今山海关。可突干奉娑固从父弟郁干为君，遣使者谢罪。有诏即拜郁干、松漠都督，以宗室出女慕容为燕郡公主妻之。大酺之死，弟鲁苏袭。十年，入朝。诏袭其兄官爵，仍以固安公主为妻。《旧纪》在六月。十一年，郁干死，弟吐干袭，复妻燕郡公主。吐干与可突干猜阻，十三年，携公主来奔。可突干奉尽忠弟邵固统众。以宗室出女陈为东华公主妻之。《旧纪》在十四年三月。十八年，可突干杀邵固，《旧纪》在五月。云：契丹衙官突可汗杀其主李召固。突可汗，乃可突干之讹。立屈烈为王，《旧书·张守珪传》作屈刺。胁奚众共降突厥。公主走平卢军。营州军名。鲁苏奔榆关。诏幽州长史知范阳节度事赵含章击之。拜忠王浚肃宗初名。为河北道行军元帅，既又兼河东道诸军元帅。王不行，而以信安王祎见上节。为河北道行军副元帅。二十年，祎与含章出塞捕虏，大破之。可突干走，奚众降。明年，可突干盗边，幽州长史薛楚玉讷弟。遣副总管郭英杰等击之，英杰，知运子。败死。帝擢张守珪为幽州长史经略之。可突干阳请臣，而稍趋西北倚突厥。其衙官李过折，与可突干内不平。守珪使客王悔阴邀之，以兵围可突干。过折即夜斩可突干、屈烈及支党数十人自归。《新书·契丹传》。据此，是守珪之师既出，而过折乃应之也。《旧书·本纪》云：守珪发兵讨契丹，斩其王屈烈及其大臣可突干于陈，传首东都。陈斩固要功之辞，然谓二人死时，守珪之兵已出，则与此合。其《守珪传》云：屈刺与可突干恐惧，遣使诈降，守珪察知其伪，遣管记右卫骑曹王悔诣其部落就谋之。悔至屈刺帐，贼徒初无降意，乃移其营帐，渐向西北，密遣使引突厥，将杀悔以叛。会契丹别帅李过折与可突干争权不协，悔潜诱之，斩屈刺、可突干，尽诛其党，率余众以降。守珪因出师，次于紫蒙川，大阅军实，燕赏将士。传屈刺、可突干等首于东都。则可突干既死而守珪之师乃出，大功全在于悔矣。《新书·本纪》及《守珪传》，略与《旧书》同。恐《守珪传》之说较确，《纪》与《新书·契丹传》所云，皆要赏之辞也。《新书·王琳传》：琳孙俌，辟范阳节度使张守珪幕府。时契丹屈烈部将谋入寇，河北骚然，俌至虏中，胁说祸福，虏乃不入。则当时守珪安边，颇得策士之力。时二十二年十二月也。明年，拜过折为松漠都督。其年，为可突干余党泥里所杀。《通鉴考异》云：《旧传》不言朝廷如何处置泥里。今据《张九龄集》，有赐契丹都督涅里敕，又有赐张守珪敕云：涅礼自擅，难以义责，而未有名位，恐其不安，卿可宣朝旨，使知无它也。泥里盖即涅礼也。初可突干之胁奚众以叛也，赵含章发清夷军讨破之。清夷军在妫州。妫州，今怀来县。众稍自归。明年，信安王祎又降其酋李诗等。以其地为归义州，治良乡之广阳城。置其部幽州之偏。李诗死，子延宠嗣，又与契丹叛，为张守珪所困，复降。拜饶乐都督。天宝四载，契丹大酋李怀秀降。《新书·契丹传》。《旧书·本纪》作李怀节，《通鉴》同。拜松漠都督。三月，各以宗室出女妻之。九月，皆杀公主叛去。《旧纪》。范阳节度安禄山讨破之。更封契丹酋楷落，奚酋娑固为松漠、饶乐都督。《通鉴》事在五载四月。十载，禄山发幽州、云中、平卢、河东兵十余万，以奚为乡道，讨契丹。战潢水南，《新书·契丹传》。《本纪》作战于吐护真河。大败。明年，再击之，以阿布思叛不果。然与相侵掠未尝解，至其反乃已。亦数与奚鏖斗，诛其君李日越。《通鉴》事在十三

载。奚、契丹是时，尚不能与唐大兵敌，故李祎、张守珪，皆能戡定
之。至禄山之败，则自由其贪功徼幸，非兵力之不敌也。《新书·禄
山传》：十一载，率河东兵讨契丹，告奚曰："彼背盟，我将讨之，尔助我
乎？"奚为出徒兵二千乡道。至土护真河，禄山计曰："道虽远，我疾趋，乘
其不备，破之固矣。"乃敕人持一绳，欲尽缚契丹，昼夜行三百里，次天门
岭。会雨甚，弓弛矢脱不可用。禄山督战急。大将何思德曰："士方疲，宜
少息。使使者盛陈利害以胁贼，贼必降。"禄山怒，欲斩以令军，乃请战。思
德貌类禄山，及战，虏丛矛注矢邀取之，传言禄山获矣。奚闻，亦叛，夹攻
禄山营，士略尽。禄山中流矢，引奚儿数十，弃众走山而坠，庆绪、孙孝哲
掖出之。夜走平卢。部将史定方以兵鏖战，虏解围去。禄山不得志，乃悉兵
号二十万讨契丹以报。阿布思叛，不进辄班师。盖奚本非心服，禄山所将之
兵，亦未尽至，故有此大败也。明岁出师，使微阿布思之叛，自可一大创
之。而又以阿布思叛不果。此后禄山迫于叛计，遂不暇再事契丹矣。此亦契
丹之天幸也。然历开元、天宝之世，几五十年，实未尝一日真臣服。营
州之复，特其名焉而已。《旧书·良吏·宋庆礼传》：开元中，累迁贝州
刺史，仍为河北支度营田使。初营州都督府置在柳城，控带奚、契丹。则天
时，都督赵文翙政理乖方，两蕃反叛，攻陷州城。其后移于幽州东二百里渔
阳城安置。开元五年，奚、契丹各款塞归附。玄宗欲复营州于旧城。侍中宋
璟固争，以为不可。独庆礼盛陈其利。乃诏庆礼及太子詹事姜师度、左骁
卫将军邵宏等充使。更于柳城筑营州城，兴役三旬而毕。俄拜庆礼御史中
丞，兼检校营州都督。开屯田八十余所。追拔幽州及渔阳、淄、青等户。并
招辑商胡，为立店肆。数年间，营州仓廪颇实，居人渐殷。七年卒。太常博
士张星议：庆礼有事东北，所亡万计，所谓害于而家，凶于而国，请谥曰
专。礼部员外郎张九龄驳曰：营州镇彼戎夷，扼喉断臂，逆则制其死命，顺
则为其主人。自经隳废，便长寇孽。二十年间，有事东鄙，僵尸暴骨，败将

覆军，不可胜计。而庆礼以数千之役徒，无甲兵之强卫，指期遂往，禀命而行，俾柳城为金汤之险，林胡生腹心之疾。寻而罢海运，收岁储，边亭晏然，河朔无扰。与夫兴师之费，转输之劳，校其优劣，孰为利害？而云所亡万计，一何谬哉？及契丹背诞之日，惧我掎角之势，虽鼠穴自固，而驹牧无侵云云。案姜师度传：神龙初，累迁易州刺史，兼御史中丞，为河北道监察兼度支营田使。始于蓟门之北，涨水为沟，以备奚、契丹之寇。可见是时两蕃为患之深。此庆礼等所以主复营州于柳城也。以大体论，自是良图。惜乎如庆礼、师度等良吏少，徒恃兵力震慑，终致外蕃受其侵害，而己亦与之俱敝耳。贝州，今河北清河县。其势已隐然不可易矣。

大祚荣自立后，中宗即位，使往招慰，祚荣遣子入侍。将加册立，会契丹、突厥，连岁寇边，使命不达。睿宗先天二年，使册拜祚荣为渤海郡王，仍以其所统为忽汗州，加授忽汗州都督。自是去靺鞨号，专称渤海，每岁遣使朝贡。开元七年，祚荣死，其国私谥为高王。册立其嫡子武艺。十四年，黑水靺鞨遣使来朝。诏以其地为黑水州，仍置长史，遣使镇押。《旧传》曰：武艺谓其属曰："黑水经我境，始与唐家相通。旧请突厥吐屯，皆先告我。今不计会，即请汉官，必是与唐家通谋，腹背攻我也。"遣母弟门艺及其舅任雅相，发兵以击黑水。门艺曾充质子，至京师，开元初还国，谓武艺曰："黑水请唐家官吏，即欲击之，是背唐也。昔高丽全盛之时，强兵三十余万，今日渤海之众，数倍少于高丽，《新书》曰：今我众比高丽三之一。乃欲违背唐家，事必不可。"武艺不从。门艺兵至境，又上书固谏。武艺怒，遣从兄壹夏代门艺，征门艺欲杀之。门艺来奔。武艺寻遣使朝贡，仍上表极言门艺罪状，请杀之。《本纪》：是年十一月，遣子义信来朝。上密遣门艺往安西，仍报武艺云："流向岭外，已遣去讫。"乃留其使，别遣使报之。俄有泄其事者。武艺又上书云：大国示人以信，岂有欺诳之理？今闻门艺不向岭南，伏请依前杀却。上遣门艺暂向岭南以报之。二十年，武艺遣其将张文休率海贼攻登州，今山东蓬莱县。杀刺史韦俊。诏遣门艺往幽州征兵以讨之。仍令太仆卿金思兰往新罗发兵，以攻其南境。属山阻寒冻，雪深丈余，士卒死者过半，竟无功而还。新罗是时之王为金兴光。《旧书》本传云：其族人思兰，先因入朝留京师，拜为太仆员外卿，至是，遣归国发兵以讨靺鞨，仍加授兴光开府仪同三司、宁海军使。使兴光攻渤海南境，不必有宁海军使之授。《新书·新罗传》云：渤海靺鞨掠登州，兴光击走之，帝进兴光宁海军大使，使攻靺鞨，则兴光未受命攻渤海南境之前，已在海道击走靺鞨矣。《新书》言新罗有郑保皋、郑年者，自其国皆来，为武宁军小将。后保皋得归新罗，谒其王，言遍中国以新罗人为奴婢，愿得镇清海，使贼不得掠人西去。清海、海路之要也，王与保皋万人守之。自大和后，海上无鬻新罗人者。可见唐世，中国、新罗之间，海道往来甚畅。渤海地亦临海，此其所以能从海道来寇，而亦新罗之所以能败其兵也。武宁，徐州军名。武艺怀怨不已，密遣使至东都假刺客刺门艺。《新书》云：募客入东都。门艺格之，不死。诏河南府捕获其贼，尽杀之。《新书·乌承玼传》：开元中，与族兄承恩，皆为平卢先锋。渤海大武艺与弟门艺战国中，门艺来，诏与太仆卿金思兰发范阳、新罗兵十万讨之，无功。武艺遣客刺门艺于东都，引兵至马都山，屠城邑。承玼窒要路，堑以大石，亘四百里，虏不得入。《通鉴考异》谓《新书》此文，乃误用韩愈《乌重胤庙碑》，武艺实无入寇至马都山之事，特未知《传》中余事，别据何书。案《传》谓武艺与门艺战国中，其语必有所本。然则《旧书》所载武艺遣门艺攻黑水而门艺不肯，乃其来降后自媚之辞，实则与兄争位而败逋耳。庇争国之罪人，于理自亦非直，然穷来归我，何忍杀之，锢之不使归争国，亦于武艺无负矣。而武艺竟因此而入犯，此可见武后以后，东北诸蕃之跋扈也。二十五年，武艺病卒。亦据《旧书》本传。《纪》在二十六年，盖据赴告到日。其国私谥曰武王。子钦茂嗣。天宝末，徙上京，直旧国三百里忽汗河之东。讫帝世，朝献者二十九云。

靺鞨著者，粟末而外，又有汩咄、安居骨、拂涅、黑水、白山等。高丽亡后，惟黑水完强，《新书》本传云：开元十年，其酋倪属利稽来朝。玄宗即拜勃利州刺史。于是安东都护薛泰请置黑水府，以部长为都督、刺史，朝廷为置长史监之，赐府都督姓李氏，名曰献诚，以云麾将军领黑水经略使，隶幽州都督。初黑水西北，又有思慕部。益北行十日，得郡利部。东北行十日，得窟说部，亦号屈说。稍东南行，十日得莫曳皆部。又有拂涅、虞娄、越喜、铁利等部。其地南距渤海，北东际于海，西抵室韦。南北袤二千里，东西千里。拂涅、铁利、虞娄、越喜时时通中国，而郡利、屈说、莫曳皆不能自通。《传》存其朝京师者，迄于元和，云："后渤海盛，靺鞨皆役属之，不复与王会矣。"

第六节　西南边事

唐初，黔、泸、戎、嶲诸州，同为西南控扼要地，而姚州深入其阻，所系尤重。《旧书·本纪》：高宗麟德元年五月，于昆明之弄栋川置姚州都督府，盖中间尝废罢也。自高宗用兵之后，中宗神龙三年，侍御史唐九征又尝出兵讨击叛蛮，于其处勒石纪功焉。《旧书·本纪》。《旧书·张柬之传》：神功初，出为合州刺史，今四川合川县。寻转蜀州。旧例，每岁差兵募五百人往姚州镇守。柬之表论其弊曰："姚州哀牢旧国，汉置永昌郡以统理之。收其盐、布、毡、罽之税，以利中土。其国西通大秦，南通交趾，奇珍异宝，进贡岁时不阙。刘备据有巴、蜀，尝以甲兵不充。及备死，诸葛亮五月渡泸，收其金、银、盐、布，以益军储；使张伯岐选其劲卒搜兵，以增武备。搜同叟，乃民族之名，亦即寶字之异译，说见《秦汉史》第九章第四节。故《蜀志》称自亮南征之后，国以富饶，甲兵充足。今盐、布之税不供；珍奇之贡不入；戈戟之用，不实于戎行；宝货之资，不输于大国；而空竭府库，驱率平人，受役蛮夷，肝脑涂地，臣窃为国家惜之。往者诸葛亮破南中，使其渠帅自相统领，不置汉官，亦不留兵镇守，人问其故。亮言置官、留兵，有三不易。大意以置官夷汉杂居，猜嫌必起。留兵运粮，为患更重。忽若反叛，劳费更多。但粗设纪纲，自然安定。窃以此策，妙得羁縻之术。今姚府所置之官，既无安边静寇之心，又无且纵且禽之技。惟知诡谋狡算，恣情割剥；贪叨劫掠，积以为常；扇动酋渠，遣成朋党；折支诌笑，取媚蛮夷；拜跪趋伏，无复惭耻；提挈子弟，啸引凶愚；聚会蒲博，一掷累万。剑南逋逃，中原亡命，有二千余户，见散在彼州，专以掠夺为业。姚州本龙朔中武陵县主簿石子仁奏置。武陵县，在今湖北竹溪县东。之后，长史李孝让、辛文协，并为群蛮所杀。前朝遣郎将赵武贵讨击，贵及蜀兵，应时破败，噍类无遗。又使将军李义总等往征，郎将刘惠基在陈战死。其州乃废。垂拱四年，蛮郎将王善宝、昆州刺史爨乾福又请置州。奏言所有课税，自出姚府管内，更不劳扰蜀中。及置州后，录事参军李棱为蛮所杀。延载中，司马成琛奏请于泸南置镇七所，遣蜀兵防守。自此蜀中骚扰，于今不息。且姚府总管五十七州，巨猾游客，不可胜数。国家设官分职，本以化俗防奸，无耻无厌，狼藉至此。今不问夷夏，负罪并深。见道路劫杀，不能禁止，恐一旦惊扰，为患转大。伏乞省罢姚州，使隶巂府。岁时朝觐，同之蕃国。亦废泸南诸镇，于泸北置关。百姓自非奉使入蕃，不许交通往来。增巂府兵，选择清良宰牧，以统理之。臣愚，将为稳便。"读此，可见贪吏、莠民，与外族不肖之徒，互相勾结，以刻剥士人，疲敝中国之状。历代新开之地，同化其民甚难，如西南至今未竟其功。往往叛乱时起，终至离逖。或彼离中国而自立，或中国不能维持而卒弃之。职此之由，更观近代欧人之开拓南洋、美洲，而叹人类之罪恶，今古同符，东西一辙也。惜乎此等罪恶，见侮夺者莫能言，侮夺人者不肯言，传于世者甚少耳。然据一端以推想其余，亦可以见其概矣。唐是时开拓所及者，为今云南之东境及北境。高宗时，吐蕃臣西洱河蛮，其势力始与中国交会。睿宗即位，摄监察御史李知古请发兵击之。蛮既降附，又请筑城征税。睿宗令发剑南兵往。知古又欲因是诛其豪杰，没其子女为奴婢。蛮众恐惧，其酋傍名，乃引吐蕃攻杀知古，断其尸以祭天。姚、巂路历年不通。《旧书·徐坚传》、《吐蕃传》。西南情势，岌岌可危矣。然吐蕃距云南远，亦不易深入，于是南诏兴焉。

南诏，《新书·传》云：本哀牢夷后，观其父子以名相属，其说是也。《传》云：至丰祐，始慕中国，不肯连父名。夷语王为诏，其先渠帅有六，自号六诏：曰蒙巂诏，在今云南云龙县南。越析诏，今云南丽江县。浪穹诏，今云南洱源县。邆睒诏，今云南邓川县。施浪诏，在洱源县蒙次和山下。蒙舍诏，今云南蒙化县。蒙舍诏在诸部南，故称南诏。王蒙氏，自舍龙以来，有谱次可考。舍龙生独逻，亦曰细奴逻。《旧书》云：国初有蒙舍尨，生迎独庞，迎独生细奴逻。高宗时，遣使者入朝。生逻盛炎，武后时身入朝。生炎阁，炎阁死开元时。弟盛逻皮立。生皮逻阁。炎阁未有子时，以阁罗凤为嗣，及生子，还其宗，而名承阁遂不改。《新书》本传，《传》曰：逻盛炎生炎阁。武后时，盛炎身入朝，妻方娠，生盛逻皮，喜曰："我又有子，虽死唐地足矣。"《旧书》则云：细奴逻生逻盛。武后时来朝，其妻方娠。次姚州，闻妻生子，曰："吾且有子，死于唐地足矣。"子名曰盛逻皮。开元初，逻盛死。子盛逻皮立。《通鉴》从《旧传》。《考异》曰：《杨国忠传》、《云南别录》并同。见开元二十六年。以理衡之，《旧书》似是，然炎阁之名，《新书》似不得杜撰。开元末，皮逻阁逐河蛮，即西洱河蛮。取太和城，今云南大理县。以处阁罗凤。天子赐皮逻阁名归义。当是时，五诏微，归义独强，乃厚以利啗剑南节度使王昱，求合六诏为一。制可。《新书·南诏传》。《传》下文言：六诏之外，又有时傍、矣川罗识二族，通号八诏。除蒙嶲诏之地，系为归义所夺外；其越析诏，贞元中，有豪酋张寻求，烝其王波冲妻，因杀波冲。剑南节度使召寻求至姚州杀之，部落无长，乃以地归南诏。浪穹诏之王铎罗望，与南诏战，不胜，挈其部保剑川，更称剑浪。传望偏、偏罗矣、罗君三世，乃为南诏所房，事亦在贞元中。邆睒诏王咩罗皮，施浪诏王施望欠，曾与浪穹诏合拒归又，不胜。咩罗皮走保野共川，传皮罗邓、邓罗颠、颠文托三世。施望欠走永昌，献女丐和，归义许之。死，弟望千走吐蕃，吐蕃立为诏，纳之剑川。传子千旁罗颠，南诏破剑川，颠文托见房，徙永昌，千旁罗颠走泸北，三浪悉灭。时傍母，归义女，其女复妻阁罗凤。咩罗皮之败，时傍入居邆川，为阁罗凤所猜，徙置白崖城。后与矣川罗识诣吐蕃神川都督，求自立为诏，谋泄，被杀。矣川罗识奔神川，都督送之罗些城。则诸诏破灭，实在阁罗凤时，此时云合六诏为一，仅为诸诏共主而已。剑川，今云南剑川县。姚州所属羁縻州有野共，未详所在。人居必依水，昔人言某川，犹今人言某水流域，野共族之地称野共川，犹辽邆睑诏之地称邆川也。白崖城，在今云南仪凤县东南。归义已并群蛮，遂破吐蕃，寖骄大。入朝，天子亦为加礼。又以破洱蛮功，驰遣中人册为云南王。于是徙治太和城。天宝初，遣阁罗凤子凤迦异入宿卫。七载，归义死，阁罗凤立，袭王。《旧书》：归义卒，诏立子阁罗凤，袭云南王。初安宁城有五盐井，人得煮鬻自给，玄宗诏特进何履光以兵定南诏境，取安宁城及井，复立马援铜柱，乃还。《旧书·本纪》：天宝八载十月，特进何履光率十道兵以伐云南。此时南诏事唐颇谨。使能勤而抚之，固可彼此相安，并可藉其力以御吐蕃也，乃又以贪吏诛求，引起变故。

杨国忠德鲜于仲通，用为剑南节度使，仲通卞忿少方略。故事，南诏尝与妻子谒都督，过云南，云南郡，即姚州。太守张虔陀私之。多所求丐，阁罗凤不应。虔陀数诟靳之，阴表其罪，由是忿怨，反，发兵攻虔陀，杀之，取姚州及小夷州三十二。时天宝九载也。明年，仲通自将出戎、嶲州。分二道，进次曲州、靖州。阁罗凤遣使者谢罪，愿还所虏，得自新。且城姚州。如不听，则归命吐蕃，恐云南非唐有。仲通囚使者，进薄白崖城。《旧书》云：进军逼太和。大败，引还。阁罗凤遂北臣吐蕃，吐蕃以为弟。夷谓弟钟，故称赞普钟。给金印，号东帝。杨国忠调天下兵，凡十万，使侍御史李宓讨之，败于太和城，死者十八。十三载六月。会安禄山反，阁罗凤因之取嶲州、会同军，在今会理县。据清溪关。今汉源县南。西南形势一变已。

初爨弘达之死也，唐以爨归王为南宁州都督，居石城。在今曲靖县北。袭杀东爨首领盖聘及子盖启，徙共范川。有两爨大鬼主崇道者，与弟日进、日用居安宁城左。闻章仇兼琼开步头路，筑安宁城，群蛮震骚，共杀筑城使者。玄宗诏蒙归义讨之。师次波州，唐羁縻州，今广西安平土州。归王及崇道兄弟泥首谢罪，赦之。俄而崇道杀日进及归王。归王妻阿姹，乌蛮女也，走父部，乞兵相仇。于是诸爨乱，阿姹遣使诣归义求杀夫者。书闻，诏以其子守隅为南宁州都督。归义以女妻之，又以一女妻崇道子辅朝。然崇道、守隅相攻讨不置。阿姹诉归义，为兴师，崇道走黎州。遂虏其族。杀辅朝，收其女，崇道俄亦被杀。诸爨稍离弱。阁罗凤立，召守隅并妻归河睒，不通中国。惟阿姹自主其部落，岁入朝。阁罗凤遣昆川城使杨牟利以兵胁西爨，徙户二十余万于永昌城。今云南保山县。东爨以言语不通，多散依林谷，得不徙。乌蛮种复振，徙居西爨故地，与南诏世昏姻。其种分七部落：一曰阿芊路，居曲州、靖州故地。二曰阿猛。三曰夔山。四曰暴蛮。五曰卢鹿蛮。二部落分保竹子岭。六曰磨弥敛。七曰勿邓。勿邓地方千里，有邛部六姓，一姓白蛮也，五姓乌蛮也。又有初裹五姓，皆乌蛮也。居邛部、台登之间。邛部县，在今越巂县北。台登县，在今冕宁县东。又有东钦蛮二姓，皆白蛮也，居北谷。又有粟蛮二姓，雷蛮二姓，梦蛮三姓，散处黎、巂、戎数州之鄙，皆隶勿邓。勿邓南七十里有两林部落，有十低三姓，阿屯三姓，亏望三姓隶焉。其南有丰琶部落，阿诺二姓隶焉。两林地虽狭，而诸部推为长，号都大鬼主。勿邓、丰琶、两林，皆谓之东蛮。天宝中皆受封爵。及南诏陷巂州，遂羁属吐蕃。西洱河蛮，开元中首领入朝，授刺史。蒙归义拔太和城，乃北徙，更羁制于浪穹诏。浪穹诏破，又徙云南柘城。南诏柘东城，今昆明。盖西南诸族，无不折而入于南诏者矣。惟牂牁苗裔赵国珍，天宝中战有功，中书舍人张渐荐其有武略，习知南方地形，杨国忠奏用为黔州都督，屡败南诏云。新旧《书》本传。滇西距中原远，而去缅甸近。其文化，本有来自海

151

表者，读《秦汉史》第九章第六节可见。旁薄郁积，至于唐而南诏兴，非偶然也。

第七节　安史之乱（上）

唐初行府兵之制，天下十道，置府六百三十四，而在关内者二百六十一，其势本内重于外。府兵之制，无事时耕于野，有事则命将以出，事解辄罢，兵散于府，将归于朝，故士不失业，而将帅无握兵之重。其戍边者，大曰军，小曰守捉，曰城，曰镇，而总之者曰道，其数初不甚多。高宗、武后时，府兵之法寝坏，至不能给宿卫。开元时，宰相张说，乃请以募士充之。由是府兵之法，变为彍骑。天宝已后，彍骑之法，又稍变废，宿卫者皆市人，至不能受甲。而所谓禁军者，禄山反时，从驾西巡者，亦仅千人。其时节度、经略之使，大者凡十。节度使九：曰安西，治龟兹。曰北庭，治北庭都护府。曰河西，治凉州。曰朔方，治灵州。曰河东，治太原府。曰范阳，治幽州。曰平卢，治营州。曰陇右，治鄯州。曰剑南，治成都府。岭南五府经略使，治广州。又有长乐经略使，福州刺史领之。东莱守捉使，莱州刺史领之。东牟守捉使，登州刺史领之。所管兵皆少。大凡镇兵四十九万人，戎马八万余匹。每岁军费：衣赐千二十万匹段，军食百九十万石，大凡千二百一十一万。开元以前，每年边用，不过二百万耳。以上据《旧书·地理志》。于是外重之势以成。天宝六载，高仙芝以破小勃律功，代夫蒙灵詧为安西节度使。《通鉴》记其事而论之曰："自唐兴以来，边帅皆用忠厚名臣，不久任，不遥领，不兼统。功名著者，往往入为宰相。胡三省曰：如李靖、李勣、刘仁轨、娄师德之类是也。开元以来，薛讷、郭元振、张嘉贞、王晙、张说、杜暹、萧嵩、李适之等，亦皆自边帅入相。其四夷之将，虽才略如阿史那社尔、契苾何力，犹不专大将之任，皆以大臣为使以制之。及开元中，天子有吞四夷之志，为边将者十余年不易，始久任矣。皇子则庆、忠诸王，宰相则萧嵩、牛仙客，始遥领矣。庆王琮，玄宗长子。开元四年，遥领安西大都护，仍充安抚河东、关内、陇右诸蕃大使。十五年，遥领凉州都督，兼河西诸军节度大使。忠王即肃宗，事见第五节。萧嵩入相后，遥领河西。牛仙客入相后，亦遥领朔方，可参看第一、第四节。二十六年，仙客又兼领河东、李林甫兼领陇右，又兼领河西。天宝九载，朔方节度使张齐丘左迁。十载，又命林甫遥领，至十一载李献忠叛，乃举安思顺自代，见下。盖嘉运、王忠嗣专制数道，始兼统矣。嘉运本北庭都护，二十七年，平西突厥，入献捷。明年，以为河西、陇右节度。忠嗣初镇朔方，天宝四载，兼领河东，五载，皇甫惟明败，又兼河西、陇右，至六载，乃辞朔方、河东。李林甫欲杜边帅入相之路，以胡人不知书，乃奏言文臣为将，怯当矢石，不若用寒畯、胡人，胡人则勇决习战，寒族则孤立无党。上悦其言，始用安禄山，至是诸道节度，尽用胡人，《通鉴》此条，颇同《旧书·李林甫传》，但言之较详耳。《旧书》此节，系因林甫用安思顺而及云："十载，林甫兼安西大都护、朔方节度。俄兼单于副大都护。十一载，以朔方副使李献忠叛，让节度，举安思顺自代。"下述林甫告玄宗语，云："帝以为然，乃用思顺代林甫领使。自是高仙芝、哥舒翰，皆专任大将。"其说较允。当时胡人任大将者，禄山而外，不过思顺、仙芝、翰三人而已。云诸道节度，尽用胡人，似欠审谛。仙芝高丽人。翰突骑施哥舒部之裔。王忠嗣之贬，思顺代为河西，翰代为陇右。张齐丘左迁，尝命思顺权知朔方。十载，乃命林甫遥领。是岁，仙芝自安西入朝，以为河西，代思顺。思顺讽群胡割耳剺面留己，乃已。至林甫举以自代，乃之朔方。禄山反，乃以郭子仪代之。天下之势偏重。卒使禄山倾覆天下，皆出于林甫专宠固位之谋也。"昔人论天宝之乱源如此。平心论之，中国政俗，皆尚和平，承平之时，武备不得不弛，初无关于法制。自"五胡乱华"以来，以汉人任耕，而以降附之外族任战，其策亦迄未尝变，故唐初虽有府兵，出征实多用蕃兵、蕃将，此实非玄宗一人之咎，归狱林甫，尤近深文。惟天宝之时，偏重之势太甚，君相不早为之计，而徒荒淫纵恣，耽宠怙权，则神州陆沈，固不得不任其责耳。

当时天下兵力，实以西北二边为重，以唐所视为大敌者，实为突厥与吐蕃也。然以重之之故，其制驭之亦较严；朔方、河、陇，多以宰臣遥领，或将相出入迭为之。而所用胡人，如高仙芝、哥舒翰等，亦不过贪功生事之徒；故未有他患。东北去中枢较远，奚、契丹虽桀骜，尚非突厥、吐蕃之比，故唐人视之较轻，所用节将，惟张守珪出于精选，亦仅武夫，不知远虑，而安禄山遂乘之，盗窃兵柄矣。禄山者，营州柳城胡。《新书》云本姓康，《旧书》云无姓氏，名轧荦山。母阿史德氏，为突厥巫师。禄山少孤，随母在突厥中，将军安波至兄延偃妻其母。开元初，偃携以归国。与将军安道买男偕来。道买次男安节德偃，约两家子为兄弟，乃冒姓安，更名禄山。史思明者，本名窣干，营州宁夷州突厥杂种胡人。宁夷州，未详。《旧传》云：与禄山同乡里，则亦当置于柳城。与禄山同乡里。先禄山一日生。《通鉴考异》曰：《旧传》云：思明除日生。禄山元日生。按《禄山事迹》，天宝十载，正月二十日，上及贵妃为禄山作生日，今不取。今按作生日不必定在其生日，此不能断《旧传》之诬也。及长，相善，俱以骁勇闻。又俱解六蕃语，同为互市郎。张守珪为幽州节度，使二人同捉生，拔禄山为偏将，遂养为子。开元二十七年，守珪以罪去。明年，禄山为平卢兵马使。又明年，授营州都督、平卢军使。天宝元年，以平卢为节度，禄山为使。三载，遂代裴宽节度范阳，而平卢等使如故。九载，兼河北道采访处置使。十载，拜云中太守，即云州。河东节度使，一身兼制三镇，其势遂不可制矣。玄宗信任禄山，史所传多野言。如《新书》本传云：令见皇太子，不拜。左右撷语之。禄山曰："臣不识朝廷仪，皇太子何官也？"帝曰："吾百岁后付以位。"谢曰："臣愚，知陛下不知太子，罪万死。"乃再拜。时杨贵妃有宠，禄山请为妃养儿，帝许之。其拜必先妃后帝。帝怪之。答曰："蕃人先母后父。"帝大悦。此等皆不直一笑。《旧书》本传云：禄山性巧黠，人多誉之。又厚赂往来者，乞为好言，玄宗益信乡。采访使张利贞，尝受其赂；黜陟使席建侯，又言其公直无私；裴宽受代，李林甫顺旨，并言其美；数公皆信臣，故玄宗意益坚，其说当近于实。盖时于东北，不甚措意，故于无意之中，使成尾大之势也。禄山性悖戾，非他蕃将仅邀战功、利官爵者比，遂畜逆谋。更筑垒范阳北，号雄武城，峙兵积谷，养同罗、奚、契丹八千人为假子。畜单于护真大马三万，牛羊五万。潜遣贾胡行诸道，岁输财百万。十一载，攻契丹，败绩。参看第五节。将出兵以报怨，表请阿布思自助。阿布思之来降也，见第二节。玄宗宠之，赐姓名曰李献忠。李林甫遥领朔方，用为副使。及是，诏以兵与禄山会。献忠素与禄山不协，叛归碛北，为边患。诏北庭都护程千里讨之。献忠为回纥所掠，奔葛逻禄。葛逻禄缚送之，俘于京师，斩之，而其众皆为禄山所有，阿布思事，见新旧《书·本纪》天宝十一载至十三载，及李林甫、程千里、安禄山诸《传》。愈偃肆。《新书》云：皇太子及宰相屡言禄山反。帝不信。杨国忠建言追还朝，以验厥状。禄山揣得其谋，乃驰入谒，帝意遂安，凡国忠所陈无入者。十三载，来谒华清宫，对帝泣曰：臣蕃人，不识文字，陛下擢以不次，国忠必欲杀臣以甘心。帝慰解之，拜尚书左仆射，诏还领。又请为闲厩陇右群牧等使，表吉温以自副。温时附禄山。禄山加河东节度使，奏为副使，知留后事。复奏为魏郡太守。杨国忠为相，追温入为御史中丞，盖欲止其狼狈也。然《旧书·传》言其至西京，朝廷动静，辄报禄山。观安岱、李方来之事，则知禄山谋逆，用间谋颇多，温亦难保非其一，酷吏之不可信如此。魏郡，在今河北大名县东。还，疾驱去。既总闲牧，因择良马内范阳，又夺张文俨马牧。反状明白。人告言者，帝必缚与之。明年，国忠谋授禄山同中书门下平章事，召还朝。制未下，帝使中官辅璆琳赐大柑，因察非常，禄山厚赂之，还言无他，帝遂不召。未几，事泄，帝托他罪杀之。自是始疑。帝赐禄山长子庆宗娶宗室女，手诏禄山观礼。辞疾甚。帝赐书曰：为卿别治一汤，可会十月，朕待卿华清宫。唐是时，盖明知禄山之必反，而无如之何，乃思以计饵之，使某入都，以消弭战祸，其策可谓无俚。然谓玄宗犹信之，杨国忠与之不协，乃思激其速反，则其诬亦显而易见矣。去冬吉温以事贬岭外，是岁死于狱，杨国忠又使客摘禄山阴事，讽京兆尹捕其第，得安岱、李方来与禄山反状，缢杀之。见《新书·李岘传》。至是，则其反谋无可掩饰，兵祸亦无可消弭矣。十一月，禄山遂反于范阳。

禄山之反，其众凡十五万。河北皆禄山统内，望风瓦解。又遣骑入太原，杀尹杨光翙。时安西节度使封常清入朝，帝以为范阳、平卢节度使，乘驿诣东京募兵以御之。得六万人，皆白徒，不习战。又以荣王琬玄宗第六子。为元帅，高仙芝副之。帅飞骑、彍骑、新募之天武军及朔方、河西、陇右之众屯陕。置河南节度使，领陈留等十三郡。陈留，即汴州。以卫尉卿张介然为之。十二月，禄山度河，陷灵昌。即滑州。遂陷陈留，介然死。进陷荥阳，封常清拒战，败绩，奔陕。禄山遂陷东京。常清告仙芝：陕不可守，且潼关无兵，贼入之，则长安危矣。仙芝乃弃陕奔潼关。禄山使崔乾祐屯陕。常清之败，三表陈贼形势，上皆不见，常清乃自驰诣阙。至渭南，敕削官爵，白衣诣仙芝军自效。时宦者边令诚监仙芝军，数以事干仙芝不遂，奏言常清张贼势以摇众心，仙芝弃地数百里，且盗减军士粮赐。上使赍敕即军中斩二人。常清具遗表劝上勿轻贼而死。常清既死，令诚索陌刀手百余人自随，宣杀仙芝之命。仙芝曰："我退罪也，以为减截粮赐则诬。"谓令诚曰："上是天，下是地，兵士皆在，足下岂不知乎？"其召募兵排列在外，素爱仙芝，仙芝呼谓之曰："我若实有此，君辈即言实；若实无之，吾辈当言枉。"兵齐呼曰："枉。"其声殷地，然遂斩之。仙芝、常清，非必大将才，要不失为战将；当时欲御禄山，舍此二人，亦无可用者；乃听宦人之言而诛之，亦可谓暗矣。先是哥舒翰入朝，得风疾，留京师，乃拜为兵马副元帅，将蕃、汉兵，并仙芝旧卒二十万军潼关。翰时疾颇甚，委政于行军司马田良丘，良丘复不敢专断，教令不一，颇无部伍。其将王思礼、李承光又争长不协，人无斗志。然潼关天险，贼亦未能遽进也。

禄山之陷陈留也，使其将李庭望守之。既入东京，又以张通晤为睢阳太守，即宋州。使与陈留太守杨朝宗东略地。郡县望风降服。惟东平太守嗣吴王祇，东平郡，即郓州。祇，太宗子吴王恪之孙。济南太守李随，济南郡，即齐州。皆起兵讨贼。单父尉贾贲单父县，今山东单县。率吏民击通晤，斩之。禄山将尹子奇屯陈留欲东略，至襄邑而还。襄邑县，在今河南睢县西。平原太守颜真卿、平原郡，即德州。常山太守颜杲卿常山郡，即镇州。亦起兵河北响应。使入范阳招副使贾循。循未及发，禄山使人杀之。使史思明、蔡希德攻陷常山，杲卿死。然真卿之兵，进克魏郡，时清河客李萼，为其郡乞师于真卿，说真卿曰："闻朝廷使程千里统十万众自太行东下，将出崞口，为贼所扼。今先伐魏，分兵开崞口之路，出千里之兵，使讨邺、幽陵；平原、清河，合十万众徇洛阳，分兵而制其冲；公坚壁无与战；不数十日，贼必溃而相图矣。"真卿然之。遂合清河、博平兵克魏郡。清河郡，即贝州。崞口，在河北邯郸县西。邺郡，即相州。幽陵，指范阳。博平郡，即博州。禄山又使其将高秀岩寇振武，朔方节度使郭子仪败之。乘胜拔静边军，胡三省曰：当在单于府东北，王忠嗣镇河东所筑也。宋白曰：云中郡西至静边军百八十里。进围云中。上命还朔方，发兵进取东京，别选良将一人，分兵先出井陉，今河北井陉、获鹿二县间。以定河北。子仪荐李光弼，楷落子。上以为河东节度使，子仪分朔方兵万人与之。时河北诸郡惟饶阳未下，史思明围之。闻光弼出井陉，解围与相拒。子仪又自井陉出，连败思明于九门、嘉山。九门县，在今河北藁城县西北。嘉山，在常山郡之东。思明奔博陵。子仪、光弼就围之。河北十余郡，皆杀贼守将而降。渔阳路再绝。胡三省曰：渔阳，即谓范阳也。范阳郡幽州，其后又分置蓟州渔阳郡。唐人于此时，多以范阳、渔阳通言之。前此颜杲卿反正，渔阳路绝矣，杲卿败而复通。今郭、李破史思明，故再绝。蓟州，今蓟县。禄山先在东京僭称燕帝，天宝十五载，即肃宗至德元载正月。及是，议弃之，还自救。使唐能坚守潼关，长安或未必沦没也。而玄宗及杨国忠促哥舒翰出战，遂至一败涂地。

《旧书·哥舒翰传》云：翰至潼关，或劝翰留兵三万守关，悉以精锐回诛杨国忠。翰心许之，未发。有客泄其谋于国忠。国忠大惧，乃奏言潼关兵众虽盛，而无后殿，请选监牧小儿三千人，于苑中训练。诏从之，遣剑南军将分统焉。又奏召募万人，屯于霸上，在长安东。令其腹心杜乾运将之。翰虑为所图，乃上表请乾运兵隶于潼关。遂召乾运赴潼关计事，因斩之。先是翰数奏禄山虽窃河朔，而不得人心，请持重以敝之。贼将崔乾祐于陕郡潜锋蓄锐，而觇者奏云："贼殊无备。"上然之，命悉众速讨。翰奏曰："禄山久习用兵，必不肯无备，且贼兵远来，利在速战，王师自战其地，利在坚守。若轻出战，是入其算。乞更观事势。"杨国忠恐其谋己，屡奏使出兵。上久处太平，不练军事，既为国忠眩惑，中使相继督责，翰不得已，引兵出关。《王思礼传》谓思礼密语翰：请抗表诛杨国忠。翰不应。复请以三十骑劫之，横驮来潼关杀之。翰曰："此乃翰反，何与禄山事？"《杨国忠传》云：哥舒翰守潼关，诸将以函关距京师三百里，利在守险，不利出攻。国忠以翰持兵，虑反图己，欲其速战，自中督促之。《新书·翰传》云：郭子仪以禄山悉锐兵南破宛、洛，而以余众守幽州，吾直捣之，覆其巢穴，质叛族以招逆徒，禄山之首可致。若师出潼关，变生京师，天下殆矣。乃极言请翰固关无出军，而帝入国忠之言，使使者促战，项背相望也。哥舒翰武人，未尝与闻朝政，又婴废疾，若杀国忠，试问何以善其后？安得然或人之说？王思礼亦安得劝之？果有是意，纵不敢回戈西向，岂复能顺命出关？故谓翰或翰之将士有图国忠之议，必为妄语。翰既不能图国忠，国忠何用忌之？其选练监牧小儿及召募，意或诚为万一之备。使剑南军将统之者，国忠时领剑南节度，麾下固应有亲信之人；抑或已为幸蜀之计也。至哥舒翰之杀杜乾运，或诚以议事不协；或是时翰不能亲治军，麾下乃有此卤莽之举；要不能以是而谓其有图国忠之意也。促战之举，恐仍由于玄宗之不练军事者居多。玄宗虽好用兵，初未尝亲履行陈，固非太宗之伦。观其杀封常清、高仙芝，可谓绝无思虑，此非特不练军事，且恐益之眊荒，果若此者，其躁急求战，又岂待国忠之眩惑也。国忠不能力谏，则自不待言。且国忠亦非知军机之人，观其征云南之事可知。特谓其虑翰之害己而促之战，则未必然耳。郭子仪请命翰坚守，语出《邠志》，见《通鉴考异》。可信与否，亦难质言，然当日事势，固确是如此。故《国忠传》谓诸将之意皆然，可见询谋之佥同，而玄宗顾以轻躁之心，信谍报而促之战，抑何其老将至而犹有童心也？《旧书·杨国忠传》曰：禄山虽据河洛，其兵锋，东止于梁、宋，南不过宛、邓。李光弼、郭子仪统河朔劲卒，连收恒、定，若淆函固守，兵不妄动，则凶逆之势，不讨自敝。及哥舒翰出师，不数日，乘舆迁幸，朝廷陷没，兵满天下，毒流四海，皆国忠之召祸也。其蔽罪于国忠诬，其论用兵形势则是也。《旧书》多载时人意见，此当时之公论也。《新书·刘子玄传》：子秩，安禄山反，哥舒翰守潼关，杨国忠欲夺其兵。秩上言：翰兵天下成败所系，不可忽，房琯见其书，以比刘更生。则当时知潼关之兵关系之重者，又不独诸将矣。

哥舒翰既出关，与贼战于灵宝。大败。时天宝十五载六月八日，距李光弼破史思明于嘉山，仅数日耳。明日，翰至关，蕃将火拔归仁执之以降。安庆绪弃东京时杀之。关门不守，杨国忠唱幸蜀之计。十三日，凌晨，帝乃与国忠及宰相韦见素、太子、亲王、贵妃姊妹等出延秋门。至马嵬驿，在今陕西兴平县西。兵士杀杨国忠，又胁上杀贵妃而后行。《旧书·国忠传》曰：至马嵬，军士饥而愤怒。陈玄礼惧乱，先谓军士曰："今天下崩离，万乘震荡，岂不由杨国忠？若不诛之，何以塞四海之怨愤？"众曰："念之久矣。事行身死，固所愿也。"会吐蕃和好使在驿门，遮国忠诉事，军士呼曰："杨国忠与蕃人谋叛。"诸军乃围驿，擒国忠，斩首以徇。并杀其子暄及韩国夫人。国忠妻裴柔，与虢国夫人走陈仓，县令薛景仙追杀之。《玄宗本纪》曰：诸卫顿兵不进，陈玄礼奏请诛国忠，会吐蕃使遮国忠，兵士围驿四合，乃诛国忠。众方退。一族兵犹未解，上令高力士诘之。回奏：诸将既诛国忠，以贵妃在宫，人情恐惧。上即命力士赐贵妃自尽。丁酉，明日。将发，朝臣惟韦见素一人。乃命其子京兆府司录谔为御史中丞，充置顿使，议所向。军士或言河、陇，或言灵武、太原，或言还京为便。谔曰：还京须有捍贼之备，兵马未集，恐非万全。不如且幸扶风，即岐州。徐图所向。上询于众，咸以为然。及行，百姓遮路，乞留皇太子，愿戮力破贼，收复京城。因留太子。案陈玄礼，《旧书》附《王毛仲传》，云：禄山反，玄礼欲于城中诛杨国忠，事不果，竟于马嵬斩之，其为豫谋可知。《杨贵妃传》云：玄礼密启太子诛国忠父子。《韦见素传》谓玄礼与飞龙马家李护国谋于皇太子，请诛国忠。《肃宗张皇后传》云：百姓遮道请留太子。宦者李靖忠启太子请留，良娣赞成之。张后时为太子良娣。靖忠者，李辅国本名，《宦官传》作静忠，护国则肃宗即位后赐名也。《宦官传》谓其献计太子，请分玄宗麾下兵北趋朔方，以图兴复。又《建宁王传》，谓是谋也，广平、建宁，广平王俶，即代宗。建宁王俀，肃宗第三子。亦赞成之。则驿门之围，遮道之请，东宫皆与其谋可知。《贵妃传》言：河北盗起，玄宗以皇太子为天下兵马元帅，监抚军国事。国忠大惧，诸杨聚哭。贵妃衔土陈请，帝遂不行内禅。其说之信否未可知，然太子与诸杨间隙之深，则可见矣。《后妃传》序云：马嵬涂地，太子不敢西行。玄宗一日而尸三子，为之子者，不亦难乎？盖非徒求福，亦以免祸矣。众怒如火，其可犯乎？全躯入蜀，实为至幸，此又昵于衽席者之深鉴也。

马嵬之难既平，玄宗遂西入蜀。太子北行，至平凉，即原州。朔方留后杜鸿渐使来迎。时河西行军司马裴冕入为御史大夫，之平凉见太子，亦劝之朔方。七月，太子至灵武。冕及鸿渐等劝进，遂即帝位。是为肃宗。而尊玄宗为太上皇。

第八节　安史之乱（下）

图恢复者必藉兵力。天宝时，兵力萃于西北，而河西、陇右皆较远，肃宗西行，必之朔方者势也。顾朔方兵力，皆在郭、李之手，故潼关不守，光弼遂释博陵之围，与子仪俱入井陉，而河北遂尽为史思明、尹子奇所陷。

玄宗之西行，安禄山不意其如是之速，故潼关陷后，尚驻兵十日，乃遣孙孝哲入长安，以张通儒为西京留守，田乾真为京兆尹，安忠顺屯兵苑中，而使孝哲监关中军。禄山始终未至长安。《新书·传》云："禄山未至长安，士人皆逃入山谷，宫嫔散匿行哭，将相第家，委宝货不赍，群不逞争取之。又剽左藏大盈库，百司帑藏。竭，乃火其余。禄山至，怒，大索三日，民间财赍尽掠之。"误也。孝哲，契丹人，豪侈，果杀戮，又与禄山用事臣严庄不睦；禄山死后，庄夺其使，以与邓季杨。诸将皆慓悍无远略，惟事声色货贿；故此一路，初不足为唐室患。惟阿史那从礼以同罗、仆骨骑五千出塞，诱河曲六州胡，欲迫行在，转成肃宗之近患而已。

其时郭、李而外，河西节度副使李嗣业亦以兵七千至。顾力犹未足，乃使仆固怀恩仆骨首长歌滥拔延之孙，世袭金微州都督。初事王忠嗣、安思顺，后从郭子仪。与敦煌王承寀邠王守礼之孙。同使回纥结好，且发其兵。时回纥裴罗可汗已卒，子磨延啜立，是为葛勒可汗。以可敦之妹为女妻承寀，遣渠领来和亲。时唐以郭子仪为灵州长史，使李光弼留守北京。太原。可汗乃自将兵，与子仪共平河曲，朔方遂安。至德元年十二月。

其东出之路，则薛景仙取扶风而守之。诏改为凤翔府，以景仙为守。初京兆李泌，天宝中，上书论世务，玄宗召见，令待诏翰林，仍东宫供奉，杨国忠奏其为《感遇诗》讽刺时政，诏于蕲春安置。蕲春郡，即蕲州，今湖北蕲春县。乃潜遁名山。肃宗即位，遣使访召。会泌自嵩、颍间奔赴行在。拜银青光禄大夫，俾掌枢务。时以广平王俶为天下兵马元帅，仍俾掌军司马事。泌劝上且幸彭原，即宁州。俟西北兵将至，进幸扶风以应之，于时庸调亦集，可以赡军。上从之。河南房琯，玄宗时为宪部侍郎，从驾于蜀。时大臣赴难者少，玄宗悦，即日拜文部尚书，同中书门下平章事。与韦见素等奉使灵武，册立肃宗。肃宗以琯素有重名，倾心待之。琯亦以天下为己任，抗疏自请将兵，以诛寇孽，收复京都。许之。至德元载十月，琯与禄山将安守忠战于陈陶斜，在今咸阳县东。败绩。是役也，史谓琯以虚名择将吏，以至于败。然琯所将，本非精兵；且意欲持重伺敌，而中使邢延恩督战，遂至仓皇失据；则其败也，犹之哥舒翰潼关之败也。《旧书·高适传》：适上言：监哥舒翰军之李大宜，与将士约为香火，使倡妇弹箜篌、琵琶，以相娱乐，樗蒱、饮酒，不恤军务，宦官之坏军政如此。琯之败，肃宗待之如初，可见其咎不在琯。然此役，与唐之治乱，所关实巨。盖使琯而不败，则兵权不致尽入武人之手，而如朔方军之因循养寇，诸节镇之骄恣自擅，其弊皆可以不作矣。然以是时敌势之炽，岂复一文臣，仓卒受命，用素骄之将，不练之卒所能平？琯之志可钦，而其遇则可悲也。毫毛不拔将寻斧柯，君子是以凛然于积重之势也。

然唐室虽敝，而贼徒亦不能有为。禄山本痴肥，晚岁益甚。叛后目复盲，又患疽，益卞躁。左右给侍，无罪辄死，或棰掠。帐下李猪儿，本降竖，后为阉人，愈亲信，而遭诃辱尤数。严庄最亲倚，亦时遭笞挞。长子庆宗，仕唐为太仆卿，禄山反，被杀。次子庆绪，僭号之后，嬖妾段夫人，爱其子庆恩。庆绪惧不立，庄遂说以行大事，为谕猪儿。至德二载，正月朔，戕禄山于东京。庆绪即伪位，委政于庄而兄事之。时史思明自博陵，蔡希德自太行，高秀岩自大同，牛庭玠自范阳，合兵十万，以攻太原。李光弼麾下精兵，皆赴朔方，余团练乌合之众，不满万人，其势甚危。会禄山死，庆绪使思明归守范阳，留希德等攻太原。二月，光弼出击，破之，希德遁去。进攻之势乃一挫。

光弼破希德之月，郭子仪亦平河东。河东郡，即蒲州，今山西永济县。遣子旰等攻潼关，败还。时肃宗已至凤翔，江、淮庸调，亦集汉中。四月，以子仪为天下兵马副元帅，使将兵如凤翔，与关内节度王思礼合攻西京。五月，仍为安守忠所败。可见其兵力尚强也。然庆绪徒纵乐饮酒，诸将皆不为用，故唐室卒得进取之机。

九月，回纥可汗使其子叶护将帝德率四千余人来。乃使子仪副广平王，率诸军而东，战香积寺，在长安南。大破之。张通儒等皆走。唐遂复西京。初，上欲速得京师，与回纥约：克城之日，土地士庶归唐，金帛子女，皆归回纥。至是，叶护欲如约。广平王拜于马前，曰："今始得西京，若遽俘掠，则东京之人，皆为贼固守，不可复取矣。愿至东京乃如约。"叶护惊，下马答拜。即与仆固怀恩引回纥、西域之兵，自城南而东。孟子曰："争地以战，杀人盈野，争城以战，杀人盈城，此所谓率土地而食人肉，罪不容于死，故善战者服上刑。"然善战者亦或有以自解也，曰：吾固欲拯民于水火之中，非杀无以止杀也。行一不义，杀一不辜而得天下不为，陈义虽高，不能行也。好战者之言如是，其实未必然，其心或亦以为如是。至于明目张胆，以金帛子女易土地及能任赋役之士庶，则诚视天下为其私产矣。岂不异哉？而或犹以此称广平之仁，曰：能隐其民无罪而为奴虏，然则东京之民奚罪焉？岂不异哉？广平留长安三日，复东出。庆绪悉发洛阳兵，使严庄将之，就张通儒等于陕，其数犹十五万。十月，子仪等又败之。庄、通儒等皆走。庆绪亦走河北，庄来降。遂复东京。回纥大掠三日。耆老以缯锦万匹赂之，乃止。此唐政府自为盗贼也。

初贾贲既斩张通晤，李随亦至睢阳，朝以为河南节度使，而以前高要尉许远守睢阳。又于南阳置节度使，南阳郡，即邓州。以太守鲁炅为之。至德元年正月。雍丘令令狐潮降敌，雍丘，今河南杞县。敌以为将，使东击淮阳。官兵破之。潮东见李庭坚，所俘淮阳之兵叛于后，潮弃妻子走，贾贲因之入雍丘。真源令张巡，真源，在今河南鹿邑县东。起兵，入雍丘与之合。潮还攻，贲战死，巡代领其众。二月。朝以吴王祗为陈留太守，节度河南，李光弼节度河北，加颜真卿河北采访使。三月。敌将武令珣围南阳，朝征吴王为太仆卿，代以嗣虢王巨。五月。巨，虢王凤之曾孙。巨自蓝田出武关，围乃解。时北海太守贺兰进明亦起兵，颜真卿既克魏郡，以书招之并力，进明渡河屯平原。敕加河北招讨使。史思明、尹子奇再陷河北，遣兵攻平原。真卿度不能守，弃郡走。进明亦诣行在。十月。朝又以代虢王。尹子奇以五千骑略北海，欲南取江淮。会回纥可汗将兵来，遣其将葛逻支以二千骑奄至范阳城下，子奇闻之，遽北归。安庆绪嗣伪位，以子奇为汴州。刺史、河南节度使。至德二载正月。子奇进攻睢阳。先是贼将杨朝宗欲袭宁陵，今河南宁陵县。断张巡之后。巡遂拔雍丘，东守宁陵，与许远共击朝宗，破之。及是，远告急于巡。巡乃入睢阳，与之俱守。远以巡才出己上，举战斗之事，一以委之，己但居中应接而已。子奇来攻，巡、远击败之，然攻围不辍。田承嗣亦继武令珣攻南阳。鲁炅走襄阳。五月。敌攻之，不克，时敌欲南侵江、汉，赖炅扼之得全，而睢阳之围益急。初，房琯恶贺兰进明，既以为河南节度兼御史大夫，复以许叔冀为灵昌太守，为进明都知兵马使，亦兼御史大夫以挫之。进明居临淮，临淮郡，即泗州，今安徽泗县。叔冀在谯郡。即亳州，今安徽亳县。虢王之见代，尽将其部曲西行，所留者羸兵数千，劣马数百。叔冀恃部下精锐，又名位相等，不受进明节制。张巡使南霁云乞师，进明遂不敢分兵，睢阳陷，巡死。十月。许远亦死于偃师。张镐者，博州人，廓落有大志，好谈王霸大略。天宝末，杨国忠以声名自高，搜天下奇杰，闻镐名，荐之，自褐衣拜左拾遗。玄宗幸蜀，镐自山谷徒步扈从。肃宗即位，遣赴行在。至凤翔，奏议多有弘益。拜谏议大夫，寻迁中书侍郎，同中书门下平章事。亦房琯之伦也。及是，命兼河南节度使、持节、都统淮南等道诸军事。镐闻睢阳围急，倍道兼进，无所及。然时西京收复，敌大势已败，尹子奇悉众赴陕，《新书·禄山传》。与张通儒同败，陈留人遂杀之以降。初朝廷使来瑱守颍川，事在至德元载四月。敌屡攻之，不能克。及是，田承嗣围之，瑱走，承嗣亦来降，郭子仪应之缓，乃复叛，与武令珣走河北，蔡希德攻上党，即潞州。程千里守，突出欲擒之，还，桥坏，坠堑中，反为所擒。事在至德二载九月，安庆绪走河北时见杀。千里谕其下坚守，希德卒不能克。张镐率诸节度徇河南、河东郡县，皆下之。惟能元皓据北海，高秀岩据大同而已。《通鉴》至德二载十一月。

　　安庆绪之走相州也，痍卒才千余。已而蔡希德、田承嗣、武令珣先后归之，又自召募，众至六万，势复振。庆绪不亲政事，惟缮亭沼楼船，为长夜之饮。其用事之臣高尚等，各不相协。蔡希德兵最锐，性刚直，张通儒谮杀之。此据《旧书》。《新书》云：时密送款者十余人，希德为其一，通儒以他事杀之。庆绪以崔乾祐领中外兵，愎戾好杀，士卒不附。史思明据范阳，骄横。思明于天宝十一载，以平卢兵马使兼北平太守，充卢龙军使。禄山反，使之略定河北，贾循死后，令守范阳。庆绪遣阿史那承庆、安守忠、李立节往议事，共图之。思明杀守忠、立节，囚承庆。十二月，来降。诏以为范阳节度使。其河东节度使高秀岩亦来降。以为云中太守。明年，为乾元元年，二月，其北海节度使能元皓又降。以为河北招讨使。贼势益蹙。

初乌知义为平卢兵马使，史思明以列将事之。后知义子承恩，为信都太守。信都郡，即冀州，今河北冀县。郭子仪、李光弼入井陉，以郡降于思明。思明亲信之。及是，唐遣其往河北宣慰，列郡多降。光弼因请以为范阳节度副使，使与阿史那承庆图思明。事泄，思明杀之，复叛。时六月也。七月，帝以幼女宁国公主下嫁磨延啜，册为英武威远毗伽可汗。汗以主为可敦，使子骨啜与帝德等率三千骑来助讨贼。九月，诏朔方郭子仪、淮西鲁炅、淮西军，治颍川。兴平李奂、兴平军，治上洛。滑濮许叔冀、北庭行营李嗣业、荆州季广琛、平卢董秦、河东李光弼、关内泽潞王思礼泽州，今山西晋城县。九节度之师攻邺。据《旧书·本纪》。《宝录》同，汾阳家传无李奂，而有河南崔光远，见《通鉴考异》。李嗣业中流矢死，兵马使荔非元礼代统其众。不置元帅，但以鱼朝恩为观军容宣慰处置使。号令不一，久无功。庆绪求救于思明。十二月，思明陷魏州。即魏郡，见上节。李光弼请与朔方军往索战，得旷日持久，则邺城必拔矣。鱼朝恩不可。明年二月，思明趋邺。先以兵抄诸军粮运。诸军乏食，人思自溃，思明乃引大军直抵城下。三月，战，官军大败。郭子仪以朔方军断河桥保东京。河桥，在今平原省孟县南。诸节度各溃归本镇。惟李光弼、王思礼全军而归。思明杀庆绪及高尚、孙孝哲、崔乾祐等，留子朝义守邺，自还范阳。四月，僭称燕帝。

唐平安、史，本倚朔方军。然此时，此军业已寝骄，郭子仪军政又不肃。相州之役，子仪卒实先奔。七月，乃召之还京师，以李光弼代为节度。光弼愿得亲王为之副，诏以赵王系为天下兵马元帅，系，肃宗次子，后徙王越。光弼副之。朔方将士，乐子仪之宽，而惮光弼之严。左方兵马使张用济，欲以兵入东京，逐光弼，请子仪，都知兵马使仆固怀恩等不可，乃止。光弼以数千骑至汜水，用济单骑来谒，光弼责以召不时至，斩之。怀恩继至。光弼引坐与语。须臾，阍者白："蕃浑五百骑至矣。"光弼变色。怀恩走出，召麾下将，阳责之曰："语汝勿来，何得故违？"光弼曰："士卒随将，亦复何罪？"命给牛酒。盖怀恩成备而见光弼，光弼弗能害也。朔方军情如此，更欲倚之以图克复，亦难矣。八月，以光弼为幽州长史、河北节度使。九月，思明使子朝清守范阳，发兵四道济河会汴州。光弼还东京，使许叔冀守，叔冀战不胜，降之，思明西攻郑州。今河南郑县。光弼弃东京，保河阳。十月，思明来攻，光弼败之。思明又遣兵攻陕。初禄山之叛，神策军使成如璆使兵马使卫伯玉以千人赴难，与鱼朝恩俱屯于陕，及是，败之。明年，为上元元年。八月，以神策军故地沦没，即诏伯玉军号神策，以伯玉为节度，朝恩为观军容使，监其军，与陕州节度使郭英乂俱屯于陕。十一月，光弼拔怀州，今河南沁阳县。禽其河南节度使安太清。二年二月，上命光弼及怀恩、伯玉进取东京，与思明战于邙山，败绩。光弼、怀恩走闻喜，今山西闻喜县。伯玉、朝恩还保陕。河阳、怀州皆陷。是役也，《旧书·思明传》言其潜遣人反说官军，言洛中将士，皆幽、朔人，思归，可取。鱼朝恩以为然，告光弼、怀恩、伯玉令出兵，光弼等然之。《光弼传》云：朝恩屡言贼可灭之状，朝旨令光弼速收东都。光弼屡表贼锋尚，不可轻进。怀恩害光弼之功，潜附朝恩，言贼可灭，由是中使督战，光弼不获已进军。《怀恩传》亦言其心惮光弼而颇不协。《新书·怀恩传》云：安太清妻有色，怀恩子玚劫致于幕。光弼命归之，不听。乃以卒环守，复驰骑趋之，射杀七人，夺妻还太清。怀恩怒曰："公乃为贼杀官卒邪？"初会军汜水，朔方将张用济后至，斩纛下，怀恩常邑邑不乐。及战邙山，不用令以覆王师。案光弼若然朝恩之说，无缘与敌久相持；是时合朔方、神策两军，即使未能进取，亦不应至于甚败；则谓怀恩不用命以覆师，似无疑义。相州之役，合九节度之师而不置元帅，史云以郭、李皆元勋，难相统属。夫光弼名位，本出子仪之下；其为河东节度，乃由子仪之荐；况子仪素以宽和闻，谓其不能令众或有之，谓将招致抗拒，无是理也；则何不可相统属之有。子仪既召还京师，翼年正月，以党项不靖，分邠宁置鄜坊节度，邠宁节度，治邠州。鄜坊节度，治坊州，今陕西中部县。鄜州，今陕西鄜县。各置副使，而以子仪兼领两道，留居京师，此仍是投闲之局。九月，或言天下未平，不宜置子仪散地，乃命出镇邠州。旋制：子仪统诸道兵，自朔方取范阳，还定河北。发射生、英武等禁军，及朔方、鄜坊、邠宁、泾原诸道蕃汉兵共七万人，皆受子仪节度。泾原节度，治泾州。史言制下旬日，为朝恩所沮，事竟不行。《通鉴》。盖朝恩自谓知兵，欲要平贼之功，故始于相州之役，不置统帅，而己以观军容使厕其间，俨然王人虽微，序于诸侯之上；继又因此而中思明之反说，牵率光弼以俱行，而不悟朔方军中，又多乖午，以致求荣反辱也。骄将务修私怨，宦竖专秉庙谟，以此克敌，不亦难乎？邙山既败，光弼求自贬，使镇河中，治蒲州。旋改临淮。仍以子仪领朔方行营，而怀恩为之副。此军实权，遂入怀恩之手矣。邙山败后，怀恩入为工部尚书，代宗立，乃复出。

史朝义为思明孽长子，宽厚，下多附者，而朝清喜田猎。戕虐似思明，而淫酗过之。邙山战后，思明遂欲进取，使朝义攻陕，为卫伯玉所败。思明怒，召之，及其将骆悦，欲诛而释之。又言朝义怯，不足成吾事，欲追朝清自副。悦遂说朝义弑思明，又使人杀朝清。幽州乱，张通儒亦战死。事数月乃定。朝义以李怀仙为范阳尹、燕京留守。《新书·思明传》云：朝义阴令向贡、阿史那玉图朝清。贡绐计曰："闻上欲以王为太子，且车驾在远，王宜入侍。"朝清谓然，趣帐下出治装，贡使高久仁、高如震率壮士入牙城。朝清登楼，自射杀数人。阿史那玉伪北，朝清下，被执。与母辛俱死。张通儒不知，引兵战城中，数日，不克，亦死。贡摄军事。未几，玉袭杀之，自为长史。治杀朝清罪，乃枭久仁徇于军。如震惧，拥兵拒守。五日，玉败走武清。朝义使人招之。至东都，凡胡面者，无少长悉诛，以李怀仙为幽州节度使。斩如震，幽州乃定。其说略与《唐实录》、《河洛春秋》同。惟《实录》朝清作朝英，《旧传》亦同。见《通鉴考异》。《考异》又引《蓟门纪乱》，则朝清又作朝兴，云系思明太子。高久仁作高鞠仁，云与如震同是朝兴牙将。云：朝义潜勒张通儒及户部尚书康孝忠与鞠仁、如震等谋诛朝兴。通儒潜令孝忠取其马，通儒与鞠仁领兵入其子城。朝兴拒战，被禽，见杀。收其党与悉诛之。思明骁将辛万年，特有宠于朝兴，又与鞠仁、如震友善。通儒敕鞠仁、如震斩万年，鞠仁告之。于是如震万年领其部曲入子城，斩通儒。推伪中书令阿史那承庆为留守。函通儒等首，使万年送洛阳，诬其欲以蓟城归顺。承庆领蕃兵数十骑至如震宅门，要如震相见。如震驰至，即斩之。入东军，与康孝忠招集蕃羯。鞠仁统麾下军讨之。承庆败，与孝忠出城，收散卒，东保潞县。月余，径诣洛阳，自陈其事。城中蕃军家口，尽逾城相继而去。鞠仁令城中杀胡者皆重赏。于是羯胡俱尽。高鼻类胡而滥死者甚众。朝义以李怀仙为范阳节度，乃诱鞠仁杀之。武清，今河北武清县。潞县，在今河北通县东。于是敌势又顿挫，此亦唐之天幸也。

上元三年代宗宝应元年。四月，玄宗、肃宗相继崩，代宗立。以子奉节王适即德宗。旋徙王鲁，又徙雍。为天下兵马大元帅。初回纥英武可汗卒，大子叶护，前得罪死。次子移地健立，号牟羽可汗。后加册为登里颉咄登密施含俱录英义建功毗伽可汗。其妻，仆固怀恩女也。始英武为少子请婚，肃宗以妻之，至是，以为可敦。代宗即位，以史朝义未灭，复遣中人刘清潭往结好，且发其兵。比至，回纥已为朝义所誎，曰："唐荐有丧，国无主，且乱，请回纥入收其府库，富不赀。"可汗即引兵南。时八月也。朝廷震惊，遣殿中监药子昂迎劳，又命怀恩与会。乃上书请助天子讨贼。于是使雍王东会之。时可汗壁陕州，王往见之。可汗责王不蹈舞，引左厢兵马使药子昂、右厢兵马使魏琚、行军司马李进、元帅判官韦少华榜之百。少华、琚一夕死。乃以怀恩为前锋，郭英义、鱼朝恩为后殿，与回纥俱东。王留陕州。怀恩与朝义战，败之。朝义东走。回纥入东京，放兵攘剽。人皆遁保圣善、白马二祠浮屠。回纥怒，火浮屠，杀万余人。朔方、神策军亦掠汝、郑间，乡无完庐，皆蔽纸为裳，虐于贼矣。怀恩与回纥可汗留河阳，使子瑒逐朝义。于是贼汴州节度使张献诚，相州节度使薛嵩，恒阳节度使张忠志皆来降。恒阳，今河北曲阳县。朝义辗转奔莫州。今河北任邱县。怀恩会兖郓节度使辛云京等围之。兖郓节度，治兖州。田承嗣绐朝义还幽州发兵，以城降。朝义至幽州，李怀仙不纳。谋奔两蕃。怀仙复招之，朝义自缢死。怀仙来降，乱平。时广德元年正月也。首尾凡八年。

安史之乱，盖以西胡之狡黠，用北族之愚悍，此自足以扰乱中原，然绝不能成大事也。《新书·禄山传》言："贼将何千年，劝贼令高秀岩以兵三万出振武，下朔方，诱诸蕃取盐、盐州，在今宁夏盐池县北。夏、郦、坊；使李归仁、张通儒以兵二万道云中，取太原，团弩七万二千人蒲关，在今山西永济县西。以动关中；劝禄山自将兵梁河阳，取洛阳；使蔡希德、贾循以兵二万绝海收淄、青，以摇江、淮；则天下无复事矣。"此画颇具远见。使禄山用之，其乱决不能如后来之易平，而禄山不能用，徒罄全力以取东京，此所谓"兵屯聚而西，无他奇道"者也。《新书·李泌传》言：泌尝劝肃宗"诏李光弼出井陉，郭子仪取冯翊，即同州，今陕西大荔县。入河东，则史思明、张忠志不敢离范阳、常山，安守忠、田乾真不敢离长安。以三地禁其四将，徐命建宁王北并塞，与光弼相掎角，以取范阳。贼失巢窟，当死河南诸将手"。帝然之。会西方兵大集，帝欲速得长安。泌曰："我所恃者，碛西突骑、西北诸戎耳。若先取京师，期必在春，关东早热，马且病，士皆思归，不可以战，贼得休士养徒，必复来南，此危道也。"泌事多出其子繁增饰，此说殊不足信。然论当时用兵形势，则自是如此。盖以禄山当日之凭藉，占据中国则不足，扰乱边垂则有余。使其不急取两京，而收率西北诸蕃，以抶关中之背，则唐室岂徒旰食而已。此辽之所以困宋，亦元之所以困金也。然其卒不出此者，何也？《禄山传》又言：其据东京，见宫阙尊雄，锐情僭号，故兵久不西，而诸道兵得稍集。《旧书·史思明传》言：禄山陷西京，常以橐驰运御府珍宝于范阳，不知纪极。此岂有取天下之略者乎？《高尚传》言：尚始与严庄、孙孝哲计画，白禄山以为事必成。及河朔路再绝，河南诸郡，皆有防御，潼关有哥舒翰之师，禄山大惧，怒尚等曰："汝元向我道万全。今四边若此，万全何在？更不须见我。"尚等遂数日不得见。禄山忧闷，不知所为。会田乾真自潼关至，晓谕之曰："自古帝王，皆有胜败，然后成大事，岂有一举得之者？今四边兵马虽多，皆非精锐，岂我之比？纵事不成，收取数万众，横行天下，为一盗跖，亦十年五岁矣。岂有人能制我？尚、庄等皆佐命元勋，何得隔绝，不与相见？"禄山喜曰："阿浩，乾真小字。非汝谁能开豁我心里事，今无忧矣。"遂召尚等饮燕作乐，待之如初。以窥窃神器始，而以为盗跖横行十年五岁终，此可谓之有大略乎？《新书》谓其"睹纲纪大乱，计天下可取，逆谋日炽"，殆非实录也。尚本名不危。史言其母老乞食于人，而周游不归侍养。尚，幽州雍奴人。雍奴，今河北武清县也。尝叹息谓汝南周铣曰：汝南郡，即蔡州。"高不危宁当举事而死，终不能咬草根以求活。"所志如此，可与之图天下乎？李泌言："华人为禄山用者，独周挚、高尚等数人，余皆胁制偷合，天下大计，非所知也。"即此数人者，亦岂足与言天下大计哉？蛮夷起朔垂者，虽歆羡中原子女玉帛之富，初无荐居上国之心，是以中国无如之何。元魏之居平城，势尚如此。逮其入居中国，而又不知持之之方，则其亡不旋踵矣。若禄山得东京而亟思僭号，得西京而徒知辇运珍宝，是以中国自累也。此所谓"离乎夷狄，而未即乎中国"者邪？其败也宜矣。

然苟好武功，而不知天下之大计者，则观于安史之事，亦不可不引为深鉴也。薛讷之欲讨契丹也，姚崇等沮之，玄宗即以讷同三品，群臣乃不敢言。当其即位之初，其愎谏自用即如此。宋庆礼欲复营州，实为绥边之长策，而宋璟固争。郝灵佺传默啜之首，自以为不世之功，而璟深抑其赏，致灵佺自悼而死。夫岂不知默啜为害之久且烈，盖深知玄宗之用兵，近于轻举，将至自焚，不得不深防其渐也。禄山之南下也，封常清之众，多市井之徒，兵交之后，被铁骑唐突，飞矢如雨，皆魂慑色沮，望贼奔散。张介然之众，则闻吹角鼓噪之声而气已夺矣。陈留陷后，两宿及荥阳，荥阳太守崔无诐召募拒之，乘城者自坠如雨，无诐及官吏，遂尽为敌所虏。皆见《旧书·忠义传》。《新书·禄山传》言：时兵暴起，州县发官铠仗，皆穿朽钝折不可用。吏皆弃城匿，或自杀，不则就擒。禁卫皆市井徒，既授甲，不能脱弓襊剑繁。内地之兵备如此，可重边兵以事四裔乎？中国疆域广，腹里距边地远，承平之世，民不能无忌战，此固事势使然，不能为一人咎。然理天下者，贵乎察事势之盈虚，而与之消息。纵不能矫之使正，亦岂可更速其倾？此玄宗之所以为暗也。

第四章
大唐帝国自此衰

第一节 良娣死，代宗立

肃宗性颇昏庸，又其得位不以正，故张良娣、李辅国、广平、建宁等，遂乘之窃权争位焉。良娣，帝即位后，册为淑妃。乾元元年四月，立为皇后。《传》言其与辅国持权禁中，干与政事，请谒过当，帝颇不悦，而无如之何。辅国，帝即位后擢为太子家令，判元帅府行军司马事。四方奏事，御前符印，一以委之。从幸凤翔，授太子詹事。还京，拜殿中监，闲厩、五坊、宫院、营田、栽接、总监等使，又兼陇右群牧，京畿铸钱，长春宫等殿句当，少府、殿中二监都使。至德二年十二月，加开府仪同三司，进封郕国公。宰臣、百司不时奏事皆因之。常在银台门受事。置察事厅子数十人，官吏有小过，无不伺知，即加推讯。府、县按鞫，三司制狱，三司，谓御史台、刑部、大理寺。必诣辅国取决。随意区分，皆称制敕，无敢异议者。乾元二年，李岘为相，叩头论之，乃获变革，察事等并停。《旧书》本传及《李岘传》。《通鉴》载其制书曰："比缘军国务殷，或宣口敕，处分诸色取索，及杖配囚徒，自今一切并停，如非正宣，并不得行，中外诸务，各归有司。英武军虞候及六军诸使诸司等，比来或因论竞，恳自追摄，自今须一切经台、府，如所由处断不平，听具状奏闻。诸律令除十恶、杀人、奸盗、造伪外，余烦冗一切删除，仍委中书门下与法官详定闻

177

奏。"观此制，可见辅国乱政之概。然辅国让行军司马不许，而岘亦旋贬。玄宗自蜀还，居兴庆宫，辅国言其近市，交通外人，六军功臣反侧不自安，请迁之西内。上不许。上元元年七月，辅国遂矫诏发射生五百骑劫迁焉。高力士及内侍王承恩、魏悦皆配流，陈玄礼致仕。明年，为宝应元年，上皇崩。肃宗本有疾，至此亦大渐。广平王俶为肃宗长子，次子曰越王系，第三子则建宁王倓也。《旧书·倓传》言：玄宗幸蜀，倓兄弟典亲兵扈从。百姓遮道乞留太子，太子不可。倓劝其暂往河西，以谋兴复，广平王亦赞成之，盖二人并与其谋。《传》又云：太子既北上，渡渭，一日百战，倓自选骁骑数百卫从。每仓皇颠沛之际，血战在前。太子或过时不得食，倓涕泣不自胜，上尤怜之。军士属目于倓。至灵武，太子即帝位。广平既为元子，欲以倓为天下兵马元帅。侍臣曰："广平冢嗣，有君人之量。"上曰："广平地当储贰，何假更为元帅？"左右曰："广平今未册立，艰难时，人尤属望于元帅；况太子从曰抚军，守曰监国，今之元帅，抚军也；广平为宜。"遂以广平为元帅，倓典亲军。李辅国为元帅府司马。时张良娣有宠，倓生忠謇，因侍上，屡言良娣颇自恣，辅国连结内外，欲倾动皇嗣。自是日为良娣、辅国所构。云建宁恨不得兵权，颇蓄异志。肃宗怒，赐倓死。盖建宁与广平之争，广平以获辅国之助而胜也。广平、建宁，实皆非正嫡。若论正嫡，则肃宗第六子兖王僩，为韦妃所生。妃虽以兄坚之狱，与太子离婚，实非其罪。灵武自立，既不待玄宗之命，妃亦何不可正位中宫？则僩实足膺正嫡之目。若以长，则广平之次，尚有越王，广平即替，亦不能及倓。故知二王之争，实乘非常之际，各树党图握兵以求位，不能以继嗣之常法，判其曲直也。《张后传》云：后以建宁之隙，常欲危太子；又云：后生二子，兴王佋、定王侗，兴王早薨，侗又孩幼，故储位获安；二语实自相矛盾，盖本两说，而史兼采之。后之立，与代宗之立为太子，同在乾元元年，相距仅数十百日。《旧书·肃宗纪》：后之立，在四月己酉，代宗之立为太子，在五月庚寅。《代宗纪》：则其立为太子，在四月庚寅。《新书·肃宗纪》：后之立，在三月戊寅，代宗立为太子，在十月甲辰。《代宗纪》则但云其立为太子在四月而不日。《通鉴》：后之立，与《新书·肃宗纪》同，代宗立为太子，与《旧书·肃宗纪》同。《通鉴》考月日最精审，疑当从之。又案代宗初封广平王，肃宗还京，改封楚王，是年三月，改封成王，及立为太子，改名豫。《旧书·肃宗诸子传》：侶之薨，在上元元年六月，时年八岁，当后立时，已六岁矣。广平既非正适，侶亦何不可立？《李揆传》：揆以乾元初同平章事。时代宗自广平王改封成王，张皇后有子数岁，阴有夺宗之议。揆因对见，肃宗从容曰："成王适长有功，今当命嗣，卿意何如？"揆拜贺曰："陛下言及此，社稷之福，天下幸甚。"肃宗喜曰："朕计决矣。"自此颇承恩遇，遂蒙大用。揆者，见辅国执子弟之礼，谓之五父者也。代宗与辅国之关系可知。代宗既获为元帅，其与建宁之争，胜负已定。张后欲立其子，碍之者乃代宗而非建宁，谗之何为？然则建宁之死，事恐专由于辅国，谓其兼由于张后者实诬；而后与辅国之隙，未必不始于其扶翼广平之日也。及肃宗大渐之际，而二人遂趋于决裂。

《旧书·越王系传》曰：宝应元年四月，肃宗寝疾弥留。皇后张氏，与中官李辅国有隙，因皇太子监国，谋诛之。使人以肃宗命召太子入宫，谓之曰："辅国久典禁军，四方诏令，皆出其口。顷矫制命，逼徙圣皇。今圣体弥留，心怀怏怏，常忌吾与汝。又闻射生内侍程元振，《元振传》：以宦者直内侍省，累迁至内射生使。案以宦者将射生手，故曰内射生使。结托黄门，将图不轨。若不诛之，祸在顷刻。"太子泣而对曰："此二人是陛下勋旧内臣。今圣躬不康，重以此事惊劳圣虑，情所难任。若决行此命，当出外徐图之。"后知太子难与共事，乃召系，谓之曰："皇太子仁惠，不足以图平祸难。"复以除辅国谋告之。曰："汝能行此事乎？"系曰："能。"后令内谒者监段恒俊与越王谋，《旧书·后传》：中官与谋者，有朱辉光、马英俊、啖庭瑶、陈仙甫等。《通鉴考异》曰：《代宗实录》、《唐历》、《统纪》、《系传》，皆以段恒俊为马殷俊，则二者即是一人。后辉光、庭瑶、仙甫皆配流，惟恒俊见杀。辉光，他篇亦作光辉。召中官有武勇者二百余人，授甲于长生殿。是月乙丑，皇后矫诏召太子。程元振伺知之，告辅国。元振握兵于凌霄门以候之。太子既至，以难告。太子曰："必无此事。圣恙危笃，吾岂惧死不赴召乎？"元振曰："为社稷计，行则祸及矣。"遂以兵护太子匿于飞龙厩。丙寅夜，元振、辅国勒兵于三殿前，收捕越王及同谋内侍朱光辉、段恒俊等百余人，幽皇后于别殿。是日，皇后、越王，俱为辅国所害。辅国与代宗，不闻有衅，张后欲除辅国，岂得召代宗谋之？若云代宗实阴疾辅国，故可与之谋，则辅国初未有废代宗之意，即位之后，何时不可图之，何必汲汲于监国之日？故知史所传必非其真。据《新书·本纪》：辅国是时，实并杀兖王僴，及六月，又追废张后及系、僴，皆为庶人。《代宗实录》：群臣议系、僴之罪曰："二王同恶，共扇奸谋。"以系代代宗，非适非长，名实不正，而僴则异是，疑后与系实欲替代宗而立僴也。新旧《书·僴传》，皆曰宝应元年薨，盖讳饰之辞。其《定王僴传》，亦皆曰宝应初薨，疑亦不以良死。唐京师之兵有南北衙。南衙者卫兵，北衙则禁兵。禁兵，玄宗时耗散，肃宗即位，乃复稍补。至德二载，置左右神武军，与羽林、龙武，并称北衙六军。又择便骑射者置衙前射生手千人，亦曰供奉射生官，又曰殿前射生手，分左右厢，总号曰英武军。代宗即位，以射生军入禁中靖难，皆赐名宝应功臣，故射生军又号宝应军。其时禁兵实较卫兵为亲，力亦少强。辅国虽专掌禁兵，其关系实疏，元振则身为射生军将，故张后欲行诛，辅国不得不藉其力，而事定未几，又为元振所覆也。

丁卯，肃宗崩，代宗即位。尊辅国为尚父，事无巨细，皆委参决。五月，加司空、中书令。程元振欲夺其权，请上渐加禁制。乘其有间，罢其判元帅行军事，闲厩已下使名，并分授诸贵，仍移居外。辅国本赐内宅居止。辅国始惧，茫然失据。诏进封博陆王，许朝朔望。十月十八日夜，盗入辅国第，杀辅国，携首、臂而去。诏刻木首葬之，仍赠太傅。代宗之去辅国，可谓甚速。然程元振又以功拜飞龙副使、右监门将军、上柱国，知内侍省事，寻判元帅府行军司马，专制禁兵，威权赫然，无异于辅国矣。

安史之乱，首尾不过七年，所扰乱者，亦不过河北、河南、河东、关内四道，唐室复振，理实非难。然终于不振者，则潜伏之乱原太多，至此一时俱发，而朝纲之陵替，尤其大焉者也。肃宗之世，宰相之可用者，莫如房琯与张镐。《新书·琯传》曰：帝虽恨琯丧师，而眷任未衰。崔圆自蜀来，最后见帝，琯谓帝不见省，易之。圆以金吾李辅国，不淹日被宠，遂怨琯。《镐传》曰：镐兼河南节度，都统淮南诸军事。帝还京师，诏以本军镇汴州，捕平残寇。史思明献款，镐揣其伪，密奏不宜以威权假之。又言许叔冀狡猾，临难必变，宜追还宿卫。时宦官络绎出镐境，未尝降情结纳，自范阳、滑州使还者，皆盛言思明、叔冀忠，而毁镐无经略才。帝以镐不切事机，遂罢宰相，授荆州长史。是两贤相皆以宦官败也。又《吕諲传》：諲以上元初为相。中人马尚言，素匿于諲，为人求官，諲奏为蓝田尉。事觉，帝怒，命敬羽穷治，杀尚言，以其肉赐从官，罢諲为太子宾客。一怒而至于如此，度其时宦官所为，必有坏法乱纪不可忍者，然非帝纵容之于平时，何以至此？唐自黄巢起事前，实无时不可有为，而终于不振者，则宦官之把持政柄实为之。宦官所以能把持政柄，以其掌握禁兵，此事虽成于德宗，而实始于肃宗，故肃宗实唐室最昏庸之主也。

第二节　吐蕃横，回纥骄

唐开、天时，兵力实以西北边为最厚。朔方、河西、陇右而外，安西、北庭，亦置节度；又有受降城、单于都护庭，为之藩卫。大军万人，小军千人，烽戍逻卒，万里相继。用能北捍回纥，西制吐蕃。及安、史难作，尽征河、陇、朔方之兵，入靖国难，而形势一变矣。吐蕃乘之，尽陷河西、陇右之地。剑南西山，亦为所侵占；羌、浑、党项、奴剌，悉为所裹胁；而患遂中于西垂。

吐蕃赞普乞黎苏笼猎赞，以天宝十四载死，子婆悉笼猎赞立。似不甚能令其下，故虽累遣使请和，申盟誓，而其侵扰如故。代宗广德元年九月，吐蕃寇泾州。刺史高晖降之，因为之乡道。十月，犯京畿。诏以雍王适为关内兵马元帅，郭子仪副之。子仪自相州败后，召还京师，迄闲居。宝应元年，河中军乱，乃用为朔方、河中、北庭、潞、仪、泽、沁等州节度行营，兼兴平定国副元帅，出镇绛州。肃宗崩，代宗即位，程元振复请罢之，充肃宗山陵使。雍王讨史朝义，代宗欲使子仪副之，元振及鱼朝恩复间其事，遂寝，仍留京师。及是，诏出镇咸阳。部下惟有二十骑，强取民家畜产以助军。至咸阳，蕃军已过渭水。其日，天子幸陕州。吐蕃入京师，立广武王承宏为帝。章怀太子邠王守礼之子。于是六军将士，持兵剽劫，所在阻绝。子仪闻上避狄，还京。车驾已发，领部曲数百人，南入牛心谷，迟留未知所适。行军判官王延昌、李萼劝其南趋商州，今陕西商县。渐赴行在。子仪从之。延昌、萼别行先至。先是六军将张知节，与麾下数百人奔商州，大掠避难朝官、士庶及居人赀财鞍马。延昌、萼说其整顿士卒，请子仪来抚之，以图收长安。知节大悦。诸军将数人至，又从其计。相率为军，约不侵暴。延昌留军中主约，萼以数骑往迎子仪。回至商州，诸将大喜，皆遵约束。吐蕃将入京师也，前光禄卿殷仲卿逃难至蓝田，纠合散兵及诸骁勇至千人。子仪募人往探贼势，羽林将军长孙全绪请行，以二百骑隶之。至韩公堆，昼则击鼓广张旗帜，夜则多燃火，以疑吐蕃。仲卿探知官军，其势益壮。遂相为表里，以状闻于子仪。仲卿二百余骑游奕，直渡浐水。吐蕃惧，问百姓。百姓绐曰："郭令公自商州领众却收长安，大军不知其数。"蕃以为然，遂抽军而还。余众尚在城，军将王抚及御史大夫王仲升领兵自苑中人，椎鼓大呼，仲卿之师又人城，吐蕃皆奔走。子仪乘之，鼓行入长安。诏以为京城留守。高晖闻吐蕃溃，以三百骑东奔。至潼关，为关守李伯越所杀。子仪送承宏于行在，寻死。程元振不欲天子还京，劝帝且都洛阳，以避蕃寇。子仪因兵部侍郎张重光宣慰回，附章论奏，代宗乃还。而仆固怀恩之乱又作。

怀恩之定河朔也，郭子仪让位焉，遂授河北副元帅、灵州大都督府长史、单于镇北大都护、朔方节度使。广德元年七月，又以其子场为朔方行营节度。于是朔方兵权，尽入其手矣。时诏怀恩送回纥可汗还蕃，至太原，辛云京不犒师。还亦如之。怀恩怒，上表列其状。顿军汾州。今山西汾阳县。会中官骆奉先使于云京，还奏怀恩反状。怀恩累诏请诛云京、奉先，上但手诏和解。泽潞节度李抱玉，亦与怀恩不协，言其将反。颜真卿语，见下。《旧书·马燧传》曰：宝应中，泽潞节度使李抱玉署奏赵城尉，是时回纥大军还国，倔强恣睢，所过虏掠，廪粟供饩，小不如意，恣行杀害。抱玉具供办，宾介皆惮不敢行。燧自赞请主邮驿。比回纥至，则先赂其渠帅，与明要约。回纥乃授燧旗帜为识。犯令者命燧戮之。燧取死囚给左右厮役，小违令辄杀之。回纥相顾失色。涉其境者，无敢暴掠，抱玉益奇之。燧因说抱玉曰："属者与回纥言，燧得其情，今仆固怀恩恃功树党。李怀仙、张忠志、薛嵩、田承嗣分授疆土，皆出于怀恩。其子瑒，俶勇不义，以燧度之，将必窥太原西山以为乱，公宜深备之。"无何，怀恩果与太原都将李竭诚通谋，将取太原。其帅辛云京觉之，斩竭诚，固城自守，怀恩遣其子瑒围之。初回纥北归，遣其将安恪、石常庭将兵数百，及诱募附丽者数千人，以守河阳。东都所虏掠重赀，悉积河阳。是时怀恩遣薛嵩自相、卫馈粮，以绝河津，抱玉令燧诣嵩说之，嵩乃绝怀恩从顺。据此，谓怀恩将叛者，实出马燧亿度。竭诚通谋，未知信不，即谓实然，亦事出竭诚，不能竟指为怀恩谋叛也。怀恩传载怀恩上书，言"过潞府之日，抱玉与臣马兼银器四事，臣于回纥处得绢，便与抱玉二千匹，以充答赠。今被抱玉共相组织，将此往来之赆，便为结托之私"，谓怀恩与回纥交关者，证据不过如此，亦殊牵强也。赵城，今山西赵城县。怀恩上书自叙功伐，辞甚悖戾。有云："臣实不敢保家，陛下岂能安国？"诏黄门侍郎裴遵庆谕旨，且察其去就。遵庆讽令入朝，怀恩许诺，而其副将范志诚止之。怀恩令其子瑒攻云京。云京败之，进攻瑒于榆次，朝廷患之。颜真卿尝请奉诏召怀恩，令往宣慰。真卿曰："臣往请行者时也，今方受命，事无益矣。"上问其故。对曰："顷陛下避狄陕郊，怀恩来朝，以助讨贼，测其辞顺。今陛下即宫京邑，怀恩进不勤王，退不释众，其辞曲，必不来矣。且明怀恩反者，独辛云京、李抱玉、骆奉先、鱼朝恩四人耳。自外朝臣，咸言其枉。然怀恩将士，皆郭子仪部曲，恩信结其心，陛下何不以子仪代之，喻以逆顺祸福，必相率而归耳。"上从之。子仪至河中，仆固玚已为其下所杀，斩其首，献于阙下。怀恩闻之，率麾下数百骑走灵武。余众闻子仪到，束甲来奔。怀恩至灵武，众复振，上厚抚其家。停余官，遥授太师兼中书令大宁王。怀恩终不从。二年十月，怀恩引吐蕃二万寇邠州，遂寇奉天。今陕西乾县。京师戒严。郭子仪屯泾阳。今陕西泾阳县。蕃军挑战，子仪不出。蕃军乃退。时倚蒲、陕为内地，常以重兵镇之。永泰元年五月，以子仪都统河南道节度行营，出镇河中。九月，怀恩复诱回纥、吐蕃、党项、羌、浑、奴刺入寇。吐蕃自北道，寇邠州，遂寇醴泉、奉天。醴泉，今陕西醴泉县。党项、羌、浑、奴刺出西道，寇盩厔、凤翔。又合"山贼"出东道，自同州趋华阴，向蓝田。华阴，今陕西华阴县。参用《旧书·本纪》、郭子仪传，及新旧《书·仆固怀恩传》。京师戒严。子仪自河中至，屯于泾阳。诸将各守要害。吐蕃大掠京畿，焚庐舍而去。十月，至邠州，与回纥遇，复合从入寇。时怀恩已暴死于鸣沙，时在九月九日，见《旧书·怀恩传》。或曰八日，见《通鉴考异》。群虏无所统摄。回纥首领罗达干等率二千余骑诣泾阳请降，《旧书·回纥传》。《吐蕃传》云：是时回纥请击吐蕃者凡三千骑。子仪说以共击吐蕃。回纥许诺。子仪遣朔方兵马使白元光与会。吐蕃知其谋，是夜奔遁。追破之于灵台西原。《旧书·子仪传》。灵台，今甘肃灵台县。盖是役，回纥之至者独少，且最后，少故易以说谕，后则虏掠无所得，吐蕃则业已饱掠而去，欲图攘窃，在彼不在此，故子仪能说使倒戈也。于是怀恩之侄名臣，领千余骑来降。朔方军将，亦以灵武归顺。《旧书·怀恩传》：怀恩之死，张韶代领其众，为徐璜玉所杀，璜玉又为范志诚所杀。《本纪》云：朔方将李回方奏收灵武郡。《新书·本纪》云：朔方副将李怀光克灵州。乱复平。案肃宗之立，怀光即从郭子仪赴行在。时同罗为寇，子仪与怀恩击之。怀恩子玢，兵败降敌，寻自拔归，怀恩斩之以令众。后其二女俱聘远蕃，为国和亲。牟羽妻，怀恩女。始可汗为少子请婚，帝以妻之，即位后为可敦。助平史朝义后，册为英义可汗、光亲可敦。大历三年，光亲卒，明年，复以怀恩女为崇徽公主继室。一门之内，死王事者四十六人。在蕃将中，不可谓非乃心王室。田承嗣之降，业已受代，而怀恩使复其位，论者因谓其怀挟异志。然此说实出马燧，乃揣度之辞。当时思明余孽降者，唐朝皆处之高位，不夺其兵，固不自承嗣等始也。禄山、思明，且无大略，而况怀恩？观其既叛之后，分崩离析，绝无能为，而知其本无叛志。《旧书·李抱真传》：抱真为汾州别驾，怀恩反，脱身归京师，代宗召见问状，因奏曰："郭子仪领朔方之众，人多思之。怀恩欺其众曰：子仪为鱼朝恩所杀，诈而用之，今复子仪之位，可不战而克。"此与颜真卿之所策同，固由子仪宽厚，能得众心，亦见怀恩之不能恤士，世岂有如此而能反者乎？又岂有凤抱反谋，而所为如是者乎？此朝臣所以多明之，而代宗亦终信之欤？《旧书·怀恩传》云：怀恩逆命三年，再犯顺，连诸蕃之众，为国大患，而上为之隐恶，前后下制书，未尝言其反。及怀恩死，群臣以闻，上为之闵默，曰："怀恩不反，为左右所误。"其宽仁如此。此唐史臣不满代宗之微辞也，然亦可为怀恩本无叛心之一证。

怀恩之难虽平，吐蕃之患，初不因之而遽澹。大历元年九月，陷原州，今甘肃固原县，没蕃后置于临泾，今甘肃镇原县。二年、三年，再寇灵武，至于邠州，京师为之戒严，时京西之军，在凤翔者为李抱玉，而马璘居邠州。朝议以其力不能拒，乃以郭子仪兼邠宁庆节度，移镇邠州，而徙璘于泾原。五年八月，元载请置中都于河中，秋杪行幸，春中还京。史云以避蕃戎侵寇。然又云："载疏大旨，以关、辅、河东等十州户税，入奉京师，创置精兵五万，以威四方。"则意实不专为避敌。又云："其辞多捭阖，欲权归于己。"未免深文周内。《旧书·本纪》。本传略同。盖是时诸将实举不足恃，故发愤欲别练也。马璘、李抱玉，俱称良将，然《旧书·抱玉传》言其无破虏之功，《璘传》亦言其无拓境之功，此当时舆论也。郭子仪军政，亦极不肃。相州之败，《通鉴考异》引《邠志》曰："史思明自称燕王，牙前兵马使吴思礼曰：思明果反，盖蕃将也，安肯尽节于国家？因目左武锋使仆固怀恩，怀恩色变，阴恨之。三月六日，思明轻兵抵相州，郭公率诸军御之。战于万金驿，贼分马军并滏而西，郭公使怀恩以蕃、浑马军邀击，破之。还，遇思礼于陈，射杀之。呼曰：吴思礼陈殁。其夕，郭公疑怀恩为变，遂脱身先去，诸军相继溃于城下。"《通鉴》不取其说，而载：是岁七月，上召子仪还京师，以李光弼代为朔方节度。光弼以河东骑五百驰赴东都，夜入其军，是时朔方将士，乐子仪之宽，惮光弼之严。左厢兵马使张用济屯河阳，光弼以檄召之。用济曰：朔方非叛军也，乘夜而入，何见疑之甚邪？与诸将谋以精锐突入东京，逐光弼，请子仪。仆固怀恩曰："邺城之溃，郭公先去。朝廷责帅，故罢其兵柄。今逐李公而强请之，是反也。其可乎？"胡三省《注》曰："观怀恩此言，则邠志所云，亦可以传信。"案朔方将士，皆乐子仪之宽，故他人不易代将，后来子仪一出，而怀恩之众即离，其故亦由于此，谓子仪是时，以疑怀恩之叛而脱身先去，恐非《实录》，然其先去则真矣。此时虽不置统帅，然子仪以其位望，实自然居于率将之地，谓其去牵动大局，亦必非诬。此等军而可以御敌乎？安史乱后，唐所倚仗者，为朔方军，而此军实不足用，借重蕃兵，授人以柄，而安史余孽，仍病养痈，其症结实在于此。元载于大历八年夏，大城奉天，又于九年下诏大阅，见《旧书·本纪》及《吐蕃传》，所调之兵，虽不皆至，然其所调动则颇广。皆可见载于是时，确有整军经武之志也。八年八月，卢龙朱泚遣弟滔以精骑五千诣泾州防秋。明年七月，泚复身入朝。于是以子仪、抱玉、璘、泚分统诸道防秋之兵。时吐蕃得原州，弃而不居，元载议城之，以与灵武相连接。田神功沮之。上迟疑不决。会载得罪，乃止。郭子仪于九年上书论备蕃利害曰："朔方国之北门，西御犬戎，北虞猃允。五城相去，三千余里。开元、天宝中，战士十万，战马三万，才敌一隅。自先皇帝龙飞灵武，战士从陛下收复两京，东西南北，曾无宁岁。中年以仆固之役，又经耗散。比于天宝，十分之一。今吐蕃充斥，势强十倍。兼河、陇之地，杂羌、浑之众，每岁来窥近郊。以朔方减十倍之军，当吐蕃加十倍之骑，欲求制胜，岂易为力？近入内地，称四节度，每将盈万，每贼兼乘数四。臣所统将士，不当贼四分之一，所有征马，不当贼百分之二，诚合固守，不宜与战。又得马璘牒，贼疑涉渭而南。臣若坚壁，恐犯畿甸；若过畿内，则国人大恐，诸道易摇。外有吐蕃之强，中有易摇之众，外畏内惧，将何以安？制胜之术，力非不足，但虑简练未精，进退未一，时淹师老，地阔势分。愿陛下更询谠议，慎择名将，俾之统军，于诸道各抽精卒，成四五万，则制胜之道必矣。臣又料河南、河北、山南、江淮，小镇数千，大镇数万，空耗月饩，曾不习战。臣请抽赴关中，教之战陈，则军声益振，攻守必全，亦长久之计也。"读此疏，可见唐中叶后宿兵无用之地，而边备空虚之状。然当日西垂诸将，暮气已深，果抽内地之师，俾之训练，又能收御侮之效欤？此元载所以发愤而欲别练也。

西川一方：代宗初，高适为节度使。以吐蕃渐逼京畿，曾出师以牵制之，无功。松、维顾相继陷没。代以严武，破吐蕃兵，拔当狗、盐川二城。永泰元年，武卒，郭英乂又代之。以苛酷狂荡，为西山都知兵马使崔宁所覆。后遂以宁主西川。大历十年、十一年、十二年，亦频破蕃军，然侵寇仍不绝也。蕃寇初入，西北最急，故徙当、柘、悉、静、恭五州于山险以避之。自南诏合于吐蕃，而西南亦告急矣。

吐蕃既横，回纥亦骄。大历七年正月，回纥使出鸿胪寺，劫掠坊市，吏不能禁。复三百骑犯金光、朱雀等门。是日，皇城诸门皆闭。慰谕之方止。七月，回纥蕃客夺长安县令邵说所乘马，人吏不能禁。十年九月，回纥白昼杀人于市。吏捕之，拘于万年狱。其首领赤心，持兵入县，劫囚而出，斫伤狱吏。十三年正月，回纥寇太原。尹鲍防与之战，不利。二月，代州都督张光晟击回纥，战于羊武谷，在今山西崞县西。破之。北人乃安。案肃、代时，回纥兵助讨安、史者，不过数千，他蕃国兵来者，亦不能多，《旧书·肃宗纪》：至德二载，元帅广平王统朔方、安西、回纥、南蛮、大食之众二十万东向讨贼。三载十一月壬申制，有"回纥叶护，云南子弟，诸蕃兵马，力战平凶"之语。时回纥兵来者为四千。《仆固怀恩传》亦云："回纥使叶护、帝德数千骑来赴国难。南蛮、大食之卒，相继而至。"盖其所本者同也。《纪》又载三载七月，吐火罗叶护乌利多并九国首领来朝，助国讨贼，诏令赴朔方行营。此等蕃国，来者亦必不能多。《新书·于阗传》：肃宗时，王尉迟胜使弟曜摄国事，身率兵五千赴难。于阗距中国近，胜慕化又极深，其兵亦不过五千而已。而唐竟非藉其力不能破敌，其兵力之窳败可想，孟子曰"国必自伐而后人伐之"，信不诬也。

第三节　藩镇跋扈内乱生

节度使本置于缘边，及安史乱作，中原刺史，兼治军旅者，皆加节度使之号；其不赐旌节者，则称为团练使；又有称都统或大使者，则兼辖诸节度使。跋扈者遂思据地自专；即较庸懦者，亦多坏法自恣矣；而军人睥睨，思篡其主将者尤众。

玄宗之入蜀也，以太子充天下兵马元帅，都统朔方、河东、河北、平卢诸节度。永王璘玄宗第十六子。为江陵府都督，山南东道、岭南、黔中、江南西道节度大使。《通鉴》作都使，下同。盛王琦玄宗第二十一子。为广陵都督，江东东路、淮南、河南等路节度大使。丰王珙见上节。为武威都督，河西、陇右、安西、北庭等路节度大使。琦、珙皆不出阁，惟璘赴镇。时江淮租赋，山积于江陵，璘召募勇士，得数万人，破用巨亿。璘生长深宫，不省人事，而子襄城王惕有勇力，好兵，遂有东取金陵，割据江表之志。肃宗以高适为淮南节度，来瑱为淮西节度，韦陟为江东节度共图之。璘擅引兵东巡，兵攻袭广陵、吴郡。淮南采访使李成式、河北招讨判官李铣皆在广陵，共讨之。璘使惕迎战而败，走鄱阳，欲出岭表，至大庾岭，在今江西大庾县南。为江西采访使皇甫侁所杀，惕亦死于乱兵。时至德二载二月也。先一月，河西兵马使盖庭伦与武威九姓商胡安门物等杀其节度使周泌。支度判官崔称与中使刘日新讨平之。乾元二年八月，襄州将康楚元、张嘉延作乱。刺史王政奔荆州。江陵。九月，嘉延陷之。并陷澧、朗、复、郢、峡等州。澧州，今湖南澧县。朗州，今湖南常德县。复州，在今湖北天门县西北。郢州，今湖北钟祥县。上遣使慰谕，为贬王政为饶州刺史，以司农少卿张光奇为襄州刺史。楚元不从。十一月，商州刺史荆襄等道租庸使韦伦讨擒楚元。十二月，送诣阙，斩之。上元元年，襄州将张维瑾、曹玠又杀其节度使史翔。以韦伦为襄州刺史、山南东道节度使。时李辅国用事，节将除拜，皆出其门，伦既为朝廷所用，又不私谒辅国，未行，遂改秦州刺史，而以陕西节度使来瑱为山南东道节度使。瑱至襄阳，维瑾等乃降。是岁十一月，宋州刺史刘展反。时展与御史中丞李铣俱领淮西节度副使，铣贪暴不法，展刚强自用，为之上者皆恶之。节度使王仲升奏诛铣。又使监军邢延恩说上除展江淮都统，以代浙东节度使李峘，太宗子吴王恪之曾孙。俟其释兵赴镇，中道执之。上从之。以展为都统淮南东、江南西、浙西三道节度使，而密敕峘及淮南东道节度使扬州刺史邓景山图之。展以任重自疑，遂反。峘、景山皆为所败。展遣将陷濠、楚、舒、滁、庐等州。滁州，今安徽滁县。庐州，今安徽合肥县。自渡江，陷润州、升州。隋蒋州，唐改为升州。又遣将陷宣州，今安徽宣城县。取苏、湖州，苏州，即吴郡。进逼杭州。今浙江杭县。田神功者，安禄山平卢兵马使，归朝，守陈留，与许叔冀俱降史思明，思明使与其将南德信、刘从谏略江淮，神功袭杀德信，复来归，屯任城，邓景山、邢延恩奏乞令救淮南。未报，景山使促之，许以淮南金帛子女为赂。神功南下。及彭城，敕令讨展。展渡淮击之，败绩。亡渡江。神功入广陵，大肆劫掠。商胡波斯，被杀者数千人焉。二年正月，神功遣兵与景山济江。战于葭山，在今江苏镇江县西。展败死。余党皆平。安、史之乱，兵不及江淮，至是，民始罹荼毒矣。玄宗之还京也，于绵、益二州分置东、西川两节度。绵州，今四川绵阳县。益州，蜀郡，至德二年为成都府。东川节度李奂奏废其兵马使梓州刺史段子璋。梓州，今四川三台县。四月，子璋怒，袭奂，奂奔成都。五月，西川节度崔光远与奂共攻绵州，斩子璋。西川衙将花惊定大掠东蜀。上怒光远不能戢军，罢之，代以高适。刘展之平也，诏追邓景山还朝，以崔圆代之。浙东节度副使李藏用拒展有功，用为楚州刺史。支度租庸使以乱时诸将用仓库物无准，奏请征验。时仓卒募兵，物多散亡，诸将往往卖产以偿。藏用恐其及己，与人言，颇有悔恨。其衙将高干挟故怨，使人诣广陵告藏用反，而先以兵袭之。藏用走，干追斩之。圆遂簿责藏用将吏，以成其状焉。宝应元年，建卯月，初王思礼为河东节度使，积粟百万斛，请输五十万斛于京师。会卒，管崇嗣代之，委任左右，数月间，费散殆尽。代以邓景山。检覆严；又性清约，取仓粟红腐者食之，兼给麾下；麾下怨讪，少将黄抱节因之作乱，杀景山，请以都知兵马使辛云京为节度。许之。李光弼之败邙山也，渡河走闻喜，事见第四章第八节。上书求自贬，诏以为河中节度。旋又以为河南副元帅，都统河南、淮南东、西，山南东，荆南，江西，浙江东、西八道行营节度，从《通鉴》。出镇临淮，郡，即泗州。而以殿中监李若幽淮南王神通玄孙。为朔方、镇西、北庭、兴平、陈、郑等节度行营，及河中节度，镇绛州，赐名国贞。绛州素无储蓄；又民闲饥，不可赋敛；将士粮赐不充。国贞屡以状闻，未报。突将王元振作乱，杀国贞。镇西、北庭兵屯翼城者，今山西翼城县。亦杀其节度使荔非元礼，而推裨将白孝德。朝廷因而授之。而绛州诸军，剽掠不已。朝廷忧其与太原乱军合，乃以郭子仪知朔方、河中、北庭、潞泽节度行营，兼兴平、定国等军副元帅，出镇绛州。诛元振及其党数十人。辛云京闻之，亦推按杀邓景山者，元振之党谋为乱。子仪子晞，选亲兵四千，伏甲以待之，晞不寝寐者七十日焉。是岁，四月，代宗立。六月，以兵部侍郎严武为西川节度使。《旧书·武传》云：上皇诰合剑南两川为一道，拜成都尹，充剑南节度使。《新书·方镇表》，合两川为一道，事在广德二年。七月，兵马使徐知道发兵拒之。八月，为其将李忠厚所杀，西川乃平。初肃宗召来瑱赴京师，瑱乐在襄阳，讽其将吏留己，行及邓州，复令还镇，上闻而恶之。后荆南节度使吕諲，荆南节度，治荆州。淮西节度使王仲升及中官，皆言瑱曲收众心，久恐难制。乃割商、金、均、房，商州见上节。金州，今陕西安康县。别置观察，令瑱祇领襄、邓、唐、复、郢、随六州。瑱怨仲升构己，仲升见围于申州，瑱不救，仲升败殁。行军司马裴茙陈其状，且言瑱倔强难制，宜早除之。乃以瑱为淮西、河南十五州节度使，《旧传》。《通鉴》据《实录》作十六州。密敕茙代为襄、邓等州防御。瑱上言：淮西无粮，臣去秋种得麦，请俟收毕而行，而又讽属吏留己。会代宗即位，欲姑息，复以为山南东道节度使。裴茙未知，率兵赴襄阳，欲受代。瑱与副使薛南阳谋，拒之，禽茙送京师，赐死。八月，瑱入朝谢罪。以为兵部尚书、同平章事，知山南东道节度使。广德元年正月，乃削官爵，流播州，赐死于路。史谓由程元振之谮，"方镇由是解体，吐蕃入犯京畿，下诏征兵，诸道卒无至者"，实则瑱固罪有应得也。瑱行军司马庞充，统兵二千人赴河南，至汝州，闻瑱死，将士鱼目等回兵袭襄州。左兵马使李昭御却之。右兵马使梁崇义自邓州归，众推为主。崇义杀昭及薛南阳。上不能讨，以代瑱。十二月，《旧纪》。《新纪》在十一月。宦官广州市舶使吕太一反。逐其节度使张体，纵兵大掠，官军平之。二年七月，李光弼殁于徐州。《旧传》云：广德初，吐蕃入寇京畿，代宗诏征天下兵，光弼与程元振不协，迁延不至。朝廷方倚为援，恐成嫌疑，数诏问其母。吐蕃退，乃除光弼东京留守，以察其去就。光弼伺知之，辞以久待敕不至，且归徐州，欲收江淮租赋以自给。代宗还京，遣中使往宣慰。光弼母在河中，密诏郭子仪舆归京师。其弟光进，与李辅国同掌禁兵，委以心膂，至是为渭北节度使。光弼御军严肃，天下服其威名，及惧鱼朝恩之害，不敢入朝，田神功等皆不禀命。因愧耻成疾云云。元振、朝恩诚非佳人，光弼亦非纯臣。以其不勤王，不入朝，悉蔽罪于元振、朝恩，更非公允。田神功本安、史余孽。平刘展后，迁为汴、宋等八州节度，而逗留扬州不时往，盖河南时遭破坏，贪扬州之富庶，闻光弼至临淮，乃归河南，原非心服。然光弼之据徐州，欲收江淮租赋，与神功亦何以异？《旧书·穆宁传》：上元二年，佐盐铁转运使，光弼以饷运不继，扬言欲杀宁，宁直抵徐州见光弼，喻以大义，不为挠折。光弼深重宁，宁得行其职，此已属不成事体。《陈少游传》云：建中四年十月，驾幸奉天。度支汴宋使包佶在扬州，尚未知也。佶判官崔沅，遽报少游。佶时所总赋税钱帛，约八百万贯。少游先使其判官崔颍就佶强索其纳给文牒，并请供二百万贯钱物，以助军费。佶答曰："所用财物，须承敕令。"颍勃然曰："中丞若得为刘长卿，不尔为崔众矣。"长卿尝任租庸使，为吴仲孺所困，崔众供军吝财，为光弼所杀，故颍言及之。佶大惧，不敢固护，财帛将转输入京师者，悉为少游所夺。然则竟有以供饷不如意，而为光弼所贼者，更复成何事体？当时朝廷经费，深赖江淮，果为光弼所擅，复何以自给邪？光弼既殁，诏以宰相王缙都统河南、淮西、山南东道诸节度行营事，兼东都留守。岁余，迁河南副元帅。缙，禄山之乱，选为太原少尹，与光弼同守太原，功效谋略，众所推先，盖取其能靖光弼之众也。永泰元年四月，严武卒。都知兵马使郭英干、知运子。都虞候郭嘉琳请用英干兄英义。崔旰者，儒家子，喜纵横之术。尝从军剑南。宝应初，蜀中"山贼"拥绝县道，严武荐为利州刺史。今四川广元县。及武为西川，就山南西道节度张献诚求之。山南西道节度，治梁州。献诚者，守珪子，初陷安禄山，后又为史思明守汴，及东都平乃归国者也。献诚许之。武奏旰为汉州刺史、今四川广汉县。西山兵马使，与吐蕃战，有功。及是，与军众共请立大将王崇俊。朝以英乂代武。英乂诬杀崇俊。又召旰还成都。旰托备吐蕃未赴。英乂怒，出兵袭之。旰转入深山。直天大寒，士马冻死，英乂大败而迁。旰遂攻成都。英乂奔简州。今四川简阳县。普州刺史韩澄斩其首以送旰。普州，今四川安岳县。邛州衙将柏茂林，依《旧书·本纪》。《新书·崔宁传》作茂琳。《旧书·张鸿渐传》作柏贞节。泸州衙将杨子琳，本泸南贼帅，见《新书·崔宁传》。剑州衙将李昌夔，各兴兵讨旰。剑南大乱，大历元年二月，以宰相杜鸿渐为西川节度使。又以张献诚为东川节度使，柏茂林为邛南防御使，崔旰为茂州刺史、西山防御使。三月，献诚与旰战于梓州，败绩。鸿渐至成都，悉以军州事让旰，且表让旌节。朝廷不得已，以旰为西川节度，召鸿渐还京。又以柏茂林为邛州刺史，杨子琳为泸州刺史。三年四月，旰来朝，改名宁。子琳乘虚袭据成都。诏宁还镇。宁妾任氏，出家财募士，以逼子琳。子琳遁去。宁弟宽，时为留后。乃乘势复之。子琳既败，收余兵，沿江而下。入夔州，杀别驾张忠。朝廷以其本谋近忠，授峡州刺史。移澧州镇遏使。是岁二月，商州兵马使刘洽杀其防御使殷仲卿，寻讨平之。八月，辛云京卒，以王缙为河东节度。太原旧将王无纵、张奉璋等恃功，每事多违约束，缙一朝悉召斩之。十二月，马璘自邠宁移镇泾州。众惮迁，刀斧将王童之作乱。兵马使段秀实斩之，及其党十余人以徇。曰："敢后徙者族。"乃迁于泾。五年四月湖南都团练观察处置使、潭州刺史崔瓘为兵马使臧玠所杀。澧州刺史杨子琳起兵讨

195

之，取赂而还。六年四月，子琳来朝，赐名猷。八年九月，岭南节度使广州刺史吕崇贲为部将哥舒晃所杀。九年正月，澧、朗两州镇遏使、澧州刺史杨猷擅浮江而下。至鄂州，即江夏郡。诏许赴汝州。溯汉而上。复、郢、襄等州皆闭城拒之。三月，以为洮州刺史。时洮州已陷吐蕃，盖以空名畀之也。五月，猷入朝，见《通鉴》。十年三月，河阳军乱，逐三城使常休明，迫牙将王惟恭为留后，军士大掠数日。诏以马燧为河阳三城使。陕州军乱，逐观察使李国清，纵兵大掠。国清卑辞遍拜将士，方免祸。会淮西节度使李忠臣入朝，过陕，命按之。将士慑其兵威，不敢动。忠臣设棘围，令军士匿名投库物。一日得万缗，尽以畀其从兵为赏。十一月，哥舒晃之叛，诏江南西道都团练观察使路嗣恭兼岭南节度使。嗣恭以伊慎为先锋，复始兴。今广东曲江县。又擢流人孟瑶、敬冕为将。瑶主大军当其前，而冕自闲道轻入，招集义勇，得八十人，以挠其心腹。是月，遂破广州。擒晃，斩首以献。诛其同恶者万余人，俚洞之宿恶者，皆族诛之。湖南观察使辛京杲贪残。将王国良镇武冈，今湖南武冈县。豪富，京杲加以死罪。国良惧，散财聚众，据县以叛。诸道同讨，连岁不能下。德宗建中元年，以曹王皋代京杲，皋，太宗子曹王明之玄孙。乃谕降之。以上皆肃、代之世，藩镇跋扈之甚者也，而安、史余孽，为梗尤甚。

安、史之将降唐者，以其淄青节度使能元皓为最早。乾元元年二月。滑州刺史令狐彰次之。上元二年五月。元皓降后，初为河北招讨使，后授齐州刺史、齐、兖、郓等州节度使。乾元元年九月。齐州，今山东历城县。移刺兖州，仍节度兖、郓。尝破史朝义之兵。上元二年四月。以上皆见《旧纪》。彰仍为滑州刺史，滑、卫、相、贝、魏、博六州节度使。卫州，今河南汲县。魏州，即魏郡。后名其军曰永平。彰以与鱼朝恩不协，不敢入朝，然临没，悉以土地甲兵籍上朝廷，勒其子归东都，军士欲逼夺其长子建，建守死不从，事在八年二月。元和时，宰相李吉甫，犹以是请录用其后人焉。然能如是者卒寡，而河北遂终为唐室之患。宝应元年，史朝义之败也，其汴州将张献诚、相州将薛嵩、仁贵孙。恒州将张忠志、恒州，即镇州。忠志，范阳城旁奚，为范阳将张镇高假子。幽州将李怀仙、柳城胡，世事契丹。魏州将田承嗣相次来降。朝廷皆以元职授之。于是献诚为汴州节度使，后移山南西道，事已见前。嵩为相、卫、邢、洺、贝、磁六州节度使，邢州，今河北邢台县。磁州，今河北磁县。忠志为成德军节度使，统恒、赵、深、定、易五州，深州，今河北深县。定州，今河北定县。赐姓名曰李宝臣。承嗣为魏、博、德、沧、瀛五州都防御使，旋亦晋为节度使。怀仙仍故地，为卢龙节度使。《旧书·承嗣传》云：代宗遣仆固怀恩讨平河朔，帝以二凶继乱，郡邑伤残，屡行赦宥。凡为安、史诖误者，一切不问。时怀恩阴图不轨，虑贼平宠衰，欲留贼将为援，乃奏承嗣及李怀仙、张忠志、薛嵩等四人分帅河北诸郡，《新书·怀恩传》本之，说实自相矛盾。观能元皓、令狐彰、张献诚之降，朝廷皆授以元职，可知怀恩实承朝旨行事。《新书·承嗣传》云：承嗣之降，厚以金帛反间仆固场将士。场虑下生变，即约降。承嗣诈疾不出，场欲驰入取之，承嗣列干刀为备，场不得志。承嗣厚赂之以免。可知当时即欲便宜更易，亦不易也。王玄志之杀徐归道也，朝以为营州刺史、平卢军节度使。乾元元年二月。玄志卒，十二月。裨将李怀玉高丽人。杀其子，推侯希逸为平卢军使。希逸母，怀玉姑。朝廷因以为节度副使。初玄志使董秦渡海，与田神功攻平原、乐安，棣州乐安郡，在今山东惠民县南。下之。防河招讨使李锐承制以秦为平原太守。希逸数与范阳相攻，救援既绝，又为奚所攻，上元元年，乃悉举其军二万人袭破李怀仙，引而南。宝应元年，于青州北渡河，与淄青田神功、兖郓能元皓会于兖州。代宗因以为平卢、青、淄等六州节度，而移神功于兖郓、青州节度，始有平卢之号。希逸好游畋，营塔寺，军州苦之。军士奉怀玉为帅。希逸奔滑州。召还京师，而以怀玉知留后，赐名正己。时永泰元年七月也。嵩、宝臣、承嗣收安、史余党，各有劲兵数万；治兵缮邑，擅署文武将吏，贡赋不入朝廷；又与正己及梁崇义结为婚姻；遂成尾大不掉之势矣。大历三年六月，幽州兵马使朱希彩、经略副使朱泚、泚弟滔共杀李怀仙。李宝臣遣将攻之，为所败。朝廷不得已，宥之，以王缙领卢龙节度，希彩为留后。缙至幽州，度不可制，劳军旬日而还。遂以希彩为节度。七年七月，希彩又为其下所杀。朱滔时将衙内兵，潜使人于众中言曰："节度使非朱副使不可。"众从之。泚遂自称留后。朝廷因之，授以节度。八年正月，薛嵩卒，弟崿立，朝廷亦以留后授之。是岁八月，朱泚使其弟滔将兵五千诣泾州防秋。九年六月，身入朝。至蔚州，有疾。诸将请还。泚曰："死则舆尸而行。"诸将乃不敢言。九月，至京师。十年正月，表请留阙下。乃以滔知留后。观泚此时之情形，似已不能制滔矣。是月也，昭义兵马使裴志清逐薛崿，昭义，相、卫六州军名。以其众归田承嗣。承嗣声言救援，而实引兵袭取相州。又遣将取洺、卫，并据贝州。诏以华州刺史李承昭知昭义留后。宝臣、正己，皆与承嗣不协，表请讨之。乃贬承嗣为永州刺史，今湖南零陵县。命诸道出兵临其境，违即进讨。时朱滔方恭顺，与宝臣及河东薛兼训攻其北，正己与淮西李忠臣攻其南。承嗣部将多叛，乃使奉表请束身归朝。而宝臣、正己会师枣强，今河北枣强县。各享士卒，宝臣军赏厚，正己军赏薄，士卒多怨言，正己惧，引军退，宝臣军亦退。李忠臣闻之，亦释卫州之围。宝臣、滔攻贝州，不克，然承嗣将卢子期攻磁州，《旧书·宝臣传》作邢州，《通鉴》依《实录》作磁州。为宝臣及李承昭所擒。河南诸将，又破承嗣从子悦于陈留。承嗣惧。乃释所囚正己使，且籍境内户口兵粮之数奉之。正己喜，按兵不进。于是河南诸道，皆不敢进。承嗣又知范阳宝臣故里，常欲得之。乃勒石为谶曰："二帝同功势万全，将田作伴入幽、燕。"密瘗宝臣境内。使望气者云："此中有玉气。"宝臣掘得之。宝臣、滔共攻沧州，承嗣使讽之曰："公取沧州，当归国。诚能舍承嗣之罪，请以沧州奉献，愿取范阳以自效。"宝臣喜，以为事合符命，遂与承嗣通谋。承嗣割州与之。宝臣密图范阳，承嗣亦陈兵境上。代宗使中贵人马承倩赍诏宣劳宝臣。将归，宝臣亲遗之百缣。承倩诟厉，掷出道中。宝臣顾左右有愧色。兵马使王武俊契丹怒皆部人。父路俱，开元中入居蓟。因说宝臣释承嗣为己资。宝臣乃选锐卒二千，掩滔不备，破之。承嗣闻宝臣与滔交锋，知其衅已成，乃旋军。使告宝臣曰："河内有警，不暇从公。石上谶文，吾戏为之耳。"宝臣惭怒而退。正己屡为承嗣上表，乞许其自新。十一年二月，承嗣复遣使上表。乃下诏赦其罪，复其官爵，听与家属入朝。而承嗣卒不至。田神功之徙兖、郓，史朝义犯宋州，神功败之，复徙汴、宋。宝应元年。入朝，大历八年。卒，弟神玉知留后。九年。是岁五月，神玉卒。都虞候李灵曜，杀兵马使孟鉴，北结承嗣为援。诏以永平节度使李勉兼汴、宋八州留后，勉，高祖子郑王元懿曾孙。灵曜为濮州刺史。灵曜不受命，不得已，以为汴、宋留后。而承嗣复出兵攻滑州，灵曜亦擅以其党为八州刺史。诏勉与淮西李忠臣、河阳三城使马燧讨之。李正己及淮南陈少游，亦进兵击灵曜。汴宋兵马使李僧惠，灵曜之谋主也。宋州衙将刘昌遣僧神表潜说之。僧惠乃与汴宋衙将高凭、石隐金遣神表奉表诣京师，请讨灵曜。九月，以僧惠为宋州刺史，凭为曹州。隐金为郓州。李忠臣、马燧军于郑州。灵曜逆战，两军不意其至，退荥泽。今河南荥泽县。淮西军士溃去者十五六。忠臣欲引归，燧不可。忠臣收散卒复振。十月，与陈少游前军会。战于汴州，灵曜败，入城固守。承嗣又使其从子悦救灵曜，燧、忠臣败之。灵曜遁，至韦城，在今河南滑县东南。为永平将所获，送京师，斩之。燧知忠臣暴戾，以己功让之，不入汴城。忠臣果专其功。李僧惠与之争，忠臣击杀之。又欲杀刘昌，昌遁逃得免。十二月，以忠臣刺汴州。明年，复命讨田承嗣。承嗣复上表谢罪。诏又复其官爵，且令不必入朝。讨灵曜也，永平衙将刘洽乘其无备，入宋州。据《旧传》。《通鉴考异》云：盖李僧惠见杀，洽因据宋州。十月，以洽为宋州刺史，隶永平军。十四年二月，田承嗣死，承嗣有子十五人，以悦为才，使知军事，诏以为留后。李忠臣贪残好色，悉以军政委其妹婿节度副使张惠光，复以惠光子为衙将，皆暴横。三月，左厢都虞候李希烈忠臣族子。杀惠光父子，忠臣奔京师。诏以希烈为蔡州刺史，淮西留后李勉为汴州刺史，增领汴、颍二州。勉奏李澄为滑州刺史。

《新书·独孤及传》：代宗以左拾遗召，既至，上疏陈政曰："师兴不息十年矣。人之生产，空于杼轴。拥兵者第馆互街陌，奴婢厌酒肉，而贫人赢饿就役，剥肤及髓。今天下惟朔方、陇西，有吐蕃、仆固之虞。邠、泾、凤翔兵，足以当之矣。自此而往，东泊海，南至番禺，西尽巴蜀，无鼠窃之盗，而兵不为解。倾天下之货，竭天下之谷，以给不用之军，为无端之费，臣不知其故。假令居安思危，自可扼要害之地，俾置屯将，悉休其余，以粮储扉履之资，充疲人贡赋，岁可减国租之半。疗痈者必决之使溃，今兵之为患犹痈也，不以渐戢之，其害滋大，大而图之，必力倍而功寡，岂《易》不俟终日之义哉？"合上节所引郭子仪之言观之，可见是时养兵之弊也。

藩镇跋扈如此，小民穷迫无聊，内乱自不免时作。宝应元年，台州贼帅袁晁台州，临海郡。攻陷浙东诸州，众至二十万。代宗使御史中丞袁傪讨之。傪使将王栖曜等破其众。李光弼亦遣将出讨。广德元年四月，禽之。张镐时为洪州观察使，亦出兵屯上饶。今江西上饶县。镐又袭杀舒城杨昭。舒城，今安徽舒城县。击破新安沈千载。苏、常等州草贼，寇掠郡邑，代宗遣中使马日新与李光弼同讨。兖州人张建封见日新，愿自往说谕。日新从之。降其众数千。时江左兵荒，诏日新领汴、滑兵五千留镇。日新贪暴，为李庭兰所逐，劫其众进攻苏州，复为王栖曜所破。时又有张度，保阳羡西山累年。《新书·李栖筠传》。阳羡，今江苏宜兴县。永泰初，宣、饶方清、陈庄西绝江，劫商旅为乱。《新书·李芃传》。此在长江下游者也，其波澜且及于岭表。时频诏发岭南兵募隶鲁炅军，夷洞、夷僚乘之，相恐为乱。其首领梁崇牵及其党覃问等，诱西原贼帅张侯、夏永，西原，羁縻州，在今广西扶南县西南。攻陷城邑，据容州。治北流，今广西北流县。后徙普宁，今广西容县。前后刺史，皆寄治藤、梧，藤州，今广西藤县。梧州，今广西苍梧县。大历五年，王翃为容州刺史、容管经略使。乃出私财，募将健，击斩其魁。时李勉为岭南节度，翃至广州见之，请其移牒诸州，并扬言出千兵援助。勉然之。翃乃以手札告谕藤、义等州同讨，义州，在今广西岑溪县东。遂擒崇牵，复容州故境。又遣将讨袭西原，部内渐安。番禺帅冯崇道，桂州叛将朱济时等阻洞为乱，前后累岁，陷没十余州。勉又遣将李观与翃并力讨斩之。后哥舒晃为乱，翃遣李宝悉所管兵赴援广州，覃问复招合夷僚来袭。翃伏兵擒之。

第四节　权宦与权臣

肃宗昏愚，代宗则颇阴鸷，观其倚李辅国以得位，旋即能除去辅国可知。程元振代辅国判元帅府行军司马，专制禁兵，不久，亦为代宗所除去。《旧书·元振传》曰：元振尝请托于襄阳节度使来瑱，瑱不从。及元振握权，征瑱入朝，瑱迁延不至。广德元年，破裴茙，遂入朝，拜兵部尚书。元振欲报私憾，诬瑱之罪，竟坐诛。宰臣裴冕，为肃宗山陵使，有事与元振相违，乃发小吏臧私，贬冕施州刺史。瑱名将，冕元勋，既被诬陷，天下方镇皆解体。吐蕃、党项，入犯京畿，下诏征兵，诸道卒无至者。其辞之诬，显而易见。《传》又曰：代宗幸陕州，至行在，太常博士柳伉上疏，请诛元振以谢天下。代宗顾人情归咎，乃罢元振官，放归田里。《新书》载伉疏曰："犬戎以数万众犯关度陇，历秦、渭，掠邠、泾，不血刃而入京师，谋臣不奋一言，武士不力一战，提卒叫呼，劫宫闱，焚陵寝，此将帅叛陛下也。自朝义之灭，陛下以为智力所能，故疏元功，委近习，日引月长，以成大祸，群臣在廷，无一犯颜回虑者，此公卿叛陛下也。陛下始出都，百姓填然，夺府库，相杀戮，此三辅叛陛下也。自十月朔召诸道兵，尽四十日，无只轮入关者，此四方叛陛下也。内外离叛，虽一鱼朝恩以陕郡戮力，陛下能独以此守社稷乎？臣闻良医疗疾，当病饮药。陛下视今日，病何由至此乎？天下之心，乃恨陛下远贤臣，任宦竖，离闲将相，而几于亡。必欲存宗庙社稷，独斩元振首，驰告天下；悉出内使隶诸州，独留朝恩备左右，陛下持神策兵付大臣；然后削尊号，下诏引咎，若曰：天下其许朕自新改过乎？宜即募士西与朝廷会。若以朕恶未悛邪？则帝王大器，敢妨圣贤，其听天下所往。如此而兵不至，人不感，天下不服，请赤臣族以谢。"其辞甚危，且近要胁，盖代宗授意外廷为之，以折宦寺之气也。元振家在三原。今陕西三原县。十二月，车驾还京，元振服衰麻于车中入京城，以规任用。与御史大夫王升饮酒，为御史所弹，诏长流溱州。在今四川綦江县南。此据《旧书·元振传》。《本纪》云：衣妇人服入京城，京兆府擒之以闻，乃下御史台鞫问。《新书·传》云：元振自三原衣妇衣私入京师，舍司农卿陈景诠家，图不轨，御史劾按，长流溱州。景诠贬新兴尉。元振行至江陵死。新兴郡，即新州。

元振虽除，鱼朝恩复炽。朝恩为观军容使，监卫伯玉军，伯玉之为神策军节度使也，与陕州节度使郭英乂皆镇陕。其后伯玉罢，以英乂兼神策军节度。英乂人为仆射，军遂统于观军容使。代宗幸陕，朝恩举在陕兵与神策军迎扈，悉号神策军。及京师平，朝恩遂以军归禁中，自将之，尚未与北军齿也。永泰元年，吐蕃复入寇，朝恩又以神策军屯苑中。自是寖盛，分为左右厢，势居北军右。遂为天子禁军，非他军比。朝恩为天下观军容宣慰处置使，知神策军兵马使，势遂渟乎不可御矣。朝恩姿狂妄。朝恩引轻浮后生处门下，讲《五经》大义，作文章，自谓才兼文武。永泰中，诏判国子监，遂倬然入学，执易升坐。诏会群臣计事，则诞辞折愧坐人。与郭子仪不协，则遣盗发其先冢。又谋易执政，以震朝廷。其人实无能为，盖尚非辅国，元振之比，特兵权在手，卒不易去而已。乃用其部将皇甫温为陕州刺史，以树外援。又以神策都虞候刘希暹、兵马使王驾鹤同掌禁兵。希暹讽朝恩，于北军置狱，召坊市凶恶少年，罗织城内富人，捕置狱中，忍酷考讯，录其家产，并没于军。举选之士，财货稍殷，客于旅舍，遇横死者非一。周智光者，本以骑射从军，朝恩镇陕州，与之昵狎，屡于上前赏拔，累迁华州刺史，同、华二州节度。智光与鄜坊节度杜冕不协。永泰元年，吐蕃入寇，智光逐贼至鄜州，杀刺史张麟，坑冕家族八十一人，焚坊州庐舍三千余家。惧罪，召不赴命，遂聚亡命不逞之徒，众至数万，纵其剽掠，以结其心。大历元年十二月，又专杀前虢州刺史庞充。劫诸节度使进奉贡物及转运米二万石。与皇甫温不协。监军张志斌自陕入奏，智光馆给礼慢，志斌责其不肃，智光大怒，叱下斩之，脔其肉以饲从者。淮南节度崔圆入觐，方物百万，智光强留其半。举选之士竦骇，或窃同州路以过，智光使部将邀斩于乾坑谷，横死者众。优诏以为尚书左仆射，遣中使持告身授之，智光受诏慢骂，因历数大臣之过。盖自有节度使以来，未有狂悖如此者。二年正月，密诏郭子仪讨之。帐下将斩其首来献。时淮西节度李忠臣入觐，次潼关，诏与神策将李大清同讨。忠臣遂入华州，大掠，自赤水至潼关，二百里间，畜产财物殆尽。赤水，渭水支流，源出渭南县。今县东有赤水镇。朝恩所用之人如此，其不可忍明矣，代宗乃倚元载以图之。

元载，才臣也。其为人怙势贪财，为宰相十五年，使纲纪大坏，其罪诚不可恕。然其所规画，确有足拯时弊者；而史言载之罪状，亦有诬辞，非尽实录也。《旧书·载传》云：载为度支郎中，姿性敏悟，善奏对，肃宗嘉之，委以国计，俾充使江淮，都领漕挽之任。征入，迁户部侍郎，度支使，并诸道转运使。会肃宗寝疾。载与李辅国善。辅国妻元氏，载之诸宗，因是相昵狎。会选京尹，辅国乃以载兼。载意属国柄，诣辅国恳辞。辅国识其意，然之。翼日，拜载同中书门下平章事。旬日，肃宗晏驾，代宗即位，辅国势愈重，称载于上前。载能伺上意，颇承恩遇。迁中书侍郎，同中书门下平章事。度支、转运，当时所重，见下。载既膺斯职，其势自足入相，何待辅国汲引？《萧华传》谓辅国矫命罢华，而以载代之，更近无稽。《新书》谓盗杀辅国，载阴与其谋，观辅国罢而载即加判天下行军司马，说殆可信。载固非守小信，不负辅国者，然代宗性甚阴鸷，载果依辅国以进，未必遽与之共谋辅国。观此，知谓载之入相由于辅国者必诬也。代宗既与载相契，乃又与共谋鱼朝恩。载乃用心腹崔昭为京兆尹，厚以财结皇甫温及射生将周皓。刘希暹觉帝旨，密白朝恩，朝恩稍惧，潜计不轨。载乃徙凤翔尹李抱玉节度山南西道，以温代节度凤翔，而留之京师，约与皓共诛朝恩。朝恩诛，温还镇陕。大历五年寒食，宴禁中，既罢，诏留朝恩议事，皓与左右擒缢之。帝隐之，下诏罢其观军容使，增封实户六百，内侍监如故。希暹代为神策军使，言不逊，王驾鹤白之，赐死，以驾鹤代将。《新书·兵志》。贾明观者，本万年县捕贼吏，事希暹，恣为凶恶，家产巨万。载奏令江西效力。在洪州二年，观察使魏少游容之。及路嗣恭代少游，乃笞杀之。《旧书·朝恩传》谓载受明观奸谋，《嗣恭传》云载受赂，亦近诬谤。载之定谋诛朝恩，以白帝，帝曰："善图之，勿反受祸。"可知当时事势之危，固不宜多所诛戮，使反侧者不安也。

元载欲建河中为中都，以关辅、河东户税，入奉京师，别练兵，且城原州，以御吐蕃，已见第二节。《旧书·载传》云：自鱼朝恩就诛，志颇盈满，遂抗表请建中都。盖朝恩在，朝局如蜩螗沸羹，事无可为，故朝恩死而亟谋之，此可见其赴机之捷也。《传》又云：四镇、北庭行营节度，寄理泾州。大历八年，蕃戎入邠宁，朝议以为三辅已西，无襟带之固，而泾州散地，不足为守。载尝为西州刺史，知河西、陇右要害。指画于上前曰："今国家西境，极于潘原，唐县，在今甘肃平凉县东。吐蕃防戍，在摧沙堡，在今固原县西北。而原州界其间。草肥水甘，旧垒存焉。吐蕃比毁其垣墉，弃之不居。其西则监牧故地，皆有长濠巨堑，重缧深固。原州虽早霜，黍稷不蓺，而平凉附其东，独耕一县，可以足食。请移京西军戍原州，乘闲筑之，贮粟一年。戎人夏牧，多在青海，羽书覆至，已逾月矣。今运筑并作，不二旬可毕。移郭子仪大军居泾，以为根本。分兵守石门、木峡、陇山之关，皆在原州境。北抵于河，皆连山峻岭，寇不可越。稍置鸣沙县、安丰军，在灵州西。北带灵武五城，为之形势。然后举陇右之地，以至安西。是谓断西戎之胫，朝廷可安枕矣。"兼图其地形以献。又密使人逾陇山入原州，量井泉，计徒庸，车乘、畚锸之器皆具。此诚当日筹边之至计，惜其为田神功所沮也。而其用第五琦、刘晏以理财，所关尤巨。

唐自安、史乱后，度支艰窘。肃宗即位，恃率贷、税商贾、鬻告身、度牒、征臧物以给用。吐蕃逼，又收奉钱、率户、敛青苗、地头钱以饷军。《新书·食货志》：肃宗即位，遣御史郑叔清等籍江淮、蜀、汉富商右族訾畜，十收其二，谓之率贷。诸道亦税商贾以赡军。明年，叔清与宰相裴冕建议：诸道得召人纳钱，给空名告身，授官勋邑号。度道士、僧尼。纳钱百千，赐明经出身。商贾助军者给复。及两京平，又于关辅诸州纳钱度僧尼万人。及吐蕃逼京师，近甸屯兵数万，百官进奉钱，又率户以给军粮。至大历元年，天下苗一亩税钱十五，市轻货给百官手力课，以国用急，不及秋，方苗青即征之，号青苗钱。又有地头钱，每亩二十，通名为青苗钱。又诏上都秋税分二等：上等亩税一斗，下等六升，荒田二升。五年，始定法：夏，上田亩税六升，下田四升。秋，上田亩税五升，下田三升，荒田如故。青苗钱加一倍，而地头钱不在焉。《旧书·酷吏传》：毛若虚，肃宗收两京，除监察御史。审国用不足，上策征剥财货。有润于公者，日有进奉。渐见任用，称旨。每推一人，未鞫，即先收其家赀，以定赃数。不满望，即摊征乡里近亲。是时北方破坏已甚，完富之地，实惟江淮。唐之克平安、史，有江淮以给军实，实为一大原因，唐人所以重张巡、许远之功也。首建此策者为第五琦。琦为贺兰进明录事参军，奏事蜀中，得谒见。奏言："方今之急在兵，兵之强弱在赋，赋之所出，江淮居多。若假臣职任，使济军须，臣能使赏给之赀，不劳圣虑。"玄宗大喜。即日拜句当江淮租庸使。据《旧书》本传。《新传》以为肃宗所命误。寻加山南等五道度支使。税吴盐、蜀麻、铜冶，市轻货，由江陵、襄阳、上津路转至凤翔。上津路，在湖北郧西县西，通陕西之郧阳。乾元元年，加度支郎中。寻兼中丞，为盐铁使。于是大变盐法，人不益税，而国用以饶。迁户部侍郎，兼御史中丞，专判度支，领河南等道支度，都句当转运、租庸、盐铁、司农、大府出纳、山南东西、江淮南馆驿等使。几于举全国财计，悉以委之矣。二年，加同平章事。是年十一月，以铸大钱，谷价腾贵，又盗铸争起贬。兵部侍郎吕諲代掌度支。上元元年五月，諲罢，刘晏以户部侍郎充使。二年，建子月，晏坐事免，元载以户部侍郎句当度支、铸钱、盐铁，并兼江淮转运。宝应元年，同平章事，领使如故。六月，复以晏为户部侍郎，兼京兆尹，充度支、转运、盐铁、铸钱等使。旋兼河南道水陆转运都使。载之于晏，盖实知其才而用之。《旧书·载传》曰：载以度支、转运，职务繁碎，负荷且重，虑伤名，阻大位，素与刘晏相友善，乃悉以钱谷之务委之，荐以自代，未免以小人之腹，度君子之心矣。广德元年正月，晏以吏部尚书同平章事，领使如故。是岁十月，吐蕃陷京师，代宗幸陕。郭子仪请第五琦为粮料使，兼御史大夫，关内元帅副使。未几，改京兆尹。明年，晏以与程元振交通罢，琦遂专判度支，兼诸道铸钱、盐铁、转运、常平等使，盖倚子仪复起也？三月，复以晏领东都、河南、江淮、山南等道转运、租庸、盐铁使，盖载实左右之？《旧书·晏传》曰：时承兵戈之后，中外艰食。京师米价，斗至一千。禁军乏食，畿县百姓，乃挼穗以供之。晏至江淮，以书遗载，言浚汴水之利，有云：三秦之人，待此而饱；六军之众，待此而强。又云：京师、三辅百姓，惟苦税亩伤多，若使江湖米来，每年三二十万，即可顿减徭赋。又云：东都残毁，百不一存，若米运流通，则饥人皆附。又云：舟车既通，则商贾往来，百货杂集。可见浚汴之计，不惟益上，兼以利民。载主其事于中，故晏遂得行其志。史言自此岁运米数十万石，以济关中。盐法亦益精密。初岁入钱六十万贯，季年逾十倍，而人无厌苦。大历末，通计一岁征赋所入，总一千二百万贯，而盐利且过半。又言晏始以盐利为漕佣，不发丁男，不劳郡县，自古未之有。《旧书·食货志》案历代空匮之际，取于民者，惟有二途：一曰加赋乃径取之于凡民。一则取之盐铁、征商等。虽亦辗转终归细民，较之径取，终为有间，故其治乱，亦以绝殊。汉武帝之诛求，宁减有明之末，然山东"盗"起，终克平定，而明末"流寇"，遂致不可收拾者？一管盐铁，榷酒酤，行均输，算舟车，而一加三饷也。唐中叶之取民，实与桑、孔同揆，故安、史乱后，复获延其运祚百五十年。此事实始于第五琦，而成于刘晏。二人皆不愧畜聚之臣，然亦不能不互为起踣，盖唐人党争积习使然，载乃能维持调护而并用之。大历元年正月，分天下财赋、铸钱、常平、转运、盐铁置二使：东都畿内、河南、淮南、江东西、湖南、荆南、山南东道，晏领之；京畿、关内、河东、剑南、山南西道，琦领之。盖地广事繁，专掌或虞丛脞，分职则益见精专，此实理财之良策，然非载能兼容并苞，亦不能建是制也。夫岂有异术哉？载亦长于理财，乃不自用而用人，其休休有容之度，固有以致之也。而猥曰惮事繁责重，虑伤名阻位哉？五年，鱼朝恩败，琦坐累贬外，载兼判度支。敕言庶政宜归尚书。自王室多难，征求调发，率于权便裁之，新书从事，且救当时之急，殊非致理之道。今外虞既平，将明画一之法。魏、晋有度支尚书，校计军国之用，国朝但以郎官署领，办集有余。时艰之后，方立使额，参佐既众，簿书转烦，终无弘益，又失事体。其度支使及关内、河东、山南西道、剑南、西川转运、常平、盐铁等使宜停。于是悉以度支之务，归于宰相。此尤得塞利孔使归于一之道。然明年，复以韩滉为户部侍郎，判度支，盖积重之势难遽返也。《新书·滉传》云：自至德军兴，所在赋税无艺，帑司给输乾隐。滉检制吏下，及四方输将，犯者痛绳以法。会岁数稔，兵革少息，故储积谷帛稍丰实。滉为人无足取，在是时固能臣也。载可谓能用人矣。

元载虽有才，然不能自饬，尤不能饬下。其为相也，与内侍董秀相结。中书主书卓英倩、李待荣用事。天下官爵，大者出载，小者自倩、荣。四方赍货贿求官者，道路相属。《旧书·崔祐甫传》。案求官者多赍货贿，此刘希暹、周智光所以欲贼举选之士也，可谓象有齿以焚其身矣。又《陈少游传》：除桂州刺史，欲规求近郡，时中官董秀掌枢密用事，少游乃宿于其里，候其下直，际晚谒之。从容曰："七郎家中，人数几何？每月所费复几何？"秀曰："久忝近职，家累甚重；又属时物腾贵；一月过千余贯。"少游曰："据此之费，奉钱不足支数日，其余常须数求外人，方可取济。傥有输诚供亿者，但留心庇覆之，固易为力耳。少游虽不才，请以一身独供七郎之费。每岁献钱五万贯。今见有大半，请即受纳，余到官续送，免贵人劳虑，不亦可乎？"秀既逾于始望，欣惬颇甚，因与之厚相结。少游言讫，泣曰："南方炎瘴，深怆违辞，但恐不生还，再睹颜色矣。"秀遽曰:"中丞美才,不当违官,请从容旬日,冀竭寒分。"时少游又已纳贿于元载子仲武矣。秀、载内外引荐,数日,拜宣州刺史。又云:少游初结元载,每年馈金帛约十万贯。妻王氏,忠嗣女。狠戾自专。子弟纵横,侈僭无度。尝请百官凡欲论事,皆先白长官,长官白宰相,然后上闻,其怙权而不知远祸若此。代宗与舅左金吾大将军吴凑密图之。大历十二年三月,遣凑收载及宰相王缙。载赐自尽。妻、子亦皆赐死。董秀杖杀。卓英倩、李待荣皆处极法。并欲赐王缙死,刘晏、李涵等争之,涵御史大夫,时与晏同鞫载。乃贬括州刺史。括州,后改处州,今浙江丽水县。《旧书·缙传》云:载用事,缙卑附之,不敢与忤,然恃才与老,多所傲忽,为载所不悦;又云:心虽希载旨,然以言辞陵诟,无所忌惮;其实非载党可知,而帝遽欲并诛之,亦可见其天姿之深刻矣。载之败,与载厚善坐贬者数十百人。卓英倩弟英珪家金州,州人缘以授官者百余家。豪制乡曲,聚无赖少年以伺变。载诛,竟至盗库兵据险以叛。纪纲扫地如此,亦无怪在上者之猜疑也。

元载既诛,代宗用杨绾为相。《旧书·绾传》言:载秉政,公卿多附之,绾孤立中道,清贞自守。又云:载以绾雅望素高,外示尊重,心实疏忌。会鱼朝恩死,载以朝恩尝判国子监事,尘污太学,宜得名儒,以清其秩,乃奏为国子祭酒。实欲以散地处之,此亦所谓欲加之罪,其无辞乎者也。载伏诛,乃拜中书侍郎,同中书门下平章事。御史中丞崔宽,宁之弟,家富于财,有别墅,在皇城之南,池馆台榭,当时第一,即日潜遣毁拆。郭子仪在邠州行营,闻绾拜相,坐中音乐,减散五分之四。京兆尹黎干,每出入,驺驭百余,亦即日减损华骑,惟留十骑而已。其余望风变奢从俭者,不可胜数。此似虚辞称美,且过其实,然唐中叶后,纪纲扫地,文武臣僚,皆溺于侈靡,以致武官则拥兵自重,文官则政以贿成,实为致乱之原,肃清之道,固不能无藉乎齐斧，然有诸己而后求诸人，无诸己而后非诸人，所藏乎身不恕而欲喻诸人，纵可刑驱，终非心服，则举一清操拔俗者，以资表率，亦诚不可少也。是年五月，诏自都团练使外，悉罢诸州团练守捉使，又令诸使非军事要急，无得擅召刺史，及停其职务，差人权摄。又定诸州兵皆有常数。其召募给家粮、春冬衣者，谓之官健。差点土人，春夏归农，秋冬追集，给身粮酱菜者，谓之团结。《通鉴》。稍以法令约束武人，更为当务之急。史又言：时厘革旧弊，惟绾是瞻，则所欲行者尚多。夫固实有经纶，非徒雅望镇俗而已。惜绾夙有痼疾，居职旬日即中风，是年七月，遽薨。时与绾同相者为常衮。绾卒，衮遂独当政。《旧传》言绾弘通多可，衮颇务苛细。然又云：性清直孤绝，不妄交游。惩元载时贿赂朋党大行，不以财势者，无因人仕。乃一切杜绝之，中外百司奏请，皆执不与，则亦不失为贤者。代宗初藉元载之权谲，及其败，复能用绾与衮以矫之，可谓知所务矣。故代宗实非昏愚之主也。

然代宗迷信佛教殊深，因此诒误政事，且耗财蠹国者亦极大，此则殊不可解。《旧书·王缙传》云：代宗初喜祠祀，未甚重佛。缙与元载、杜鸿渐喜饭僧徒，代宗问以福业报应，由是奉之过当。尝令僧百余人于宫中陈设佛像，经行念诵，谓之内道场。其饮膳穷极珍异，出入乘厩马，度支具廪给。每西蕃入寇，必令僧讲诵《仁王经》。苟幸其退，则横加锡赐。胡僧不空，官至卿监，封国公，通籍禁中，势移公卿。争权擅威，日相陵夺。京畿之丰田美利，多归于寺观。僧徒藏奸蓄乱，败戮相继，而信心不易。乃诏天下官吏：不得棰曳僧尼。五台山有金谷寺，铸铜为瓦，涂金于上，照耀山谷，计钱巨亿。五台山，在今山西五台县东北。缙为宰相，给中书符牒，令山僧数十人，分行郡县，聚徒讲说，以求货利。代宗七月望日，于内道场

211

造盂兰盆，饰以金翠，所费百万。又云："缙等对扬启沃，必以业果为证。以为国家庆祚灵长，皆福报所资。业力已定，虽小有患难，不足道也。故禄山、思明，毒乱方炽，而皆有子祸；仆固怀恩将乱而死；西戎犯阙，未击而退；此皆非人事之明征也。"帝信之愈甚。公卿大臣，既挂以业根，则人事弃而不修。大历刑政，日以陵迟，有由然也。《新书·食货志》曰：时回纥岁送马十万匹，酬以缣帛百余万匹，而中国财力屈竭，岁负马价。河湟六镇既陷，岁发防秋兵三万戍京西，资粮百五十余万缗。鱼朝恩擅权，代宗与元载日夜图之。及诛，帝复与载贰。君臣猜间，边计兵食，置而不议者几十年。而诸镇擅地，结为表里。天子颛留意祠祷，焚币玉，写浮屠书，度支禀赐僧巫，岁以巨万计。生于其心，害于其政，亦可谓甚矣。帝性阴鸷，殊非迷信之徒。而时黎干用左道位至京尹，尝内集众工，编刺珠绣为御衣，既成而焚之，以为禳袚，且无虚月，则所信者又不独佛，此真不可解。岂以争位贼其三弟，有慊于中而然邪？《新书·文艺传》：史思明陷洛阳，有诏幸东京，将亲征，苏玄明时知制诰，上疏言：每立殿廊，旌旗之下，饿夫执殳，仆于行间者，日见二三，市井馁殍，求食死于路旁者，日见四五。三公已下，廪稍匮绝，将士粮赐，仅支日月；而中官冗食，不减往年；梨园杂伎，愈甚今日。肃宗之昏愚如此，代宗能连去李辅国、程元振、鱼朝恩，且能用杨绾，可谓差胜乃父，然其佞佛之妄费，则恐又加甚厚矣。

第五章
唐德宗无力回天

第一节　德宗初政，壮志雄心

大历十四年五月，代宗崩。子德宗立，即雍王适也。代宗为广平王时，正妃曰崔氏。母，杨贵妃姊韩国夫人也。生郑王邈，为代宗次子。长子即德宗。母沈氏，追谥睿真皇后。开元末，以良家子选入东宫，肃宗以赐广平王。天宝元年，生德宗。代宗即位，为天下兵马大元帅，讨史朝义。广德二年，立为皇太子。《旧书·后妃传》言：崔妃挟母氏之势，性颇悍妒。及西京陷贼，母党皆诛，妃从王至灵武，恩顾渐薄，达京而薨。沈氏，禄山之乱陷于贼，被拘于东都掖庭。代宗收东都见之，留于宫中。史思明再陷河洛，失所在。崔妃之薨，独孤氏以姝艳进。即位，册为贵妃。生韩王迴，代宗第七子也。邈，宝应元年封郑王。大历初，代德宗为天下兵马元帅，八年薨，由是罢元帅府，八年依《新书》本传。《旧书·传》作九年，而《本纪》亦在八年，盖元帅府之罢在九年，追书之也。子舒王谊，德宗养为子，则邈之地位，实与诸昆弟殊。其不立，非因母之失爱，德宗盖亦以总戎，获居储位也。《新书·元载传》言：帝为太子，实用载议，故兴元元年，诏复其官，听改葬。《黎干传》曰：德宗在东宫，干与宦者刘忠翼阴谋，几危宗嗣。及即位，又诡道希进，密乘车谒忠翼。事觉，除名长流，俄赐死蓝田驿。忠翼，本名清潭，与董秀皆有宠于代宗。当盛时，爵赏在其口吻。掊冒财贿，赀产皆累巨万。至是，积前罪，并及诛。《旧书·刘晏传》曰：时人风言代宗宠独孤妃，爱韩王迥，晏密启请立独孤为皇后。杨炎因对扬，流涕奏言："赖祖宗福韦占，先皇与陛下，不为贼臣所间。不然，刘晏、黎干辈，摇动社稷，凶谋果矣。今干已伏罪，晏犹领权，臣为宰相，不能正持此事，罪当万死。"崔祐甫奏言："此事暧昧，陛下已廓然大赦，不当寻究虚语。"其说信否不可知，然当时外间有储位动摇之说，则必不诬矣。独孤之死，亦追谥为皇后，可见其宠幸之深。其死在大历十年，此储位之所以获安欤？

德宗即位之初，即罢诸处岁贡。又减宫中服御常贡。诞日亦不纳中外之贡，惟李正己、田悦各献缣三百匹，受之，以付度支。禁天下不得贡珍禽异兽。放四方鹰犬。文单国所献舞象三十二，令放荆山之阳。胡三省曰：此荆山在唐京兆富平县界。富平，今为县，属陕西。出宫女百余人。停梨园伎及伶官之冗食者三百人。留者皆隶太常。罢内出盂兰盆。不命僧为内道场。且诏自今更不得奏置寺观及度人。建中元年，十一月朔，朝集及贡使见于宣政殿。兵兴已来，四方州府不上计，内外不朝会者二十有五年，至此始复旧制。永泰已来，四方奏计未遣，上书言事忤旨，及蕃客未报者，常数百人，于右银台门置客省以处之，岁给廪料万二千斛，《通鉴》作万九千二百斛。至是罢之。王府六品已上官，及诸州县有司可并省，及诸官可减者，量事并省。举先天故事，非供奉侍卫之官，自文武六品已上清望，每日二人，更直待制，以备顾问。又尝诏中书、门下两省分置待诏官三十，事未克行，见新旧《书·沈既济传》。禁百官置邸贩鬻。士庶田宅、车服逾制者，有司为之法度。毁元载、马璘、刘忠翼之第，以其雄侈逾制也。中官邵光烈送淮西旌节，李希烈遗缣七百匹，事发，杖六十配流，由是中官不敢受赂。以上皆见《旧书·本纪》。前代弊政，几于一扫而空，宜乎当时之想望太平也。

其于军事，亦有整顿。神策都知兵马使王驾鹤，掌禁兵十余年，以白志贞代之。郭子仪以司徒、中书令领河中尹、灵州大都督、单于、镇北大都护、关内、河东副元帅、朔方节度、关内支度、盐池六城水运大使、押蕃部及营田、及河阳观察等使。性宽大，政令颇不肃。代宗欲分其权而难之，久不决。德宗立，诏尊子仪为尚父，加太尉兼中书令，所领副元帅、诸使悉罢。以其裨将李怀光为河中尹、邠、宁、庆、晋、绛、慈、今山西吉县。隰今山西隰县。节度使，常谦光为灵州大都督、西受降城、东中西三受降城。定远、定远城，在今甘肃平罗县东南。天德、在今内蒙古包头附近。盐、夏、丰等军州节度使，浑瑊为单于大都护、东中二受降城、振武、镇北、绥、今陕西绥德县。银、在今陕西米脂县西北。麟、胜等军州节度使，以分领其任焉。

即位之初，贬常衮，以崔祐甫为相。旋以祐甫荐相杨炎。旧制：天下财赋，皆纳于左藏库，而太府四时以数闻，尚书比部，覆其出入，上下相辖无失遗。及第五琦为度支盐铁使，京师多豪将，求取无节，琦不能禁，乃悉以租赋进大盈库，以中人主之。天子以取给为便，故不复出。以天下公赋，为人主私藏，有司不能窥其多少，国用不能计其赢缩。中官以冗名持簿书领其事者三百人，皆奉给其间，连结根固不可动。炎请出之，以归有司。租庸之法久弊。至德后，军国之用，仰给于度支、转运。四方征镇，又自给于节度、都团练使。赋敛之司，莫相统摄。朝廷不能覆诸使，诸使不能覆诸州。四方贡献，悉入内库。权臣猾吏，因缘为奸。或公托进献，私为臧盗，动以万计。科敛之名数百，废者不削，重者不去。炎请作两税法，以一其名。《新书·本纪》：建中元年二月丙申，初定两税，而《旧书·本纪》，是年正月敕诏，已云自艰难已来，征赋名目颇多，今后除两税外，辄率一钱，以枉法论。盖规制之详，颁于二月，而并诸科敛为两税，则早定于正月之前也。两税之法，重在并废无名之赋，犹明世之一条鞭也。此二事，诚救时之亟务也。而其于边事，亦有措画。

初泾州马璘卒，以其行军司马段秀实代之。大历十一年。凤翔李抱玉卒，以朱泚兼陇右节度，知河西泽潞行营。十二年。及是，杨炎继元载之议，欲城原州，秀实不同。炎乃以李怀光兼四镇北庭行营泾原节度使，移军原州，而以四镇北庭留后刘文喜为别驾。文喜不受诏。求复秀实，不则以朱泚。诏以泚代怀光。文喜又不受诏，遣子为质于吐蕃以求援，命泚、怀光同讨。久之不拔。天方旱，群臣多请罢兵。上皆不听，曰："微孽不除，何以令天下？"文喜使其将刘海宾入奏事，请姑与之节，文喜必怠，臣必枭其首来献。上曰："惟名与器，不可以假人，尔能立效固善，吾节不可得也。"于是泾州诸将，共杀文喜以降。虽原州卒不果城，然威令固已少申矣。原州之不克城，乃由炎罢相太速，不则其功未尝不可成也。《旧书·炎传》又言炎献议开丰州陵阳渠，发京畿人夫就役，闾里骚扰，事竟无成。《新书·食货志》云：初度支岁市粮于北都，以赡振武、天德、灵武、盐、夏之军，费钱五十六万缗，溯河舟溺甚众。建中初，杨炎请置屯田于丰州，发关、辅民凿陵阳渠以增溉。京兆尹严郢以为不便。疏奏，不报，渠亦不成。然振武、天德，良田广袤千里，元和中，振武军饥，宰相李绛请开营田；又灵武、邠、宁，土广肥而民不知耕，太和末，王起奏立营田；后党项大扰河西，邠宁节度使毕諴亦募士开营田；效皆甚著。则炎之开陵阳渠，亦未为失策也。北都，太原。

唐代党争，人徒知指目牛、李，而不知其由来甚久。褚遂良与刘洎，李林甫与李适之皆是也。此等争阅，实无纯是纯非，而修史者亦不能不涉党振，有偏见，虽在后世亦然，史料传自当时，更无论矣。故所传之语，或多不可信。读史者于此，当详考始末，就事论事，各判其是非；不则信以传信，疑以传疑；不能随声附和，亦不应力求翻案也。杨炎与刘晏之相厄，亦其一事矣。《旧书·德宗纪》：帝即位后，以韩滉为太常卿，刘晏判度支、盐铁、转运等使。初晏与滉分掌天下财赋，至是晏都领之。《通鉴》云：德宗素闻滉掊克，故罢其利权。建中元年正月，诏顷以兵革未息，权立使名。朕以征税多门，乡邑凋耗，听于群议，思有变更。晏所领使宜停。天下钱谷，委金部、仓部，中书门下拣两司郎官，准格式调掌。二月，贬晏为忠州刺史。今四川忠县。三月，以谏议大夫韩洄滉弟。为户部侍郎，判度支。时将贬刘晏，罢使名归尚书省本司，今又命洄判度支，金部郎中杜佑权句当江淮水陆运使，一如刘晏、韩滉之制，盖杨炎之排晏也。《炎传》云：元载自作相，常选擢朝士有文学才望者一人厚遇之，将以代己。初引礼部郎中刘单。单卒，引吏部侍郎薛邕。邕贬，又引炎。亲重无与为比。此亦为天下得人之盛心，未可以其怙权黩货而抹杀之也。载败，坐贬道州司马。今湖南道县。初载得罪，刘晏讯劾之，载诛，炎亦坐贬，故深怨晏。欲贬晏，先罢其使。既构晏之罪，贬官，司农卿庾准与晏有隙，乃用为荆南节度使，讽令诬晏以忠州叛，杀之，事在七月。妻子徙岭表。朝野为之侧目。李正己上表请晏罪，指斥朝廷。炎惧，乃遣腹心分往诸道。声言宣慰，意实说谤。且言晏之得罪，以昔年附会奸邪，谋立独孤妃，上自恶之，非他过也。或密奏炎遣使往诸镇者，恐天下以杀晏之罪归己，推过于上耳。乃使中人复炎辞于正己。还报信然。自此德宗有意诛炎矣。乃擢用卢杞为门下侍郎平章事。炎转中书侍郎，本门下侍郎。仍平章事。杞无文学，仪貌寝陋，炎恶而忽之。杞亦衔恨。属梁崇义叛，德宗欲以李希烈统诸军讨之，炎固言不可，上不能平。会访宰相群臣中可大任者，卢杞荐张镒、严郢，而炎举崔昭、赵惠伯。上以炎论议疏阔，遂罢为左仆射。建中二年七月。杞知严郢与炎有隙，引为御史大夫。炎子弘业，多犯禁、受赂、请托，郢按之，兼得其他过。初炎将立家庙，先有私第在东都，令河南尹赵惠伯货之，惠伯市为官廨。郢奏追捕惠伯诘案。御史以炎抑吏货市私第，贵估其宅，贱人其币，计以为臧。开元中，萧嵩将于曲江南立私庙，曲江，在长安东南。寻以玄宗临幸之所，恐非便，罢之，至是，炎以其地为庙。有飞语者云"此地有王气"，故炎取之。《通鉴》以此言即出卢杞，亦近莫须有。上愈怒，遂谪炎为崖州司马。事在十月。去州百里赐死。惠伯坐贬费州多田尉，费州，在今贵州德江县东南。多田，在今思南县西北。寻亦杀之。按炎之构杀刘晏，诚为过当。然使名之立，本系权宜，故代宗已有并职宰相之举。韩洄、杜佑之再用，《旧书·食货志》谓由出纳无统；《洄传》云由废职罢事久，无纲纪，徒收其名，而莫综其任；与代宗之不卒其事正同。炎败未几，洄亦贬谪，而以杜佑代判度支，则并与刘晏之都领同矣。此皆积重难变使然，不得以私意度之。然则谓炎之罢使，专为报晏，恐近深文。晏之死，于李正己何涉焉，而为之奏请其罪？德宗初立，未任中人，又岂因此而遣其往覆宰相？炎与元载莫逆，其事较然，然或善其谋猷，不必尽出私意。载既亲重炎，其谋猷有出于炎者，亦未可知也。刘晏与炎，相继覆败，其必出于党争倾陷可知，亦何至皆入死罪？则其所以陷之，必尚有不可知者。史之所传，特表面语耳，然而德宗之猜忍，则于此可见矣，贞元后之失政，非无故也。

吐蕃为患，是时可谓深切，既不能攘斥，则一时权计，实在和戎。而自大历中，聘使数辈，皆留之不遣，俘获其人，必遣中官部统，徙之江、岭，此无益于威敌，适足以召怨也。德宗即位，乃征其俘囚五百余人，使韦伦统还其国，与之约和。时南诏阁罗凤，以其子凤迦异前死，立其孙异牟寻。是岁十月，与吐蕃俱入寇。一入茂州，一趋扶、文，扶州，在今甘肃文县西。文州，今文县。一趋黎、雅，连陷郡邑。德宗促崔宁还镇。杨炎曰："必无功，是徒遣也；若有功，义不可夺；则西川之奥，败固失之，胜亦非国家所有。今朱泚所部，戍在近甸，令与禁兵杂往，举无不捷。因是役，得置亲兵纳其腹中，蜀将必不敢动，然后换授他帅，是因小祸受大福也。"帝曰："善。"即止宁，而发禁兵四千，使右神策都将李晟将，邠、陇、范阳兵五千，使金吾大将军曲环将，击吐蕃、南诏，破之。于是罢宁西川节度使，代以张延赏。《旧书·延赏传》云：自天宝末，杨国忠用事南蛮，三蜀疲弊；属车驾迁幸；其后郭英乂淫崔宁之室，遂纵宁、杨琳交乱；及宁得志，复极侈靡；故蜀土残敝，荡然无制度。延赏薄赋约事，动遵法度，仅至富庶焉。崔宁野心，亦因此终克除去，不可谓非因祸而为福，转败而为功也。宁罢西川，制授检校司空、同中书门下平章事、御史大夫、京畿观察使，兼灵州大都督、单于、镇北大都护、朔方节度等使，兼鄜坊、丹延都团练观察使。每道皆置留后，自得奏事。朱泚之乱，至奉天，见杀。《旧书》本传云：上卒迫行幸，百寮诸王，鲜有知者，宁后数日自贼中来。上初甚喜。宁私谓所亲曰：圣上聪明，但为卢杞所惑至此。杞闻之。潜与王翃图议，谓其至奉天时顾望，又迫其朔方掌书记康湛作宁遗朱泚书。云令江淮宣慰，召至朝堂，使二力士缢杀之。此亦诬罔，宁固不可不除也。丹州，今陕西宜川县。延州，今陕西肤施县。时吐蕃赞普曰乞力赞，发使随韦伦来，中国又命崔汉衡往使，建中二年三月。及建中四年而和议成。吐蕃所争者：（一）敕云所贡献物并领讫，今赐外甥少信物，至领取，为以臣礼相处。（二）灵州之西，请以贺兰山为界。胡三省曰：《五代志》：灵武弘静县有贺兰山。弘静县，唐改为保静。唐保静县故城，今接甘肃灵武界。（三）盟约依景龙二年敕，唐使到彼，外甥先与盟，蕃使到，阿舅亦亲与盟。要汉衡遣使奏定。汉衡使判官常鲁还奏，帝为改敕书，以贡献为进，赐为寄，领取为领之；定界、盟并从之。是年四月，张镒自宰相出为陇右节度使，与其相尚结赞盟于清水。今甘肃清水县。七月，又以李揆为入蕃会盟使，而命宰相李忠臣等与其相区颊赞盟于京城之西。玄宗时，以吐蕃求亢礼，和议不就，此时既许为敌国，而两国疆界，又就见有之地分画，中国所守界，在泾、陇、凤州。蕃国守镇，在兰、渭、原、会，西至临洮，东至成州。剑南以西山，大度河为界。黄河以北，从故新泉军直北至大碛，南至贺兰山骆驼岭，中间悉为闲田。见《旧书·吐蕃传》。《张镒传》同。凤州，今陕西凤县。会州，在今甘肃靖远县东北。新泉军，当在今内蒙古东北境。中国所失实多。然是时东方业已兵连祸结，势亦不得不然矣。《旧书·吐蕃传》云：其大相尚结息，以尝覆败于剑南，思雪耻，不肯约和。次相尚结赞，言于赞普，请定界明约，以息边人。赞普然之。竟以结赞代结息为大相，终约和好。《崔汉衡传》同。韦伦之至吐蕃，乞立赞言："不知皇帝舅圣明继立，已发众军，三道连衡。今灵武之师，闻命辍已，而山南、蜀师，追且不及，以是为恨。"然则时主灵武之师者为尚结赞，主山南、蜀之师者，则尚结息也。灵武罢兵，既缘召命，则和意亦未必专出结赞，此其他日所以又为败盟之首欤？

回纥：德宗立，使中人告哀，且修好。时九姓胡劝可汗入寇，可汗欲悉师向塞。宰相顿莫贺达干谏，不听。顿莫贺怒，因击杀之。《通鉴》云：顿莫贺，登里从父兄。并屠其支党及九姓胡，几二千人。即自立为合骨咄禄毗伽可汗。使从使者入朝。建中元年，诏京兆尹源休册为武义成功可汗。始回纥至中国，常参以九姓胡，往往留京师，至千人，居赀殖产甚厚。会酋长突董、翳密施、大、小梅录等还国。装橐系道。留振武三月，供拟丰珍，费不赀。军使张光晟阴伺之，皆盛女子以橐。光晟使驿吏刺以长锥，然后知之。已而闻顿莫贺新立，多杀九姓，胡人惧，不敢归，往往亡去。突董察视严急。群胡献计于光晟，请悉斩回纥，光晟许之。即上言："回纥非素强，助之者九胡耳。今其国乱，兵方相加，而虏利则往，财则合，无财与利，一乱不振。不以此时乘之，复归人与币，是谓借贼兵、资盗粮也。"乃使裨校阳不礼。突董果怒，鞭之。光晟因勒兵尽杀回纥群胡。收橐它、马数千，缯锦十万。且告曰："回纥扶大将，谋取振武，谨先诛之。"部送女子还长安。帝召光晟还，以彭令方代之。遣中人与回纥使往言其端。因欲与虏绝，敕源休俟命太原。明年乃行。因归突董等四丧。突董，可汗诸父也。休等留五旬，卒不见可汗。可汗传谓休曰："国人皆欲尔死，我独不然。突董等已亡，今又杀尔，犹以血濯血，徒益污。吾以水濯血，不亦善乎？为我言：'有司所负马直一百八十万，可速偿我。'"遣散支将军康赤心等随休来朝贡。帝隐忍，赐以金缯。回纥时已衰敝，《通鉴》云：初回纥风俗朴厚，君臣之等不甚异，故众志专一，劲健无敌。及有功于唐，唐赐遗甚厚，登里可汗始自尊大，筑宫殿以居，妇人有粉黛文绣之饰。中国为之虚耗，而虏俗亦坏。绝之未为不可，然中国未宁，安能恶于虏？则姑隐忍之，亦未为非计也。

第二节　削藩未果致叛乱

德宗初政，可谓能起衰振敝，然而终无成功者，则以是时藩镇之力太强，朝廷兵力、财力皆不足，而德宗锐意讨伐，知进而不知退，遂致能发而不能收也。

先是李正己、李宝臣、田承嗣、梁崇义，各聚兵数万，连衡盘结以自固。闻诏旨将增一城，浚一池，必皆怨怒有辞，则为之罢役，而自于境内治兵缮垒以自固。代宗时，河朔诸道健步奏计者，必获赐赉，德宗立，皆空还，多怨。此等细故，似不足致诸镇之叛，然诸镇之叛，原无深谋远计，特为群小所荧惑耳，此等细故，在当日亦必为扇乱之一因，故时人有是言也。刘文喜诛，四盗俱不自安，乱机稍迫矣。《旧书·德宗本纪》。《阳惠元传》同。建中二年正月，李宝臣卒，子维岳求袭，不许，遂自为留后，与田悦、李正己潜谋拒命。会汴城隘，广之，东方讹言上欲东封，正己惧，发兵屯曹州，田悦亦加兵河上。诏移京西兵万二千人，以备关东，亲誓师而遣之。永平旧领汴、宋、滑、亳、陈、颍、泗七州，分宋、颍、亳别为节度，以宋州刺史刘洽为之。以泗州隶淮南。又以东都留守路嗣恭为怀、郑、汝、陕四州，河阳三城节度使。以永平李勉都统洽、嗣恭二道，仍割郑州隶之。旋又以怀、郑、河阳副使李芃为河阳、怀州节度使，割东畿五县隶焉。梁崇义自猜阻，诏加同平章事，赐之铁券以安之。崇义不受命。乃使淮宁节度使李希烈讨之。大历十四年，淮西军赐号淮宁。杨炎谏，不听。田悦使其兵马使康愔围邢州，薛嵩之败，相、卫、洺、贝四州为田承嗣所据，而邢、磁二州及洺州之临洺县归于朝廷。临洺，在今河北永年县西。别将杨朝光断昭义救兵，而自围临洺。诏河东马燧、昭义李抱真讨悦。又遣李晟以神策军与俱。七月，燧等斩朝光，败悦，悦夜遁，邢州围亦解。时李正己卒，子纳擅领军务。悦使求救于纳及李维岳。维岳遣兵三千，纳遣兵万人助之。悦收合散卒二万，军于洹水。在今河北大名县西。淄青军其东，成德军其西，首尾相应。马燧帅诸将进屯邺，奏求河阳兵自助。诏李芃会之。八月，李希烈克襄阳，梁崇义自杀。诏以河中尹李承为山南东道节度使。希烈置之外馆，迫胁万端。承誓死不屈。希烈乃大掠阖境所有而去。初李宝臣以其子暗弱，多杀诸将之难制者，易州刺史张孝忠仅免。及是，朱滔使人说之。孝忠遂降。诏以为恒州刺史、成德节度使。十月，徐州刺史李洧归国。正己从父兄。李纳遣将合魏博兵攻之。诏发朔方、神策兵，与滑州刺史李澄及刘洽往救。十一月，大破之。淮南节度使陈少游又取纳海州。十二月，纳密州亦降。今山东诸城县。马燧等涉漳水，与田悦夹洹水而军。食乏，悦与淄青、成德之众，皆坚壁不战，以老王师。三年正月，燧令诸军趋魏州。悦等掩其后，诸军大败之。悦收残卒千余人，夜走魏州，其大将李长春不纳，而李抱真与马燧不和，顿兵不进，天明，长春乃开门纳悦，悦杀之，婴城拒守。时城中士卒，不满数千；死者亲戚，号哭满街。悦乃与诸将各断发，约为兄弟。悉发府库及敛富人财，得百余万，以赏士卒。贝州刺史邢曹俊，承嗣旧将也，悦初疏之，至是召之，使整部伍，缮守备，军复振。悦入城旬余，燧等始至。攻之，遂不能克。此为唐军一大失机，破竹之势失矣。然李纳军濮阳，今河南濮阳县。为河南军所逼，奔还濮州，悦遣其将符璘送之，璘父令奇，命璘归国，璘遂与其副李瑶降于马燧。瑶父再春，亦以博州降。悦从父弟昂，又以洺州降。李纳虽再陷海、密，然李维岳遣兵与田悦将孟事占守束鹿，今河北束鹿县。为朱滔、张孝忠所拔，进围深州。贼兵势仍蹙也。维岳之始谋拒命也，其判官邵真尝劝其归国，惟岳不听。及是，复说之。惟岳然之。孟祐知其谋，使告田悦。悦使衙官扈岌让维岳。维岳又杀真而从之。发兵万人，与孟祐还攻束鹿。为滔、孝忠所败。其将康日知以赵州归国。兵马使王武俊，为宝臣所疑，而其子士真，为宝臣女夫，宿卫府中。维岳使武俊与步军使卫常宁击日知。闰月，武俊、常宁还袭维岳，士真为内应，遂杀维岳。深州刺史杨荣国，维岳姊夫也，降于朱滔。二月，定州刺史杨政义亦降。于是河北惟魏州未下；河南诸军攻李纳于濮州，纳势亦日蹙；事又垂定矣，而朱滔、王武俊之变作。

时以张孝忠为易、定、沧节度使，王武俊为恒、冀都团练观察使，康日知为深、赵都团练观察使，以德、棣隶朱滔，令还镇。剖成德之地，滔未有所得，而德、棣又当取诸淄青，心不平。请深州，不许，遂留屯不肯去。武俊亦憾张孝忠得节度而己不得，又失赵、定。时诏武俊以粮三千石与朱滔，马五百匹给马燧，又疑朝廷弱之。田悦使说滔，许赂以贝州。滔又使说武俊，许赂以深州。武俊遣其判官王巨源报使，即知深州。又使说张孝忠，孝忠不许。刘洽攻濮州，克其郛。李纳使判官房说以母弟经子成务入见。中使宋凤朝言纳势穷，不可舍，乃囚说等。纳遂归郓州，复与悦等合。朝廷以李洧为徐、沂、海都团练观察使，沂、海皆为纳所据，徒空名而已。纳都虞候李士真谗德州刺史李西华，纳即以士真代之。士真诈召棣州刺史李长卿，劫之与同归国。朱滔使其将李济时将三千人至德，声言助士真守，而召士真至深州留之。上遣中使发卢龙、恒、冀、易、定之兵讨田悦，王武俊不受诏，执使者送朱滔。滔谕其众南救魏，众不可。乃诛大将数十人，厚拊循其士卒。分兵营赵州，以逼康日知，而以深州授王巨源。武俊以子士真为恒、冀、深三州留后，将兵围赵州。滔将步骑二万五千南下，至束鹿，士卒喧噪，欲归幽州，衙官蔡雄谕之，乃定。滔还深州，密诛为首者二百余人，乃复南下，取宁晋。今河北宁晋县。二镇显叛，而马燧与李抱真仍不和。抱真分麾下二千人戍邢州，燧怒其分兵自重，欲引兵归。李晟曲说燧，燧乃单骑造抱真垒，相与释憾结欢。会田昂请入朝，燧乃奏以洺州隶抱真，以昭义副使卢玄卿为刺史。李晟军先隶抱真，又请兼隶燧，以示协和。然亦未能遂下魏州也，而朱滔、王武俊之救复至。时李怀光兼朔方节度使。五月，诏以朔方、神策兵万五千东讨。怀光恃勇，初至，不待休息，即击之，败绩。滔等堰永济渠入王莽故河，《汉书·沟洫志》：禹酾二渠，一漯川，今河所流也。一北渎，王莽时绝，俗称为王莽河。以绝官军粮道及归路。马燧惧，使卑辞谢滔，请与诸节度归本道，奏天子，以河北委滔。滔欲许之。武俊不可。滔不从。七月，燧与诸军涉水而西，保魏县。属魏州，在今河北大名县西。魏州遂不可取。李晟请以所将兵北解赵州之围，与张孝忠分势围范阳，许之。此为涉险进取之策。晟趋赵州，王士真虽解围去，而与孝忠略恒州，为朱滔所败，晟复病，还定州。事在明年。河北相持之势成矣。诸镇中之兵势，盖以朱滔为最强？田悦、王武俊欲奉为主，臣事之。滔不可。幽州判官李子牟、恒、冀判官郑濡共议：请与郓州为四国，俱称王，而不改年号，如昔诸侯。筑坛同盟，有不如约者，众共伐之。十一月，滔遂称冀王，悦称魏王，武俊称赵王，纳称齐王。盖藉此以固辅车，求保其境土也。然其志亦止于此而已，而淮西之为患顾转烈。

先是唐以李希烈兼淄青节度，以讨李纳。希烈顾与纳通谋，欲袭汴州，又密与朱滔等交通。滔等称王之月，希烈亦移居许州。李纳亦数遣游兵度汴，以迎希烈。于是东南转输，皆不敢由汴渠，由蔡水而上。在浚仪。十二月，希烈自称天下都元帅建兴王。四年正月，遣将袭陷汝州，执知州事李元平。参看下节。别将四出抄掠。又遣将据邓州。南路遂绝，贡献、商旅皆不通。朝廷先以曹王皋为江南西道节度使，治洪州。及是，复以哥舒曜。翰子。为东都兵马兼汝州行营节度使，将凤翔、邠宁、泾原、奉天、好畤行营之兵万余人，以讨希烈。皆神策屯兵也。好畤，在今陕西乾县西北。二月，克汝州。三月，皋拔黄、蕲州。希烈使其都虞候周曾攻曜。李承尝结曾以谋希烈。曾至

227

襄城，今河南襄城县。还兵袭希烈。希烈知之，遣将袭杀曾。乃上表归咎曾等，引兵还蔡州。外示悔过，实待朱滔等之援也。四月，以白志贞为京城召募使，募禁兵以讨希烈。又加李勉淮西招讨使，以哥舒曜为之副。以荆南节度张伯仪为淮西应援招讨使。山南东道节度贾耽、江西节度曹王皋为之副。曜战不利，还屯襄城。八月，希烈围之。诏李勉与神策将刘德信救之。九月，又为所败。上以诸军不相统一，乃以舒王谟为荆、襄等道行营都元帅，更名谊。昭靖太子邈之子，见上节。将佐皆选一时之望。未行而泾师之变作矣。

第三节　泾师兵变，朱泚猖狂

德宗时国力之疲敝，首于其财政见之。《旧唐书·卢杞传》曰：度支使杜佑，计诸道用兵，月费百余万贯，京师帑廪，不支数月，且得五百万贯，可支半岁，则用兵济矣。杞乃以户部侍郎赵赞判度支。赞亦计无所施。乃与其党太常博士韦都宾等谋行括率。以为泉货所聚，在于富商，钱出万贯者，留万贯为业，有余官借以给军，冀得五百万贯。上许之。约罢兵后以公钱还。敕既下，京兆尹韦桢，督责颇峻，人有自缢而死者。都计富户田宅、奴婢等估，才及八十八万贯。又以僦柜纳质、《通鉴》胡《注》：民间以物质钱，异时赎出，于母钱之外，复还子钱，谓之僦柜。积钱货、贮粟麦等，一切借四分之一，封其柜窖。长安为之罢市。计僦质与借商，才及二百万贯。德宗知下民流怨，诏皆罢之。《纪》在建中三年七月。明年建中四年。六月，赵赞又请税闲架、算除陌。凡屋，两架为一闲，分为三等：上等闲二千，中等千，下等五百。天下公私给与货易，率一贯旧算二十，益为五十。给与物或两换者，约钱为率。怨黩之声，嚣然满于天下。《食货志》曰：建中四年六月，户部侍郎赵赞请置大田。天下田计其顷亩，官收十分之一。择其上腴，树桑环之，曰公桑。自王公至于匹庶，差借其力，得谷、丝以给国用。诏从其说。赞熟计之，自以为非便，皆寝不下。复请行常平税茶之法。又以军须迫蹙，常平利不时集，乃请税屋闲架、除陌钱。案常平之法，事在建中三年九月，见《志》上文及《本纪》。志载赞疏，引古轻重、平准之法以为言。自京城盐、米，推及两都、江陵、成都、扬、汴、苏、洪等州。兼置匹段丝麻，贵则下价出卖，贱则加价收籴。从之。赞于是条奏诸道要、都会之所，皆置吏阅商人财货，计钱每贯税二十；天下所出竹、木、茶、漆，皆十一税之；以充常平本。则竹、木、茶、漆之税，与常平原是一法；而后来除陌之率，亦因此时之商税而增。《志》云：时国用稍广，常赋不足，所税随时而尽，终不能为常平本。然则苛税之原，由于平准，本意不达，乃由兵事迫之，不可以为赞咎；公田之法，虽有计议，自谓不便，即寝不行；赞固非聚敛之臣也。《德宗纪》：建中元年，户部计帐，赋入一千三百五万六千七十贯，盐利不在此限。大历末征税所入，总千二百万贯，盐利过半，已见上章第四节。其时盐利而外，赋入不过六百万缗，此时已增七百万，然合盐利计之，亦当不越二千万。《新书·食货志》云：杨炎作两税法，岁敛钱二千五十余万缗，米四百万斛以供外，钱九百五十余万缗，米千六百余万斛，以供京师，视建中元年，所增又及其半。盖两税之成效？然以供是时之兵费，则固万无足理。《新书·食货志》又曰：是时诸道讨贼，兵在外者，度支给出界粮，每军以台省官一人为粮料使，主供给。士卒出境，则给酒肉。一卒出境，兼三人之费。将士利之，逾境而屯。兵事之广且久如彼，将士之自利又如此，朝廷衮职虽多预，天下军储不自供，度支又安能给之邪？

《新书·陆贽传》：贽见召为翰林学士，会马燧讨贼河北，久不决，请济师，而李希烈又寇襄城，诏问策安出。贽言："幽、燕、恒、魏，势缓而祸轻，汝、洛、荥、汴，势急而祸重。田悦覆败之余，无复远略；王武俊有勇无谋；朱滔多疑少决；互相制劫，急则合力，退则背憎，不能有越轶之患，此谓缓也。希烈果于奔噬，忍于伤残，据蔡、许富全之地，益以襄、邓虏获之实，东寇则饷道阻，北窥则都邑震，此谓急也。代、朔、邠、灵，昔之精骑，上党、孟津，今之锐师，举而委之山东，将多而势分，兵广而财屈。李勉文吏也，而当汴必争之地。哥舒曜之众乌合也，捍襄城方锐之贼。本非素习，首鼠莫前。今若还李芃河阳，以援东都；使李怀光解襄城之围；而专以太原、泽潞兵抗山东，则梁、宋安。"又言："太宗列府兵八百所，而关中五百，举天下不敌关中。承平久，武备微，故禄山乘外重之势，一举而覆两京。然犹诸牧有马，州县有粮，肃宗得以中兴。乾元后外虞踵发，悉师东讨，故吐蕃乘虚，而先帝莫与为御。既自陕还，惩艾前事，稍益禁卫。故关中有朔方、泾原、陇右之兵，以捍西戎；河东有太原之兵，以制北虏。今朔方、太原之众，已屯山东，而神策六军，悉戍关外，将不能尽敌，则请济师，陛下为之辍边军，缺环卫，竭内厩之马，武库之兵，占将家子以益师，赋私畜以增骑。又苦乏财，则为算室庐，贷商人，设诸榷之科，日日以甚。第一有如朱滔、李希烈，负固边垒，窃发畿甸者，何以备之？"读此疏，可见唐兵力之不足。《传》云：后泾师急变，贽言皆效。可见势有必至，明者皆能豫烛之，肘腋变生，正不得尽诿诸事势之艰难也。

建中四年十月，德宗发泾原之兵东救襄城。节度使姚令言以兵五千至京师。《旧传》作五万，《通鉴》从奉天记作五千。军士冒雨寒甚，冀得厚赐遗其家。既至，无所有。京兆尹王翃犒之，又惟粝食菜饭。军士怒，至浐水，还趋京城。上奔奉天。初刘文喜平，朱泚还镇凤翔。朱滔既叛，以蜡书遗泚，为马燧所获，并使者送京师。上乃召泚还，留之长安，而以张镒代镇凤翔。及是，乱兵奉泚为主。令言及朝臣之不得志者源休、张光晟、李忠臣等皆附之。泚以段秀实尝为泾原，得士心，后罢兵权，必蓄愤，召之谋议。秀实谋诛之，不克而死。上之将如奉天也，张镒窃知之，将迎銮驾，上亦以奉天迫隘，欲之凤翔。凤翔将李楚琳，尝事朱泚，得其心，与其党作乱，杀镒。上乃止。泚遂僭号。国号秦。明年正月，改称汉。自将逼奉天。时奉天兵备单薄，幸得左金吾将军浑瑊、邠宁留后韩游瑰力战御之。灵武留后杜希全、盐州刺史戴休颜，夏州刺史时常春，会渭北节度使李建徽，渭北节度，时治鄜州。合万人入援。道漠谷，在奉天北。为贼所败，退保邠州。时马燧、李芃闻变，各归本镇。李抱真亦退屯临洺。李怀光帅众赴长安。自河中渡河，西屯蒲城。李晟出飞狐，在今河北蔚县东南，接河北涞水。至代州，诏加神策行营节度使，亦至河中，由蒲津济，军于东渭桥。在长安东北。西渭桥在长安西南，即便桥也。中渭桥在长安北。刘德信自汝州入援，亦屯东渭桥。神策兵马使尚可孤以三千人讨李希烈，在襄阳，自武关入援，取蓝田。镇国军节度副使骆元光。奉先养子。守潼关，朱泚遣将袭华州，元光击走之，遂军华州。上即以为镇国军节度使，贼由是不能东出。马燧遣其子汇及行军司马王权将兵五千入援，屯东渭桥。李怀光叛后，此军还河东。于是泚党所据，惟长安而已。十一月，李怀光西出，败泚兵于醴泉，泚乃解奉天之围。

《旧书·李怀光传》曰：怀光性粗厉疏愎。缘道数言卢杞、赵赞、白志贞等奸佞。且曰："吾见上，当请诛之。"杞等微知之，因说上令怀光乘胜逐泚，收复京师。德宗从之。怀光屯军咸阳，数上表暴扬杞等罪。上不得已，为贬杞、赞、志贞以慰安之。又疏中使翟文秀，上之信臣也，又杀之。怀光既不敢进军，迁延自疑，因谋为乱，《卢杞传》曰：或谓王翃、赵赞曰："怀光累叹愤，以为宰相谋议乖方，度支赋敛烦重，京尹刻薄军粮，乘舆播迁，三臣之罪也。今怀光勋业崇重，圣上必开襟布诚，询问得失。使其言入，岂不殆哉？"翃、赞白杞。杞乃从容奏曰："怀光勋业，宗社是赖。臣闻贼徒破胆，皆无守心。因其兵威，一举可破。若许其朝觐，则必赐宴流连，使贼得从容完备，恐难图之，不如使遽收京城。"帝然之。乃诏怀光率众屯便桥，克期齐进。赵赞非聚敛之臣，已如前说。当时财力实竭，犒师之薄，亦岂得以咎王翃？陆贽劾裴延龄疏，追述是时事曰：于时内府之积，尚如丘山，竟资凶渠，以饵贪率，论者因争咎德宗之吝。然贽言或过其实，即谓不然，是时用度方广，亦不得不事节啬也。《白志贞传》云：志贞为京城召募使。时尚父子仪婿端王傅吴仲孺，家财巨万，以国家有急，惧不自安，乃上表，请以子弟率奴客从军。德宗嘉之，超授五品官。由是志贞请令节度、观察、团练等使，并尝为是官者，家出子弟、甲马，亦与其男官。自是京师人心摇震，不保家室。时禁军召募，悉委志贞。两军应赴京师者，杀伤殆尽，都不奏闻，皆以京师沽贩之徒填其阙，其人皆在市廛，及泾师犯阙，诏志贞以神策军拒贼，无一人至者。上无以御寇，乃图出幸。至奉天，仍以志贞为行在都知兵马使。闻李怀光至，恐暴扬其罪，乃与卢杞同沮怀光入朝。众议喧沸，言致播迁，杞、志贞之罪也，故与杞同贬。夫召募非易，节度、观察、团练多武人，豪富使其家出子弟、甲马，宁得谓为非计？沽贩之徒，列名军籍，其弊乃自开元已来，非易卒革。即谓不然，谓志贞未能除弊可，谓其弊即由于志贞则不可。泾师卒变，召以自卫无至者，自缘东征死亡多，陆贽固已言之矣。志贞初受知于李光弼；代宗亦素知之，用为司农卿，在寺十余年；德宗召见与语，遽引为腹心，遂用为神策军使；度其才必有过人者。至奉天仍使都知兵马，可见播越之非其罪。且谓其权并宰相，能与卢杞同沮怀光，亦岂实录？抑令怀光迳收京城，岂得谓为失策？若谓其出于私意，试问何由知之？《志贞传》谓其与卢杞同贬，出于众议喧沸，可知其事不专由怀光，作史者乃正冯是时之众议以立说耳。《旧书》此等处甚多。怀光粗人，安知朝政？而断断以三人为言，恐正为不悦三人者所构也。朋党之为祸，不亦烈乎？

泾师既变，势已不复能东征，乃用陆贽之议，于明年正月，改元兴元，下诏罪己，赦李希烈、田悦、王武俊、李纳之罪，朱滔如能效顺，亦与维新，惟朱泚不赦。于是削平东方之志荒矣。而李怀光既怀反侧，即京城亦不易平。时刘德信与李晟俱屯东渭桥，不受晟节制，晟杀之，并其军。怀光奏请与晟合军，诏许之。两军遂会于陈涛斜。怀光逗留不进，而密与朱泚通谋。晟恐为所并，奏请移军东渭桥。上寝其奏不下。会陆贽诣怀光营宣慰，自以意问怀光，怀光无异议。贽还，劝上乘机速许之。晟军遂得移。而李建徽及神策行营节度使杨惠元，犹与联营，贽复请令与晟合军同往。上恐怀光以此为辞，不许，后果为所夺焉。诏加怀光太尉，赐铁券。怀光对使者投于地，曰："人臣反乃赐铁券，怀光不反，今赐铁券，是使之反也。"乃发卒城咸阳，移军据之。上知怀光反侧，欲幸梁州。山南节度使严震闻之，遣张用诚将兵五千至鳌屋迎卫。用诚与怀光通谋。震继遣衙将马勋奉表。上语勋，勋还梁州取震符召用诚，执以送震。震杖杀之。怀光又约韩游瑰为变，游环奏之。又使其将赵升鸾入奉天为内应，升鸾亦诣浑瑊自言。上乃命戴休颜留守，而幸梁州。又欲南幸成都，严震谏，李晟亦以为言，乃止。

于是李晟留，为收复京城之计。晟假判官张彧京兆尹，督渭北刍藁以赡军。李怀光欲击之，其众不可。乃略泾阳、三原、今陕西三原县。富平，今陕西富平县。自同州走河中。怀光遣使诣邠州，令留后张昕悉发所留兵万余人及行营将士家属会泾阳。韩游瑰诱旧部八百，驰还邠州，说昕无从怀光。昕不听。游瑰乃与诸将高固、杨怀宾相结以图昕。初吐蕃尚结赞请出兵助唐收复京城，上遣崔汉衡往使，致其兵，时屯邠南。高固诈为浑瑊书，召吐蕃使稍逼邠城。昕等惧，不敢出，而谋杀诸将之不从者。游瑰知之，与固等先举兵杀昕。汉衡矫诏以游瑰知军府事。于是游瑰屯邠宁，戴休颜屯奉天，骆元光屯昭应，今陕西临潼县。尚可孤屯蓝田，皆受李晟节度，晟军声大振。诏以晟兼河中尹、河中、晋、绛、慈、隰节度，又兼京畿、渭北、鄜坊、丹延节度招慰使。而以浑瑊为朔方节度。朔方、邠宁、振武、永平、奉天行营兵马副元帅。又加李晟京畿、渭北、鄜坊、商华兵马副元帅。罢怀光副元帅河中尹、并朔方诸道节度。所管兵马，委本军自举一人统领。浑瑊率诸军出斜谷。在陕西郿县南。行四百七十里出谷，抵襄城。崔汉衡劝吐蕃出兵助之。尚结赞曰："邠军不出，将袭我后。"韩游瑰闻之，遣将曹子达率兵三千往会瑊军。吐蕃论莽罗依以兵二万从之。李楚琳遣将石镗将卒七百，从瑊拔武功。朱泚遣韩旻攻之。镗迎降。瑊战不利。会曹子达以吐蕃至，破之。吐蕃旋以疫引去。而瑊遂引兵屯奉天，与李晟东西相应，以逼长安。五月，晟移书浑瑊、骆元光、尚可孤进军。元光、可孤克期皆至。晟薄京城。贼来战，败之。朱泚、姚令言西走。是日，浑瑊、戴休颜、韩游瑰亦克咸阳。姚令言之东，以兵马使冯河清知留后，判官姚况知州事。令言叛，河清与况，誓敦诚节。即时发甲仗器械送行在。时六军虽集，都无戎器，泾州甲仗至，军乃振。特诏褒其诚效，以河清为四镇、北庭、泾原节度，况为行军司马。驾幸梁州，其将田希鉴潜通朱泚，害河清。及是，希鉴复拒泚，泾卒杀令言以降。泚与范阳亲兵北走，为其下所杀。源休奔凤翔，李楚琳杀之。李忠臣奔樊川，在长安南。擒获斩之。张光晟潜通使于李晟，晟兵入苑，光晟劝泚速奔，遂来降，晟表请减罪，不许，亦伏诛。晟以泾州倚边，数害戎帅，请理不用命者。初奉天解围，李楚琳遣使贡奉。时方艰阻，不得已，命为凤翔节度使。至汉中，欲令浑瑊往代。陆贽言商岭道迂且遥，骆谷复为贼所扼，骆谷，在盩厔西南，通洋县。仅通王命，惟在褒斜，虑其塞道，乃已。朱泚平，驾还京师，至凤翔，欲因迎驾诸军，遣人往代。贽又以类于胁执，不如至京征授一官，从之。及是，以晟兼凤翔、陇右，仍充泾原节度，兼管内诸军及四镇、北庭行营兵马副元帅。时楚琳已入朝，晟请与俱，至而诛之。上以初复京师，方安反侧，不许。八月，晟至凤翔，理杀张镒之罪，斩裨将王斌等十余人，托以巡边至泾州，田希鉴迎谒，执而诛之。并诛害冯河清者石奇等三十余人。

朱泚既灭，李怀光遣子璀诣行在谢罪，请束身归朝。诏遣给事中孔巢父往宣慰。巢父至河中，怀光素服待罪，巢父不之止，又宣言于众曰："谁可代太尉领军者？"怀光左右发怒，杀巢父。怀光复治兵为守御计。诏浑瑊、马燧、骆元光、唐朝臣鄜坊节度。同讨之。瑊破同州，复为怀光所败。诏征邻军赴之。马燧取绛州，分兵会瑊。明年，贞元元年。三月，乃逼河中。时天下旱蝗，资粮匮竭，言事者多请赦怀光。燧朝京师，言其不可。七月，乃与瑊、元光及韩游瑰逼河中。八月，怀光自缢死。《新书·游瑰传》。朔方将牛名俊斩其首以降。新旧《书·怀光传》。

第四节　兴元后藩镇起伏

自四镇相王，河北已成割据之势，然诸镇之间，亦仍有龃龉。四镇兵力，盖以卢龙为最强？而朱滔之为人，亦最狂妄。滔与王武俊不协，李抱真因使门客贾林诈降武俊说之。及李怀光赴长安，马燧、李芃，各归本镇，田悦使说武俊，与滔将马寔共击抱真，抱真又使林说止武俊。先是武俊召回纥兵，使绝李怀光等粮道。怀光等已去，而回纥达干等将千人及杂虏二千至幽州。滔因说之取东都，许以河南子女为赂。回纥许诺。林又说武俊，言滔欲并吞河北，不如与昭义并力取之。武俊遂与抱真及马燧相结，犹未显与滔绝也。滔又使说田悦共取大梁。悦阳许之，而阴为备。兴元元年，赦令下，武俊、悦、李纳皆去王号，上表谢罪。于是以武俊为恒、冀、深、赵节度使，康日知改晋、慈、隰。李纳为郓州刺史、平卢节度使。滔兵既南，田悦托言将士不可，使将率五千骑从之。滔怒，纵范阳、回纥兵大掠。自围贝州，而使马寔逼魏州。时朝廷遣孔巢父宣慰魏博。承嗣第六子绪杀悦。巢父命权知军府。滔闻之，喜。使马寔进攻，而别遣使说绪，许以本道节度。绪遣使送款，会李抱真、王武俊使至，许以赴援，乃遣使奉表诣行在。四月，以为魏博节度使。贾林说武俊与抱真共救悦。滔闻之，召马寔还，与抱真、武俊战于贝州，败绩。滔遁还。于是河北之内衅成，弥不能为患矣。朱泚既平，滔上书待罪。诏武俊、抱真开示大信。若诚心益固，善迹克彰，当掩衅录勋，与之昭雪。贞元元年六月滔病死，军中奉刘怦为主。怦，滔之姑子，滔出征，常使总留事，以和裕得众心。滔败，不肯叛，众又颇服其信义焉。九月，怦又死，子济袭。济时在莫州，弟滋，以父命召，而以军府授之。济以滋为瀛州，许他日代己。已而自以其子为副大使。流怒，擅通表朝廷，遣兵千人防秋。济发兵击之。贞元八年。滋遂归京师。十年。滋弟源，为涿州刺史，亦不受济命，济击擒之。十六年。李纳之叛也，棣州入于朱滔。王武俊败滔于贝州，复取德、棣。田绪兄朝仕于纳。或曰："纳欲纳朝于魏。"绪惧，厚赂纳，且说纳取棣州以悦之，因请送朝于京师。纳从之。时棣州刺史赵镐贰于武俊，遂降纳。武俊攻之。镐奔郓州。纳遣兵据其地。绪使矫诏以棣州归纳。武俊怒，遣子士清伐贝州，取四县。诏武俊以四县归绪，纳以棣州归武俊，皆听命。时贞元六年也。棣州之蛤埚，在今山东惠民县南。地有盐利，犹为纳所据。纳又城德州南之三汊，在今山东陵县东南。以通魏博。八年五月，纳卒，子师古袭，武俊欲取其地，上遣中使谕之，乃还。上又命师古毁三汊城，师古亦奉诏。盖时诸镇地丑德齐，且知构兵则唐将乘机征讨，故不敢轻启衅端也。十二年四月，田绪卒。绪尚代宗女嘉诚公主，有庶子三人，季安最幼，公主子之，以为副大使，军中推为留后，朝廷因而授之。时年十五。十七年，王武俊卒，子士真袭。

张孝忠之得易、定、沧也，李维岳将李固烈犹守沧州。孝忠令衙将程华诣固烈交郡。固烈悉取府藏，累乘而还。军人怒，杀之而夺其财。孝忠因授华知沧州事。朱滔、王武俊谋叛，沧、定往来艰阻，华录事参军李宇为至京师，请拜华为沧州刺史，并置横海军，以华为使。寻赐名日华。时建中三年也。沧州自是别为一使，孝忠惟有易、定而已。贞元四年，日华卒。升横海军为节度，以其子怀直为留后。又于弓高县置景州，在今河北东光县西。以为属郡。五年，遂正授为节度使。七年二月，孝忠卒。子升云袭，赐名茂昭。九年二月。怀直荒于田猎，尝为其从父兄怀信所逐。后横海节度之位，归于其子行执恭，更名权。权，或云怀直子，或云怀信子，史籍歧异，不能质言也。

朱泚既叛，唐不复能救援东方。哥舒曜以食尽，奔洛阳，李希烈遂陷襄城。又攻汴州，李勉奔宋州。滑州刺史李澄降之。刘洽遣兵据襄邑，希烈攻拔之。乘胜攻宁陵。江淮大震。淮南节度使陈少游，初出兵讨希烈，屯盱眙，今安徽盱眙县。闻长安陷，即归广陵，修堑垒，缮甲兵。镇海军节度使润州刺史韩滉，亦闭关梁，筑石头城，缮馆第，以备巡幸，且自固也。少游大阅于江北，滉亦耀武于京江以应之。度支汴京两税使包佶在扬州，少游胁取其财帛。佶过江，至上元，唐县，今并入江苏江宁县。复为滉所拘。少游使送款于希烈，又与李纳相结。江淮之势岌岌矣。诏加刘洽汴、滑、宋、亳都统副使，知都统事。李勉悉以其众委之。兴元元年，赦书下，李希烈独僭位。国号楚。遣将赍赦书赴扬州，至寿州，为候骑所得，刺史张建封斩之。诏以为濠、庐、寿三州都团练使。希烈遣兵攻之，不克。南寇蕲、黄，欲断江路，曹王皋使蕲州刺史伊慎破之。遣兵袭鄂州，今湖北武昌。又为刺史李兼所破。窥江之志乃息。刘洽与希烈战于白塔，未详。不利，希烈乘胜围宁陵。洽将高彦昭、刘昌固守，韩滉遣其将王栖曜助之，希烈不能克。遣将围陈州，今河南淮阳县。又不能下。李澄知大梁兵少，复归国。诏以为汴、滑节度。闰十月。刘洽遣刘昌与陇右、幽州行营节度使曲环救陈州，败希烈兵。希烈奔蔡州。其郑州降于李澄。乃以洽为汴、宋节度使。本管及陈州诸军行营都统,赐名玄佐。而以澄为郑、滑等州节度使,更军名曰义成。或言韩滉有异志。滉子皋,时为考功员外郎,上使归觐,谕滉速运军粮。滉即日发米百万斛。陈少游闻之,亦贡二十万斛。少游旋卒。《旧书》本传:刘洽收汴州,得希烈伪《起居注》:某月日,陈少游上表归顺。少游闻之,惭惶发疾,数日而卒。贞元元年四月,以曹王皋为荆南节度使,降随州。河中平,陆贽劝上释希烈,乃诏诸道各守封疆,非彼侵轶,不须进讨。希烈若降,当待以不死。时曲环已授陈州刺史,与曹王皋、张建封、李澄四略其地。希烈兵势日蹙。二年四月,为大将陈仙奇所杀。以仙奇为淮西节度。七月,复为兵马使吴少诚所杀。八月,李澄卒。子克宁秘之,将为不顺。刘玄佐出师屯于境上,且使告谕切至,由是不敢发,然路绝商旅者四十五日焉。以东都留守贾耽为义成军节度使。十一月,韩滉及刘玄佐来朝。加滉度支、诸道转运盐铁使。《新书·滉传》曰:刘玄佐不朝,帝密诏滉讽之。及过汴,玄佐素惮滉,修属吏礼。滉辞不敢当。因结为兄弟。入拜其母。酒行,滉曰:"宜早见天子,不可使夫人白首,与新妇子孙填宫掖也。"玄佐泣悟。滉以钱二十万缗为玄佐办装,又以绫二十万犒军。玄佐入朝,滉荐可任边事。时两河罢兵,滉上言:吐蕃盗河湟久,近岁寖弱,而西迫大食,北抗回鹘,东抗南诏,分军外战,兵在河、陇者,不过五六万。若朝廷命将,以十万众城凉、鄯、洮、渭,各置兵二万为守御。臣请以本道财赋馈军,给三年费。然后营田积粟,且耕且战,河、陇可复。帝访玄佐,玄佐请行。会滉病甚,张延赏奏减州县冗官,收禄奉募战士西讨。玄佐虑延赏靳削资储,因称疾。帝遣中人劳问,卧受命。延赏知不可用,乃止。案是时德宗欲用张延赏为相,李晟以私憾沮之。滉与晟素善,上使滉、玄佐谕晟与延赏释怨。三年正月，乃拜延赏为相，然怨终不释，事见下节。此时情势，安可更据东方自擅？故滉亦易偃塞为恭顺，滉且然，更何有于玄佐？其入朝又何待讽示？然则谓滉致玄佐之朝，若能消东方之隐患者，阿私所好之辞也。滉处权利之地久，士之沾河润者盖多矣，固宜有是虚誉。玄佐者，滉所结之以财，使为己用者也。彼其为人，本无远志，时又志得意满，安肯为国家雪仇耻，复境土？其闻命而踊跃请行，特为死党用耳。滉荐玄佐使任边事，盖欲以饷军为名，复还浙西，据权利之地也。而李晟则因与张延赏不睦，乃附滉思保其位者也。将之不肯释兵如此，亦安怪德宗疑其生事要功，而不敢轻规河、陇乎？参看下节自明。是岁二月，滉卒。分浙东西为三道，浙西为一道，治润州。浙东为一道，治越州。宣、歙、池为一道，治宣州。池州，今安徽贵池县。各置观察使以领之。此未始非唐朝之幸也。时又以襄邓扼淮西冲要，以曹王皋为山南东道节度使，以襄、邓、复、郢、安、今湖北安陆县。随、唐七州隶之。四年，以张建封为徐州刺史、徐、泗、濠三州节度使。自李洧归顺，寻卒，后高承宗父子，独孤华相继为刺史，为贼侵削，贫困不能自存。建封在彭城十年，军州称理焉。八年二月，曹王皋卒。判官李实高祖子道王元庆曾孙。知留后。割薄军士衣食，军士怨叛。实夜缒城出诣京师。军士掠府库，民财殆尽。三月，刘玄佐卒。帝遣问所欲立，吴凑可乎？监军孟介、行军卢瑗皆曰便。及凑次汜水，今河南汜水县。衙兵拥立玄佐子士宁。时相窦参，惧其合于李纳，乃即以授之。士宁淫暴。大将李万荣，与玄佐同里闬，宽厚得众心。士宁去其兵权，令摄汴州事。万荣深怨之。九年十二月，据《本纪》。《传》在十年正月，盖其至京师之日？士宁畋于城南。万荣矫称有诏征士宁入朝，俾己掌留务。士宁走京师。万荣遣兵三千备秋于京西，有亲兵三百，前为士宁所骄者，悉置行籍中。大将韩惟清、张彦琳因之作乱。不胜，乃劫转运财货及居人而溃。万荣悉捕逃叛将卒妻孥数千人诛之。《鉴》在十年四月，《纪》在七月。十一年五月，授万荣宣武军节度使。建中二年，置宋、亳、颍节度使，治宋州。寻名其军曰宣武。兴元元年，徙治汴州。十二年七月，万荣病。署其子乃为司马。初万荣委兵于都虞候邓惟恭。惟恭与监军俱文珍谋，文珍后从义父姓，曰刘贞亮。缚乃送归朝廷。遂总领军州事。其日，万荣病卒。乃至京师，付京兆府杖杀。以东都留守董晋为宣武军节度使。惟恭不遣候吏，以疑睨晋。晋惟将幕官慊从十数人往。惟恭不意其速至，已近，乃出迎之。晋委以军政。惟恭不自安，谋乱事觉，械送京师，配流岭南。朝廷恐晋柔懦，寻以汝州刺史陆长源为行军司马。每事守法。晋又委钱谷支计于判官孟叔度，苛刻，军人恶之。二人盖皆贤者，《传》多诋毁之辞，不足信。十五年二月，晋卒。命长源知留后事。军士执长源及叔度等，脔而食之。刘逸准者，玄佐衙将，累署都知兵马使。士宁疑宋州刺史翟良佐不附己，使代之。及是，俱文珍与大将密召逸准赴汴州，令知留后。朝廷因而授之。仍赐名全谅。八月，卒。军中思玄佐之德，推立其甥知兵马使韩弘。汴卒始于李忠臣，讫于玄佐，日益骄恣。《旧书·玄佐传》。士宁后愈甚。《弘传》。其为乱党魁数十百人，弘视事数月，皆知之。一日，召部将刘锷与其党三百，数其罪，尽斩以徇。自是讫弘入朝，二十余年，军众十万，无敢怙乱者。全谅卒之月，陈许节度使曲环亦卒。陈州刺史上官涗知留后。先是吴少诚屡遣兵掠邻境，及是，遂围涗于许州。涗欲弃城走。营田副使刘昌裔止之。募勇士出击，破之。诏削少诚官爵，命诸道兵进讨。宣武韩弘、山南东道于頔、安黄伊慎、陈许上官涗、知寿州事王宗等。时军无统帅，而皆以内官监之，进退不由主将。十二月，自溃于小溵水。溵水县，今河南商水县。其境内有大溵、小溵之名。韩全义者，少从禁军，事窦文场。文场为中尉，用为帐中偏将。典禁兵在长武城。在今陕西长武县西。先一岁，以为夏、绥、银、宥节度使。诏以长武兵赴镇。军士以夏州沙碛之地，又盛夏移徙，鼓噪为乱。全义逾城而免。都虞候高崇文诛其乱首，全义乃得赴镇。及是，文场复荐之。十六年二月，以为招讨使。北路行营，皆归指挥。而以上官涗为之副。全义无勇略。每议战事，一帐之中，中人十数，纷然莫能决。五月，与少诚将吴秀、吴少阳战于溵水南，旗鼓未交，诸军大溃。退保五楼。在溵水县西南。少诚攻之，诸军复大败。全义退保溵水。又退陈州。诸军各散还本道。少诚归蔡州，上表待罪。十月，赦之。中人掩全义败迹，上待之如初。时剑南节度使韦皋上言："请择重臣为统帅。"因荐贾耽、浑瑊。且曰："陛下若重烦元老，臣请以锐士万人，顺流趋荆楚。"德宗不能用。盖鉴于泾师之变，不敢复任大臣，而诸道之兵，心力不齐，确亦不易统率。即择重臣临之，亦未必有济，全义之败，或亦非其罪也。是岁五月，张建封病革。濠州刺史杜兼疾驱到府，阴有冀望。从事李藩语兼曰："仆射公奄忽如此，公宜在州防遏，今弃州此来，欲何为也？宜疾去。不若此，当奏闻。"兼错愕不虞，遂迩归。建封卒，判官郑通诚权知留后事。惧军士谋乱，适遇浙西兵迁镇，欲引入州城为援。军士怒，杀通诚。立建封子愔为留后。乞授旄节，不许。割濠、泗二州隶淮南节度杜佑，使讨之。佑大具舟舰，遣将孟准先当之。渡淮而败。佑遂固境不敢进。泗州刺史张伾攻埇桥，在今安徽宿县北。又大败而还。李师古欲袭愔，王武俊且观其衅。愔惧。其掌书记冯宿乃以檄书招师古，而说武俊为奏天子，请舍愔。朝廷不获已，授愔团练使、知留后。仍以张伾为泗州留后，杜兼为濠州留后，而加杜佑兼濠、泗等州观察使。杜兼怨荀藩，诬奏藩，建封死时摇动军中。上大怒，密诏杜佑杀之。佑密论保，乃免。时德宗姑息藩镇，至军郡刺史，亦难于更代。兼探上情，遂练卒修武，占召劲勇三千人，恣凶威。杀录事参军韦赏，团练判官陆楚。先是以常州刺史李锜为浙西观察使、诸道盐铁转运使。刻剥以事进奉，上悦之。十七年，浙西布衣崔善真诣阙上书，论锜罪状。上令械送锜。锜为凿坑以待。至，和械推而埋之。锜增置兵额。选善弓矢者聚之一营，名曰挽硬随身。以胡、奚杂类虬须者为一将，名曰蕃落健儿。十九年，上官涗卒。其婿田称，欲胁其子使袭军政。衙将王沛，亦涗之婿也。知其谋，以告监军范日用。讨擒之。乃以行军司马刘昌裔为节度使。

以上，兴元已后河南北、江淮情形也。其关、陕、河东，虽近，军政亦不肃。贞元元年，六月，陕虢都兵马使达奚抱晖鸩杀节度使张劝，邀求旌节。且阴召李怀光将达奚小俊为援。以李泌为陕虢都防御、水陆转运使，加观察使。泌至，召抱晖讽遣之。小俊至境，闻泌已入陕而还。明年，陈许戍边卒三千自京西逃归。至州境，泌潜师险隘，左右攻击，尽诛之。三年，罢李晟兵柄。吐蕃劫盟后，亦罢马燧，而以其都虞候李自良代之。事见下节。自郭子仪已来，朔方军分屯邠、蒲，而属一帅，李怀光平后，邠、蒲始分。浑瑊帅蒲。邠宁韩游瑰，子钦绪，与妖贼李广弘《通鉴》作李软奴。同谋不轨。宥之。是年十二月，游瑰入朝。将吏以其子谋叛，又御军无政，谓必受代，饯送之礼甚薄。已而令还镇，惧不自安。大将范希朝善将兵，名闻军中。游瑰畏逼，将因事诛之。希朝惧，奔凤翔。上素知其名，召入宿卫。宁州戍卒数百人，纵掠而叛。游瑰自率众戍之。四年七月，诏征游瑰宿卫，除将军张献甫代之。守珪弟守琦之子。游瑰不俟献甫至，轻骑夜出归朝。将卒素骄，闻献甫严急，遂大掠。围监军杨明义第，请奏范希朝为帅。都虞候杨朝晟及诸将谋，诛百余人，乃定。上擢希朝为宁州刺史，以副献甫。《旧书》百二十二《杨朝晟传》。数日，复除振武节度使。盖暂以安众心，终不欲从骄卒之请也。《旧书·希朝传》曰：奔凤翔。德宗闻之，趣召至京师。置于左神策军中。游瑰殁，诸将列名上请希朝为节度。德宗许之。希朝让于张献甫。曰："臣始逼而来，终代其任，非所以防觊觎，安反侧也。"诏嘉之。以献甫统邠宁，除希朝振武节度使。与朝晟传小异，未知孰是。然希朝则可谓贤矣。献甫在道，军中有裴满者扇乱，劫朝晟。朝晟阳许之，密计斩三百余人。《旧书》百四十四《朝晟复传》。九年，献甫卒，以朝晟代之。十年六月，泽潞李抱真卒。子缄，匿丧不发，与营田副使卢会昌、抱真从甥元仲经谋承袭。上已闻抱真卒，遣中使第五守进驰传观变。令以军事属大将王延贵。缄谓诸将曰："有诏不许缄视事，诸公意若何？"莫对。乃以使印及管钥归监军。元仲经逃于外，延贵捕得杀之。以邕王谅为昭义节度使，谅当即虔王，初封邕。延贵充留后，赐名虔休。抱真别将知洺州元谊叛，阴结田绪，虔休自将攻之，谊奔魏州，上释不问，命田绪抚安之。事在十二年正月。十一年五月，李自良卒。都虞候张瑶久在军，得士心，请假迁葬，自良未许。太原少尹李说，淮安王神通之裔。与监军王定远谋，匿丧，给瑶假，然后遣使告自良病。中使第五国珍自云朔使还，过太原，闻自良卒，急驰至京，先说使至。乃以通王谌德宗第三子。领河东节度大使，说为行军司马，充留后。定远恃立说功，纵恣，军政皆自专决，仍请赐印。监军有印，自定远始也。既得印，益暴。将吏辄自补授。说寝不欢，遂成嫌隙。七月。定远署虞候田宏为列将，以代彭令茜。令茜不服，定远斩之，埋于马粪之中，家人请尸，不与。三军皆怨。说具以闻。德宗以定远有奉天扈从之功，恕死停任。制未至，定远怒说奏闻，趋府抽刀刺说，说走免。定远驰至府门，召集将吏，陈敕牒告身示诸将曰："有敕令李景略知留后，遣说赴京，公等皆有恩命。"大将马良辅发其伪，乱乃未作。十四年六月，归化堡军乱，未详。逐其将张国诚。泾原节度使刘昌败之，诛数百人。复使国诚主其军。十七年，杨朝晟卒于宁州。朝晟疾亟，召僚佐谓曰："朔方命帅，多自本军。虽徇众情，殊非国体。宁州刺史刘南金，练习军旅，宜使摄行军，且知军事，比朝廷择帅，必无虞矣。"又以手书授监军刘英倩。英倩以闻。军士私议曰："朝廷命帅，吾纳之；即命刘君，吾事之；若命帅于他军，彼必以其麾下来，吾属被斥矣，必拒之。"初浑瑊遣兵马使李朝寀成定平，县，在宁州南。瑊薨，朝寀请以其众隶神策军，诏许之。上遣中使往察军情，军中多与南金。复遣高品薛盈珍赍诏往曰："朝寀所将本朔方军，今将并之，以壮军势，威戎狄，以朝寀为使，南金副之，军中以为何如？"诸将皆奉诏。都虞候史经言于众曰："李公命收弓刀，而送甲胄二千。"军士皆曰："李公欲纳麾下二千为腹心，吾辈妻子，其可保乎？"夜造刘南金，欲奉以为帅。南金不纳。军士去诣兵马使高固。固逃匿，搜得。共诣监军请奏之。众曰："刘君既得朝旨为副帅，必挠吾事。"诈称监军命召计事，至而杀之。六月戊戌，制以朝寀为邠宁节度使。是日，告变者至。上追还制书，复遣薛盈珍往诇军情。军中以高固为请。盈珍即以上旨命固知军事。或传《戊戌制书》至邠州。邠军惑，不知所从。奸人乘之，且为变。留后孟子周，悉纳精甲于府廷，日享士卒，内以悦众心，外以威奸党，邠军乃安。十八年，鄜坊节度使王栖曜卒。中军将何朝宗谋作乱，中夜纵火。都虞候裴玢匿身不救，迟明而擒朝宗。德宗三遣使按问，竟斩朝宗及行军司马崔辂，以同州刺史刘昌济为节度使，玢为行军司马。十九年，盐夏节度判官崔文光权知盐州，为政苛刻，部将李庭俊作乱，杀而脔食之。左神策兵马使李兴干戍盐州，杀庭俊以闻。十一月，以兴干为盐州刺史，得专奏事。盐州自是不隶夏州。二十年，昭义节度使李长荣卒。上遣中使以手诏授本军大将。但军士所附即授。大将来希皓，为众所服，固辞。兵马使卢从史与监军相结，得之。

偏远之区，亦时有变故。建中二年二月，振武军乱，杀其帅彭令光、监军刘惠光。四年四月，福建观察使吴诜苦役军士，军士杀诜心腹十余人。逼诜牒大将郝诚溢掌留务。诚溢上表请罪。上遣中使就赦以安之。五月，以吴凑为福建观察使，贬诜为涪州刺史。今四川涪陵县。十一月，西山兵马使张朏作乱，入成都。节度使张延赏奔汉州。鹿头戍将叱干遂等讨斩朏，鹿头关，在鹿头山上，今四川德阳县北。延赏乃得归。十四年十二月，明州镇将栗锽杀刺史卢云。明州，今浙江鄞县。诱山越作乱。十五年，浙东观察使裴肃擒斩之。十六年四月，黔中观察使韦士宗黔中观察使，时治黔州。政令苛刻，为衙将傅近等所逐，奔施州。五月，士宗复入黔州。妄杀士吏，人心大扰，士宗惧，亡走。十七年四月，以裴佶为黔中观察使。十九年二月，安南将王季元逐观察使裴泰。左兵马使赵均斩季元，迎泰复之。

第五节　贞元后边患频生

德宗兴元，虽获返跸，然东方犹梗，而边患复滋，真一艰难之会也。边患之亟，莫如吐蕃。《旧书·吐蕃传》曰：贞元二年八月，吐蕃寇泾、陇、邠、宁，京师戒严。初尚结赞累遣使请盟会定界。九月，遣左监门将军康成往使。与其使论乞陁同来。十一月，吐蕃陷盐州。十二月，陷夏州。三年，命崔浣《本纪》作瀚。为入吐蕃使。尚结赞既陷盐、夏，各留千余人守之，结赞大众屯于鸣沙。自冬及春，羊马多死，粮饷不给。时诏遣华州骆元光、邠宁韩游瑰统众，与凤翔、鄜、邠及诸道戍卒，屯于塞上。又命河东马燧率师次于石州。结赞闻而大惧，累遣使请和，仍约盟会。上皆不许。又遣其大将论颊热厚礼卑辞，求燧请盟。燧以奏焉，上又不许，惟促其合势讨逐。燧喜赂信诈，乃与颊热俱入朝，盛言其可保信。上于是从之。燧既赴朝，诸军但闭壁而已。结赞遽悉其众弃夏州而归。马既多死，有徒行者。四月，崔浣至自鸣沙。初浣至鸣沙，与尚结赞相见，询其违约之故。对曰："本以定界碑被牵倒，恐二国背盟相侵，故造境上，请修旧好。又蕃军顷年破朱泚，未获酬偿，所以来耳。及徙泾州，其节度使闭城自守，音问莫达。又徙凤翔，请通使于李令公，亦不见纳。康成、王真之来，皆不能达大国之命，日夜望大臣充使，无至者，乃引军还。今君以国亲将命，若结好复盟，蕃之愿也。盟会之期及定界之所，惟命是听。君归奏决定，当以盐、夏相还也。"又云："清水之会，同盟者少，是以和好轻漫不成。今蕃相及元帅已下，凡二十一人赴盟。灵州节度使杜希全，禀性和善，外境所知，请令主盟会。泾州节度李观，亦请同主之。"上令浣再入吐蕃，报尚结赞：杜希全职在灵州，不可出境；李观今已改官；以浑瑊充会盟使。仍约以五月二十四日，复盟于清水。又令告以盐、夏归于我，才就盟会。上疑蕃情不实，以得州为信焉。结赞云："清水非吉地，请会于原州之土梨树。"又请盟毕归二州。左神策将马有麟《新书》作邻。奏土梨树地多险隘，恐蕃军隐伏，不利于我。平凉川四隅坦平，且近泾州，就之为便。乃定盟所于平凉川。及瑊与结赞会，结赞拥精骑数万于坛西，瑊入幕次，其众呼噪而至。瑊出幕后，得他马，跨而奔归。副使崔汉衡等六十余人皆陷焉。至故原州，结赞召与相见，数让国家。因怒浑瑊曰："武功之捷，皆我之力，许以泾州、灵州相报，皆食其言。负我深矣，举国所忿。本劫是盟，在擒瑊也。吾遣以金饰桎梏待瑊，将献赞普。既已失之，虚致君等耳！"结赞本请杜希全、李观同盟，将执二节将，率其锐师，来犯京师；希全等既不行，又欲执浑瑊长驱入寇；其谋也如此。《浑瑊传》载尚结赞告陷蕃将吏怒瑊之语，与《吐蕃传》同。《新书·吐蕃传》云：初与虏约：得长安，以泾、灵四州畀之，会大疫，虏辄求去，及泚平，责先约求地，天子薄其劳，第赐诏书，偿结赞、莽罗等帛万匹，于是虏以为怨。其《李泌传》谓帝约吐蕃赴援，赂以安西、北廷，京师平，来请如约，帝欲与之，泌争之，乃止。案安西、北廷，是时虽通贡于唐，实恃回纥以为安。吐蕃苟欲得之，当自以兵力取之回纥，求诸唐何益？故《新书·李泌传》之说必诬。《旧书·吐蕃传》，叙劫盟以前往复交涉，其辞颇详，绝未有求泾、灵四州之语。灵州犹可，泾州距长安咫尺，纵急图收复，亦岂得竟弃诸吐蕃？其载尚结赞告崔汉衡，虽有以泾、灵相报之语，又无四州之说，故知此语暨《新书·吐蕃传》之说，亦不实也。泾、灵汉蕃之界，欲请杜希全、李观与盟，意似尚在取信？后来何由变计，伏兵图劫浑瑊，事不可知，要不能谓其本有入寇之谋也。行事之不可知者多矣，本国且然，何况事涉两国？不必曲为之说也。然唐之于是役，和战之计，则有可推而知者。《旧书·张延赏传》曰：贞元元年，诏征延赏为中书侍郎，同中书门下平章事。延赏与李晟不协，晟表论其过恶。德宗重违晟意，延赏至兴元，兴元元年，以梁州为兴元府。改授左仆射。初大历末，吐蕃寇剑南，李晟领神策军戍之，及旋师，以成都官妓高氏归，延赏闻而大怒，使将吏追还焉，晟颇衔之，形于辞色。三年正月，晟入朝，诏晟与延赏释怨。会浙西观察使韩滉来朝。尝有德于晟，因会燕，说晟使释憾。遂同饮极欢。且请晟表荐为相。晟然之。于是复加同中书门下平章事。及延赏当国用事，晟请一子聘其女，固情好焉。延赏拒而不许。晟谓人曰："武夫性快。若释旧恶于杯酒之间，终欢可解。文士难犯。虽修睦于外，而蓄怒于内。衅未忘也，得无惧焉？"无几，延赏果谋罢晟兵权。初吐蕃尚结赞兴兵入陇州。抵凤翔，无所虏掠。且曰："召我来，何不持牛酒犒师？"徐乃引去。持是以间晟。晟令衙将王佖选锐兵三千，设伏汧阳，今陕西汧阳县。大败吐蕃，结赞仅免。自是数遣使乞和。晟朝于京师，奏曰："戎狄无信，不可许。"宰相韩滉，又扶晟议，请调军食以继之。上意将帅生事要功。会滉卒，延赏揣上意，遂行其志。奏令给事中郑云逵代之。上不许。且曰"晟有社稷之功"，令自举代己者。于是始用邢君牙焉。凤翔军都虞候。拜晟太尉，兼中书令，奉朝请而已。是年五月，蕃果背约，以劫浑瑊。延赏奏议请省官员，收其禄俸，资幕职、战士，俾刘玄佐复河湟，军用不乏矣。上然之。初韩滉入朝，至汴州，厚结玄佐，将荐其可委边任，玄佐亦欲自效。及滉卒，以疾辞，上遣中官劳问，卧以受命。延赏知不可用，奏用李抱真。抱真亦辞不行。时抱真判官陈昙奏事京师，延赏俾劝抱真，竟拒绝之。盖以延赏挟怨罢李晟兵柄，由是武臣不附。自建议减员之后，物议不平。延赏惧，量留其官。然减员人众，道路怨叹，自闻于上。侍中马燧奏减员太甚，恐不可行。太子少保韦伦伦即泣于朝以沮关播者也。及常参官等，各抗疏以减员招怨，并请复之。浙西观察使白志贞亦以疏论。时延赏疾甚，在私第，李泌初为相，采于群情，由是官员悉复。七月，延赏薨。晟与延赏结隙，其曲在晟，昭然可知。延赏在蜀，动遵法度，已见上节。既动遵法度，自不能听成将挟官伎而行，其追还，非与晟为难也。晟以武夫而干与宰相之进退，其兵权尚可不罢乎？谓由延赏私憾得乎？韩滉与晟及刘玄佐，互相朋比，事亦灼然。德宗驭吐蕃，本志在于和，观第一节所述可见，其疑将帅生事要功，自在意中。然则晟之罢兵，岂必由于延赏？抑玄佐岂可杖之才，而延赏犹欲用之；不得，则又求之于李抱真；其委曲求全，不欲轻有所开罪可知。《旧书·晟传》，顾谓其欲用玄佐、抱真，俾立功以压晟。世岂有用其党而可以压其人者？抱真是时，方起台榭，穿池沼，好方士，冀长生，岂有志于功名？其不肯出，又与延赏何涉哉？马燧纵田悦于洹水，闻泚乱而亟归，仅遣其子以偏师入援，旋又引去，其偃蹇可谓已甚。朱泚既败，其势盖亦颇危，故亟平河中以自赎，安敢违朝旨而和戎？其坚执不战，盖必有上契君心者矣。勉入朝而诸军闭壁，疑亦必有所受之。然劫盟之后，亦罢其兵，其处置可谓至公。乃《晟传》又云：尚结赞尤恶晟，乃相与议云：唐之名将，李晟与马燧、浑瑊耳。不去三人，必为我忧。乃行反间，遣使因燧以请和，既和即请盟，复因盟以虏瑊，因以卖燧。下述间晟及晟罢兵柄之事，与《延赏传》略同。又云：劫监之后，罢马燧，尽中结赞之谋。不亦诞乎？《新书·燧传》曰：吐蕃归燧兄子弇。曰："河曲之屯，春草未生，吾马饥，公若渡河，我无种矣。赖公许和，今释弇以报。"帝闻，悔怒，夺其兵。此又与间晟之说，同为东野人之言。唐史所传，皆朋党之论。减员虽复，众怨未消，延赏之蒙谤，盖由是也。

盟事既败，上遣中官赍诏书遗结赞，蕃界不纳。结赞遣骑送崔汉衡至境，且赍表请进，李观亦使止之，曰"有诏不许更纳蕃使"，受其表而返其人。虏之戍盐、夏者，涉春大疫。结赞以骑三千迎之。焚城门及庐舍，毁城壁而去。六月。旋率羌、浑之众犯塞。泾、邠诸城，西门不启。贼又修故原州城屯焉。朝以刘昌为泾原，李元谅即骆元光。为陇右，张献甫代韩游瑰。本皆在贞元四年。吐蕃陷连云堡，在今甘肃泾川县西。昌复之。又城平凉，以扼弹筝峡。在今平凉县西。元谅筑良原县名，在泾州西六十里。故城治之。献甫亦败蕃兵。泾、陇、邠、宁稍靖。九年，杜希全建议城盐州。灵武、银、夏、河西亦稍安，而北庭于六年为吐蕃所陷，遂引起西北之轩然大波，其震荡且及于西南焉。

上元中河西军镇之陷也，旧将李元忠守北廷，郭昕守安西，与沙陀、回鹘相依，吐蕃久攻之，不下。《旧书·地理志》。元忠本姓曹，名令忠，以功赐姓名。昕，子仪弟幼明之子。《旧书》皆附《子仪传》，元忠以贞元二年卒，见《旧纪》。沙陀者，西突厥别部处月。居金娑山之阳，蒲类海之东，今巴里坤湖。有大碛曰沙陀，故号沙陀突厥。贺鲁反，其酋朱邪孤注与之连和，事在永徽二年，见《新书·本纪》。《旧书·本纪》：贞观二十二年，阿史那社尔降处月、处密，盖至是而叛。契苾何力讨斩之，即其地置金满、沙陀二州。有金山者，长安二年，为金满州都督。死，子辅国嗣。先天初，避吐蕃，徙部北廷。开元二年，复领金满州都督。死，子骨咄支嗣。骨咄支死，子尽忠嗣。《新书》本传。建中元年，元忠、昕遣使间道奏事。德宗嘉之，以元忠为北庭都护，昕为安西都护。《旧书·地理志》。《本纪》系二年七月，盖其使以元年发，二年至。《纪》云：遣使历回纥诸蕃入奏。既假道于回纥，因附庸焉。盖谓受其征敛如属国也。回纥征求无厌。北庭差近，服用食物所资，必强取之，沙陀尤所厌苦。又有葛禄部及白服突厥，《新书·回鹘传》作白眼突厥。亦憾其侵掠。因吐蕃厚赂见诱，遂附之，《旧书·回纥传》及《吐蕃传》。而波澜起矣。

德宗于回纥，亦主和好。贞元三年，武义可汗使献方物，请和亲。诏以咸安公主下嫁。德宗女《新书·回鹘传》言：帝以陕州故憾，不欲与回纥平，李泌力劝乃可。此出其子繁所作《邺侯家传》，殊不足信。《通鉴》亦采其说，然观《考异》所举，则繁所记之事，不雠者已有数端矣。明年，回纥遣使来逆女。《新书》云：又请易回纥曰回鹘，言捷鸷犹鹘然。据《旧书·回纥传》，事在宪宗元和四年。《通鉴考异》云：《邺侯家传》及繁所作《北荒君长录》云在是年，盖《新书》亦即本于是，亦不足信也。既尚主，拜为汨咄禄长寿天观毗伽可汗，主为智惠端正长寿孝顺可敦。五年，可汗死。子多逻斯立。国人号泮官特勒。使鸿胪卿郭锋册为爱登里逻汨没密施俱录毗伽忠贞可汗。是岁，吐蕃率葛禄、白服之众寇北庭。回纥大相颉干迦斯援之，频战败绩。北庭之人，既苦回纥，六年，乃举城附于吐蕃。沙陀亦降焉。《旧书·吐蕃传》。据此，是北廷先降，沙陀继之。《新书·回鹘传》则云：吐蕃因沙陀共寇北廷。《沙陀传》亦云：沙陀部七千帐附吐蕃，与共寇北廷，陷之。《通鉴考异》引赵凤《后唐懿祖系年录》云：尽忠说回纥忠贞可汗援北庭，从颉干迦斯往，迦斯不利而退，尽忠为北廷之众劫以降吐蕃，则讳饰之辞，不足信也。是岁四月，可汗为少可敦叶公主所毒，死。可敦，仆固怀恩孙。怀恩子为回鹘叶护，故女号叶公主。可汗之弟乃自立。《新书·回鹘传》。《旧书》云：可汗为弟所杀而篡立。据《通鉴考异》，《旧书》本于《实录》。迦斯方攻吐蕃，其大臣率国人共杀篡者，以可汗幼子阿啜嗣。《旧书》云。年十六七。迦斯还，可汗等出劳，皆俯伏，言废立状，惟大相生死之。悉发郭锋所赐器币饷迦斯。可汗拜且泣曰："今幸得继绝，仰食于父也。"迦斯以其柔屈，乃相持哭，遂臣事之。以器币悉给将士，无所私。其国遂安。遣来告，且听命。册为奉诚可汗。《新书·回鹘传》。此时回纥上下，盖颇乖离，宜不能与吐蕃敌也。七年秋，迦斯悉其丁壮五六万人，将复北庭。仍召杨袭古偕行。俄为吐蕃、葛禄等所击，大败。死者大半。袭古余众仅百六十，将复入西州。迦斯绐之曰："且与我同至牙帐，当送君归本朝也。"袭古从之。及牙帐，留而不遣。竟杀之。自是安西阻绝，莫知存亡，惟西州之人，犹固守焉。《旧纪》系六年末，《通鉴》同，盖因北廷之陷终言之也。《新书·本纪》，本在七年九月。迦斯既败，葛禄之众，乘胜取回纥之浮图川。回纥震恐，悉迁西州部落、羊马于牙帐之南以避之。《旧书·回纥传》及《吐蕃传》。浮图川，《本纪》同，《新书·回鹘传》作深图川。胡三省曰：浮图川，在乌德鞬山西北。悉迁西州部落羊马于牙帐之南以避之，从《吐蕃传》。《回纥传》西州作西北，《通鉴》同，盖误？北廷既失，西州亦危，故迁其部落羊马近牙帐，以便保护。若回纥之西北，则此时固不畏吐蕃也。《本纪》无此二字，盖夺？《新书·回鹘传》云：稍南其部落以避之，语殊含混。然亦可见其所据者，西州业已讹为西北也。吐蕃在西域，可谓大得志矣。前此争四镇且不得。然因此而趣南诏之叛。

贞元元年，韦皋代张延赏为西川节度使。初，勿邓、丰琶、两林，天宝中皆受封爵。及南诏陷嶲州，遂羁属吐蕃。贞元中，复通款。以勿邓大鬼主苴嵩兼邛部团练使。邛部县，属嶲州，在今越嶲县北。死，子苴骠离幼，以苴梦冲为大鬼主。数为吐蕃侵猎。两林都大鬼主苴那时遗皋书，乞兵攻吐蕃。皋遣将逼台登。分兵破吐蕃青海、腊城二节度军于北谷。《通鉴》作台登谷，盖在台登之北。杀青海大兵马使乞藏遮遮，尚结赞子也。时贞元五年十月也。数年间，尽复嶲州之地。《旧书·吐蕃传》。嶲州城至十三年始克，见《本纪》及《皋传》。诏封苴那时、苴梦冲、丰琶部落大鬼主骠傍为郡王。苴梦冲内附吐蕃，断南诏使路。皋遣兵召至，声其罪斩之。披其族为六部，以样弃主之。八年二月。及苴骠离长，乃命为大鬼主焉。八年，皋攻维州，获吐蕃大将论赞热。九年，城盐州，命皋出师以分吐蕃之兵。皋遣将出西山及南道，破俄和城及通鹤军。《新书·地理志》：翼州有峨和城。翼州，在今松潘叠溪营西。通鹤军，未详。吐蕃南道元帅论莽热来援，又破之。平栅堡五十余。九年，女国王汤立悉《新书》本传。《通鉴》作志。及白狗、哥邻、逋租、南水、弱水、悉董、清远、咄霸皆诣皋求内附。此所谓西山八国也。女国是时，已以男子为王。诸国王或身来朝，或遣子弟入朝，皆授官。立悉授银青光禄大夫，归化州刺史，其妹乞悉漫从其兄来朝，封和义郡夫人。可知立悉之为男子也。此后西川节度使常兼押西山八国之称。八国者，诸国中除弱水。胡三省云：最弱小，不得与于八国之数也。见《通鉴》贞元十年《注》。松州羌二万继之。十年而南诏归顺。

初吐蕃赋役南蛮重数。又夺诸蛮险地，立城堡，征兵以助镇防。异牟寻厌苦之。郑回者，相州人，为西泸县令。在今西昌西南。巂州陷，为所虏。阁罗凤命教凤迦异。及异牟寻立，又令教其子寻梦凑。寻以为清平官。蛮谓相为清平官，凡置六人。回劝牟寻弃蕃归唐。牟寻善其言。韦皋微闻之。令蛮归化者寓书于牟寻，且招怀之。时贞元四年也。七年，又遣间使持书喻之。道出磨些蛮。其魁主潜告吐蕃。吐蕃诘牟寻。牟寻惧，执使送吐蕃。然蕃益疑之。多召南诏大臣之子为质。牟寻愈怨。九年，与酋长计，遣三使异道趋成都，遗书请归款。皋护送使者京师。上嘉之，赐牟寻诏书。因命皋遣使以观其情，皋命巡官崔佐时往。此据《新书》。《旧书》以佐时之使在贞元四年，误。时蕃使数百人先在，牟寻悉召诸种落，与议归化，未毕至，未敢公言，密令佐时称牂牁使者，衣以牂牁服以入。佐时不肯。牟寻不得已，乃夜迎佐时。佐时遂大宣诏书，牟寻恐吐蕃知，顾左右无色，业已然，皆俯伏受命。又明年正月，使其子阁劝及清平官等与佐时盟于点苍山神祠。山在今大理县西。乃去吐蕃所立帝号，请复南诏旧名。初吐蕃因争北庭，与回鹘大战，死伤颇众，乃征兵于牟寻，万人。牟寻欲因袭之，乃示寡弱，仅可发三千人。吐蕃少之，请益。至五千，乃许。牟寻自将数万踵其后，大破吐蕃于神川，遂断铁桥。吐蕃称金沙江为神川。铁桥，在今云南中甸县北。六月，册牟寻为南诏王。《新传》误在明年。《通鉴》从《实录》在此月。牟寻攻吐蕃，复取昆明，以食盐池。昆明县，属巂州，今西康盐源县。又破施蛮、顺蛮，并虏其王。因定磨些蛮隶昆山、西爨故地。破茫蛮。掠弄栋蛮，汉裳蛮，以实云南东北。南诏盖于是为强矣。十五年，异牟寻谋击吐蕃，请皋图之。时唐兵比岁屯京西、朔方，大崎粮用，南北并攻取故地，然南方转饷稽期，兵不悉集。是夏，虏麦不熟，疫疠仍兴，赞普死，新君立，皋揣虏未敢动。乃劝牟寻缓举。而吐蕃大臣以岁在辰，贞元十六年庚辰。兵宜出，谋袭南诏。牟寻与皋相闻，皋遣兵赴之，虏无功还，期以明年。皋令部将武免按兵巂州，节级镇守。虽南诏境，亦所在屯戍。吐蕃君长共计：不得巂州，患未艾，常为两头蛮挟唐为轻重。两头蛮，谓南诏。会虏荐饥，方葬赞普，调敛烦，至是大科兵，率三户出一卒，虏法为大调集，欲悉师出西山、剑山，收巂州以绝南诏。而皋以吐蕃寇麟州，出师以挠之矣。

吐蕃内乱，似甚频仍。德宗初年之乞力赞，《新书》云姓户卢提氏，与前云姓勃窣野者不同，则其中间似已易姓。又云：贞元十二年，尚结赞死，明年，赞普死，其子足之煎立。二十年，赞普死，其弟嗣立。《旧书》云：贞元二十年三月上旬，赞普卒。赞普以贞元十三年四月卒，长子立。一岁卒，次子嗣立。文义颇欠明瞭。赞普以贞元十三年四月卒二十一字，据《通鉴考异》，知其本于《实录》，疑四月卒之卒字为立字之误。此十一字为追叙之辞，本分注误为正文，而《旧书》又误仍之也。此赞普即《新书》所云死于尚结赞死之明年者。足之煎若为其长子，则死于二十年三月者，乃足之煎之弟也。《新书·南诏传》：贞元十五年，异牟寻谋击吐蕃，谋于韦皋，皋揣虏赞普死，新君立，未敢遽动，死者当即死于十三年之赞普之长子，立者则其次子，未必十五年更有一赞普死也。《新书》载九年异牟寻与韦皋书曰：代祖弃背，吐蕃欺孤背约，神川都督论讷舌使浪人利罗式浪人。眩惑部姓，发兵无时，今十二年，此一忍也。天祸蕃廷，降衅萧墙。太子弟兄流窜，近臣横污，皆尚结赞阴计，以行屠害。平日功臣，无一二在。讷舌等皆册封王。小国奏请，不令上达。此二忍也。又遣讷舌逼城于鄙，弊邑不堪。利罗式私取重赏，部落皆惊，此三忍也。又利罗式骂使者曰：灭子之将，非我其谁？子所富当为我有。此四忍也。今吐蕃委利罗式甲士六十侍卫，因知怀恶不谬。此一难忍也。吐蕃阴毒野心，辄怀搏噬。有如偷生，实污辱先人，辜负部落。此二难忍也。往退浑王为吐蕃所害，孤遗受欺；西山女王，见夺其位；拓跋首领，并蒙诛刈；仆固志忠，身亦丧亡；盖仆骨部落服属吐蕃者。每虑一朝，亦被此祸。此三难忍也。往朝廷降使招抚，情心无二，诏函信节，皆送蕃廷。虽知中夏至仁，业为蕃臣，吞声无诉。此四难忍也。据此，则贞元九年之前，吐蕃曾有内乱。吐蕃谋袭南诏，韦皋为之出兵，其西贡节度使监军野多输煎者，赞普乞立赞养子，当从先赞普殉，亦诣皋将扶忠义降。盖蕃法殉死在葬时，是时乞力赞尚未葬，故野多输煎未殉。然则下言方葬赞普调敛烦，所葬即乞立赞也。此事早亦当在贞元十六年。如此推测不谬，则乞立赞死实历数年而后葬，亦可见吐蕃内乱之烈。大权皆归尚结赞。尚结赞既主兵于北，遮遮又死于南，南北兵事，皆其一家所为，盖亦禄东赞、钦陵、赞婆之伦矣。然尚结赞虽很鸷，亦以暴虐激怒属国，使之怨叛，种吐蕃衰弱之根，可见兵为不祥之器也。贞元十二年九月，吐蕃寇庆州及华池县。华池，今甘肃合水县东北华池镇。盖犹尚结赞所为？其明年，赞普遣使赍表请修和好，可见其国是之一变。边将以闻。上以其数负恩背约，不受。自此至十六年，无甚侵寇。十七年七月，寇盐州，又陷麟州。毁城隍，大掠居人，驱党项部落而去。其所谓徐舍人者，呼延州僧延素辈七人。自言本汉人。司空英国公五代孙也。徐世勣。高祖建义中泯，子孙流播绝域，今三代矣。虽代居职位，世掌兵要，思本之心无涯，顾血族无由自拔耳。又曰：余奉命率师备边，因求资食，遂涉汉疆。案《新书·南诏传》言：虏攻盐州，帝以虏多诈，疑继以大军，诏韦皋深钞贼鄙分虏势。皋表贼精铠多置南屯，今向盐、夏非全军，欲掠河曲党项畜产耳。此亦徐舍人但欲求食非来为寇之一证，可见蕃人是时无意扰边。然韦皋所遣偏将，遂分九道并进。破蕃兵十六万，拔城七，军镇五。进攻维州。赞普遣论莽热以内大相兼东境五道节度，率杂虏十万来解围，破擒之。十九年五月，蕃使论颊热至，乃遣薛伾报使。二十年，再使来。二十一年，德宗崩，遣使告丧，蕃亦使人来贡助山陵。《旧书·大食传》云：贞元中，与吐蕃为劲敌，蕃军大半西御大食，故鲜为边患，此亦当不尽诬，然终恐东方兵事，与尚结赞相终始也。蕃在东方，兵力本不甚厚，崔浣入蕃，诱略蕃中给役者，求其人马真数。凡五万九千余人，马八万六千余匹。可战者仅三万人，余悉童幼，备数而已。见《旧书·吐蕃传》及《德宗纪》贞元三年。其数与韩滉所言略同，而能战者尤少也。而杀略殊甚。又好俘虏，其待俘虏又极酷。《旧书》本传，于劫盟后数年中，叙其事颇详。而诸将徘徊不能得一俘，自广德至于贞元皆然，徒闻《缚戎人》、《西凉伎》诸篇什，流传于后耳。可见握兵者之全无心肝也。

　　因南诏之归服，而骠国遂通于唐。《唐书》云：骠，古朱波也。华言谓之骠。自谓突罗成。此据《旧书》。新书作突罗朱。阇婆人谓之徒里掘。亦据《旧书》,《新书》作徒里拙。东陆真腊,西东天竺,南尽溟海,北通南诏,东北拒羊苴咩城。南诏都,异牟寻自大和徙此,即今大理县治。《新书》云:东北袤长,属羊苴咩城。往来通聘者二十国,役属者九城,食境土者二百九十部落。《新书》云:凡属国十八,镇城九,部落二百九十八,以名见者三十二。其王姓困没长。国以青甓为圆城,周百六十里,有十二门,四隅作浮屠。明天文。喜佛法。佛寺有百余区。其堂宇皆错以金银,涂以丹彩,地以紫矿,覆以锦罽。王居亦如之。男女七岁,则落发止寺舍,依桑门,至二十,不悟佛理,乃复长发为居人。以上兼采新旧《唐书》本传。朱波,未详。骠,冯承钧云:即昔称霸(Prome)之 Pyn 族。《中国南洋交通史》第五章。《西域记》卷十三摩咀吒后,著录南海六国:东北大海滨山谷中,有室利差咀罗。次东南大海隅,有迦摩浪迦。次东,有墮罗钵底。次东,有伊赏那补罗。次东,有摩诃瞻波,此云林邑是也。次西南,有阁摩那洲,凡此六国。山川道阻,不入其境,然风俗壤界,声问可知。室利差咀罗,即《南海寄归·内法传》之室利察咀罗,《唐书》之骠国,今之 Prome,迦摩浪迦,应为后之白古。墮罗钵底,即《南海寄归·内法传》之杜和钵底,在今 Menam 江之下流。伊赏那补罗,即真腊,今之柬埔寨。摩诃瞻波,即后之占城,当时据今安南之中圻、南圻。阁摩那洲,疑耶婆洲(Yavadvipa)之误,殆指苏门答剌大岛,当时南海中大洲除此岛或爪哇外莫属也。《唐书》言骠国役属城邑部落之多,盖近夸侈,此特其交通所及而已。然其与南诏,固确有关系。缅甸与云南之往还,固由来旧矣。《旧书》云:古未尝通中国。贞元中,其王闻异牟寻归附,八年,乃遣其弟悉利移因南诏重译来朝。又献其国乐凡十曲,与乐工三十五人俱。《新书》云:王雍羌,闻南诏归唐，有内附心。异牟寻遣使诣韦皋，请献夷中歌曲，且令骠国进乐人。于是皋作《南诏奉圣乐》。雍羌亦遣弟悉利移、城主舒难陁献其国乐。至成都，皋复谱次其声。以其舞容、乐器异常，乃图画以献云。亦见《乐志》。《新书》言南诏以兵强地接，常羁制之，盖实其附庸而已。

第六节　德宗的矛盾与无奈

德宗还自梁州，以张延赏为相，贞元元年六月。旋以李晟攻击，罢之，八月。已见上节。贞元二年正月，以崔造为相。《旧书·造传》曰：造久从事江外，疾钱谷诸使罔上之弊，乃奏天下两税钱物，委本道观察、本州刺史选官典部送上都。诸道水陆运使及度支巡院、江淮转运使等并停。其度支盐铁，委尚书省本司判。尚书省六职，令宰臣分判。乃以户部侍郎元绣判诸道盐铁榷酒等事，吉中孚判度支及诸道两税事。又以岁饥，浙江东西道入运米每年七十五万石，今更令两税折纳米一百万石，委两浙节度使韩滉运送一百万石至东渭桥。其淮南濠、寿、旨米，洪、潭屯米，委淮南节度使杜亚运送二十万石至东渭桥。诸道有盐铁处，依旧置巡院句当。河阴见在米，唐河阴县，在今河南河阴县东，江淮运米，于此置仓。及诸道先付度支巡院般运在路钱物，委度支依前句当。其未离本道者，分付观察使发遣，仍委中书门下年终类例诸道课最闻奏。造与元琇素厚，罢使之后，以盐铁之任委之。而韩滉方司转运，朝廷仰给其漕发。滉以司务久行，不可遽改。德宗复以滉为江淮转运使。余如造所条奏。元琇以滉性刚难制，乃复奏江淮转运，其江南米自江至扬子，长江在今扬、镇间津渡处，古称扬子津，唐于其地置县，曰扬子县，故治在今仪征县南。凡十八里，请滉主之，扬子以北琇主之。滉闻之，怒。掎摭琇盐铁司事论奏。德宗不获已，罢琇判使，转尚书右丞。其年秋初，江淮漕米大至。德宗嘉其功，以滉专领度支诸道盐铁转运等使。造所条奏皆改。物议亦以造所奏虽举旧典，然凶荒之岁，难为集事。乃罢造知政事，贬绣雷州司户。此德宗继建中之后，再欲整顿财政，以凶岁不得不仰给江淮，而为滉所败也。琇之改官，造忧惧成疾，数月不能视事。齐映当政。明年正月，张延赏相，事见上节。映亦罢。《旧书·映传》曰：映于东都举进士及宏辞科，延赏为河南尹、东都留守，厚映。及映为相，延赏罢相为左仆射，数画时事，令映行之，及为所亲求官，映多不应。延赏怒，言映非宰相器。三年正月，贬映夔州刺史。此亦恐厚诬延赏。然亦可见延赏实为德宗所眷倚，而李晟之沮之为跋扈矣。而柳浑为相。《旧书·浑传》曰：韩滉自浙西入觐，朝廷委政待之。至于调兵食，笼盐铁，句官吏赏罚，锄豪强兼并，上悉杖焉。每奏事，或日旰，他相充位而已。公卿救过不暇，无敢枝梧者。浑虽滉所引，心恶其专，正色让之曰："先相公以狷察，为相不满岁而罢，滉父休。今相公榜吏于省中，且非刑人之地，奈何蹈前非而又甚焉？"可见滉之专横矣。是岁二月，滉死，故其乱政不久。

韩滉既死，张延赏乃获行其志，罢李晟兵柄，事亦已见上节。劫盟事起，延赏亦卧病，而李泌相。泌本非相才，此时又以鬼道进，随时俯仰而已。五年二月，泌疾甚，董晋、窦参并相。事决在参，晋但奉诏书，领然诺而已。《旧书·晋传》。八年四月，参败，而陆贽相。《新书·参传》曰：参领度支盐铁使，每延英对，他相罢，参必留，以度支为言，实专政也。然参无学术，不能稽古立事，惟树亲党，多所调察，四方畏之。于是李纳厚馈参，外示严畏，实略帝亲近为闲，故左右争毁短之。申其族子也。为给事中。参亲爱。每除吏，多访申。申因得招赂，漏禁密语。帝闻，以戒参。且曰："是必为累，不如斥之。"参固陈丐。吴通玄与弟通微，皆博学善文章。父道瓘，以道士诏授太子、诸王经，故通玄等皆得侍太子游。德宗立，弟兄踵召为翰林学士。与陆贽、吉中孚、韦执谊并位。贽文高有谋，特为帝器遇，且更险难有功，通玄等特以东宫恩旧进，昵而不礼。见贽骤擢，颇娼恨。贽欲斥远之，即建言请罢学士，帝不许。《旧书·贽传》曰：德宗以贽指斥通微、通玄，故不可其奏。通玄怨日结。谋夺其内职。会贽权知兵部侍郎，主贡举，乃命为真。贽与窦参交恶，参从子申从舅嗣虢王则之，巨子。方为金吾将军，故申介之使结通玄兄弟，共危贽。帝逐申、则之、通玄，通玄以宗室女为外妇，帝衔其淫污近属，赐死。贬参郴州别驾。今湖南郴县。宣武刘士宁饷参绢五千，湖南观察使李巽故与参隙，以状闻。又中人为之验。帝大怒。以为外交戎臣，欲杀参。贽虽怨，亦以杀之太重，乃贬欢州司马。宦官谤沮不已，竟赐死于邕州。而杖杀申。《旧书·贽传》云：巽奏闻，德宗不悦。会右庶子姜公辅于上前闻奏，称窦参尝语臣云：陛下怒臣未已。德宗怒，再贬参，竟杀之。时议云：公辅奏参语，得之于贽，参之死，贽有力焉。又云：贽初入翰林，特承德宗异顾。歌诗戏狎，朝夕陪游。及出居艰阻之中，虽有宰臣，而谋猷参决，多出于贽，故当时目为内相。既与二吴不协，渐加浸润，恩礼稍薄。及通玄败，上知诬枉，遂复见用。陆贽贤者，然观此事始末，谓其不与于党争得乎？朋党之始，或以亲知之相倚，或由利害之偶同，情有比周，未必遂为大恶。及其固结不解，推波助澜，趋避之见既深，是非之心遂泯，驯至坏国事以徇私计而不恤，则其弊有不胜穷，不忍言者矣。德宗天性猜忌，贽常劝之以推诚，千载而下，读其书者，犹有余味焉。然以言教不如以身教，上之于下如是，下之于上，亦何独不然？日句心斗角于其朝，而望人君之推心置腹，不亦远乎？

《旧书·班宏传》云：贞元初，改户部侍郎，为度支使韩滉之副。迁尚书，复副窦参。参初为大理司直，宏已为刑部侍郎。参以宏先贵，常私解说之，曰："一年之后，当归此使。"宏心喜。岁余，参绝不复言。宏怒。公事多异。扬子院，盐铁、转运委藏也。宏以御史中丞徐粲主之。既不理，且以贿闻。参欲代之。宏执不可。张滂先善于宏，宏荐为司农少卿。及参欲以滂分掌江淮盐铁，询之于宏，宏虑滂以法绳徐粲，因曰："滂强戾难制，不可用。"滂知之。八年三月，参遂为上所疏，乃让度支使。遂以宏专判。而参不欲使务悉归于宏，问计于京兆尹薛珏。珏曰："二子交恶，而滂刚决，若分盐铁、转运于滂，必能制宏。"参乃荐滂为户部侍郎、盐铁使，判转运，尚隶于宏以悦之。江淮两税，悉宏主之，置巡院，然令宏、滂共择其官。滂请盐铁旧簿书于宏，宏不与。每署院官，宏、滂更相是非，莫有用者。滂乃奏曰："珏、宏与臣相戾，巡院多阙官，何以辑事？"遂令分掌之。无几，宏言于宰相赵憬、陆贽曰："宏职转运，年运江淮米五十万斛，前年增七十万斛，今职归于人，不知何谓？"滂时在侧，忿然曰："凡为度支胥吏，不一岁，资累巨万，僮马第宅，僭于王公，非盗官财，何以致是？道路喧喧，无不知之。圣上故令滂分掌。公所言，无乃归怨于上乎？"宏默然不对。是日，宏称疾。滂往问之，不见。憬、贽乃以宏、滂之言上闻。由是遵大历故事，如刘晏、韩滉所分。滂至扬州，按除粲。逮仆妾子侄，得赃巨万，乃徙岭表。故参得罪，宏颇有力焉。然则窦参之败，又有权利之争焉。此可见刘晏之徒，以言利而败者，虽或非其罪，然未始无象齿焚身之道也。

是岁七月，班宏卒。陆贽请用李巽。上不听，而用司农少卿裴延龄。旋迁户部侍郎。于是贽败矣。延龄亦史所目为奸佞者，然按其事迹，亦不能得其奸佞之所在也。《旧书》本传云：延龄自揣不通货殖之务，乃多设钩钜，召度支老吏与谋。乃奏云：天下每年出入钱物，新陈相因，常不减六七千万贯。惟有一库，差舛散失，莫可知之。请于左藏库中分置别库。史訾其于钱物更无增加，而虚费簿书人吏，世岂有惜簿书人吏之费，而任令出入混淆者乎？《新书·延龄传》：永贞初，度支言延龄曩列别库，无实益而有吏文之烦，乃诏复以还左藏，《旧书》所云，即当时此等议论也。《传》又云：延龄奏曰：开元、天宝中，天下户仅千万，百司公务殷繁，官员尚或有阙。自兵兴已来，户口减耗大半，今一官可兼领数司。伏请自今已后，内外百司，官阙未须补置，收其禄俸，以实帑藏。则裁员实当日之急务，张延赏、沈既济、杜佑、李吉甫等，咸以为言者也。又云：陆贽每论其诞妄，不可令掌财赋。德宗以为排摈，待延龄益厚。贽上书疏其失，有云：搜求市廛，豪夺入献。追捕夫匠，迫胁就功。都城之中，列肆为之昼闭。兴役之所，百工比于幽囚。此等耸听之危辞，凡从事理财者，固无不可强被之也。本传中谓延龄诞妄之辞甚多，皆稚气不直一笑，不待更辩。书奏，德宗不悦。盐铁转运使张滂、京兆尹李充，司农卿李锜，以事相关，皆证延龄矫妄。德宗罢贽知政事。十年十二月。滂、充、锜悉罢职左迁。十一年，春暮，延龄上疏言：贽、充等失权怨望，言于众曰："天下炎旱，人庶流亡，度支多欠阙诸军粮草。"以激怒群情。后数日，上幸苑中，适会神策军人诉度支欠厩马刍草，上思延龄言，即时回驾，斥逐贽、充、滂、锜等。朝廷中外

263

惴恐。延龄方谋害在朝正直之士，会谏议大夫阳城等伏阁切谏，且止。贽、充等虽已贬黜，延龄憾之未已。乃掩捕李充腹心吏张忠，捶掠楚痛，令为之辞，云：前后隐没官钱五十余万贯，米、麦称是。其钱物多结托权势。充妻常于犊车中将金宝缯帛遗贽妻。忠妻母于光顺门投匦诉冤。诏御史台推问。一宿，得其实状，事皆虚。乃释忠。延龄又奏京兆府妄破用钱谷，请令比部句覆。以比部郎中崔元，尝为陆贽所黜故也。元句覆，又无交涉。此等皆一面之辞，虚实是非难辨，要之为朋党相攻而已。《传》云：延龄每奏对，皆恣骋诡怪虚妄。他人莫敢言者，延龄言之不疑，亦人所未尝闻。德宗颇知其诞妄，但以敢言无隐，且欲访闻外事，故断意用之。德宗非易欺者，延龄所言，决不能全为诡诞虚妄。不诚无物，其人纵或褊激，亦必公忠敢言，故德宗深信之耳。德宗姿猜忌，当时朋党，根柢盘互，亦有以迫之，使不得不设钩距之术。然势之既成，亦卒非此等钩距之术所能回，哀哉！

阳城者，亦怪妄之士。其人尝有位于朝，依旧日史例，应入普通列传，而《旧书》列之《隐逸传》，《新书》列之《卓行传》，作史者或亦有深意也。城为李泌所荐，泌固亦怪妄之士。为谏议大夫，居位八年，未尝有言。及陆贽等逐，乃约拾遗王仲舒等守延英阁，上疏极论，累日不止。帝大怒，召宰相抵城罪。顺宗方为皇太子，为开救，良久得免。敕宰相谕遣。然帝意不已，欲遂相延龄。此语恐诬，以德宗之慸，若果有此意，责城必不能如是之轻也。城显语曰："延龄为相，吾当取白麻坏之。"坐是下迁国子司业。事在七月中。于是金吾将军张万福，闻谏官伏阁，趋往。至延英门，大言贺曰："朝廷有直臣，天下必太平矣。"乃造城及仲舒等，曰："诸谏议能如此言事，天下安得不太平？"已而连呼太平太平。万福武人，年八十余，自此名重天下。此等举动，为公乎？为私乎？欲为朝廷除弊事邪？抑徇徒党，要声闻，争意气也？

陆贽免相后，上遂躬亲庶政，不复委成宰相。庙堂备员，行文书而已。除守、宰、御史，皆帝自选择。所狎而取信者：裴延龄、李齐运、太宗子蒋王恽之孙。为礼部尚书。贞元十二年卒。王绍、本名纯。贞元中，为仓部员外郎。后为户部侍郎，判度支。迁尚书。李实、高祖子道王元庆玄孙。初为司农卿。贞元十九年，为京兆尹。韦执谊、翰林学士。韦渠牟，右补阙内供奉。后为右谏议大夫。皆权倾相府。《旧书·韦渠牟传》。参看《王绍传》。《宪宗纪》论曰：史臣蒋系曰：德宗不委政宰相。人间细务，多自临决。奸佞之臣如裴延龄辈数人，得以钱谷、数术进，宰相备位而已。亦朋党之习，迫之使不得不然也。

财政之窘迫，实使德宗不得不重言利之臣。《新书·食货志》云：朱泚平，天下户口，三耗其二。又云：初定两税，计钱而输绫绢，既而物价愈下，所纳愈多。改科役曰召雇，率配曰和市，以巧避微文，比大历之数再倍。又疠疫水旱，户口减耗，刺史析户张虚数以宽责，逃、死阙税，取于居者，一室空而四邻亦尽。户版不缉，无浮游之禁，州县行小惠以倾诱邻境，新收者优假之，惟安居不迁之民，赋役日重。此其迮取之者。其为藩镇所擅之地，则又纵其剥民而分取焉。《志》云：常赋之外，进奉不息。《旧志》云：兴元克复京师后，府藏尽虚，诸道初有进奉，以资经费。复时有宣索。其后诸贼既平，进奉不息。剑南西川节度使韦皋有日进。《旧书》本传：皋在蜀二十一年，重赋敛以事月进，卒致蜀土虚竭，时论非之。又孝友崔衍传：贞元中，天下好进奉以结主恩，征求聚敛，州郡耗竭，韦皋、刘赞、裴肃为之首。江西观察使李兼有月进。兼罢省南昌军千余人，收其资粮，以资进奉。及裴胄代，乃奏其本末罢之。见《旧书·胄传》。淮南节度使杜亚，宣歙观察使刘赞，赞，滋从兄，《旧书》附《滋传》。云：赞在宣州十余年。赞祖子玄，开元朝一代名儒，父汇，博涉经史，惟赞不知书，但以强猛立威，官吏畏之，重足一迹。宣为天下沃饶，赞久为廉察，厚敛殖货，务贡奉以希恩。子弟皆亏庭训，虽童年稚齿，便能侮易人。人士鄙之。镇海节度使王纬、李锜，纬贞元十年兼诸道盐铁，多用刻剥之吏，督察巡属，人不聊生。十四年卒。李若初代之。十五年卒。皆见《旧书》本传。皆徼射恩泽，以常赋入贡，名为羡余。至代易，又有进奉。《旧书·齐映传》：贞元七年，改洪州刺史、江西观察使。以顷为相辅，无大过而罢，冀复入用，乃掊敛贡奉，及大为金银器以希旨。先是银瓶高者五尺余，李兼为江西观察使，乃进六尺者，至是，因帝诞日端午，映为瓶高八尺者以献。此可见贡奉之事，易于踵事增华也。当是时，户部钱物所在，州府及巡院，皆得擅留，或矫密旨加敛。谪官吏，刻禄廪，增税通津死亡及蔬果。凡代易进奉，取于税入，十献二三，无敢问者。常州刺史裴肃鬻薪、炭、案纸为进奉，得迁浙东观察使。刺史进奉，自肃始也。刘赞卒于宣州，其判官严绶，倾军府为进奉，召为刑部员外郎。判官进奉，自绶始也。纵外官之贪取，从而丐其余沥，可谓无术矣。然建中及贞元之初，欲收利柄之志亦锐矣，而终于无成。则知欲振纲纪，必抑强藩，而欲抑强藩，则不能无用兵，欲用兵，又不能无军费。此当时之事势，所由载胥及溺也。参看下章第三节。

德宗之猜忌，固由时势迫之，不能尽为德宗咎，然因猜忌朝臣而信任宦官，则要为急不择路，不能为之恕也。《旧书·宦官传》曰：窦文场、霍仙鸣者，始在东宫事德宗。鱼朝恩诛后，内官不复典兵。德宗以亲军委白志贞。泾师之乱，禁军无至者，惟文场、仙鸣率诸宦者及亲王、左右从行。志贞贬，左右禁旅，悉委文场主之。从幸山南，两军渐集。德宗还京，颇忌宿将，凡握兵多者悉罢之，禁旅文场、仙鸣分统焉。贞元十二年六月，特立护军中尉两员，中护军两员，以帅禁军。乃以文场为左神策护军中尉，仙鸣为右神策护军中尉，右神威军使张尚进为右神策中护军，内谒者监焦希望为左神策中护军。时窦、霍之权，振于天下。藩镇节将，多出禁军。台省清要，时出其门。《新书·裴行俭传》：玄孙均，德宗以其任方镇，欲遂相之，谏官李约上书，斥均为窦文场养子，不可污台辅，乃止。是岁，仙鸣病。帝赐马十匹，令于诸寺为僧斋以祈福。病久不愈。十四年，仓卒而卒。上疑左右小使、正将食中加毒，配流者数十人。仙鸣死后，以第五守亮为右军中尉。《本纪》在七月。文场连表请致仕，许之。十五年已后，杨志廉、孙荣义为左右军中尉。《本纪》：十七年六月，以中官杨志廉为右神策护军中尉。《通鉴》：十七年八月，左神策中尉窦文场致仕，以副使杨志廉代之。十九年六月，以右神策中尉副使孙荣义为中尉。《考异》曰：《实录》：十七年六月，以中官杨志廉充左神策护军中尉。七月丙戌，以内给事杨志廉为左右神策护军中尉副使。九月戊寅，以志廉为左神策中尉。十九年六月辛卯，以荣义为右神策中尉。二十年十月戊申，以志廉为特进、右监军将军、左军中尉。其重复差互如此。盖十七年六月摄领耳；七月始为副使；九月及十九年六月，始正为中尉；二十年十月，但进阶加官耳。《旧传》又云：先是窦文场致仕，十五年以后，志廉、荣义为左右军中尉，亦蹈窦、霍之事，此盖言其大略耳，未必为中尉适在十五年也。胡三省曰：右监军将军，当作右监门将军。亦蹈窦、霍之事，怙宠骄恣。贪利冒宠之徒，利其纳贿，多附丽之。案是时，羽林、龙武、神武、神威、神策，总称左右十军，而神策最盛。《新书·兵志》曰：自德宗幸梁还，以神策兵有劳，皆号兴元元从奉天定难功臣，恕死罪。中书、御史府、兵部乃不能岁比其籍，京兆又不敢总举名实，三辅人假比于军，一牒至十数。长安奸人，多寓占两军，身不宿卫，以钱代行，谓之纳课户。益肆为暴。吏稍禁之，辄先得罪。故当时京尹、赤令，皆为之敛屈。《旧书·杨于陵传》：于陵以贞元末为京兆尹。先是禁军影占编户，无以区别。于陵请每五丁者得两丁入军，四丁、三丁者，各以条限。由是京师豪强，复知所畏。《新书》云：减三丁者不得著籍，盖指两丁以下也。然徒能减其数而已，实不能戢其暴。《许孟容传》云：自兴元已后，禁军有功；又中贵之尤有渥恩者，方得护军；故军士日益纵横，府县不能制。《王播传》云：禁军诸镇，布列畿内。军人出入，属鞬佩剑，往往盗发，难以擒奸。其事皆在宪宗时。《柳公绰传》：子仲郢，迁侍御史。富平县人李秀才，籍在禁军，诬乡人斫父墓柏，射杀之，三法司以专杀论。文宗以中官所庇，决杖配流。仲郢及右补阙蒋系、御史萧杰争之，皆不获。《新书·刘栖楚传》云：诸恶少窜名北军，凌藉衣冠，有罪则逃军中，无敢捕，则其事在敬宗时已。又云：京畿之西，多以神策军镇之，皆有屯营。军司之人，散处甸内，皆恃势凌暴，民间苦之。《旧书·李鄘传》：元和初，选为京兆尹，寻拜凤翔尹，凤翔陇右节度使，是镇承前，命帅多用武将，有神策行营之号，初受命，必诣军修谒。鄘表陈其不可。诏遂去神策行营字，但为凤翔、陇右节度。《柳公绰传》：宝历二年，授邠州刺史、邠宁庆节度使。所部有神策诸镇，屯列要地，承前不受节度使制置，遂致北虏深入。公绰上疏论之。因诏诸镇皆禀邠宁节度使制置。神策军之不可驾御如此，宜其敢于虐民也。时边兵衣饷多不赡，而戍卒屯防，药茗、蔬酱之给最厚。诸将务为诡辞，请遥隶神策军，禀赐遂赢旧三倍。由是塞上往往称神策行营，皆内统于中人矣，其军乃至十五万。《旧书·宦官传》曰：李辅国、程元振怙宠邀君，干与国政，亦未全握兵权；代宗时，特立观军容宣慰使，命鱼朝恩统之，然自有统帅，亦监领而已；此其所以易除，德宗真假之以兵，又任其与边将相连结，宦官乃不可治矣。时又令宦官奉使、监军，其弊亦大。又有所谓宫市者，亦以中官为使。《新书·食货志》。抑买人物，稍不如本估。末年不复行文书，置白望数十百人，于两市及要闹坊曲，阅人所卖物。真伪不复可辨。无敢问所从来，及论价之高下者。率用直百钱物买人直数千物，《新书·食货志》云：以盐估敝衣绢帛尺寸分裂酬其直。仍索进奉门户及脚价银。人将物入市，至有空手而归者。谏官、御史表疏论列，皆不听。吴凑以戚里为京兆尹，深言其弊。张建封入觐，又具奏之。而户部侍郎苏弁希宦者旨，言京师游手堕业者数千万家，仰宫市取给。上信之。凡言宫市者，皆不听用。《旧书·张建封传》。苏弁见《儒学传》，为仓部郎中，判度支案。裴延龄卒，授度支郎中、副知度支事，副知之号自弁始。史称其承延龄之后，以宽简代烦虐，人甚称之。盖其人仁而懦，故不能与宦官争。又有宣徽院五坊小使，每岁秋按鹰犬于畿甸，其弊至敬宗之世犹未绝。德宗猜忌，前古罕伦，《旧书·本纪》：贞元十四年正月甲午，敕比来朝官，或相过从，金吾皆上闻。其间如是亲故，或尝同寮，伏腊岁时，须有还往，亦人伦常礼，今后不须奏闻。因张建封奏议也。《建封传》云：金吾大将军李翰，好伺察城中细事闻奏，冀求恩宠，人畏而恶之，则其所伺察，必尚不止朝官过从，特士大夫所痛心疾首者，以是为甚耳。《韦执谊传》：贞元十九年，补阙张正一，因上书言事得召见，韦成季等偕往贺之。执谊奏成季等朋聚觊望。德宗令金吾伺之。得其相过从饮食数度。于是令逐成季等六七人。则金吾伺察，德宗实使之，不尽由李翰之邀宠也。《裴度传》云：初德宗朝政多僻，朝官或相过从，多令金吾伺察密奏，宰相不敢于私第见客。及度辅政，以群贼未诛，宜延接奇士，共为筹画。乃请于私居接延宾客。宪宗许之。则其弊终德宗之世，实未除也。又《本纪》：贞元十四年九月，谏议大夫田登奏言兵部武举人，持弓挟矢，数千百人入皇城，恐非所宜。上闻之瞿然，乃命停武举。平凉之盟，严怀志、吕温等一十六人陷蕃。久之得还，以其习蕃中事，不欲令出外，囚之仗内，顺宗立，方释之，见《顺宗纪》。此等皆无谓之疑忌也。而独于宦官，纵恣之而不知问，可谓知二五而不知一十矣。

德宗文思俊拔，每有御制，即命朝臣毕和。《旧书·刘大真传》。故亦颇好游宴。贞元四年九月，诏正月晦日、三月三日、九月九日三节日，任文武百寮选胜地追赏为乐，各有赐钱。五年，以二月一日为中和节，代正月晦日。六年是日，百寮宴会于曲江亭。上赋中和节群臣赐宴七均。九年二月朔，先是宰相以三节次宴，府县有供帐之弊，请以宴钱分给，各令诸司选胜宴会，从之。是日，宰相宴于曲江亭，诸司随便。自是分燕焉。此等虽不可遽议其侈，然行诸户口三分减二，调度专仰江淮，强藩擅命于东，戎狄跳梁于西之日，要非七年不饮酒、不食肉之道也。十八年三月、九月，十九年二月，皆赐宴于马璘山池，而即位之初毁之之志荒矣。帝之幸梁州，至城固，今陕西城固县。长女唐安公主薨，欲为造塔，宰相姜公辅谏，以此罢为左庶子。后义阳、义章二公主薨，咸于墓所造祠堂，百二十间，费钱数万。《旧书·李吉甫传》。尤不可谓非纵肆。然以大体论，帝固犹为恭俭之主也。

第六章
顺宪穆敬四朝事迹

第一节　顺宗谋诛宦官

德宗长子名诵，是为顺宗，德宗即位之岁，即立为太子，至贞元三年八月，而有郜国公主之狱。郜国者，肃宗女也。初降裴徽。徽卒，又降萧昇。昇卒，主与太子詹事李昇等乱。昇，叔明子，叔明，鲜于仲通弟，赐国姓。昇事又见《旧书·萧复传》，作昇，《叔明传》及《新书》皆作昇，《通鉴》依《实录》作昇。奸闻，德宗幽之它第，而斥昇等。四年，又以厌蛊废。六年薨。主女为皇太子妃，帝畏妃怨望，将杀之，未发，会主薨，太子属疾，乃杀妃以厌灾。《新书·公主传》。《旧书·李泌传》曰：顺宗在春宫，郜国交通外人，上疑其有他，连坐贬黜者数人，皇储亦危，泌百端奏说，上意方解。《新书·顺宗纪》亦曰：郜国公主以蛊事得罪，德宗疑之，几废者屡矣，赖李泌保护得免。《泌传》曰：郜国坐蛊媚幽禁中，帝怒，责太子，太子不知所对。泌入，帝数称舒王贤，泌揣帝有废立意，因曰：“陛下有一子而疑之，乃欲立弟之子？臣不敢以古事争，且十宅诸叔，陛下奉之若何？”帝赫然曰：“卿何知舒王非朕子？”对曰：“陛下昔为臣言之。陛下有嫡子以为疑，弟之子，敢自信于陛下乎？”帝曰：“卿违朕意，不顾家族邪？”对曰：“臣衰老，位宰相，以谏而诛，分也。使太子废，它曰，陛下悔曰：‘我惟一子，杀

273

之，泌不吾谏，吾亦杀尔子。'则臣祀绝矣，虽有兄弟子，非所歆也。"即噎呜流涕。因称"昔太宗有诏：'太子不道，藩王窥伺者两废之。'陛下疑东宫而称舒王贤，得无窥伺乎？若太子得罪，请亦废之，而立皇孙，千秋万岁后，天下犹陛下子孙有也。且郜国为其女妒忌而蛊惑东宫，岂可以妻母累太子乎？"执争数十，意益坚。帝寤，太子乃得安。《通鉴》纪事，大致与《新传》同而加详，惟即系于三年八月，不如《新书》云郜国之废在四年也。且载泌言曰："愿陛下从容三日，究其端绪，必释然知太子之无它矣。若果有其迹，当召大臣知义理者二十人，与臣鞫其左右。必有实状，愿陛下如贞观之法，并废舒王而立皇孙。"又曰：间一日，上开延英殿独召泌，流涕阑干，抚其背曰："非卿切言，朕今日悔无及矣。太子仁孝，实无它也。"亦不如《新传》云执争数十，《新纪》云太子几废者屡也。温公作《通鉴》极详慎。凡《鉴》与新旧《书》异同处，大抵新旧《书》游移舛误，而《鉴》明确审谛，惟此事则不然，盖由《新书》尚兼采旧文，而《鉴》则偏据李繁所作《家传》之故。繁小人，造作史实无忌惮，而又不能自掩其迹。且德宗岂惟一子？而其取昭靖子为子，郑王邈，追谥昭靖太子。亦岂能秘不使外朝知乎？德宗性多疑而固执，亦殆非间一日而可悟也。云执争数十，云奏说百端，则近之矣。萧妃之见杀，事已在厌盅发后两年，泌亦于其去年死矣，泌死于贞元五年三月。可见帝之疑久而不释也。昭靖为代宗正适，说已见上章第一节。自肃、代已来，元帅已为冢储之任，而昭靖及舒王皆居之，可见其地位实与人殊。顺宗之正位东宫，盖以母爱，而其母已殁于贞元二年，顺宗母曰昭德皇后王氏。德宗为鲁王时为嫔。即位，册为淑妃。贞元二年，久疾，帝念之，立为后，册礼方讫而崩。小人欲乘机动摇，殊无足怪。贞元二十一年，正月，德宗崩，顺宗立。《旧书·顺宗纪》曰：上自二十年九月，风病不能言。暨德宗不豫，诸王、亲戚，皆侍医药，独上卧病不能侍。德宗弥留，思见太子，涕咽久之。大行发丧，人情震惧，上力疾衰服见百寮于九仙门。既即位，知社稷有奉，中外始安。发丧后既能力疾而见百寮，弥留时何难自强一视医药？《卫次公传》云：贞元八年，征为左补阙。寻兼翰林学士。二十一年正月，德宗升遐。时东宫疾恙方甚，仓卒召学士郑絪等至金銮殿。中人或云："内中商量所立未定。"众未对。次公遽言曰："皇太子虽有疾，地居冢适，内外系心。必不得已，当立广陵王。若有异图，祸难未已。"絪等随而唱之，众方定。然则舍适嗣而别谋拥戴，当时已肇其端。太子之不得见，殆有壅遏之者，德宗之涕咽，不惟其疾之忧矣。然则顺宗当即位之日，其势已如赘旒矣。

然顺宗贤君也，在东宫时，即蓄意欲除宦竖，其计谋业已豫定，故即位后虽婴痼疾，其局仍不可变也。顺宗所信者，为王叔文及王伾。叔文，山阴人。今浙江绍兴县。以棋待诏。德宗令直东宫。伾，杭州人。始为翰林侍书、待诏，累迁至正议大夫、殿中丞、皇太子侍书。《传》云：与韦执谊、翰林学士。陆质、本名淳。时征为给事中，使为皇太子侍读。吕温、左拾遗。李景俭、让皇曾孙，进士。韩晔、滉族子。尚书司封郎中。韩泰、户部郎中。陈谏、河中尹。柳宗元、刘禹锡等十数人宗元、禹锡，皆为监察御史。定为死交，而凌准、员外郎。程异、盐铁转运扬子留后。又因其党以进，可见贤士大夫与之者之多。《传》言其直东宫时，每对太子言："某可为相，某可为将，幸异日用之"，非虚辞也。《传》又云：上寝疾久，不复关庶政。深居施帘帷，阉官李忠言、美人牛昭容侍左右，百官上议，自帷中可其奏。叔文居翰林，为学士。叔文与韦执谊善，请用为宰相。叔文因伾，伾因李忠言，忠言因牛昭容，转相结构。事下翰林，叔文定可否，宣于中书，俾执谊承奏于外。盖帝虽沈痼，诸贤之互相扶翼，思有所作为犹如此，然其势危矣。叔文所尤重者，一为财政，一为兵权。于是身兼度支盐铁副使，以杜佑领使。佑，杨炎相征入朝，历工部、金部二郎中，并充水陆转运使。改度支郎中，兼和籴。时方军兴，馈运之务，悉委于佑。迁户部侍郎，判度支。为卢杞所恶，出为苏州刺史。以范希朝统京西北诸镇行营兵马使，韩泰副之。盖以希朝贤将，又久隶神策，欲以收中官之权。然希朝已耄，而宦官又为之梗。《传》云：初中人尚未悟。会边上诸将，各以状辞中人，且言方属希朝，中人始悟兵柄为叔文所夺。中尉乃止诸镇：毋以兵属人。希朝、泰至奉天，诸将不至，乃还。于是事势去矣。内官俱文珍，乃削去叔文学士之职。王伾为之论，乃许三、五日一人翰林，竟削内职。无几，叔文母死。《通鉴》曰：自叔文归第，王伾失据，日诣宦官及杜佑，请起叔文为相，且总北军。既不获，则请以为威远军使、平章事。又不得。其党皆忧悸不自保。是日，伾坐翰林中，疏三上，不报，知事不济，行且卧。至夜，忽叫曰："伾中风矣！"明日，遂舆归不出。时七月也。先是，顺宗长子广陵王淳，以三月立为太子，更名纯，即宪宗也。《旧书·宦官传》云：此事也，俱文珍与中官刘光琦、薛文珍、尚衍、解玉等实为之。顺宗可之。文珍俱文珍。遂召学士卫次公、郑絪、李程、王涯入金銮殿，草立储君诏。此即德宗崩时，中人召之，欲图废立者也。《新书·郑絪传》曰：顺宗病，不得语，王叔文与牛美人用事，权震中外。惮广陵王雄睿，欲危之。帝召絪草立太子诏。絪不请，辄书曰"立适以长"，跪白之。帝颔，乃定。以欲危广陵王诬叔文，然则德宗崩时，内中商量所立未定，而有待于次公诤之，絪和之者，亦叔文为之邪？此时之所行，则次公、絪之志耳。犹未已也。时韦皋遣支度副使刘辟于京师，私谒叔文曰："太尉使致诚于足下：若能致某都领剑南三川，三川，谓剑南东、西及山南西道。必有以相酬；如不留意，亦有以奉报。"叔文大怒，将斩辟以徇。韦执谊固止之。辟乃私去。皋乃上表请皇太子监国。又上皇太子笺，请斥逐群小。裴均、严绶，笺表继至。是月，乙未，诏军国政事，宜令皇太子句当。八月，丁酉朔，遂传位焉。于是杜黄裳、袁滋、郑絪等比宦官而毒叔文者，继踵相矣。叔文贬渝州司户，明年，赐死。伾贬开州司马，开州，今四川开县。寻病卒。其党惟李景俭居丧东都；吕温使吐蕃，叔文败方归；陆质为皇太子侍读，寻卒；余皆远贬。后复起用者，一程异而已。山人罗令则，诣秦州刺史刘澭，言废立之事。澭系之。令则又云："某之党多矣。将以德宗山陵时，伺便而动。"澭械送京师，杖杀之。《旧书·刘悟传》。此叔文之党，忠义奋发，之死不变者也。舒王以是年十月卒，史不云其非良死，然其事亦殊可疑也。明年元和元年。正月，顺宗崩。

顺宗初政，实足媲美德宗。即位后，罢翰林医工、相工、占星、射覆、冗食者四十二人。二月，诸道除正敕率税外，诸色杂税，并宜禁断。除上供外，不得别有进奉。罢宫市。罢盐铁使月进。罢五坊小儿。三月，出宫女三百人，披庭教坊女乐六百人。李实为京兆尹号聚敛，即贬通州刺史。追还陆贽、阳城等。贽、城皆未闻追诏而卒。通州，今四川达县。《旧书·本纪》引韩愈之言：谓其性宽仁有断。礼重师傅，必先致拜。从幸奉天，贼泚逼迫，常身先禁旅，乘城拒战。督厉将士，无不奋激。德宗在位岁久，稍不假权宰相，左右幸臣如裴延龄、李齐运、韦渠牟等，因间用事，刻下取功，而排陷陆贽、张滂辈，人不敢言，太子从容论事，故卒不任延龄、渠牟为相。尝侍燕鱼藻宫，鱼藻池，在长安北。池中有山，宫在山上。张水嬉，采舰雕靡，宫人引舟为棹歌，丝竹间发，德宗欢甚，太子引诗人好乐无荒为对。每于敷奏，未尝以颜色假借宦官。居储位二十年，天下阴受其赐。《旧书·王叔文传》言：当其直东宫时，太子尝与侍读论政道，因言宫市之弊。太子曰："寡人见上，当极言之。"诸生称赞其美。叔文独无言。罢坐，太子谓曰："向论宫市，君独无言，何也？"叔文曰："皇太子之事上也，视膳问安之外，不合辄与外事。陛下在位岁久，如小人离间，谓殿下收取人情，安能自解？"太子谢之。由是重之，宫中之事，倚之裁决。夫曰天下阴受其赐，则其论争，必有能行者矣，而至于宫市，独不敢言，则是太子之志，能行于朝臣，而不能行于宦竖也。然而德宗之诒祸，可谓深矣。然太子虽不敢言宦官，而终不假以颜色，则其恶之甚矣。此其所以为宦官所深忌，当郜国事败之日，即欲危之欤？王鸣盛曰：王叔文之柄用，仅五六月耳，《本纪》所书善政，皆在此五六月中，而以范希朝领神策行营，尤为扼要。《通鉴·昭宗纪》：崔胤奏国初宦官，不典兵与政。天宝已来，宦官寖盛。贞元之末，分羽林卫为左右神策军，以便卫从，始令宦官主之，以二千人为定制。自是参掌机密，夺百司权。上下弥缝，共为不法。大则横扇藩镇，倾危国家；小则卖官鬻狱，蠹害朝政。胤此言是也。但召朱全忠尽诛宦官，宦官去而全忠遂篡唐矣。譬如人有巨痈，在府藏中，决去其痈，命亦倾矣。假令叔文计得行，则左右神策所统之内外八镇兵，自属之六军，天子可自命将帅，而宰相得以调度，乱何由生哉？如痈尚未成，决之易也。司马君实论之云：宦官为国家患久矣！东汉最名骄横，然皆假人主之权，未有能劫胁天子，如制婴儿，如唐世者也。所以然者，汉不握兵，唐握兵故也。君实此论，一语道破。而叔文之忠，为何如哉？奈何昌黎《永贞行》云："北军百万虎与貔，天子自将非他师，一朝夺印付私党，凛凛朝士何能为？"以宦官典兵为天子自将，抑何刺缪甚乎？《十七史商榷》。

第二节　宪宗时藩镇叛服

宪宗即位之月，韦皋卒。刘辟自为留后，使将校表求节钺。朝以袁滋为西川节度，而征辟为给事中。辟不受命。滋逗留不敢进。坐贬，而以辟为西川节度副使，知节度事。辟又求兼领三川，不许。辟与同幕卢文若善，欲以为东川，遂围东川节度使李康于梓州。乃以长武城使高崇文为右神策行营节度使，会李康及山南东道节度使严砺讨之。时元和元年正月也。辟旋陷梓州，执李康。三月，崇文复之。辟归康求解。崇文以康败军失守，斩之。四月，以崇文为东川副使，知节度事。辟屯兵鹿头关，崇文败之。严砺前收剑州，及是，又遣将败辟兵于绵州。九月，崇文入成都。擒辟，槛送京师，斩之。卢文若自杀。十月，诏割资、今四川资中县。简、陵、今四川仁寿县。荣、今四川荣县。昌、今四川大足县。泸六州隶东川，以严砺为节度，而以崇文为西川。崇文不通文字，厌案牍谘禀之烦，求去。明年十月，以为邠、宁、庆节度，而出宰相武元衡为西川。《旧书·高崇文传》云：在长武城，练卒五千，常若寇至；其讨刘辟，卯时宣命，辰时出师，器用无阙者；入成都也，珍宝山积，市井不移，无秋毫之犯；则其人颇能将兵。然其去成都也，帑藏之富，百工之巧，举以自随，蜀郡一罄；又以不习朝仪，惮于入觐，诏令便道之镇；则亦一贪横之武夫耳。《杜黄裳传》云：刘辟作乱，议者以剑南险固，不宜生事，惟黄裳坚请讨除。又奏请不以中官为监军，只以高崇文为使。似其用兵，颇有成算。然《李吉甫传》言：刘辟反，帝命诛讨之，计未决，吉甫密赞其谋。兼请广征江淮之师，由三峡入，以分蜀寇之力。今观崇文出兵时，朝廷仍许辟自新，及克东川，乃削夺其官爵，则初亦无必胜之把握。韦皋在西川，兵力颇厚，辟虽妄人，未能用，然谓恃崇文一军，即可取之如摧枯拉朽，事固未易逆睹也。黄裳殁后，贿赂事发，实尝受四万五千贯于崇文，则其举之，岂真以其材武哉？专杀李康，最为不法。《新书·循吏传》：韦丹时为谏议大夫。议者欲释刘辟，丹上疏，以为今不诛辟，则可使者惟两京耳。会辟围梓州，乃授丹东川节度。至汉中，上言康守方尽力，不可易。召还。此可见康之败非其罪。即谓不然，亦岂崇文所得擅杀也？据《新书·宦官传》，其事实出俱文珍，文珍时为监军，则不以宦官监军之言，又不雠矣。宪宗之用兵，亦何以异于德宗哉？

韩全义之败于淮西也，过阙下，托疾不入朝。宪宗在藩，疾之。既嗣位，全义惧，入觐，令其甥杨惠琳知留后。朝令全义致仕，以右骁卫将军李演为节度。惠琳据城叛。诏发河东、天德兵讨之。夏州兵马使张承金斩之。时元和元年三月也。

是岁，武宁节度使张愔被疾，上表请代。顺宗即位，名徐州军曰武宁。十一月，以东都留守王绍代之，复以濠、泗二州隶徐。徐军喜复得二州，不敢为乱。愔遂赴京师，未出界卒。

顺宗之立也，于润州置镇海军，以李锜为节度，而罢其盐铁转运。《旧书·锜传》云德宗，《新书·方镇表》在元和二年，皆误。《通鉴》系贞元二十一年三月。锜虽罢利权，而得节度，反谋未发。宪宗即位二年，诸道崛强者入朝，锜不自安，亦以入朝为请。乃拜锜左仆射。锜乃署判官王澹为留后。既而迁延发期，澹与中使频喻之。遂讽将士，以给冬衣日，杀澹而食之。监军使闻乱，遣裨将慰谕，又脔食之。复以兵注中使之颈。锜阳惊，救解之，囚于别馆。遂称兵。室五剑，分授管内镇将，令杀五州刺史。苏、常、湖、杭、睦。睦州，今浙江建德县。常、湖二州刺史，皆杀其镇将；惟苏州刺史为镇将所系，献于锜。会锜败，获免。遣兵马使张子良、李奉仙、此据《旧书·锜传》。《本纪》作李文良。田少卿领兵三千，分略宣、歙、池三州。三将回戈趋城。锜甥裴行立为内应。执锜，械送京师，斩之。时元和二年十一月也。时诏淮南节度王锷讨锜，未至，难已平矣。其挽硬蕃落将士，或投井、自缢，纷纷枕藉而死者，不可胜纪焉。

于頔者，后周于谨之七世孙也。性横暴。贞元十四年，为山南东道节度使。吴少诚叛，頔乘之，广军籍，募战士，利器甲，僴然专有汉南。又擅兴兵据南阳。宪宗即位，頔稍戒惧。为子季友求尚主。上以女普宁公主妻之，而使人讽之入朝。頔遂奉诏。元和三年九月，以裴均代之。内官梁守谦掌枢密，颇招权利。有梁正言者，自言与守谦宗盟情厚。頔子敏，与之游处。正言取其财赂，言赂守谦，以求出镇。久之，无效。敏诱正言之僮，支解投溷中。八年春，事发。敏窜雷州。至商山，赐死。商山，在今陕西商县东。季友夺二官，頔亦坐贬。

是岁十二月，振武军乱，振武军，治故单于都护府。逐其帅李进贤。进贤以高赀得幸于严绶，署为衙门将，累迁为振武节度。辟绶子澈为判官。年少，治苛刻。回鹘入辟鹈泉，进贤发兵讨之。吏廪粮不实。军士怒，还攻进贤，杀澈而屠进贤家。诏以夏州节度使张煦代进贤，率兵二千赴镇。煦，守珪弟守瑜之孙，事见《旧书·献诚传》。河东王锷，又遣兵会之。明年正月，煦入振武，诛作乱者苏国珍等二百五十二人。

元和十一年四月，宥州军乱，逐刺史骆怡。夏州节度使田进讨平之。《通鉴》。

以上皆宪宗时戡定藩镇之事也。《旧书·杜黄裳传》云：黄裳与宪宗语，及方镇除授，奏曰："德宗自艰难之后，多事姑息。贞元中，每帅守物故，必命中使侦伺其军动息。其副贰、大将中有物望者，必厚赂近臣，以求见用，帝必随其称美而命之。以是因循，方镇罕有特命帅守者。陛下宜稍以法度，整肃诸侯，则天下何忧不治？"宪宗然其言。诛蜀、夏后，不容藩臣骞傲，克复两河，威令复振，盖黄裳启其衷也。《新书·李吉甫传》云：元和二年，杜黄裳罢相，擢吉甫同平章事。吉甫连蹇外迁十余年，究知闾里疾苦。尝病方镇强恣。至是，为帝从容言："使属郡刺史，得自为政，则风化可成。"帝然之。出郎吏十余人为刺史。德宗已来，姑息藩镇，有终身不易地者。吉甫为相岁余，凡易三十六镇。盖节镇原非举不可易，德宗早岁求治太速，晚岁又失之姑息，故宪宗一振起，纲纪即稍树立也。然此乃藩镇之弱者，至其强者，则戡定仍不易也。

元和元年闰六月，李师古死，军中立其异母弟师道。时方讨刘辟，即以授之。四年二月，王士真死，子承宗自为留后。帝欲自除人，宰相裴垍、翰林学士李绛均言不可。而左军中尉吐突承璀欲用兵。昭义卢从史，遭父丧，久未起复，亦因承璀说上，请发本军讨承宗。上欲以成德授承宗，而割其德、棣二州，更为一镇。八月，遣京兆少尹裴武诣恒州宣慰。承宗受诏甚恭，请献德、棣。九月，以为成德节度使，恒、冀、深、赵四州观察使，而以德州刺史薛昌朝为保信军节度使、德棣二州观察使。昌朝，嵩子，王氏婿也。承宗遣骑执昌朝至恒州，因之。朝廷又以棣州刺史田涣充本州团练守捉使，而令中使谕承宗遣昌朝还镇。承宗不奉诏。十月，乃削夺其官爵，以吐突承璀为左右神策，河中、河阳、浙西、宣歙行营招讨处置等使。翰林学士白居易言：不可使中人将。谏官、御史，论者相属。上为去四道之名，改处置为宣慰而已。诸镇中惟卢龙与成德不协，刘济自将兵七万击之。拔饶阳、束鹿二县。然进攻乐寿，不能下。李师道、田季安，则各收一县而止。河东范希朝、易定张茂昭之师，阻于新市。汉县，唐废入九门，在今河北新乐县西南。承璀与承宗战，屡败。卢从史逗留不进，阴与承宗通谋。会从史遣衙将王翊元入奏事。裴垍引与语，得其输诚。垍令还本军，遂得其都知兵马使乌重胤要领。时从史屡入承璀营饮博，垍请诏承璀诱执之。上初愕然，后乃从之。遂执从史归京师。贬为欢州司马。于是移河阳节度使孟元阳镇昭义，而以乌重胤镇河阳。承宗因归过于卢从史，乞许其自新。李师道、刘济皆为之请。朝廷兵力已屈，馈饷又虚，不得已，以为成德节度使，并德、棣二州与之。时元和五年七月也。吐突承璀还，宪宗仍以为中尉。群臣争以为言，乃降为军器使，而以内官程文干为中尉。此役所得者，昭义为朝廷所有，足以控制山东而已。然皆裴垍之功，非承璀之力也。

吴少诚以元和四年十一月死。大将吴少阳，杀其子元庆，自为留后。朝廷方用兵河朔，遂以授之。赦王承宗之月，刘济为其次子总所弑。总又弑其兄缉而自立。朝廷不知其事，即许其承袭。是岁十月，张茂昭举族归朝。遣妻子先行，曰："吾不欲子孙之染污俗也。"既至，又请迁祖考之骨，墓于京兆。朝以左庶子任迪简为义武行军司马。茂昭既去，都虞候杨伯玉作乱，拘迪简。别将张佐元杀伯玉。军人又杀佐元。乃以迪简为义武节度使。茂昭奢荡，公私殚罄，迪简欲飨士而无所取给。乃与士卒同粝食，身居戟门下。凡周月，乃安。七年八月，田季安卒。季安病风，杀戮无度，军政废乱。其妻元氏，谊女也。召诸将，立子怀谏为副大使。时年十五。月余而季安卒。怀谏知军务，皆决于家僮蒋士则。数以爱憎，移易将校。军情不安。田兴者，承嗣季父廷珲之孙。父曰庭玠。田悦之叛，玠不肯附和，郁愤而卒。兴为季安兵马使。季安忌之，出为镇将，欲杀之。兴阳为风痹，乃得免。季安疾笃，召之归，仍为兵马使。及是，诸将拥立之。兴与约：勿害怀谏，听命于朝。诸将许之。乃杀蒋士则等十余人，迁怀谏于外，而请命于朝。上用李绛策，不待中使宣慰之还，即以为魏博节度使，且出内库钱百五十万缗犒军，遣知制诰裴度往宣慰。六州百姓，给复一年。旋赐兴名弘正。于是魏博一镇，归心朝廷。此为讨王承宗后河北局势之一转机，然出于事势之推迁，非庙算所能为也。

元和九年闰八月，吴少阳死。子元济，匿丧自领军务。时李吉甫为相，赞取之。乃割汝州隶河阳，移乌重胤刺焉。以洺州刺史李光颜为忠武军节度使，刺许州。光颜，河曲部落稽阿跌之族。父良臣，袭鸡田州刺史，隶朔方军。光颜与兄光进，皆少依姊夫舍利葛旃，称勇将。光进隶朔方军，光颜从河东军。又以泗州刺史令狐通为寿州防御使。通，彰子。移山南东道节度使，袁滋于荆南，而以荆南严绶为山南东道。十月，吉甫卒。上悉以兵事委武元衡。宰相张弘靖延赏子。请先遣使吊祭，俟其不顺，然后伐之。而元济不迎敕使，且出兵焚掠四境。使者不得入。乃以严绶为申、光、蔡招抚使，督诸道兵讨之。绶无威略，十年二月，败退唐州。九月，以宣武节度使韩弘为淮西诸军都统，而令李光颜、乌重胤实当旗鼓。又分山南东道为两节度。以右羽林将军高霞寓为唐州刺史，节度唐、随、邓三州，以事攻战。户部侍郎李逊为襄州刺史，节度襄、复、郢、均、房五州，调赋饷以给之。霞寓宿将，实因宦官进，无能为。光颜、重胤虽能战，诸道之师多挫败，亦不能奏功也。时王承宗、李师道屡为元济请，皆不许。乃使盗攻河阴转运院，烧钱、帛二十万贯、匹，米二万四千八百石。十年三月。十年六月，刺杀宰相武元衡。击御史中丞裴度，伤首。上以度同平章事，讨贼愈亟。初王承宗尝上表怨咎武元衡。及是，获贼者又言为承宗所使，乃下诏数承宗罪恶，绝其朝贡。时师道置留后院于东都，又潜纳兵院中，谋焚宫阙杀掠，为留守吕元膺所破。又使焚柏崖仓、十月。唐柏崖县，在今孟津县西。襄州佛寺军储及献陵寝宫，十一月。献陵，高祖陵。断建陵门戟。承宗又纵兵四掠。幽、沧、定三镇，皆请讨之。上欲许之。张弘靖、韦贯之皆谏不宜两役并兴，不听。十一年正月，削承宗官爵，命河东、幽州、义武、任迪简病不能军，以浑镐代之，瑊子也。战败，又代以易州刺史陈楚，张茂昭之甥也。横海、程权。魏博、昭义诸镇讨之。惟昭义郗士美，兵势较为锐整，余皆无功。是岁六月，高霞寓又大败于铁城。在今河南遂平县西南。诿过于李逊，宦者助之，二人同贬。乃以河南尹郑权代逊，荆南袁滋为彰义节度使，申、光、蔡、唐、随、邓观察使。滋保境不敢战。李晟子愬，抗表愿自效。十二月，又以之代滋。愬至唐州，闭壁示弱，而以计擒其将李宪、李祐等。更宪名曰忠义，与之谋。又抚用贼谍，益知敌虚实。李光颜、乌重胤力战。明年四月，取郾城。今河南郾城县。五月，诏权罢河北行营，专讨淮蔡。六月，元济上表谢罪，请束身归朝。诏许以不死。而为左右所制，不得出。七月，以裴度为彰义节度、淮西宣慰招讨处置使。度以韩弘已为都统，辞招讨之名，然实行元帅事。董重质者，吴少诚婿，元济之谋主也。元济尽发左右及守城卒属之，以抗李光颜、乌重胤军于洄曲。守蔡者皆市人、疲毫之卒。李愬乃定计袭之。告于裴度，度许之。十月，愬乘雪夜，以李祐、李忠义为前驱，袭入蔡，擒元济送京师。十一月斩之。董重质及申、光二州皆降。于是以李愬为山南东道节度使，宣慰副使马总为彰义节度使。裴度复入相。明年五月，李光颜移镇义成，永平更名。时谋讨李师道也。马总为忠武节度、陈、许、溵、蔡州观察使。溵州置于郾城。以申州隶鄂、岳，光州隶淮南，不复以蔡州为节镇已。

淮西既平，李师道请遣子入侍，献海、沂、密三州，许之。时元和十三年正月也。二月，程权自以世袭如三镇事例，不自安，请入朝。以华州刺史郑权代之。四月，王承宗请于田弘正，愿遣二子入侍，献德、棣二州。复其官爵，以郑权为德州刺史、德、棣、沧、景观察使。李师道妻魏氏，不欲其子入质，群婢又为之谋，乃表言军情不欲割地、纳质。七月，徙李愬于武宁，令与宣武、义成、横海、魏博同讨之。淮西之平，乌重胤还镇河阳，十一月，又移诸横海。以代郑权。是月，田弘正自杨刘渡河。在今山东东阿县北。师道使都知兵马使刘悟拒之。悟，正臣之孙也，有叛志。师道使副使张暹杀之。暹以告悟。十四年二月，悟袭杀师道以降。命户部侍郎杨于陵宣慰淄青。分其地为三道：郓、曹、濮为一道，马总帅之。穆宗立，赐军名曰天平。淄、青、齐、登、莱为一道，移义成节度使薛平帅之，称平卢，淄青遂专平卢之名。沂、密、兖、海为一道，淄青行营供军使王遂帅之。徙刘悟于义成。悟甚失望，然不敢抗命也。乌重胤之至横海也，上言曰："河朔能拒朝命者，刺史失其职，使镇将领兵事。若刺史各得职分，又有镇兵，节将虽有禄山、思明之奸，岂能据一州叛哉？臣所管德、棣、景三州，已举公牒，各还刺史职事讫。应在州兵，并令刺史收管。又景州本是弓高县，请却废为县。"从之。十四年四月，诏诸道节度、都团练、防御、经略等使所管支郡，除本军州外，别置镇遏、守捉、兵马者，并合属刺史。如刺史带本州团练、防御、镇遏等使，其兵马额便隶此使。如无别使，即属军事。其有边于溪洞，连接蕃蛮之处，特建城镇，不关州郡者，不在此限。盖亦行重胤之说也。是岁七月，韩弘使入朝，进绢三十五万匹。绝三万匹，银器二百七十件。三上章坚辞戎务。乃以张弘靖代之。史言弘镇大梁二十余载，四州征赋，皆为己有，未尝上供。有私钱百万贯，粟三百万斛，马七千匹，兵械称是。诏使宣谕，弘多倨待。齐、蔡平，势屈入觐，竟以功名始终，人臣之幸也。是月，王遂为衙将王弁所害。以棣州刺史曹华代之。华至镇三日，伏甲杀郓卒千二百人于庭，血流成渠。八月，田弘正入朝。三表请留，上不许。既还镇，悉仕其兄弟子侄于朝。盖恐一旦身故，其下犹以故事奉之也。平蔡以后，威声所播，情形大略如此。

第三节　宪宗力图再创盛世

宪宗平蔡以前，宰相用事者，杜黄裳、李吉甫、武元衡、裴垍、李绛、裴度。六人者虽不尽相合，而其主摧抑藩镇则同。其中持权最久者，实为李吉甫。乃甫欲伐蔡，而吉甫遽卒，于是代之以武元衡。吉甫以元和二年正月，与元衡并相。三年九月，荐裴垍代己，出镇淮南。五年冬，垍病免。六年正月，吉甫复相，至九年十月卒。吉甫卒，上乃以讨淮西事委元衡，不则当其任者吉甫也。元衡见刺，又代之以裴度。度于平蔡，自为有功，然吉甫，史言其与绛不合，颇过其实，观其与绛同相逾二年可知，逮度相而党祸烈矣。时李逢吉亦为相。元和十二年二月。史言其忌度成功，密沮之。及度亲征，学士令狐楚为制辞，言不合旨，而楚与逢吉相善，帝皆黜之，罢楚学士，逢吉亦罢政事，出为东川。此事真相，未知若何，然帝是时之任度，固不可云不专也。度亲征制辞，见《旧书》。度所请改者，以韩弘为淮西行营都统，不欲更为招讨，乃去仍充淮西宣慰招讨处置使中之"招讨"二字。因改"遥听鼓鼙，更张琴瑟，烦我台席，董兹戎旃"之"更张琴瑟，烦我台席"为"近辍枢衡，授以成算"。此乃兵机，无关朝局，即旧文亦不可谓之失辞也。《旧书·张宿传》云：宿，布衣诸生也。宪宗为广陵王时，出入邸第。及在东宫，宿时入谒。辩谲敢言。监抚之际，骤承顾擢，授左拾遗。以旧恩，数召对禁中。机事不密，贬郴县丞。征入，历赞善大夫、左补阙、比部员外郎。宰相李逢吉恶之，数于上前言其狡谲不可保信，乃用为濠州刺史。制下，宿自理乞留。乃追制。上欲以为谏议大夫。逢吉奏曰："宿细人，不足污贤者位。陛下必用宿，请先去臣。"上不悦。又逢吉与裴度是非不同，上方委度讨伐，乃出逢吉为东川。观此，知逢吉之出，缘沮张宿者多，与度不协者较少也。郴县，郴州治。蔡平后，度再入相，与皇甫镈争，而眷顾始衰。

宪宗之能讨平淮西，与其能整顿财政，颇有关系。时李吉甫撰《元和国计簿》，总计天下方镇凡四十八，管州、府二百九十五，县一千四百五十三，户二百四十四万二百五十四。其凤翔、鄜坊、邠宁、振武、泾原、银夏、灵盐、河东、易定、魏博、镇冀、范阳、沧景、淮西、淄青十五道，凡七十一州，不申户口。每岁赋入倚办，止于浙江东、西、宣歙、淮南、江西、鄂岳、福建、湖南等八道。合四十九州，一百四十四万户，比量天宝，四分有一。天下兵仰给县官者八十三万人，比量天宝，三分加一。率以两户资一兵。其他水旱所损，征科发敛，又在常役之外。如此，财赋所出，自然仍在江淮。德宗末年，李锜居转运之职，国用日耗。顺宗即位，以杜佑判盐铁转运使，理于扬州。元和二年三月，以李巽代之。宪宗初即位时，杜佑尝请用潘孟阳为盐铁转运副使，以代王叔文。孟阳母，刘晏女也。时为户部侍郎。宪宗命孟阳巡江淮，省财赋，且察东南镇之政理。孟阳所历，但务游赏；至盐铁转运院，广纳财贿，补吏职而已。及归，乃罢为大理卿。此可见理财得人之难，凡史所目为聚敛者，实皆干济之才，无怪人君倚畀之也。大正其事。四年，巽又引程异为扬子留后。巽居职三载，而李鄘代之。《纪》在五年。其后卢坦判度支，王播为盐铁转运使。事在六年。十一年，皇甫镈始判度支。史言自榷管之兴，惟刘晏得其术，而巽次之。然初年之利，类晏之季年，季年之利，则三倍于晏矣。又言旧制每岁运江、淮米五十万斛至河阴，留十万，四十万送渭仓，晏殁，久不登其数，惟巽秉使三载，无升斗之阙。又言巽精于吏职，而异句检簿籍，又精于巽。江、淮钱谷之弊，多所划革。先是，天下百姓输赋于州府：一曰上供，二曰送使，三曰留州。建中初定两税，货重钱轻，是后货轻钱重，齐人所出，已倍初征。其留州、送使者，所在长吏，又降省估使就实估。及裴垍为相，奏请一切令依省估。所在观察使，以所莅州郡租赋自给，不足然后征于支郡。其诸州送使额，悉变为上供。史称江、淮稍息肩。盖取之于官，而宽其在民者也。王播之领使，以程异为副。十二年依《本纪》。《食货志》作十三年，误。正月，请令异出巡江、淮。州府上供钱谷，一切戡问。闰五月，得钱百八十五万贯以进。《旧书·食货志》。《纪》在六月，盖因代王播并书之。史言时淮西用兵，国用不足。异调征赋，且讽有土者以饶羡入贡，不剥下，不浚财，而经费以赢，人颇便之。由是专领盐铁转运使，而王播去职。《旧书·播传》云：皇甫镈恐播大用，乃请以使务命异领之，播守本官而已，亦莫须有之辞也。时李鄘为淮南节度，发楚、寿等州兵二万余压贼境，日费甚广，未尝请于有司。及异谕江、淮诸道，酅乃大籍府库，一年所蓄之外，咸贡于朝。诸道以酅为唱首，悉索以献。王遂者，方庆孙，以吏能闻于时。天子用为宣歙观察使。淮蔡平，王师东讨，召为光禄卿，充淄青行营诸军粮料使。师之出也，岁计兵食三百万石。及郓贼诛，遂进羡余一百万。上以为能，以为沂、兖、海等州观察使。《新书·食货志》云：宪宗因德宗府库之积，观此语，可知宪宗削平藩镇，未尝不得德宗蓄聚之力。贞元、元和之政，实相因也。颇约费用。身服浣濯。及刘辟、李锜既平，赀藏皆入内库。山南东道于頔、河东王锷，进献甚厚。翰林学士李绛谏。帝喟然曰："诚知非至德事。然两河中夏贡赋之地，朝觐久废；河湟陷没，烽候列于郊甸；方雪祖宗之耻，不忍重敛于人也。独不知进献之取于人者重矣。"斯固然也，然天子不取其进献，方镇遂不苛取于民乎？欲止其苛取，势不能无用兵；欲用兵，又非有财不可；是知唐中叶后，若德宗、宪宗之苛取，固有其不得已者存，未可概目为横暴也。是时内库屡出钱帛供军；又尝募人入粟河北、淮西，自千斛已上，皆授以官；而东畿民户供军之苦，至于车数千乘，相错于路，牛皆馈军，民户多以驴耕；不有敛取，何以供之？《新志》又言：是时度支、盐铁与诸道贡献尤甚，号助军钱。及贼平，则有贺礼及助赏设物。群臣上尊号，又有献贺物。穆宗即位，乃一切罢之，两税外率一钱者，以枉法赃论。贼平而进奉不息，何也？不知当时之方镇，固未全平也。穆宗即位，河朔复叛，终以绌于费，不能讨，非其明验乎？故德、宪二世之聚敛，究可恕也。宪宗不必恭俭之主，然因用兵而省啬，则确有之。《旧书·潘孟阳传》，言其尝发江淮宣慰使、左司郎中郑敬奉使，辞，上诫之曰："朕宫中用度，一匹已上，皆有簿籍。"此在嗣世之主，已为难能矣。又《李偁传》言其为京兆尹，庄宪太后崩，宪宗母。为山陵桥道置顿使，每事减省。灵驾至灞桥顿，灞桥，在长安东。从官多不得食。及至渭城北门，渭城县，在今咸阳县东。门坏。先是桥道司请改造，计钱三万，镈以劳费不从。山陵使李逢吉请免镈官。上以用兵务集财赋，以镈前后进奉，不之责，但罚俸而已。且以为浙西观察使，令设法鸠聚财货。淮西用兵，颇赖其赋。此真省无益之费，以奉军国者也。君子听竽、笙、箫、管之声，则思畜聚之臣。夫聚之，亦视其用之者何如耳，岂得概以损下益上罪之邪？当时理财之臣，如李巽、李郇、王遂等，皆不免失之严酷，韩弘更无论已。惟程异为不然，此其所以尤不可及也。

皇甫镈史以为小人，然言其罪状，亦皆莫须有之辞。如镈欲奏减内外官俸钱以赡国用，其是非，观上章第六节所论，已可见之矣。十三年八月，宪宗用镈与程异为相。崔群及裴度攻之。宪宗不听。度遂求去。其辞甚激讦，非君子之言也。异以谦逊自牧，月余日不敢知印、秉笔。知西北边军政不理，建议置巡边使，请自行，未决而卒。家无余财。可谓难矣。亦可见王叔文之党多贤人也。时元和十四年四月。是月，裴度出镇河东。七月，令狐楚相。十二月，崔群免。史皆云皇甫镈为之，亦皆无确据也。

宪宗之节啬以平藩镇，虽有可取，然其信任宦官，则殊不可恕。任用吐突承璀之事，已见上节。当承璀出兵时，即以宦官为馆驿、粮料等使，以言官论奏暂罢，然其后又蹈故辙。又尝以宦者为和籴使，亦以谏官论奏而罢。严绶之讨淮西也，崔潭峻监其军。其后军久无功，又令梁守谦宣慰，因留监焉。事在元和十一年十一月。《裴度传》言：度之督师，奏去诸道监陈中使。及入蔡，上欲尽诛元济旧将，又封二剑授守谦，使往蔡州。此犹可曰在战时，情有偏信也。《裴垍传》言：杨于陵为岭南节度使，与监军许遂振不和，遂振诬奏于陵，宪宗令追与慢官，垍不可。严绶在太原，政事一出监军李辅光，坦具陈其事，请以李廊代之。则其在平时，亦极跋扈矣。若云德宗之败，由任宦官过重，则宪宗之胜，宁非幸致邪？内枢密使之职，始于代宗时。惟受表奏，于内中进呈，人主有所处分，则宣付中书、门下而已。及德宗末，遂参政事。主书滑涣，久司中书簿籍，与典枢密刘光琦情通。宰相议事，与光琦异同者，令涣达意，未尝不遂所欲。杜佑、郑絪，皆姑息之。四方书币赀货，充集其门。郑余庆再入中书，余庆本德宗时宰相，宪宗嗣位，又命同平章事。与同僚集议，涣指陈是非，余庆怒其僭，叱之，寻罢相。至李吉甫，乃克去之。又有僧鉴虚者，自贞元中交结权幸，招怀赂遗，倚中人为城社，吏不敢绳。帝时，以于頔、杜黄裳家私事，连逮下狱。薛存诚案鞫，得奸赃数十万，当大辟。上犹欲释之，存诚持不可，乃笞死。又有内官刘希光，受将军孙琦赂二十万贯，以求方镇，赐死。时吐突承璀以出军无功，谏官论列，坐希光事出为淮南监军。太子通事舍人李涉，知上待承璀意未衰，欲投匦论承璀有功，希光无罪。孔戡为匦使，得涉副章，不受，面诘责之。涉乃于光顺门进疏。祭极论其与中官交结，言甚激切。诏贬涉为陕州司仓。幸臣闻之侧目，人皆为祭危之。元稹与宦官争厅，宦官击之败面，而其后稹反与宦官交结，引起轩然大波。士大夫之无耻如此，此宦官所以横行，然非帝之芘右之，宦官亦必不敢如是也。《新书·宦者传》言：宪宗之立，刘贞亮为有功，然终身无所宠假。吕如全历内侍省内常侍、翰林使，坐擅取梓材治第，送东都狱。至阌乡，自杀。又郭旻醉触夜禁，杖杀之。五坊朱超晏、王志忠纵鹰隼入民家，榜二百夺职。由是莫不慑畏。贞亮之横，至于擅杀李康，尚安得谓无所宠假？裴寰之狱，裴度争之，上怒曰："如卿言，寰无罪，即决五坊小使；如小使无罪，即决寰。"此成何语？岂得以偶诛一二无宠者，遂谓其能振纪纲邪？

既信宦官，又多内嬖，遂至罹商臣之酷焉，可谓自作之孽矣。帝二十子。长曰邓王宁，母纪美人也。以元和四年立为太子。史谓其谋出于李绛。案宪宗在东宫时，正妃为郭氏，暧之女，子仪孙也。生子曰遂王宥。宁以元和六年殁。明年，立宥为太子。更名恒，即穆宗也。《旧书·澧王恽传》曰：宪宗第二子也。本名宽，元和七年改今名。时吐突承璀恩宠特异。惠昭太子薨，议立储副，承璀独排众议属澧王，欲以威权自树。赖宪宗明断不惑。上将册拜太子，召翰林学士崔群代澧王作让表。群曰："凡事己合当之而不为则有让。"上采纳之。可见当时臣工，皆以穆宗为正适。然则宁何以立？取其长乎？则宁薨时年十九，生于贞元九年，而穆宗生于十一年，所长者两岁耳。《旧书·郭后传》曰：后以元和元年八月，册为贵妃。八年十二月，百寮拜表，请立贵妃为皇后。凡三上章。上以岁暮，来年有子午之忌，且止。帝后庭多私宠，以后门族华盛，虑正位之后，不容嬖幸，以是册拜后时。元和十五年正月，穆宗嗣位。闰正月，乃册为皇太后。然则惠昭之立，必以母爱故也。其谋而果出于李绛也，绛得谓之正士乎？

宪宗颇贪长生。尝遣使迎凤翔法门寺佛骨，刑部侍郎韩愈谏，贬为潮州刺史。又信方士柳泌及僧大通，使泌制金丹服之。当时裴潾尝上疏极谏，以此贬江陵令，见《旧书》本传。故谓宪宗以服药致死诬，谓其曾服药，则必不诬也。潾疏曰："臣愿所有金石炼药人，及所荐之人，皆先服一年，以考其真伪。"此语颇足破惑。遂为弑逆者所藉口焉。《旧书·本纪》：元和十五年正月甲戌朔，上以饵金丹小不豫，罢元会。义成军节度使刘悟来朝。戊戌，上对悟于麟德殿。上自服药不佳，数不视朝，人情恟惧，及悟出道上语，京城稍安。足见宪宗是时，实无大病，而间一日庚子之夕遽崩。《纪》又云：时以暴崩，皆言内官陈弘志弑逆，史氏讳而不书。《宦官·王守澄传》：宪宗疾大渐，内官陈弘庆等弑逆。弘庆当即弘志，唐世宦官之名，异同最多。宪宗英武，威德在人。内官秘之，不敢除讨，但云药发暴崩。时守澄与中尉马进潭、梁守谦、刘承偕、韦元素等定册立穆宗皇帝。《新书》则云守澄亦与弑逆之谋。不与逆谋，安能与于定策？恐当以《新书》为是。《新书·郭后传》云：宣宗立，于后诸子也，而母郑故侍儿，有曩怨，《郑后传》云：本李锜侍人。锜诛，没入掖庭，侍后。宪宗幸之，生宣宗。帝奉养礼稍薄。后郁郁不聊。与一二侍人登勤政楼，将自殒。左右共持之。帝闻，不喜。是夕，后暴崩。有司上尊谥，葬景陵外园。太常官王皞请后合葬景陵，以主祔宪宗室。帝不悦，令宰相白敏中让之。皞曰："后乃宪宗东宫元妃，事顺宗为妇，历五朝母天下，不容有异论。"敏中亦怒。周墀又责谓。皞终不挠。墀曰："皞信孤直。"俄贬皞句容令。今江苏句容县。懿宗咸通中，皞还为礼官，申抗前论，乃诏后主祔于庙。《通鉴考异》引《实录》曰：五月戊寅，以太皇太后寝疾，权不听政。宰臣率百寮问太后起居。己卯，复问起居。下遗令。是日，太后崩。初上篡位，以宪宗遇弑，颇疑后在党中，至是暴得疾崩，帝之志也。又引裴延裕《东观奏记》曰：宪宗皇帝晏驾之夕，上虽幼，颇记其事。宣宗生于元和五年，是时年十一岁。追恨光陵商臣之酷，即位后，诛鉏恶党，无漏网者。郭太后以上英察孝果，且怀惭惧，时居兴庆宫，一日，与一二侍儿同升勤政楼，倚衡而望，便欲殒于楼下，欲成上过。左右急持之，即闻于上。上大怒。其曰，太后暴崩，上志也。又曰：太后既崩，丧服许如故事。礼院检讨官王皞抗疏请后合葬景陵，配享宪宗庙室。既入，上大怒。宰臣白敏中召皞诘其事。皞对云云。正文：皞曰："太皇太后，汾阳王之孙，宪宗在东宫为正妃，逮事顺宗为妇。宪宗厌代之夕，事出暧昧。太皇太后母天下历五朝，岂得以暧昧之事，遽废正适之礼乎？"敏中怒甚。皞辞气愈厉。诸相会食，周墀立于敏中之门以俟之。敏中使谢曰："方为一书生所苦，公第先行。"墀入至敏中厅问其事。见皞争辩方急，墀举手加额叹皞孤直。翼日，皞贬润州句容县令。周墀亦免相。《考异》云：《实录》所言暴崩事，皆出于《东观奏记》。若实有此事，则既云是夕暴崩，何得前一日下诏，云以太后寝疾，权不听政？若无此事，廷裕岂敢辄诬宣宗？或者郭后实以病终，而宣宗以平日疑忿之心，欲黜其礼，故皞争之。说近调停。太后即以病终，又安知非因其病而杀之？亦无解于穆宗商臣之酷之疑也。利害所系，枢机之内，矛戟生焉。不能克己复礼，而欲饵金石以求长生，适见其惑矣。《旧书·本纪》载元和五年，宪宗与宰臣论神仙事。李藩对曰："秦皇、汉武受惑，卒无所得。文皇帝服胡僧长生药，暴疾不救。古诗云：服食求神仙，多为药所误。君人者但务求理，四海乐推，社稷延永，自然长年也。"《韩愈传》：愈谏迎佛骨，宪宗怒甚，将加极法。裴度、崔群谏。上曰："愈言我奉佛太过，我犹为容之，至谓东汉奉佛之后，帝王咸致天促，何言之乖剌也？愈为人臣，敢尔狂妄，固不可赦。"及至潮阳上表，宪宗谓宰臣曰："昨得韩愈到潮州表，因思其所谏佛骨事，大是爱我。我岂不知？然愈为人臣，不当言人主事佛乃年促也。"《皇甫镈传》：柳泌言天台山多灵草。愿为长吏，因以求之，遂以为台州刺史。谏官论奏曰："列圣亦有好方士者，亦与官号，未尝令赋政临民。"完宗曰："烦一郡之力，而致神仙长年，臣子于君父何爱焉？"由是莫敢言者。合观诸文，而宪宗之所求者可知矣，亦可鄙矣。潮阳郡，即潮州。

穆宗既立，吐突承璀及澧王皆见杀。敬宗时，中尉马存亮论承璀之冤，乃诏雪焉。《新书·宦者传》言：唐世中人，以忠谨称者，惟存亮、西门季玄、严遵美三人，足见承璀之无罪。承璀是时，仍为左神策中尉，兵权在手，《旧书·宦官传》内官不敢除讨之语，盖正指承璀言之？案《旧书·承璀传》：承璀自淮南召还，事在元和八年。《通鉴考异》引《实录》同。《实录》又载承璀出监淮南军，事在六年十一月。而惠昭之薨，在是年闰十二月，穆宗立为太子，在七年七月，其时承璀实不在京师。然承璀欲立澧王之说，新旧《书·澧王》及《崔群传》皆同。《通鉴考异》疑宪宗末年，承璀欲废太子而立澧王，揣测无据。东宫之位久定，是时安可动摇？承璀、澧王既死，皇甫镈亦贬崖州司户，是年十二月，卒于贬所。制以剥下及恣求方士为罪，乃诬罔之辞。又云：以矫迹为孤立，用塞人言，则不膺誉之矣。足见攻之者之诬罔也。胡三省《通鉴注》云：以其附承璀欲立澧王，则近之矣。然镈依附承璀，亦无确据。窃疑镈与承璀，是时实有讨贼之谋而未及发，《旧书》不敢除讨之语，乃就其迹言之，而未及原其心；抑病其当断不断也？

第四节　穆宗时藩镇叛服

元和十五年，穆宗既立，改恒州为镇州。是岁，王承宗死。二子为质在朝，军中立其弟承元。时年十八。密疏请帅。诏移田弘正于成德，李愬自昭义徙魏博，刘悟自义成徙昭义，而徙承元于义成。又以田布为河阳、怀、孟节度使。布者，弘正子，弘正使率偏师攻淮西者也。邻镇以两河近事讽承元，承元不听。既闻滑州之命，诸将号哭喧哗。承元谕之曰："李师道未败时，议赦其罪，师道欲行，诸将止之，他日杀师道者，亦诸将也。公辈幸勿为师道之事，敢以拜请。"遂拜。诸将泣涕不自胜。承元乃尽出家财，籍其人以散之。酌其勤者擢之。衙将李寂等十数人固留。承元斩之，军中始定。此可见唐中叶后将擅于兵之概矣。明年，为长庆元年。正月，刘总弃官为僧。初总自弑逆后，每见父兄为祟，甚惨惧。乃于官署后置数百僧，厚给衣食，令昼夜乞恩谢罪。每公退，则憩于道场。若入他室，则恼惕不敢寐。晚年恐悸尤甚。故请落发为僧，冀以脱祸。兼请分割所理之地，然后归朝。其意：欲以幽、涿、营州为一道，请张弘靖理之。瀛、莫为一道，瀛州，今河北河间县。请卢士玫理之。平、蓟、妫、檀为一道，平州，今河北卢龙县。妫州，今怀来县。请薛平理之。平者，嵩子，知河朔之俗而忠于朝廷。士玫时为京兆尹，与总为内姻，以文儒进而端厚。可谓人之将死，其言也善矣。穆宗初以总为天平节度使。既闻落发，乃赐紫，号大觉师。总行至易州界，暴卒。此从《旧书》。《新书》云：军中拥留不得进，杀首谋者十人，间道夜去。至定州卒。宰臣崔植、杜元颖，欲重弘靖所授而省其事局，惟割瀛、莫两州，以士玫为观察使，其他郡县，悉以弘靖为卢龙军节度使统之。河朔三镇，至兹全服矣。然未几而变起。

《旧书·张弘靖传》曰：弘靖入幽州，蓟人无老幼男女，皆夹道观。河朔军帅，冒寒暑多与士卒同，无张盖安舆之别。弘靖久富贵，又不知风土，入燕之时，肩舆于三军之中，蓟人颇骇之。弘靖以禄山、思明之乱，始自幽州，欲于事初革其俗，乃发禄山墓，毁其棺椁，人尤失望。从事有韦雍、张宗厚数辈，复轻肆嗜酒。常夜饮醉归，烛火满街，前后呵叱，蓟人所不习。又雍等诟责吏卒，多以反虏名之。谓军士曰："今天下无事，汝辈挽得两石弓，不如识一丁字。"军中以意气自负，深恨之。刘总归朝，以钱一百万贯赐军士，弘靖留二十万贯充军府杂用。蓟人不胜其愤，遂相率以叛。囚弘靖于蓟门馆，执雍、宗厚辈数人皆杀之。续有张彻者，自远使回，军人以其无过，不欲加害，将引置馆中。彻不知其心，遂索弘靖所在，大骂军人，亦为乱兵所杀。明日，吏卒稍稍自悔，悉诣馆请弘靖为帅，愿改心事之。凡三请，弘靖卒不对。军人乃相谓曰："相公无言，是不赦吾曹必矣。军中岂可一日无帅？"遂取朱洄为兵马留后。洄者，滔之孙也。其子曰克融。《旧书·传》曰：克融少为幽州军校，事刘总。总将归朝，虑有变，籍军中素有异志者，荐之阙下，克融亦在籍中。崔植、杜元颖谓两河无虞，遂奏勒归镇。幽州军乱，洄废疾于家，众欲立之，洄自以老且病，推克融统军务焉。《总传》言：总请分割所理之地，仍籍军中宿将，尽荐于阙下。因望朝廷升奖，使幽、蓟之人，皆有希羡爵禄之意。崔植、杜元颖，不为久大经略，总所荐将校，在京师旅舍中，久而不问。朱克融辈，仅至假衣丐食，日诣中书求官，不胜其困。及除弘靖，又命悉还本军。克融辈深怀觖望，其后果为叛乱。《弘靖传》同。此等皆成败论人之辞。河朔诸帅，养尊处优久矣，能冒寒暑与士卒同甘苦乎？习于乘马，不张盖安舆或有之，然此可谓同甘苦乎？裴度之入蔡也，李愬具橐鞬候度马首。度将避之。愬曰："此方不识上下等威之分久矣，请公因以示之。"度乃以宰相礼受愬迎谒，众皆耸观。此不甚于肩舆乎？何以蔡人不叛？发禄山墓而失望者，禄山之类乎？幽、蓟之民乎？蔡之旧令，途无偶语，夜不然烛；人或以酒食相过从者，以军法论。裴度乃约法：盗贼斗杀外，余尽除之。往来者不复以昼夜为限。当是时，其寮佐，得无有夜饮醉归者乎？而史云：蔡之遗黎，至是始知有生人之乐，何也？弘靖代韩弘帅宣武，以宽缓称，其寮佐，何至轻诟责士卒？韦雍、张宗厚，盖持纲纪最严者，故先见杀耳。即张彻亦贤者也。然则弘靖寮佐，盖极一时之选矣，有轻肆嗜酒之理乎？成德之归命，朝令谏议大夫郑覃往宣慰，赐钱一百万贯。刘总请去位，亦请支三军赏设钱一百万贯，盖已视为事例。时令宣慰使薛存庆与弘靖计会支给。弘靖即不知理体，岂有移充军府杂用之理？成德之受赐，田弘正奏王承元赴镇滑州，成德军征赏钱颇急，乃命柏耆先往谕之，可见虽有恩命，并非立给。幽镇之二十万贯，盖计会未能充数，非靳而不与也。是岁五月，授幽州大将李参已下十八人，并为刺史及诸卫将军，待之不可云薄。度得官者数必不少，史不能尽载耳。若以一夫觖望，即为措置不善，安得人人而悦之？克融滔之曾孙，其父又居军职，以当时军人之骄溢，安有暂客长安，仅至假衣丐食之理？即真至假衣丐食，亦如汉列侯之子贷从军，卢群之举钱豪贾耳。与小民举倍称之息者大异，安得以是为深怨？朱洄本叛逆之后，身虽病废，又使其子统众，此岂特私垄断而已，虽更厚酬，能满其欲乎？故知当时幽州之叛，实缘事势之艰难，史之归咎于张弘靖等者，皆所谓自比于逆乱，设淫辞而助之攻也。《旧书·萧俛传》云：穆宗即位之始，俛与段文昌，屡献太平之策。以为兵以靖乱，时已治矣，不宜黩武，劝穆宗休兵偃武。又以兵不可顿去，请密诏天下军镇有兵处，每年百人之中，限八人逃死，谓之消兵。藩籍之卒，合而为盗，伏于山林。明年，朱克融、王廷凑复乱河朔，一呼而遗卒皆至。朝廷方征兵诸藩，籍既不充，寻行招募，乌合之徒，动为贼败，由是复失河朔。盖消兵之失也，此亦诬罔之辞。宪宗所力战而得者，一淮西耳。以此而谓天下已平，俛与文昌，安得如此谬妄？致乱之本，实缘兵多，战守皆不足恃，而徒靡饷，而竭民力，消兵盖所以整军，非以偃武也。且是令之下，藩镇岂必奉行？《本纪》：长庆元年二月，天平军节度使马总奏：当道见管军士，三万三千五百人。从去年正月已后，情愿居农者放，逃亡者不捕。先是平定河南，及王承元去镇州，宰臣萧俛等不顾远图，乃献销兵之议，请密诏天下军镇，每年限百人内破八人逃死，故总有是奏。此盖正因奉行者少，故特书之耳。即谓藩镇多能奉行，所裁者潜伏山林，亦岂皆迭于幽、镇，能一呼而即集？遗卒之所求者，口实耳，非蓄意谋叛也。又何以幽、镇一呼即集，而朝廷召募，则只得乌合之徒乎？

张弘靖之见囚，事在七月十日，越旬有八日，而成德之变又作。《旧书·田弘正传》曰：弘正以新与镇人战，有父兄之怨，以魏兵二千为卫从，十一月二十六日至镇州。元和十五年。仍表请留为纪纲之仆。其粮赐请给于有司。度支使崔倰，固阻其请。明年七月，归卒于魏。是月二十八日夜，军乱，弘正并家属、参佐、将吏等三百余口并遇害。《崔倰传》云：倰固言魏、镇各有镇兵，朝廷无例支给。恐为事例，不可听从。此事似失之吝。然弘正至镇州八阅月矣，何以犹不能绥其众？《弘正传》又云：其兄弟子侄，在两都者数十人，竞为崇饰，日费约二十万。魏、镇之财，皆辇属于道。河北将卒，心不平之，故不能尽变其俗，竟以此致乱。则其所以失军心者，自别有在。崔倰即无吝粮赐，弘正能终安于镇乎？《新书·倰传》，言其性介洁，视臧负者若雠，其人自贤者也。结衙兵为乱者，王承元衙内兵马使王廷凑。廷凑，回鹘阿布思之种也，世为王氏骑将。既害弘正，遂自称留后。

幽州之乱，朝以刘悟为卢龙节度使，悟不肯行。《旧书·悟传》云：请授之节钺，徐图之。乃复以为泽潞节度使。《新书》云：至邢州，会王庭凑之变，不得入，还屯。进兼幽、镇招讨使，治邢。围临城，观望，久不拔。临城，今河北临城县。李愬闻田弘正死，素服以令三军。又以玉带、宝剑，与王承宗故深州刺史牛元翼。元翼承命感激，以剑及带令于军中，报曰："愿以众从。"愬方有制置，会疾作，不能治军。十月卒。时田布已移泾原，八月，起复为魏博节度使，而以牛元翼为深、冀节度使。时冀州已为王庭凑所据，遂围元翼于深州。卢士玫节度瀛、莫，莫州先陷，士玫罄家财以助军，坚拒累月，亦卒为其下阴导克融之兵以入，执送幽州。朝廷诏河东裴度，横海乌重胤，义武陈楚，与魏博、昭义同进讨。旋以度为幽、镇两道招抚使，牛元翼为成德节度使。十月，又以度为镇州四面行营都招讨使。左领军卫大将军杜叔良为深、冀行营节度使。旋以为横海节度使，代乌重胤。时王涯自东川上书，论两地用兵，力恐未及，宜先镇、冀而后幽、蓟。朝论盖采其说，疾重胤进兵之缓，故以叔良代之也。时元稹为翰林学士，与裴度不协，度上疏论之。有曰："翰苑旧臣，结为朋党。陛下听其所说，更访近臣。私相计会，更唱迭和，蔽惑聪明。臣自兵兴，所陈章疏，事皆要切，所奉书诏，多有参差。惜陛下委付之意不轻，被奸臣抑损之事不少。昨者臣请乘传诣阙，面陈戎事。奸臣之徒，最所畏惧。知臣若到御坐之前，必能悉数其过，以此百计止臣此行。臣又请领兵齐进，逐便攻讨。奸臣之党，必加阻碍。恐臣统率诸道，或有成功。进退皆受羁牵，意见悉遭蔽塞。复共一二憸狡，同辞合力。或两道招抚，逗留旬时。或遣蔚州行营，拖曳日月。但欲令臣失所，使臣无成，则天下理乱，山东胜负，悉不顾矣。为臣事君，一至于此。"此固朋党之论，然当时诸道骈进，苦乏统率之人。度故相，尝有平蔡之功，虽未必将才，以资望则差堪承乏，而又内外乖连如此，其于攻取，自更不利矣。杜叔良本依宦者进，无方略。十二月，大败于博野，今河北蠡县。仅以身免。时李光颜已帅凤翔，乃又移之忠武，以为深州行营节度使，以代叔良。朝议以朱克融能保全张弘靖，而王廷凑杀害田弘正，可赦燕而诛赵，遂以克融为卢龙节度使。然二寇仍相结。《旧书·王庭凑传》曰：时诸镇兵十五余万，才出境，便仰给度支。置南北供军院。既深入贼境，辇运艰阻，刍薪不继，诸军多分番樵采。俄而度支转运车六百乘，尽为廷凑邀虏，兵食益困。供军院布帛衣赐，往往在途为诸军强夺，而县军深斗者，率无支给。又每军遣内官一人监军，悉选骁健者自卫，赢懦者即战，以是屡多奔北。而廷凑、克融之众，不过万余而已。贼围深州数重，虽李光颜之善将，亦无以施其方略焉。然则昭义观望，河东、横海，皆顿不得进，义武虽有战斗，而孤军无济于事，业已情见势绌矣，而魏博之变又作。

田布之入魏州也，禄俸月入百万，一无所取；又籍魏中旧产，无巨细，计钱十余万贯，皆出之以颁军士；盖其父以聚敛败，故为此以挽军心也，然无及矣。衙将史宪诚，其先奚也，自其父从魏博军。布用为先锋兵马使，精锐悉委之。时屡有急诏，促令进军。布以魏军三万七千，结垒于南宫县之南，十月。南宫，今河北南宫县。进军下贼二栅。十二月。宪诚阴有异志；而魏军骄侈，怯于格战；又属雪寒，粮饷不给，愈无斗志。俄有诏分布军与李光颜合势，东救深州，其众自溃，多为宪诚所有。布所得者，八千而已。还魏州。《新书》本传：众溃。皆归宪诚，惟中军不动。布以中军还魏。会诸将复议兴师。将卒益倨。咸曰："尚书能行河朔旧事，死生以之，若使复战，皆不能也。"布度众终不为用，即为遗表，授从事李石，人启父灵，抽刀自刺，曰："上以谢君父，下以示三军。"言讫而绝。朝廷无如何，即以宪诚为魏博节度使。于是形势愈绌。二月朔，遂洗雪王庭凑，以成德授之，而移牛元翼于山南东道。是月，以元稹同平章事，裴度为东都留守。朱克融、王庭凑合兵攻深州不解，度与书谕之，克融还镇，廷凑攻城亦缓，元翼乃率十余骑突围出。廷凑入，尽杀元翼亲将臧平等百八十人。元翼闻之，愤恚卒。其家先在镇州，朝廷累遣中使取之，廷凑迁延不遣，至是乃尽屠之。

王庭凑之围牛元翼也，棣州亦为贼所窘。棣州，今山东惠民县。朝委薛平救援。平遣将李叔佐以兵五百救之。居数月，刺史王稷，馈给稍薄。兵士怨怒，宵溃而归。推突将马狼儿为帅。行劫镇兵，得七千余人，逼青州。平悉府库并家财募精卒二千击平之。时长庆元年十一月也。

《旧书·刘悟传》云：监军刘承偕，颇恃恩权，对众辱悟，又纵其下乱法，悟不能平。异日，有中使至，承偕宴之，请悟。悟欲往，左右曰："往必为其困辱矣。"军众因乱，悟不止之。乃擒承偕至衙门，杀其二仆。欲并害承偕，悟救之获免。朝廷不获已，贬承偕。自是悟颇纵恣，欲效河朔三镇。朝廷失意不逞之徒，多投寄潞州以求援。往往奏章论事，辞旨不逊。案《旧书》之说，本于《实录》。《新书》则云：承偕与都将张问，谋缚悟送京师，以问代节度事。悟知，以兵围之。《忠义·贾直言传》云：承偕与慈州刺史张汶谋缚悟。杜牧《上李司徒书》云：其军乱，杀磁州刺史张汶。综观诸文，承偕之于悟，殆欲效吐突承璀之于卢从史而不克也。《旧书·裴度传》云：悟因承偕，诏遣归京，悟托以军情，不时奉诏。度至京师，上以为问。度曰："陛下必欲收忠义之心，使天下戎臣，皆为陛下死节，惟有下半纸诏书，言任使不明，致承偕乱法，令悟集三军斩之。如此，则万方毕命，群盗破胆，天下无事矣。"上俯首良久曰："朕不惜承偕。缘是太后养子，今被囚系，太后未知。如卿处置未得，可更议其宜。"度与王播等复奏曰："但配流远恶处，承偕必得出。"上以为然。承偕果得归。承偕与立穆宗，而为太后养子，宪宗之所以死，愈可推见。裴度攻之甚烈，可见其不与此曹为党，此其所以不获人相欤？承偕之见囚，事在长庆二年二月。

是岁三月，复有王智兴之乱。智兴，徐州将。抗李纳及李师道皆有功。河朔复乱，穆宗以为武宁军节度副使，河北行营都知兵马使，以徐军三千渡河。徐之劲卒，皆在部下。节度使崔群，虑其旋军难制，密表请追赴阙，授以他官。事未行，会赦王廷凑，诸道班师。智兴先期入境，斩关而入，杀军中异己者十余人。然后诣衙谢，曰："此军情也。"群治装赴阙。智兴遣兵士援送群家属，至埇桥，遂掠盐铁院缗帛，及汴路进奉物；商旅赀货，率十取七八。逐濠州刺史侯弘度。朝廷不能讨，遂授以武宁军节度，徐、泗、濠观察使。

王日简者，镇州小将。事王武俊。承宗殁，军情不安，自拔归朝。镇州杀田弘正，穆宗召问计。日简极言利害，兼愿自效。因授德州刺史。明年，擢拜横海军节度使。代杜叔良。赐姓李氏，名全略。旋以李光颜为横海，忠武、深冀行营并如故。全略为德棣节度使。以光颜县军讨贼，艰于馈运，以沧、景、德、棣等州，俾之兼管，以便飞挽也。时已赦成德。光颜兵闻当留沧、景，皆大呼而走。光颜不能制，因惊惧成疾。上表固辞横海节，乞归许州。许之。乃复以全略为横海。全略令子同捷入侍。逾岁归，奏授沧州长史，知州事，兼主中军兵马。棣州刺史王稷善抚众，且得其心，全略忌而杀之，仍孥戮其属。事在长庆二年九月，见《纪》。稷，锷子。锷以为岭南富，稷留京师，为奉权要。《传》云：是年为德州刺史，广赍金宝仆妾以行。全略利其货而图之，故致本州军乱，杀稷。家无遗类。男叔恭，时年五岁，郡人宋忠献匿之获免，其室女为全略所虏，以妓媵处之。凡所为事，大率类此。

张弘靖之帅卢龙也，以李愿代为宣武。愿，晟子。弘靖为汴帅，以厚赏安士心。及愿至，帑藏已竭，而愿恣其奢侈。不恤军政，而以威刑驭下。又令妻弟窦缓将亲兵，亦骄傲黩货。长庆二年七月，衙将宿直者斩缓。愿走。立衙将李帬为留后，以邀旌钺。诏三省官与宰相议其事。皆以为宜如河北故事，授帬节。李逢吉曰："河北之事，盖非得已。今若并汴州弃之，则是江淮以南，皆非国家有也。"议未决，会宋、亳、颍三州皆请别命帅。上大喜，以逢吉议为然。逢吉因请"以将军征帬入朝，以义成节度使韩充镇宣武。充，弘之弟，素宽厚得众心。脱帬旅拒，命徐、许攻其左右，而滑军蹙其北，充必得入矣"。从之。帬不奉诏。宋州刺史高承简，乘城拒帬。李光颜、王智兴及兖海曹华，各出兵讨帬。韩充亦进军。八月，其都知兵马使李质，与监军姚文寿杀帬迎充。浙西观察使窦易直，闻帬逐愿，欲出官物赏军。或曰："赏给无名，却恐生患。"乃已。军士已闻之。时江淮旱，水浅，转运司钱帛委积，不能漕。州将王国清指以为赏，激讽州兵谋乱。先事有告者，乃收国清下狱。其党数千篡出之，因欲大剽。易直登楼谓将吏曰："能诛为乱者，每获一人，赏千万。"众喜，倒戈击乱党。擒国清等三百余人，皆斩之。于是以曹华帅义成，而移高承简于镇海。韩充入汴，密籍部伍，得尝构恶者千余人，一日下令，并父母妻子立出之。

宪宗之平淮西，论史者颇称之，而訾德宗之失于庙算，穆宗之不能守成，此成败论人之见也。宪宗之用兵，实无以异于德宗及穆宗，其成败不同，亦时会为之耳。且宪宗实未能全服河北。幸而早死，遂成竖子之名，设迟之一、二年，朱克融、王庭凑、史宪诚之变作，亦未必不情见势绌也。太和时，杜牧作《罪言》，论山东之事曰："上策莫如自治。当贞元时，山东有燕、赵、魏叛，河南有齐、蔡叛；梁、徐、陈、汝、白马、孟津、襄、邓、安、黄、寿春，皆戍厚兵，才足自护；遂使我力解弛，熟视不轨者，无可奈何。阶此，蜀亦叛，吴亦叛。其他未叛者，迎时上下，不可保信。自元和初至今二十九年间，得蜀，得吴，得蔡，得齐，收郡县二百余城，所未能得，惟山东百城耳。土地、人户、财物、甲兵，较之往年，岂不绰绰乎？亦足以自为治也。不自治，是助虏为虏。环土三千里，植根七十年，复有天下阴为之助，则安可以取？中策莫如取魏。魏能遮赵，既不可越魏以取赵，固不可越赵以取燕，故魏在山东最重。黎阳距白马津三十里，新乡距孟津百五十里，白马津，在今河南滑县北。新乡，今河南新乡县。孟津，在今河南孟县南。是二津者，虏能溃其一，则驰入成皋不数日间，故魏于河南亦最重。元和中，举天下兵诛齐，顿之五年无山东忧者，以能得魏也。昨日诛沧，顿之三年无山东忧者，亦以能得魏也。长庆初诛赵，一日五诸侯兵四出溃解，以失魏也。昨日诛赵，罢如长庆时，亦以失魏也。故河南、山东之轻重在魏。非魏强大，地形使然也。最下策为浪战。不计地势，不审攻守是也。兵多粟多，驱人使战者，便于守；兵少粟少，人不驱自战者，便于战。故我常失于战，虏常困于守。山东叛且三、五世，后生所见，言语举止，无非叛也，以为事理正当如此，沈酣入骨髓，无以为非者。至有围急食尽，啖尸以战。以此为俗，岂可与决一胜一负哉？"此说于德宗以后，藩镇叛服形势，言之殊为了然。元和之得魏，果自为之乎？抑事势之适然也？抑少诚、少阳虽悖戾，实自守虏，非希烈狼奔豕突比。而其地实孤立，四面皆唐朝州县，故取之实不甚难。会昌时，刘稹叛，杜牧与李德裕书，自言尝问董重质以三州之众，四岁不破之由。重质以为由朝廷征兵太杂，客军数少，既不能自成一军，事须帖付地主。势赢力弱，心志不一，多致败亡。故初战二年，战则必胜，是多杀客军。及二年已后，客军殚少，止与陈许、河阳全军相搏，纵使唐州兵不能因虚取城，蔡州事力，亦不支矣。元和平蔡，关键如此，河北情势，固自不同。征兵太杂，则杜牧所谓浪战也。宪宗攻淮西，韩愈尝言："兵不多不足以取胜，必胜之师，利在速战。兵多而战不速，则所费必广。欲四道置兵，道率三万，蓄力伺利，一日俱纵，使蔡首尾不救。"长庆时，白居易亦上言，以为兵多则难用，将众则不一。宜诏魏博、泽潞、定、沧四节度，令各守境，以省度支赏饷。每道各出锐兵三千，使李光颜将。光颜故有凤翔、徐、滑、河阳、陈许军，无虑四万，可径搏贼，开弓高粮路，合下博，县，在今深县东。解深州之围，与牛元翼合。还裴度招讨使，使悉太原兵西压境，见利乘隙夹攻之。间令招谕，以动其心。未及诛夷，必自生变。此为当时兵事症结。皆苦兵多不能持久，至势穷力屈也。此情势，元和与建中、长庆，有以异乎？无以异乎？历代戡乱之主，孰不以一成一旅兴？兵苟可用，原不在多。宪宗之用吐突承璀，穆宗之用杜叔良，其意原出一辙，而惜乎禁兵之不足用也。然李晟崎岖二寇间，卒定京邑，亦已小收其效矣，而惜乎后来之无以为继也。此则德宗之委任宦官实为之，然此弊，宪宗亦未能免也。《旧书》言申、蔡之始，人劫于希烈、少诚之虐法，而忘其所归；数十年后，长者衰丧，而壮者安于毒暴，而恬于搏噬；地虽中州，人心过于夷貉。乃至搜阅天下良锐，三年而后克者？彼非将才而力备，盖势驱性习，不知教义之所致也。此与杜牧所言河朔之俗，曾何以异？然果能终劫其众乎？裴度除苛法而民乐更生，已述如前矣。淄青自正己至师道，大将持兵于外者，皆质其妻子。或谋归款于朝，事泄，其家无少长皆杀之。此亦以虐法劫其众者也，可终恃乎？然欲削平之，固非恃实力不可。此在河北，自远较淮西为难。使宪宗而处建中、长庆之时，亦必无以善其后也。

第五节　穆敬荒淫浪荡

　　宪宗之任用宦官，虽为失政，然其能用孤立之皇甫镈，则要不失为英明，以是时朋党之中，实无佳士也。唐世不党之士，多为公忠体国之人，而多蒙恶名，以是时朋党势大，史或成于其手，或虽不然，而所据者仍系党人之说也。英明之君主，未尝不思擢用不党之人，但朋党力大，卒不能胜耳。即君主之信任宦官，亦未必不由于此也。及穆宗立，皇甫镈贬，则不党之局破；而宦官以拥立之故，威权愈重，得信任愈专；而穆宗性又顽嚣，惟务嬉戏；政事遂至大坏矣。

　　皇甫镈既贬，萧俛、段文昌相。俛与镈及令狐楚同年登进士第，其相，史云楚援之，虽罪镈而未尝累及其朋侪，足征镈之不党也。七月，楚以为山陵使亲吏臧污事发出，崔植相。明年，为长庆元年，王播入，俛亦罢。播以元和十三年，出为西川。《旧传》云：皇甫镈贬，播累表求还京师。又《萧俛传》云：播广以货币赂中人权幸，求为宰相。段文昌复左右之。俛性疾恶，于延英面言播之奸邪，纳贿喧于中外，不可以污台司。帝不之省。俛遂三上章求罢相位。盖穆宗奢侈，故播欲以财利自效。播固才臣，元和时亦尝见用，然元和能节啬以事藩镇，而长庆侈欲无极，则其敛之同而用之者，大不同矣。播既至，拜刑部尚书，领盐铁、转运等使。文昌代为西川。杜元颖相。十月，播亦兼中书侍郎、同平章事，领使如故。此等更迭，初未足以引起风波也，而裴度、李逢吉之党，于此时大纵，遂至推波助澜，纷纭者数十年焉。

《旧书·李宗闵传》曰：宗闵与牛僧孺，同年登进士第，又同年登制科。应制之岁，李吉甫为宰相，当国。宗闵、僧孺对策，指切时政之失，无所回避。考策官杨于陵、韦贯之、李益等第其策为中等。不中第者，注解牛、李策语，同为唱诽。又言翰林学士王涯甥皇甫湜中选，考核之际，不先上言。裴垍时为学士，居中覆视，无所异同。吉甫泣诉于上前。宪宗不得已，罢涯、垍学士，出于陵、贯之。僧孺、宗闵，亦久之不调，随牒诸侯府。七年，吉甫卒，方入朝。穆宗即位，拜中书舍人。长庆元年，子婿苏巢，于钱徽下进士及第。其年，巢覆落，宗闵涉请托，贬剑州刺史。时吉甫子德裕为翰林学士，钱徽榜出，与同职李绅、元稹连衡，言于上前，云："徽受请托，所试不公，故致重覆。"比相嫌恶，因是列为朋党。皆挟邪取权，两相倾轧。自是纷纭排陷，垂四十年。《旧书·钱徽传》：长庆元年，为吏部侍郎。时宰相段文昌出镇蜀川。文昌好学，尤喜图书古画。故刑部侍郎杨凭，兄弟以文学知名，家多书画。凭子浑之，尽以献文昌，求致进士第。文昌将发，面托徽。继以私书保荐。翰林学士李绅，亦托举子周汉宾于徽。及榜出，浑之、汉宾，皆不中选。李宗闵与元稹，素相厚善。初，稹以直道，谴逐久之。及得还朝，大改前志，由径以徽进达，宗闵亦急于进取。二人遂有嫌隙。右补阙杨汝士，与徽有旧。是岁，宗闵子婿苏巢，及汝士季弟殷士俱及第。文昌、绅大怒。文昌辞赴镇日，内殿明奏，言徽所放进士郑朗等十四人，皆子弟艺薄，不当在选中。穆宗访于学士。元稹、李绅对与文昌同。遂命中书舍人王起、主客郎中知制诰白居易重试。诏孔温业、赵存约、窦洵直所试粗通，与及第。裴撰特赐及第。郑朗等十人并落下。寻贬徽为江州刺史，宗闵剑州刺史，汝士开江令。初议贬徽，宗闵、汝士令徽以文昌、绅私书进呈，上必开悟。徽曰：苟无愧心，得丧一致。修身慎行，可以私书相证邪？令子弟焚之。人士称徽长者。案徽未必不虑其事牵涉太广，更致他祸，故不欲深究也。郑朗，覃之弟，裴撰，度之子也。开江，今四川开县。《德裕传》云：元和初用兵伐叛，始于杜黄裳诛蜀，吉甫经画，欲定两河，方欲出师而卒，继之者武元衡、裴度，而韦贯之、李逢吉沮议，深以用兵为非，相次罢相。故逢吉常怒吉甫、度，而德裕于元和时久之不调。逢吉、僧孺、宗闵，以私怨恒排摈之。时德裕与李绅、元稹，俱在翰林，情颇款密，逢吉之党深恶之。长庆以前党争之分野如此。裴度与元稹，固同为李逢吉所恶者也。而度与稹竟起戈矛，致为逢吉所乘。以同利为朋者，其离合变幻，诚匪夷所思矣。

元稹以元和元年应制举登第，除右拾遗。言事甚锐，为执政所忌，出为河南县尉。丁母忧，服除，拜监察御史。奉使东蜀。还，分务东台。多所举劾，以此为内官所伤，贬江陵府士曹参军。十四年，自虢州长史征还，为膳部员外郎。穆宗在东宫，闻妃嫔左右诵稹歌诗，尝称其善。荆南监军崔潭峻，甚礼接稹。长庆初，潭峻归朝，出稹《连昌宫辞》等奏御。穆宗大悦。即日转祠部郎中，知制诰。朝廷以书命不由相府，甚鄙之。唐人务于进取，有捷足者，每为人所妒忌。《旧书·武元衡传》：从父弟儒衡，正拜中书舍人。时元稹依倚内官，得知制诰，儒衡深鄙之。会食瓜阁下，蝇集于上。儒衡以扇挥之，曰："适从何来？遽集于此？"即此等见解，非知砥廉隅也。居无何，召入翰林，为中书舍人、承旨学士，中人以潭峻故，争与稹交。知枢密魏弘简，尤与相善。裴度三上章攻之。穆宗不得已，以稹为工部侍郎，弘简为弓箭库使。然及明年洗雪王庭凑，即罢崔植而相稹，度亦改东都留守矣。《旧书·度传》云：稹交结内官，求为宰相。虽与度无憾，然颇忌前达。度方用兵山东，每处置军事，有所论奏，多为稹辈所持。其请上罢兵，亦以欲罢度兵柄之故。当时河北形势，用兵实难坚持，究因欲罢度兵柄而罢兵？抑因罢兵而罢度兵柄？殊难质言，然其主张恐必出于宦官，而稹附和之，非稹自有主张也。谏官相率伏阁，诣延英门者日二三。帝知其谏，不即被召。皆上疏言时未偃兵，度有将相全才，不宜置之散地。乃诏度自太原由京师赴洛。三月，度至京师。以为淮南节度使。旋徐州奏王智兴逐崔群，乃使度复知政事，以王播代镇淮南。徐州之变，相一裴度，岂足慑之？明为言者多，处置不得不中变也。排度者岂能甘心？而于方之狱起矣。

时王庭凑、朱克融尚围牛元翼于深州。于方者，頔之子，时为和王傅。干进于稹，言："有奇士王昭、王友明，此据《旧书·元稹传》。《实录》初见作于友明，后作于启明，见《通鉴考异》。尝客燕、赵间，颇与贼党通熟，可反间以出元翼。仍自以家财资其行。又略兵、吏部令史，为出告身二十通，以便宜给赐。"稹皆然之。有李赏者，知方之谋，以稹与度有隙，乃告度云：方为稹所使，欲结王昭等刺度。度隐而不发。及神策中尉奏方事，乃诏三司使韩皋等讯鞫。害裴事无验，而前事尽露，遂俱罢稹，度平章事，而相李逢吉。穆宗即位，逢吉移山南东道。《旧书·传》云：逢吉于帝有侍读之恩，遣人密结幸臣，求还京师。长庆二年三月，召为兵部尚书。度在太原时，尝上表论稹奸邪，及同居相位，逢吉以为势必相倾，乃遣人告于方结客，欲为稹刺度。《度传》云：度自太原入朝，恶度者以逢吉善于阴计，乃自襄阳召入朝。度既复知政事，而魏弘简、刘承偕之党在禁中，逢吉用族子仲言之谋，因医人郑注，与中尉王守澄交结，内官皆为之助。五月，左神策军奏：李赏称于方受元稹所使，结客欲刺裴度。诏左仆射韩皋，给事中郑覃，与逢吉三人鞫之。狱未竟，罢

311

積为同州刺史，度为左仆射，逢吉代度为宰相。案于方之计，元稹所以然之者？《旧书》云：以天子非次拔擢，欲有所立以报上；《新书》云：稹之相，朝野杂然轻笑，思立奇节报天子，以厌人心；二者俱可有之。深州之围，岂可不解？欲解围而不能用兵，不得已而思用间，虽云无策，亦不为罪。结客刺度，事涉离奇，其必为虚构可知。度闻之，隐而不发，盖亦知其不足信？而神策遽为闻奏，吹皱一池春水，底事干卿？盖宦官之中，有与稹交欢者，亦有与之不快者，度则本无香火，故一举而并去之也。稹引宦官以倾度，而逢吉即袭其术以覆稹，此则所谓螳螂捕蝉，黄雀又随其后者矣。李仲言与郑注，皆志除宦官之人，谓其为逢吉介以交守澄，说必不然，别见下章第一节。

长庆三年三月，牛僧孺为相。李德裕先已罢学士，出为御史中丞。《旧传》云：李逢吉既得权位，锐意报怨。时德裕与牛僧孺，俱有相望。逢吉欲引僧孺，惧李绅与德裕禁中沮之，出德裕为浙西观察使。寻引僧孺同平章事。由是交怨愈深。《逢吉传》云：李绅有宠，逢吉恶之，乃除为中丞。又欲出于外。乃以吏部侍郎韩愈为京兆尹，兼御史中丞，放台参。以绅褊直，必与愈争。及制出，绅果移牒往来。愈性木强，遂至语辞不逊，喧论于朝。逢吉乃罢愈为兵部侍郎，绅为江西观察使。绅中谢日，帝留而不遣。《绅传》云：绅对中使泣诉，言为逢吉所排，中谢日，又面自陈诉，乃改授户部侍郎。愈亦复为吏部侍郎，见本传。此又见当日翰林中人，皆蟠结深固，不易动摇也。

穆宗好击鞠，狎俳优，喜观角抵杂戏。又盘于游畋，尝发神策兵浚鱼藻池，观竞渡。由复道幸咸阳，奉郭太后游华清宫。在今陕西临潼县南。幸安国寺观盂兰盆。作宝庆、永安殿。盛饰安国、慈恩、开业、章敬等寺，纵吐蕃使者观之。此隋炀帝之所为也。其时财政甚艰，军费尤困，而帝赏军殊厚；更益之以嬉游；赏赐嬖幸亦无度；于是经费益不能支，而河北之师，不得不罢矣。

帝生五子：长曰景王湛，即敬宗也。长庆二年十一月庚辰，击鞠禁中。有内官，欻然坠马，如物所击。上恐，罢鞠。升殿遽足不能履地。风眩就床。自是外不闻上起居者三日。十二月丁亥朔，庚寅，李逢吉率百寮至延英门请见。上不许。中外与度等三上疏请立皇太子。辛卯，上于紫宸殿御大绳床见百官。李逢吉奏景王成长，请立为皇太子。左仆射裴度又极言之。癸巳，诏立景王为皇太子。《新书·李逢吉传》曰：帝暴疾，中外阻遏。逢吉因中人梁守谦、刘弘规、王守澄议，请立景王为皇太子。帝不能言，颔之而已。盖议虽决于御殿时，实先因宦官密定之于禁中也。帝亦饵金石之药。四年正月崩。敬宗即位，时年十六。《新书·懿安皇后传》曰：帝崩，中人有为后谋称制者。后怒曰："吾效武氏邪？今太子虽幼，尚可选重德为辅，吾何与外事哉？"盖郭后原非知政治之人，故亦不欲与闻政事也。但中官图揽权者，大有人在，则跃然可见矣。

《旧书·李绅传》曰：中尉王守澄用事，李逢吉命门生故吏结托守澄为援以倾绅。《通鉴考异》：李让夷《敬宗实录》曰：逢吉用族子仲言之谋，因郑注与守澄，潜结上于东宫。且言逢吉实立殿下。上深德之。刘煦承之，为《逢吉传》，亦言逢吉令仲言赂注，求结于守澄。仲言辩谲多端，守澄见之甚悦，自是逢吉有助，事无违者。其《李训传》则云：训自流所还。丁母忧，居洛中，时逢吉为留守，思复为相，乃使训因郑注结王守澄。然则逢吉结守澄，乃在文宗时，非穆宗时也。二传自相违。逢吉结守澄，要为不诬，然未必因郑注。李让夷乃李德裕之党，恶逢吉，欲重其罪，使与李训、郑注，皆有连结之迹，故云用训谋因注以交守澄耳。绅族子虞，文学知名。隐居华阳，自言不乐仕进。时来京师省绅。虞与从伯耆、进士程昔范皆依绅。耆拜左拾遗，虞在华阳，寓书求荐，误达于绅。绅以其进退二三，以书诮之。虞大怨望。及来京师，尽以绅所密话逢吉奸邪附会之语告逢吉。逢吉大怒。问计于门人张又新、李续之。咸曰："搢绅皆自惜毛羽，孰肯为相公搏击？须得非常奇士出死力者。前邓州司仓刘栖楚，尝为吏镇州，王承宗以事绳之，栖楚以首触地固争，承宗竟不能夺。其果锐如此。若相公取为谏官，令伺绅之失，一旦于上前暴扬其过，恩宠必替。事苟不行，过在栖楚，亦不足惜也。"逢吉乃用李虞、程昔范、刘栖楚，皆擢为拾遗，以伺绅隙。俄而穆宗晏驾。敬宗初即位，逢吉快绅失势，虑嗣君复用之。张又新等谋逐绅。会荆州刺史苏遇入朝。遇能决阴事。众问计于遇。遇曰："上听政后，当开延英，必有次对官。欲拔本塞源，先以次对为虑，余不足恃。"群党深然之。逢吉乃以遇为左常侍。王守澄每从容谓敬宗曰："陛下登九五，逢吉之助也。先朝初定储贰，惟臣备知。时翰林杜元颖、李绅劝立深王，宪宗子，名悰。而逢吉固请立陛下。"李续之、李虞继献章疏。帝虽冲年，亦疑其事。会逢吉进拟，言"李绅在内署时，尝不利于陛下，请行贬逐"。帝初即位，方倚大臣，不能自执，乃贬绅端州司马。端州，今广东高要县。正人腹诽，无有敢言。惟翰林学士韦处厚上疏，极言逢吉奸邪，诬摭绅罪。天子亦稍开悟。会禁中检寻旧事，得穆宗时封书一箧。发之，得裴度、杜元颖与绅疏，请立敬宗为太子。帝感悟兴叹，悉命焚逢吉党所上谤书。由是谗言稍息，绅党得保全。观此，知朋党之相攻，实因宦官之置君如弈棋而愈甚也。《逢吉传》曰：朝士代逢吉鸣吠者：张又新、李续之、张权舆、刘栖楚、李虞、程昔范、姜洽、李仲言。八人居要剧，而胥附者又八人，时号八关、十六子。其中虞与昔范，固依附绅者，可见惟利是视者之离合无常。《通鉴考异》曰：宰相之门，何尝无特所亲爱之士，数蒙引接，询访得失，否臧人物？其间忠邪浑殽，固亦多矣。疏远不得志者，则从而怨疾之，巧立名目，以相讥诮。此乃古今常态，非独逢吉之门，有八关、十六子也。《旧逢吉传》以为有求于逢吉者，必先经此八人纳赂，无不如意，亦恐未必然。但逢吉之门，险诐者为多耳。此皆出于李让夷《敬宗实录》。按栖楚为吏，敢与王承宗争事，此乃正直之士，何得为佞邪之党哉？盖让夷、德裕之党，而栖楚为逢吉所善，故深诋之耳。此言于仕途情状，可谓烛照无遗。惟以刘栖楚为正士，恐未必然耳。《旧书·栖楚传》：敬宗坐朝常晚，栖楚出班，以额叩龙墀出血苦谏，久之不已。宰臣李逢吉出位宣曰：刘栖楚休叩头，候诏旨。栖楚捧首而起。因更陈论，磕头见血。上为之动容，以袖连挥令出。栖楚又云：不可臣奏，臣即碎首死。中书侍郎牛僧孺复宣示而出。又《文苑·崔咸传》：裴度自兴元入觐，逢吉不欲度复入中书，栖楚等十余人驾肩排度。朝士持两端者，日拥度门。一日。度留客命酒。栖楚矫求度之欢，曲躬附度耳语。咸疾其矫。举爵罚度曰："丞相不当许所由官咕嗫耳语。"度笑而饮之。栖楚不自安，趋出。此两事，可谓丑态毕露矣。即谓亦出造谤，王承宗岂足死之主邪？诬人者固如鸣吠，见诬者亦岂自惜羽毛之士？如涂涂附，两造皆一丘之貉耳。论人考所以必先德而后才，宁取难进易退之徒，不歆奔走后先之类也。

　逢吉虽一时得志，其势亦未能固。宝历元年正月，牛僧孺出。《旧书·僧孺传》云：宝历中，朝廷政事出于邪幸，大臣朋比，僧孺不奈群小，拜章求罢者数四。帝曰："俟予郊礼毕放卿。"及穆宗祔庙。郊报后，又拜章陈退。乃于鄂州置武昌军额，以僧孺为节度。僧孺在党人中，避祸之心，似较重于微利，故睹朝局纷纭，遂奉身而退，为趋避之计也。僧孺既退，逢吉之势盖稍孤？韦处厚遂再乘机援裴度。《度传》云：逢吉之党沮度，度之丑誉日闻。俄出为山南西道，不带平章事。长庆四年，牛元翼卒，王廷凑屠其家，帝叹宰辅非才，处厚上言，乃下制复兼同平章事。《逢吉传》云：宝历初，度连上章请入觐，逢吉之党，欲沮其来，张权舆撰"非衣小儿"之谣，传于闾巷，言度有天分，应谣谶，而韦处厚于上前解析，言权舆所撰。又令卫尉卿刘遵古从人安再荣告武昭谋害逢吉。武昭者，有才力，度破淮蔡时奖用之，累奏为刺史。及度被斥，昭以门吏，久不见用，客于京师，颇有怨言。逢吉冀法司鞫昭行止，则显裴度任用，以沮入朝之行。逢吉又与同列李程不协。大学博士李涉、金吾兵曹茅汇者，于京师贵游间，以气侠相许。二人出入程及逢吉之门。水部郎中李仍叔，程之族。谓昭曰："程欲与公，但逢吉沮之。"昭愈愤怒。因酒，与京师人刘审、张少腾说刺逢吉之言。审以告张权舆，闻于逢吉。即令汇召昭相见。厚相结托。自是疑怨之言稍息。逢吉待汇尤厚。及度求觐，无计沮之，即令讦昭事以暴扬其迹。李仲言诫汇曰："言武昭与李程同谋则活，不则死。"汇曰："冤死甘心，诬人以自免，予不为也。"及昭下狱，逢吉之丑迹皆彰。昭死，仲言流象州。汇流巂州。李涉流康州。今广东德庆县。李虞自拾遗为河南士曹。度自汉中召还，复知政事。逢吉出为山南东道。此事与于方之狱，如出一辙。朋党之相攻，真无所不至矣。

敬宗亦好击球。郓州尝进驴打球人。上御三殿，观两军、教坊、内园分朋驴鞠、角抵。戏酣，有碎首折臂者。好深夜自捕狐狸，宫中谓之打夜狐。遣中使至新罗取鹰鹞。屡合乐，陈百戏，赐教坊钱。常幸鱼藻宫观竞渡。又幸凝碧池，在今长安县境，唐时在禁苑中。令兵千余人于池中取大鱼，长大者送入新池。尝欲幸骊山，张权舆谏曰："昔周幽王幸骊山，为犬戎所杀；秦始皇葬骊山，国亡；玄宗宫骊山而禄山乱；先帝幸骊山，享年不长。"上曰："骊山若此之凶邪？我宜一往，以验彼言。"卒不听。又欲幸东都，以裴度谏而止，实则其时朱克融执赐春衣使，又与史宪诚各请助丁匠修东都，为所慑也。亦惑佛老，祷福祈年，浮屠、方士，并出入禁中。信道士刘从政、孙准、山人杜景先等。遣中使往各地采药，求访异人。性好土木，兴作相继。《本纪》：长庆四年八月，江王府长史段钊言："龙州近郭有牛心山，山有仙人李龙眠祠，颇灵应。玄宗幸蜀时，特立祠庙。"上遣高品张士谦往龙州检行。回奏："山有掘断处。"群臣言宜须修筑。时方沍寒，役民数万计。九月，波斯大商李苏沙进沈香亭子材。事亦见《李汉传》。宝历元年闰七月，诏度支进铜三千斤，金薄十万，翻修清思院新殿，及升阳殿图障。二年正月。以诸军丁夫二万入内穿池、修殿。又多所制造。时令浙西造盝子二十具，计用银一万三千两，金一百三十两，而当道在库贮备银无二三百两，留使钱惟有五万贯而已。又诏浙西织造可幅盘绦缭绫一千四，观察使李德裕不奉诏，乃罢。见《纪》长庆四年及《德裕传》。群臣争以进奉希宠。《本纪》：宝历元年七月，盐铁使王播进羡余绢一百万匹，仍请日进二万，计五十日方毕。播自掌盐铁，以正入钱进奉，以希宠固位，托称羡余物，议者欲鸣鼓而攻之。事亦见《播传》。又《裴度传》。度素称坚正，事上不回，故累为奸巧所排，几至颠沛。及晚节，稍浮沈以避祸。王播广事进奉以希宠，度亦掇拾羡余以效播。士君子少之。杜元颖为西川，箕敛刻削，工作无虚日，军民嗟怨。至南蛮入寇，遣人上表，谓"蜀人怨苦，祈我此行诛虐帅焉"。视朝不时，稍稍决事禁中。宦竖恣放，大臣不得进见。除授往往不由中书，多是内中宣出。宝历改元大赦，崔发为中官所殴。是月，右赞善大夫李光现与品官李重实争忿，以笏击重实流血。上以宗属，罚两月俸料。又殿中侍御史王源植街行，为教坊乐伎所侮，帝亦反贬源植。由是纲纪大坏。至于贼入宫门，进登御榻，且有品官与妖贼图不轨，至杖死千四百人焉。《旧书·本纪》：长

317

庆四年八月，妖贼马文忠，与品官季文德等，凡一千四百人，将图不轨，皆杖一百处死。此事颇类清代之林清，疑亦内官为主谋，观此，而知当时宫禁情势之危也。

　　帝既善击球，于是球工得见便殿，内籍宣徽院或教坊。球工皆出神策隶卒，或里闾恶少年。帝与狎息殿中为戏乐。四方闻之，争以趫勇进。所亲近既皆凶不逞，又小过必责辱，自是怨望。宝历二年十二月，帝猎夜还，与宦者刘克明等二十八人群饮。既酣，帝更衣，烛忽灭，克明与苏佐明、石定宽弑帝更衣室。二人，《旧纪》云：皆打球军将。矫诏召翰林学士路隋作诏书，命绛王悟宪宗第六子。领军国事。明日，下遗诏。绛王即位。克明等恃力，将易置左右，自引支党专兵柄。枢密使王守澄、杨承和，中尉梁守谦、魏从简，与宰相裴度共迎江王涵，穆宗第二子。发左右神策及六军飞龙兵讨之。克明投井死。杀其党数十人。绛王为乱兵所杀。江王立，更名昂，是为文宗。

第七章
文武宣三宗的抗争

第一节　甘露之变

穆敬之世，朝局之症结，果安在乎？曰：宦竖专权，士大夫不能出身犯难，而转与之相结。

宦竖之专横，可于刘蕡之策对见之。蕡以太和二年应贤良策对，极言宫闱将变，社稷将危，天下将倾，海内将乱，为国家已然之兆。其言曰："以亵近五六人，总天下大政，群臣莫敢指其状，天子不得制其心。祸稔萧墙，奸生帷幄，臣恐曹节、侯览，复生于今日。此宫闱之所以将变也。忠贤无腹心之寄，阉寺持废立之权。陷先君不得正其终，致陛下不得正其始。况皇储未建，郊祀未修，将相之职不归，名分之宜不定。此社稷之所以将危也。操其命而失之，是不君也。侵其命而专之，是不臣也。君不君，臣不臣，此天下所以将倾也。或有不达人臣之节，首乱者以安君为名，不究《春秋》之微，称兵者以逐恶为义，则政刑不由乎天子，攻伐必自于诸侯。此海内之所以将乱也。"其论当时之政事曰："亲近贵幸，分曹补署，建除卒吏，召致宾客。因其货贿，假其气势，大者统藩方，小者为牧守。居上无清惠之政，而有饕餮之害，居下无忠诚之节，而有奸欺之罪。故人之于上也，畏之如豺狼，恶之如雠敌。今海内困穷，处处流散。饥者不得食，寒者不得衣，鳏、寡、孤、独者不得存，老、幼、疾病者不得养。加以国之权柄，专在左右。贪臣聚敛以固宠，奸吏因缘而弄法。冤痛之声，上达于九天，下流于九泉。鬼神怨怒，阴阳为之愆错。君门万里，而不得告诉。士人无所归化，百姓无所归命。官乱人贫，盗贼并起。土崩之势，忧在旦夕。即不幸，因之以疾疬，继之以凶荒，臣恐陈胜、吴广，不独起于秦；赤眉、黄巾，不独起于汉。"于懿、僖时之政局，若烛照而数计焉。又曰："昔汉元帝即位之初，更制七十余事，其心甚诚，其称甚美，然而纪纲日紊，国祚日衰，奸宄日强，黎元日困者？以不能择贤明而任之，失其操柄也。"则欲革政治，非除宦官不可矣。又曰："夏官不知兵籍，止于奉朝请；六军不主兵事，止于养勋阶。军容合中宫之政，戎律附内臣之职。首一戴武弁，疾文吏如仇雠；足一蹈军门，视农夫如草芥。谋不足以翦除凶逆，而诈足以抑扬威福；势不足以镇卫社稷，而暴足以侵轶里闾。羁绁藩臣，干陵宰辅。隳裂王度，汩乱朝经。张武夫之威，上以制君父；假天子之命，下以御英豪。有藏奸观衅之心，无伏节死难之义。"则欲除宦官，又非去其兵权不可也。时考官畏中官，不敢取，然士人读其辞，至有感慨流涕者。谏官、御史、交章论其直。登科人李郃谓之曰："刘蕡不第，我辈登科，实厚颜矣。"上疏请以所授官让蕡。事虽不行，人士多之。而蕡卒为宦人所疾，诬以罪，贬柳州司户参军以卒。即此一端，宦官之专横可见矣。蕡对策，自言退必受戮于权臣之手；李郃讼蕡，亦曰："万有一，蕡不幸死，天下必曰陛下阴杀谠直。"然则蕡之贬谪，在宦人，已为慑于舆论而敛迹矣，尚复成何事体邪？

文宗性恭俭儒雅，出于自然。在藩时，喜读《贞观政要》。即位后，每延英对宰臣，率漏下十一刻。故事，天子只日视事。帝谓宰辅曰："朕欲与卿等每日相见，其辍朝、放朝，用双日可也。"其勤政如此。而其俭德尤为难及。甫即位，即革除先朝弊政。旋下诏放内庭宫人三千。停废教坊乐官、翰林待诏伎术官，并总监诸色职掌内冗员千二百七十。停给教坊及诸司衣粮三千分。解放五方鹰鹞。停造别诏所宣不在常贡内者。度支、盐铁、户部及州、府百司应供宫禁物，并准贞元元额。放还诸道所进音声女人。东头御马坊球场，却还龙武军。殿亭所司毁撤，余舍赐本军。城外坟墓，先有开凿，以备行幸，晓示百姓，任其修塞。其后此类诏旨甚多。并见《本纪》。且欲创建制度，率百官以俭朴，以挽奢侈之风。可参看太和四年四月、七年八月诏，皆见《纪》。史称其能躬行俭素，以率厉之。亦可谓难能矣。然不能除去宦官，以振纪纲，则终亦徒善、徒法而已。此文宗之所以悉力于此也。

文宗即位时，韦处厚与其事，《旧书》本传：宝历季年，急变中起。文宗底绥内难，诏命将降，未有所定。处厚闻难奔赴。昌言曰："春秋之法，大义灭亲。内恶必书，以明逆顺。正名讨罪，于义何嫌？不可依违，有所避讳。"遂奉藩教行焉。是夕，诏命制置，及践阼礼仪，不暇责有司，皆出于处厚之议。遂以为相。盖处厚善于裴度，帝之立，度与其谋，故处厚亦与其事也。于是刘栖楚等先后贬斥，李逢吉之党尽矣。太和二年十二月，处厚卒。路隋继相。三年八月，裴度荐李德裕为相，召为兵部侍郎，而李宗闵时为吏部侍郎。以中人之助同平章事，宗闵之相，《新书·本纪》在八月，《旧书》在七月，盖《旧纪》有夺文。德裕仍出为郑滑节度。四年正月，宗闵复引牛僧孺为相。至九月，裴度亦出为兴元。《旧书·李德裕传》云：度于宗闵有恩。征淮西时，请宗闵为彰义观察判官。自后名位日进。至是，恨度援德裕，罢度相位。于是朝局一变矣。然牛、李两党，皆蹈常习故，但为身谋，不足膺文宗之任使也。

　　是岁，文宗又以宋申锡为相。申锡，长庆初拜监察御史。二年，迁起居舍人。宝历二年，转礼部员外郎。寻充翰林学士。史称其始自策名，及在朝行，清慎介洁，不趋党与。当长庆、宝历之间，时风嚣薄，朋比大扇，及申锡被用，时论以为激劝。盖文宗所亲擢不党之士也。时宦官中权最大者为王守澄。《旧书·本纪》：太和元年二月，右军中尉梁守谦请致仕，以枢密使王守澄代之。五年，守澄军虞候豆卢著告申锡与漳王谋反。漳王凑，穆宗第六子，后追赠怀懿太子。即将以二百骑屠申锡之家。内官马存亮诤之。乃召三相告之。路隋、李宗闵、牛僧孺。又遣右军差人于申锡宅捕孔目官、家人，又于十六宅及市肆追捕胥吏，以成其狱。《旧书·怀懿太子传》：郑注令豆卢著告变，言十六宅宫市典晏敬则、朱训与申锡亲吏王师文同谋不轨。朱训与王师文言圣上多病，太子年小，若立兄弟，次是漳王，要先结托。乃于师文处得银五铤，绢八百匹。又晏敬则于十六宅将出漳王吴绫汗衫一领，熟线绫一匹，以答申锡。其事皆郑注凭虚结构，而擒朱训等于黄门狱，锻炼伪成其款。文宗召师、保、仆射、尚书丞、郎、常侍、给事、谏议舍人、御史中丞、京兆尹、大理卿，同于中书及集贤院参验其事。翼日，开延英，召宰臣及议事官，帝自询问。初议抵申锡死，仆射窦易直率然对曰：“人臣无将，将而必诛。”闻者愕然。左散骑常侍崔玄亮等十四人伏殿陛，请以狱付外。帝震怒，叱曰：“吾与公卿议矣，卿属第出。”玄亮固言，执据愈切，涕泣恳到。繇是议贷申锡于岭表。京兆尹崔琯、大理卿王正雅苦请出著与申锡劾正情状。帝悟，乃贬申锡开州司马。从而流死者数十人。漳王降封巢县公。而擢豆卢著为殿中侍御史。是役也，《旧书·申锡传》谓申锡既得密旨，乃除王璠为京兆尹，以密旨喻之。璠不能谋，而郑注与王守澄知之，潜为其备。豆卢著者，与注亲表。《新书》则谓璠漏言而注得其谋。其《璠传》云：郑注奸状始露，宰相宋申锡、御史中丞宇文鼎密与璠议除之，璠反以告王守澄，而注由是倾心于璠。其《李训传》谓甘露变后，璠见王涯，恚曰："公何见引？"涯曰："君昔漏宋丞相谋于守澄，今焉逃死？"又《旧书·李中敏传》言：太和六年夏旱，诏求致雨之方。中敏上言曰："仍岁大旱，非圣德不至，直以宋申锡之冤滥，郑注之奸弊。致雨之方，莫若斩注而雪申锡。"《新书》则云：天下士皆指目郑注，何惜斩一注以快忠臣之魂？似申锡之败，确由注与璠为之者。然注与璠皆甘露变时助文宗以图宦官之人，使诸说而可信，注、璠即不惜反覆，文宗岂能复任之？故知其说必不足信也。唐史所凭，乃当时众口传述之语，然众口传述之语，实不足信也。《旧书·申锡传》谓时中外属望大寮三数人廷辩其事，文宗所以博召众官，盖亦欲藉公论以折宦竖？乃窦易直有率尔之言，固争者仅谏官十四人及京兆、大理而已，何其寥寂也？外廷情势如此，欲为非常之举，安得不属望于孤寒新进之士邪？申锡以七年七月，殁于开州。《旧书传》云：申锡以时风侈靡，居要位者尤纳贿赂，遂成风俗，不暇更方远害，且与贞元时甚相背矣。自居内廷，及为宰相，约身谨洁，尤以公廉为己任，四方问遗，悉无所受。既被罪，为有司验劾，多获其四方受领所还问遗之状，朝野为之叹息。李中敏疏亦云："宋申锡位宰相，生平馈致一不受，其道劲正。"见《新书·中敏传》。植党与者必务声华，务声华者必难廉俭，此又欲为非常之举者，所以必求心腹之士于党人之外欤？

李德裕以太和四年十月，移帅西川。明年，吐蕃维州守将悉怛谋降，德裕请受之，牛僧孺为相，令执送还蕃，戮于境上。六年冬，德裕入为兵部尚书。十二月，僧孺出镇淮南。《旧书·传》云：由维州事，谤论沸然，帝亦不以为直。又云：时中尉王守澄用事，多纳纤人，窃议时政，禁中事密，莫知其说。盖两说而《传》兼采之？《德裕传》云：监军王践言入朝，知枢密，于上前言缚送悉怛谋，快戎心，绝归降之义，上颇尤僧孺。事究如何不可知，然其与宦官有关系，则似无疑义矣。七年二月，德裕遂以本官同平章事。六月，李宗闵亦罢。

郑注，《旧书·传》云：本姓鱼。始以药术游长安权豪之门。李愬为襄阳，得其药力，署为衙推。从愬移镇徐州，又为职事。军政可否，诉与之参决。时王守澄监徐军，深怒注。以军情患注白于愬。愬曰："彼奇才也，将军试与之语。"即令谒监军。守澄初有难色。及延坐与语，机辩纵横，尽中其意。遂延于内室，促膝投分，恨相见之晚。自是出入守澄之门，都无限隔。注与守澄有关系，自是事实，此说则近东野人之言，其不足信可知。守澄入知枢密，注仍依之。宋申锡之狱，史谓事由于注，其不足信，已辩于前。《传》又云：太和七年，注罢邠宁行军司马，入京师。御史李款閤内弹之，曰："郑注内通敕使，外结朝官，两地往来，卜射财货，昼伏夜动，干窃化权。人不敢言，道路以目。请付法司。"旬日内弹章十数。文宗不纳。寻授注通王府司马，充右神策判官。亦见《本纪》。《通鉴》云：款奏弹注，守澄匿注于右军。左军中尉韦元素、枢密使杨承和、王践言皆恶注。左军将李弘楚说元素诈为有疾，召使治之。来则延与坐，弘楚侍侧，伺中尉举目，擒出杖杀之。中尉因见上请罪，具言其奸。杨、王必助中尉。况中尉有翼戴之功，岂以除奸而获罪乎？元素以为然，召之。注至，蠖屈鼠伏，佞辞泉涌。元素不觉执手款曲，谛听忘倦。弘楚诇伺再三，元素不顾。以金帛厚遗注而遣之。弘楚怒曰："中尉失今日之断，必不免他日之祸矣。"因解军职去。顷之，疽发背卒。此说之不足信，与注见守澄旋相投分同，然亦可见是时左右军相争之烈也。《鉴》又云：王涯之为相，注有力焉，且畏王守澄，遂寝李款之奏。守澄言注于上而释之。寻奏为侍御史，充右神策判官。案太和元年，播以盐铁转运入相，领使如故，四年正月卒，王涯以吏部尚书，代之充使，及是年七月，以仆射拜相，领使如故。此乃奉行故事，安见其由注之力乎？《旧书·李德裕传》云：太和七年十二月，文宗暴风病，不能言者月余。八年，王守澄进郑注。注初构宋申锡事，帝深恶之，欲令京兆尹杖杀。至是，以药稍效，始善遇之。文宗与申锡，相契殊深，注苟与构申锡，岂易释然？而守澄亦安敢进之邪？李训即仲言，坐武昭事长流岭表，已见上章第五节。会赦得还。丁母忧，居洛中。《旧书·传》云：时李逢吉为留守，思复为相，训自言与郑注善，逢吉以为然，遗训金帛珍宝数百万，令持入长安以赂注，注得赂，甚悦。乘闲荐于守澄。守澄乃以注之药术，训之《易》道，合荐于文宗。此亦诬说。训之居洛，盖交结贤豪甚多？如郭行余，即在此时与训相善。其与郑注合，在于何时不可知，要必非因为逢吉行赂而致也。是年，太和八年。训补四门助教。十月，迁国子《周易》博士，充翰林侍讲学士。两省谏官伏阁切谏，不听。仲言此时更名为训，见《纪》。《旧书·李德裕传》曰：上欲授训谏官，德裕不可。上顾王涯：别与一官。遂授四门助教。制出，给事中郑肃、韩佽封之不下。谓封还。涯召肃面谕令下。训、注恶德裕排己，九月十日，召李宗闵于兴元，代德裕。出德裕为兴元。德裕自陈恋阙，不愿出藩。追敕，守兵部尚书。宗闵奏制命已行，不宜自便。寻改镇海军节度，代王璠。《璠传》云：李训得幸，累荐于上，召还复拜右丞。璠以逢吉故吏，自是倾心于训。亦莫须有之辞也。《德裕传》又曰：宫人杜仲阳，漳王养母。王得罪，放润州。九年三月，左丞王璠、户部侍郎李汉进状，论德裕在镇，厚赂仲阳，结托漳王，图谋不轨。案漳王已于八年薨，此追论德裕前在浙西时事。四月，帝召王涯、李固言、御史大夫。路隋、王璠、李汉、郑注等面证其事。璠、汉加诬构结，语甚切至。路隋奏曰："德裕实不至此。诚如璠、汉之言，微臣亦合得罪。"群论稍息。寻授德裕太子宾客，分司东都。其月，又贬袁州长史。袁州，今江西宜春县。路隋坐证德裕，出镇浙西。于是贾𬇕为相，而郑注以守太仆卿兼御史大夫。《通鉴》曰：上之立也，右领军将军仇士良有功，王守澄抑之，由是有隙。训、注为上谋，进擢士良，以分守澄之权。五月，以士良为左神策中尉。士良不悦。六月，韦元素、杨承和、王践言居中用事，与王守澄争权不协，训、注因之，出承和于西川，元素于淮南，践言于河东，皆为监军。杨虞卿者，李宗闵之党。时为京兆尹。是月，京师讹言郑注为上合金丹，须小儿心肝，密旨捕小儿无算。李固言奏，语出京兆尹从人。上怒，即令收虞卿下狱。翼日，贬虔州司马。李宗闵坐救虞卿，贬明州，再贬虔州。《新书·宗闵传》云：训、注又劾宗闵异时阴结驸马都尉沈𫑡，尚宪宗女宣城公主。内人宋若宪，宦者韦元素、王践言求宰相。《旧书·宗闵传》云：在宗闵为吏部侍郎时，但云因沈蟻结托若宪、承和，二人数称之于上前，故获征用。案宗闵为吏部侍郎，事在太和二年。且言顷上有疾，密问术家吕华，迎考命历，曰：恶十二月。而践言监军淮南，受德裕赇，复与宗闵家私。乃贬宗闵潮州司户参军事，蟻逐柳州，元素等悉流岭南，亲信并斥。《旧书·本纪》。事在八月。《通鉴》云：诏以杨承和庇护宋申锡、韦元素、王践言，与李宗闵、李德裕，中外连结，受其赂遗。承和可欢州安置，元素可象州安置，践言可恩州安置，今广东恩平县。今所在锢送。杨虞卿、李汉、萧浣刑部侍郎。为朋党之首。贬虞卿虔州司马，汉汾州司马，浣遂州司马。今四川遂宁县。寻遣使赐承和、元素、践言死。时崔潭峻已卒，亦剖棺鞭尸。此时两党俱逐，可谓快绝，而皆牵涉左军，且皆追溯宋申锡之狱，可见守澄之进训、注，实所以图左军，文宗及训、注，乃克以毒攻毒，尽去杨承和等，且因守澄之不疑而反图之也。

李宗闵之得罪也，李固言代为门下侍郎平章事。九月，复出为兴元。舒元舆与李训并相。《旧书·固言传》，谓训、注恶其与宗闵朋党。《通鉴考异》曰：固言锻炼杨虞卿狱，岂得为宗闵党从？《开成纪事》，谓郑注求为凤翔，固言不可，乃以固言为山南西道，注为凤翔。案是时文宗与训、注，实欲并宦官朋党而悉去之，固言之为宗闵党与否，亦无足深论也。中官陈弘庆，自元和末负弑逆之名。时为襄阳监军。召至青泥驿，在今陕西蓝田县境。遣人封杖决杀。《旧书·李训传》。《本纪》作陈弘志，事在九月。以王守澄为左右神策观军容使，兼十二卫统军。《旧纪》。貌尊崇之，实罢其禁旅之权也。《旧书·李训传》。帝令内养李好古赍鸩赐守澄。《纪》在九月。《旧传》云在元年，元乃九字之误。秘而不发。仍赠扬州大都督。其弟守涓，为徐州监军，召还，至中牟，诛之。《旧书·守澄传》。《纪》在十一月。中牟，今河南中牟县。于是元和逆党几尽，《新书·李训传》。而甘露之变起矣。

《旧书·李训传》云：训虽为郑注引用，及禄位俱大，势不两立。托以中外应赴，出注为凤翔节度使，俟诛内竖，即兼图注。约以其年十一月诛中官。乃以大理卿郭行馀为邠宁节度使，户部尚书王璠为太原节度使，京兆少尹罗立言权知大尹事，时以京兆尹李石为户部侍郎，判度支，代王璠，故以立言代石。大府卿韩约为金吾街使，刑部郎中知杂李孝本权知中丞事，皆训之亲厚者。冀王璠郭行余未赴镇间，广令召募豪侠，及金吾、台、府之从者，俾集其事。是月二十一日，帝御紫宸。韩约奏金吾左仗院树夜来有甘露。李训奏：陛下宜亲幸左仗观之。上乘软舆，出紫宸门，由含元殿东阶升殿。令宰相、两省官先往视之。还曰："恐非真甘露。"乃令左右军中尉、枢密、内臣往视。《新书》曰：顾中尉仇士良、鱼弘志等验之。既去，训召王璠、郭行余受敕旨。时两镇官健，皆执兵在丹凤门外，训已令召之。《通鉴》云：训已先使人召之，令入受敕。惟璠从兵入，邠宁兵竟不至。中尉、枢密至左仗，闻幕下有兵声，惊恐走出。《新书》云：会风动庑幕，见执兵者，士良等惊，走出。阍者欲扃镵之，为中人所叱，执关而不能下。《通鉴》云：士良叱之，关不得上。内官回奏《通鉴》云：士良等奔诣上告变。曰："事急矣。请陛下入内。"即举软舆迎帝。训殿上呼曰："金吾卫士上殿来。护乘舆者人赏百千。"内官决殿后罘罳，举舆疾趋。训攀呼曰："陛下不得入内。"《新书》云：士良曰：李训反。帝曰：训不反。士良手搏训而踬，训压之，将引刀靴中，救至，士良免。金吾卫士数十人随训而入。罗立言率府中从人自东来，李孝本率台中从人自西来，共四百余人，上殿纵击，内官死伤者数十人。训时愈急。逦迤入宣政门。内官郗志荣奋拳击其胸，训即僵仆于地。帝入东上阁门，门即阖。须臾，内官率禁兵五百人露刃出阁门，《宦官传》云：士良等率禁兵五百余人出东上阁门。《新书·训传》云：士良遣神策副使刘泰伦、陈君奕等率卫士五百挺兵出。《通鉴》云：士良等命左右神策副使刘泰伦、魏仲卿等各率禁兵五百人，露刃出閤门。遇人即杀。宰相王涯、贾𫗧、舒元舆方中书会食，闻难出走。诸司从吏，死者六七百人。训单骑走入终南山，投寺僧宗密。宗密欲剃其发匿之。从者止之。乃趋凤翔，欲依郑注。出山，为盩厔镇将宗楚所得。械送京师。训恐入军别受榜掠，乃谓兵士曰："所在兵有得我者即富贵。不如持我首行，免被夺取。"乃斩训，持首而行。《王涯传》云：涯等仓皇步出，至永昌里茶肆，为禁兵所擒。并其家属、奴婢，皆系于狱。仇士良鞫涯反状。涯实不知其故，械缚既急，榜笞不胜其酷，乃令手书反状，自诬与训同谋。谓涯全不知情，说亦可疑。狱具，左军兵马三百人领涯与王璠、罗立言，《通鉴》云：以李训首引王涯、王璠、罗立言、郭行余。右军兵马三百人领贾餗、舒元舆、李孝本，先赴郊庙，徇两市，乃要斩于子城西南隅独柳树下。《通鉴》云：命百官临视。《新书·郑注传》云：先是王守澄死，以十一月葬泸水。注奏言守澄国劳旧，愿身护丧。因群宦者临送，欲以镇兵悉擒诛之。训畏注专其功，乃先五日举事。《通鉴》云：始注与训谋，至镇，选壮士数百，皆持白梃，怀其斧，以为亲兵。是月戊辰，王守澄葬于泸水，注奏请入护葬事，因以亲兵自随。仍奏令内臣中尉已下尽集泸水送葬。注因阖门，令亲兵斧之，使无遗类。约既定，训与其党谋：如此，事成则注专其功，不若使行余、璠以赴镇为名，多募壮士为部曲，并用金吾、台、府吏卒，先期诛宦官，已而并注去之。案是月壬寅朔，二十一日为壬戌，离本数先戊辰六日，连本数则先七日。注率五百骑至扶风，闻训败，乃还。其属魏弘节劝注杀监军张仲清及大将贾克申等十余人。注惊挠不暇听。仲清与前少尹陆畅用其将李叔和策，访注计事，斩其首。兵皆溃去。《通鉴》云：仇士良等使人赍密敕授仲清，令取注。仲清皇惑，不知所为。押衙李叔和说仲清曰："叔和为公以好召注，屏其从兵，于坐取之，事立定矣。"仲清从之，伏甲以待注。注恃其兵卫，遂诣仲清。叔和稍引其从兵，享之于外。注独与数人入。既啜茶，叔和抽刀斩注。因闭门，悉诛其亲兵，乃出密敕宣示将士。遂灭注家。并杀副使钱可复，判官卢简能，观察判官萧杰，掌书记卢弘茂等。及其支党，死者千余人。《旧书·注传》云：初未获注，京师忧恐。至是，人人相庆。《通鉴》云：朝廷未知注死，诏削夺注官爵，令邻道按兵观变。以左神策大将军陈君奕为凤翔节度使。张仲清遣李叔和等以注首入献，枭于兴安门，人情稍安。京师诸军，始各还营。此可见外援之足恃，在京师之神策军，实无能为也。《通鉴》：开成三年，初太和之末，杜悰为凤翔节度使。有诏沙汰僧尼。时有五色云见于岐山，今陕西岐山县。近法门寺。民间讹言佛骨降祥，以僧尼不安之故。监军欲奏之。悰曰："云物变色，何常之有？佛若果爱僧尼，当见于京师。"未几，获白兔，监军又欲奏之。悰曰："野兽未驯，且宜畜之。"旬日而毙。及郑注代悰镇凤翔，奏紫云见。又献白雉。是岁八月，有甘露降于紫宸殿前樱桃之上，上亲采而尝之。百官称贺。其十一月，遂有金吾甘露之变。《通鉴》此文，系据《补国史》，见《考异》。甘露降树，事极浮浅，何足惑人？而克以此诳宦官者？以先已有此等事故也。文宗躬行恭俭，而在甘露变前，颇有纵侈之事，盖正以此自晦？观此，可知金吾甘露，为谋已夙，必非定于临时。则谓李训虑郑注专其功先期举事之说，不攻自破。训且无与注争功之意，安有并欲图注之心？其说更不辩自明矣。《新书·训注传》赞曰：李德裕尝言：天下有常势，北军是也。训因王守澄以进，此时出入北军，若以上意说诸将，易如靡风，而反以台、府抱关游徼，抗中人以搏精兵，其死宜哉！此说真同聋聩。邠宁卒召不可至，神策诸将，其可说乎？说之，独不虑其漏泄事机乎？自王守澄之死，宦官之佼佼者，略已尽矣。奸渠即在目前，为山祇亏一篑。傥使庑幕不扬，扃镰获下，宦寺既已骈诛，军人安敢妄动？即或不知逆顺，两镇新募及金吾台府之众，自足暂拒，凤翔精卒自外至，去之如摧枯拉朽矣，内外合势，为谋不可谓不周，而终于无成，则非人谋之不臧也。

李训等死后，京城大乱。时以李石、郑覃为相。石虽能颇折宦人，实不能戢其凶焰。至欲以神策仗卫殿门；《通鉴》开成元年。神策将吏迁官，多不闻奏，直牒中书，令覆奏施行，迁改殆无虚日；《通鉴》开成三年。朝政几尽由北司矣。赖有昭义节度使刘从谏，上书请王涯等罪名。言当修饰封疆，训练士卒，内为陛下心腹，外为陛下藩垣，如奸臣难制，誓以死清君侧。诏加检校司徒。从谏复表让，称臣之所陈，系国大体，可听则涯等宜蒙涤洗，不可听则赏典不宜妄加，安有死冤不申，而生者荷禄？因暴扬仇士良等罪恶，士良等惮之。由是郑覃、李石，粗能秉政；天子倚之，亦差以自强。盖至是而非用外兵不能翦除宦官之形势成，而天复骈诛之局，亦伏于此矣。哀哉！

《新书·仇士良传》，谓甘露变后，士良与鱼弘志谋废文宗。《传》云：士良、弘志愤文宗与李训谋，屡欲废帝。崔慎由为翰林学士，直夜。未半，有中使召入。至秘殿，见士良等坐堂上，帷帐周密。谓慎由曰："上不豫已久，自即位，政令多荒阙，皇太后有制更立嗣君，学士当作诏。"慎由惊曰："上高明之德在天下，安可轻议？慎由亲族，中表千人，兄弟群从且三百，何可与覆族事？虽死不承命。"士良等默然。久乃启后户，引至小殿。帝在焉。士良等历阶，数帝过失。帝俯首。既而士良指帝曰：不为学士，不得更坐此。乃送慎由出。戒曰："毋泄。祸及尔宗。"慎由记其事，藏箱枕间。时人莫知。将没，以授其子胤。故胤恶中官，终讨除之。《通鉴考异》谓其说出皮光业《闻见录》，不可据。然文宗自是郁郁不乐。两军球猎宴会绝矣。每游燕，虽倡乐杂沓，未尝欢。颜惨不展。往往嗔目独语，或裴回眺望，赋诗以见情。自是感疾，至弃天下云。《新书·李训传》。又《舒元舆传》：元舆为《牡丹赋》，时称其工。死后，帝观牡丹，凭殿栏诵赋，为泣下。《旧书·本纪》：开成四年六月，以久旱，分命祠祷，每忧动于色。宰臣等奏曰："水旱时数使然，乞不过劳圣虑。"上改容言曰："朕为人主，无德及天下，致兹灾旱，又谪见于天。若三日不雨，当退归南内，更选贤明，以主天下。"亦见《天文志》、《五行志》。《新书·仇士良传》，谓帝是年苦风痹。少间，召宰相见延英殿。退坐思政殿。顾左右曰："所直学士谓谁？"曰："周墀也。"召至。帝曰："自尔所况，朕何如主？"墀再拜曰："臣不足以知，然天下言陛下尧、舜主也。"帝曰："所以问，谓与周赧、汉献孰愈？"墀皇骇曰："陛下之德，成、康、文、景未足比，何自方二主哉？"帝曰："赧、献受制强臣，今朕受制家奴，自以不及远矣。"因泣下，墀伏地流涕。后不复朝，至大渐云。文宗无过，所擢用诸臣，亦莫非公忠体国，起孤寒，有大志，感激主知，思以身任天下之重者，顺宗、文宗，志除宦官同，能擢用孤寒新进之人亦同，然顺宗所用，皆东宫旧臣，相知有素，而文宗则拔自临时，此则文宗尤难于顺宗也。王叔文之志，在致太平，不独除宦官，李训亦然。《旧书·训传》谓天下之人，有冀训致太平者，此当时之真舆论也。《新书·训传》云：训欲先诛宦竖。乃复河湟，攘夷狄，归河朔诸镇、此其未量为何如哉？诸臣蒙谤，盖不一端？然谛观史传，其形迹仍有可见者，且如王涯，《新书》言其性啬俭，不畜妓妾；恶卜祝及他方技；别墅有佳木流泉，居常书史自怡，使客贺若夷鼓琴娱宾；此岂黩货者？然又言其财贮巨万，取之弥日不尽，何哉？而卒见幽囚，遭屠戮，亦可哀矣。盖至是而天复骈诛，城社狐鼠，同归于尽之局定矣。毫毛不拔，将寻斧柯，岂不信哉？

　　甘露之变，明年，改元曰开成。是岁四月，李固言复为相。二年四月，陈夷行相，固言出为西川。夷行，郑覃党也。三年正月五日，李石入朝，盗发。引弓追及。矢才破肤，马逸而回。盗已伏坊门，挥刀斫石，断马尾。竟以马逸，得还私第。是日，京师大恐，常参官入朝者，九人而已，旬日方安。是役也，迹出禁军。新旧《书·崔珙传》。盖仇士良为之，天子畏逼不能理。石拜章辞位者三，乃出为荆南节度使。而杨嗣复、李珏相。嗣复于陵子，与牛僧孺、李宗闵，皆权德舆贡举门生。珏与固言、嗣复相善，与郑覃、陈夷行不同。四年五月，覃、夷行罢。七月，崔郸相。

第二节　武宣朝局

唐自代宗以来，立君多由宦寺，而武宗之立，尤不以正。初，敬宗五子：长曰晋王普，次第二子梁王休复，次第三子襄王执中，次第四子纪王言扬，次第五子陈王成美。晋王，《旧书》云：文宗欲建为储贰，《庄恪太子传》。而以太和二年薨。年五岁。册赠悼怀太子。盖文宗之位，受之于兄，故欲还诸兄之子也。此在当日，自为大公。然文宗又不能无牵于内宠。六年十月，册长子鲁王永为太子。永母曰王昭仪。开成二年八月，与昭容杨氏同受册。昭仪为德妃，昭容为贤妃。见《旧书·本纪》。明年九月，开延英殿，议废太子。宰臣及众官皆不同。御史中丞狄兼谟言之尤切。翼日，翰林学士六人，神策六军军使十六人又进表陈论。事乃不果。是夜，太子归少阳院。杀其宫人左右数十人。十月，太子薨。谥庄恪。《旧书》本传云：初，上以太子稍长，不循法度，昵近小人，欲加废黜。迫于公卿之请，乃止。太子终不悛改。至是暴薨。语本《实录》。见《通鉴考异》。时传云：德妃晚年宠衰，贤妃惧太子他日不利于己，日加诬谮，太子终不能自辩明也。太子既薨，上意追悔。四年，会宁殿宴，小儿缘橦，有一夫在下，忧其堕地，有若狂者。上问之，乃其父也。上因感泣，谓左右曰："朕富有天下，不能全一子。"遂召乐官刘楚材、宫人张十十等责之曰："陷吾太子，皆尔曹也。今已有太子，时已立成美。更欲踵前事邪？"立命杀之。则太子之非良死可知矣。然文宗自甘露变后，久同傀儡，能否自杀其子，尚有可疑。《郑肃传》云：会昌初，武宗思永之无罪，尽诛陷永之党，则陷永者漏网甚众可知。刘楚材、张十十等，特其小焉者耳。太子虽非良死，未必文宗杀之也。陈王成美，以四年十月，立为太子。文宗二子，次曰蒋王宗俭，开成二年始王，亡薨年，疑是时已薨，见下。梁、襄、纪三王，疑亦已殂谢，故及成美。五年正月二日，己卯。文宗暴卒，《旧书·武宗纪》。王鸣盛曰：卒当作疾。但据《旧纪》，文宗于四年十二月即不康，五年正月戊寅是朔日，而帝以辛巳崩，似未可以言暴。案卒盖仓卒之义？去年十二月即不康，至此疾骤甚耳。宰相李珏，知枢密刘弘逸奉密旨，以皇太子监国。两军中尉仇士良、鱼弘志矫诏迎颍王瀍于十六宅，立为皇太弟。成美复封陈王。四日，文宗崩。瀍立，是为武宗。末年寝疾，更名炎。成美及穆宗第八子安王溶皆死。穆宗五子：长敬宗，次第二子文宗，次第五子武宗，次第六子怀懿太子凑，次即安王也。至是而穆宗之子尽矣。《旧书·武宗纪》云：初，杨贤妃有宠于文宗，而庄恪太子母王妃失宠怨望，为杨妃所谮，王妃死，太子废。及开成末年，帝多疾，无嗣。贤妃请以安王溶嗣。帝谋于宰相李珏，珏非之，乃立陈王。至是，仇士良立武宗，欲归功于己，乃发安王旧事，故二王与贤妃皆死。《通鉴》云：文宗疾甚，命知枢密刘弘逸、薛季棱引杨嗣复、李珏至禁中，欲奉太子监国。中尉仇士良、鱼弘志以太子之立，功不在己，乃言太子幼，且有疾，更议所立。李珏曰："太子位已定，岂得中变？"士良、弘志遂矫诏立瀍为太弟。盖宦官兵权在手，宰相无如之何也。二月，封仇士良为楚国公，鱼弘志为韩国公。八月十七日，葬文宗于章陵。刘弘逸、薛季棱率禁军护灵驾至陵所，欲倒戈诛士良、弘志。卤簿使兵部尚书王起，山陵使崔棱当作崔郸。觉其谋，先谕卤簿诸军。是日，弘逸、季棱伏诛。贬杨嗣复为潭州刺史，李珏为桂州刺史，御史中丞裴夷直为杭州刺史。皆坐弘逸、季棱党也。会昌元年三月，再贬嗣复湖州司马，珏瑞州司马，夷直欢州司户。《旧书·王起传》云：弘逸、季棱欲因山陵兵士谋废立。起与山陵使知其谋，密奏皆伏诛。《通鉴考异》引贾纬《唐年补遗录》亦云：五年八月，季棱、弘逸聚禁兵，欲议废立。赖山陵使崔郸、卤簿使王起拒而获济。遂擒弘逸、季棱杀之。《旧书·杨嗣复传》云：武宗之立，既非宰相本意，甚薄执政之臣。其年秋，李德裕自淮南入辅政。九月，出嗣复为湖南观察使。明年，诛薛季棱、刘弘逸。中人言二人顷附嗣复、李珏，不利于陛下。武宗性急，立命中使往湖南桂管杀嗣复与珏。宰相崔郸、崔珙等亟请开延英。因极言国朝故事，大臣非恶逆显著，未有诛戮者，愿陛下复思其宜。帝良久，改容曰："朕缵嗣之际，宰相何尝比数？李珏、季棱，志在扶册陈王，嗣复、弘逸，志在树立安王。立陈王犹是文宗遗旨，嗣复欲立安王，全是希杨妃意旨。嗣复尝与妃书云：姑姑何不效则天临朝？"珙等曰："此事暧昧，真虚难辨。"帝曰："杨妃曾卧疾，妃弟玄思，文宗令人内侍疾月余。此时通道意旨。朕细问内人，情状皎然。我不欲宣出于外。向使安王得志，我岂有今日？然为卿等恕之。"乃追潭、桂二中使，再贬嗣复潮州刺史。《通鉴》则嗣复罢而崔珙相，在开成五年五月。李珏之罢，在是年八月。夷直之出为杭州，在是年十一月。而嗣复及李珏之出，则但于会昌元年三月追书之。云：弘逸有宠于文宗，仇士良恶之。上之立，非二人及宰相意，故杨嗣复出为湖南观察使，李珏出为桂管观察使。士良屡谮弘逸等于上，劝上除之。三月乙未，赐弘逸、季棱死，遣中使就潭、桂州诛嗣复及珏。《考异》云：若去年八月已诛弘逸、季棱，不当至此月始再贬嗣复等。《旧纪·王起传》与《嗣复传》自相违，今从《实录》。案因山陵而谋变，其事不易子虚。《武宗实录》，纂辑草率，不足据。《考异》引《实录》，又有时有再以其事动帝意者，帝赫然欲杀之之语。明嗣复及珏已先贬。嗣复罢相，在开成五年五月，夷直之出，在其年十一月，《通鉴》应不致误。盖又《旧纪》记事不审，嗣复之罢，至八月乃追书；夷直之出，则又逆探其事而终言之也。《旧书·李珏传》。开成五年九月，与杨嗣复俱罢，出为桂州。《新书·珏传》，则其罢相，乃以为山陵使，梓宫至安上门陷于泞，而贬江西在莫后。嗣复、珏所以获全，盖由崔郸、崔珙之谏？《通鉴》叙此事兼采《献替记》，一似全由李德裕者，恐亦不足信也。裴夷直，《新书》附《张孝忠传》，云：武宗立，视册牒不肯署，乃出为杭州刺史，斥欢州司户参军。《通鉴》从《实录》，云：故事，新天子即位，两省官同署名，上之即位也，谏议大夫裴夷直漏名，由是出为杭州刺史，其说亦同。《鉴》又记文宗之崩，敕大行以十四日殡，成服。谏议大夫裴夷直上言期日太远，不听；时仇士良等追怨文宗，凡乐工及内侍，得幸于文宗者，诛贬相继，夷直复上书言之；可知其见斥之由，循常法无可立之君，则人人得申其意，古大询之法如是。后世庶人无繇议政，朝臣固当周谘。武宗乃举不援己者而悉逐之，褊矣。抑文宗之立陈王，犹是其欲树晋王之意。以自周以来久习之继嗣之法言之，亦较立弟为正，武宗乃弑而代之，流毒且及于安王，尤悖矣。

武宗之用李德裕，非知其材而用之也，亦以文宗末年，僧孺、宗闵之党在朝，恶其不援己，乃反其道而行之耳。适直是时，回纥衰乱，得以戡定朔方，此乃时会使然，初非德裕之力。至于削平昭义，则其事本不足称，读史者亦从而张之，则为往史之曲笔所欺矣。德裕既相，所引用者皆其党人。牛僧孺、李宗闵，皆为所挤排以死。然德裕引白敏中，敏中，居易从父弟。武宗凤闻居易名，欲用之，德裕以其衰病，荐敏中。会昌二年，为翰林学士。而敏中反挤排之。至宣宗立，朝局变，而德裕亦遭窜逐而死焉。其事与德裕在武宗朝所为者，如出一辙。出尔反尔，其机可谓甚巧，特蹈之者不悟耳。

武宗之立也，赐仇士良以纪功碑。会昌元年十月，见《旧书·本纪》。会昌二年四月，群臣请加尊号。有纤人告士良："宰相作赦书，欲减削禁军衣粮马草料。"士良怒曰："必有此，军人须至楼前作闹。"此据《旧书·本纪》。《新书·宦者传》曰：士良宣言："宰相作赦书，减禁军缣粮刍菽。"语两军曰："审有是，楼前可争。"宰相李德裕等知之，请开延英诉其事。帝曰："奸人之辞也。"召两军中尉谕之曰："赦书出自朕意，不由宰相。况未施行，公等安得此言？"士良皇恐谢。明年，士良进观军容使，兼统左右军。以疾辞。罢为内侍监，知省事。固请老。诏可。寻卒。《旧书·本纪》在六月。死之明年，有发其家藏兵数千物。诏削官爵，籍其家。《新书·宦者传》。《旧纪》在四年六月。云：中人于其家得兵仗数千件，兼发士良宿罪。会昌三年，崔铉相。《通鉴》云：上夜召学士韦琮，以铉名授之，令草制。宰相、枢密，皆不之知。时枢密使刘行深、杨钦义皆愿悫，不敢与事。老宦者尤之曰："此由刘、杨懦怯，堕败旧风故也。"论者颇以是称武宗能御宦官。然武宗所倚者，一李德裕耳。德裕之入相也，《通鉴》云：初在淮南，敕召监军杨钦义，人皆言必知枢密，德裕待之无加礼。钦义心衔之。一旦，独延钦义，置酒中堂，情礼极厚。陈珍玩数床，罢酒，皆以赠之。钦义大喜过望。行至汴州，敕复还淮南。钦义尽以所饷归之。德裕曰："此何直？"卒以与之。其后钦义竟知枢密。德裕柄用，钦义颇有力焉。然则所谓不与事者何谓也？世岂有贪乐权位，绝无公天下之心，而能屏抑近习者邪？

武宗亦好道术。信道士赵归真、刘玄靖、邓元起等，饵其药得疾。会昌六年三月，大渐。宦官立宪宗第十三子光王怡为皇太叔，权句当军国事。武宗崩，怡立，更名忱，是为宣宗。时年三十七。《旧书·本纪》云：帝外晦而内明。幼时宫中以为不慧。历太和、会昌朝，愈事韬晦。群居游处，未尝有言。文宗、武宗幸十六宅宴集，强诱其言，以为戏剧。谓之光叔。武宗气豪，尤不为礼。及监国之日，哀毁满容，接待群僚，决断庶务，人方见其隐德焉。盖时置君如弈棋，诸王露头角者或遭忌疾，故帝以韬晦自全也。《新书·后妃传》：武宗贤妃王氏，邯郸人。年十三，善歌舞，得入宫中。穆宗以赐颖王。性机悟。王嗣帝位，妃阴为助画，故进号才人。遂有宠。欲立为后。李德裕曰："才人无子，且家不素显，恐诒天下讥。"乃止。及大渐，才人悉取所常贮，散遗宫中。审帝已崩，即自经幄下。宣宗即位，嘉其节，赠贤妃，葬端陵之柏城。《通鉴考异》曰：《唐阙史》曰：武宗王夫人，燕赵倡女也。武宗为颖王，获爱幸。文宗于十六宅西别建安王溶、颖王瀍院。上数幸其中，纵酒如家人礼。及文宗晏驾，后宫无子。此亦见蒋王早殁。所立敬宗男陈王，年幼且病，未任军国事，中贵主禁披者，以安王大行亲弟，既贤且长，遂起左右神策军及飞龙、羽林骁骑数千众，即藩邸奉迎安王。中贵遥呼曰："迎大者，迎大者！"如是者数四。意以安王为兄，即大者也。及兵仗至二王宅首，兵士相语曰："奉命迎大者，不知安、颖孰为大？"王夫人窃闻之，拥髻褰裙走出，矫言曰："大者颖王也。大家左右，以王魁梧颀长，皆呼为大王。且与中尉有死生之契。汝曹或误，必赤族矣。"时安王心云其次第合立，志少疑懦，惧未敢出。颖王神气抑扬，隐于屏间，夫人自后耸出之。众惑其语，遂扶上马。戈甲霜拥，前至少阳院。诸中贵知已误，无敢出言者。遂罗拜马前，连呼万岁。寻下诏立为皇太弟，权句当军国事。《新书·后妃传》，盖亦取于《阙史》？立嗣大事，岂容缪误？今不取。案《阙史》之言，诚为东野人所难信，然武宗别有争位之计，而贤妃为之助画，则安能断其必无？谓《新书》浑括之辞必也取诸《阙史》，则太早计矣。《考异》又引《献替记》，谓王妃之死，在五年十月。云：自上临御，王妃有专房之宠。至是，以娇妒忤旨，一夕而陨。其说与诸书皆不同。王妃以殉死为名，附葬陵墓，其死期，似不容移至数月之前。岂武宗危笃之际，王妃亦与于立嗣之谋，为拥立宣宗者所败，以至不得其死，乃移其死期，以塞人疑欤？此说诚近亿度。然文宗事懿安后甚谨，宣宗顾贼杀之。谓追讨宪宗之隙欤？则腐心于此者乃文宗，非宣宗也。而其所为相反若此，何哉？岂文宗以懿安与于立己而感之，宣宗则以宫闱之中，别有异图而怨之欤？《新书·宦者·严遵美传》：父季实，为掖庭局博士。大中时，有宫人谋弑宣宗。是夜，季实直咸宁门下，闻变入，射杀之。此事也，隐见当日宫闱之内，亦有兴废之谋。懿安即不欲与其事，而身历五朝母天下，安知不有欲假藉之者？况于才人有专房之宠，危立为后，或主内政者欤？要之上下交争，不夺不餍，宫禁之中，即陷阱所在也。得国恒于斯，陨命亦于斯，人亦何乐而生帝王家欤？《新书·马植传》：会昌中，为李德裕所抑。宣宗嗣位，白敏中当国，凡德裕所不善，悉不次用之，故植以刑部侍郎领诸道盐铁转运使。迁户部。俄同中书门下平章事。进中书侍郎。初左军中尉马元贽，最为帝宠信，赐通天犀带，而植素与元贽善，至通昭穆，元贽以赐带遗之。他日，对便殿。帝识其带，以诘植。植震恐，具言状。于是罢为天平军节度使。既行，诏捕亲吏下御史狱。尽得交私状，贬常州刺史。以太子宾客，分司东都。事在大中四年。《通鉴》云：上之立也，元贽有力焉，由是恩遇冠诸宦者。《新书·武宗纪》，则迳书左神策军护军中尉马元贽立光王。当时拥戴宣宗者，徒党未知几何？然元贽实为之魁，则无疑也。

宣宗之立，李德裕盖未与其谋？而德裕在武宗时，得君颇专，易为同列所忌。宣宗本猜忌之主，自不能容。故即位未几，即罢为荆南节度使，而白敏中相。九月，德裕又解平章事，为东都留守。大中元年二月，以太子少保分司。至九月而吴湘之狱起，德裕贬为潮州司马。二年正月，李回左迁湖南观察使。三年，《旧传》误为二年，据《李卫公集》当作三年，见《十七史商榷》。九月，德裕又以湘狱及改《元和实录》，再贬崖州司户。李回亦贬贺州。四年，《旧传》亦误为三年。十二月，德裕卒于贬所。德裕为人，很愎阴贼，贬谪而死，固其宜也。宣宗时，宰相见信任者：始为白敏中，后为令狐绹。敏中，宣宗即位时相，至大中三年三月罢，绹以其明年十月相，终宣宗之世。魏徵五世孙谟，以敢言称，文宗时累加拔擢，亦相宣宗五年余。大中五年十月至十一年二月。史云：终以刚直，为令狐绹所忌，故罢。谟初为李固言、李珏、杨嗣复所引，故武宗时外出。宣宗时，白敏中引之。他相则充位而已。

旧史亟称宣宗之美，此乃阿私所好之言。《新书》谓其精于听断，而以察为明，无复仁恩之意，亦《本纪》赞语。则颇近于实耳。《通鉴》云：上聪察强记。宫中厮役给洒扫者，皆能识其姓名、才性所任，呼召使令，无差误者。天下奏狱吏卒姓名，一览皆记之。度支奏渍污帛，误书渍为清，枢密承旨孙隐中谓上不之见，辄足成之，及中书覆入，上怒，推按擅改者，罚谪之。密令翰林学士韦澳纂次诸州境土、风物，及诸利害为一书，自写而上之，虽子弟不知也。号曰《处分语》。他日，邓州刺史薛弘宗入谢，出谓澳曰："上处分本州事惊人。"澳询之，皆《处分语》中事也。大中九年。又云：上诏刺史毋得外徙，必令至京师，面察其能否，然后除之。令狐绹尝徙其故人为邻州刺史，便道之官。上见其谢上表，以问绹。对曰："以其道近，省送迎耳。"上曰："朕以刺史多非其人，为百姓害，故欲一一见之，访问其所施设，知其优劣，以行黜陟，而诏命既行，直废格不用，宰相可畏有权。"时方寒，绹汗透重裘。上临朝，接对群臣如宾客，虽左右近习，未尝见其有惰容。每宰相奏事，旁无一人立者，威严不可仰视。奏事毕，忽怡然曰："可以闲语矣。"因问闾阎细事，或谈宫中游宴，无所不至。一刻许，复整容曰："卿辈善为之，朕常恐卿辈负朕，后日不复得相见。"乃起入宫。令狐绹谓人曰："吾十年秉政，最承恩遇，然每延英奏事，未尝不汗沾衣也。"十二年。虽善参验摘发，然不能推诚相与，得人之欢心，将谁与共济艰难乎？《通鉴》又云：上以甘露之变，惟李训、郑注当死，自余王涯、贾餗等无罪，诏皆雪其冤。此视武宗，似差强人意。然又云：上召韦澳，托以论诗，屏左右与之语，曰："近日外间谓内侍权势何如？"对曰："陛下威断，非前朝之比。"上闭目摇首曰："全未全未，尚畏之在。卿谓策将安出？"对曰："若与外廷议之，恐有太和之变，不若就其中择有才识者与之谋。"上曰："此乃末策。自衣黄、衣绿至衣绯皆感恩，才衣紫，则相与为一矣。"蔓草非寻烈火，宁可徐图？当时宦官窃大权者，罪久不容于死矣，尚何待？此辈有阙，能勿补乎？绹之此言，盖以卸责，亦以避祸也。帝之所行，盖即此策？故《旧书·宦者传》谓其诛太甚者，而阉寺仍握兵权之重，则其效可睹矣。然不能推赤心置人腹中，亦安得如王叔文、王伾、李训、郑注之臣而用之哉？而顺宗与文宗远矣。

然宣宗时庶政确颇修饰，此可于财政见之。王播死太和四年，王涯代之。后亦常任元臣，以集其务，《旧书·食货志》语。然成效殊鲜。至宣宗乃用裴休。《旧书·传》曰：自太和已来，重臣领使者，岁漕江淮米不过四十万石，能至渭河仓者，十不三四。漕吏狡蠹，败溺百端。官舟沈溺者，岁七十余只。缘河奸吏，大紊刘晏之法。泊休领使，分命僚佐，深按其弊。所过地里，悉令县令兼董漕事，能者奖之。自江津达渭口，以四十万之佣，岁计缗钱二十八万贯，悉使归诸漕吏，巡院无得侵牟。举新法凡十条，又立税茶法二十条，奏行之。物议是之。初休典使三岁，漕米至渭河仓者一百二十万斛，更无沈舟之弊。《食货志》略同。《新书·南蛮传》：高骈说僖宗，言宣宗皇帝收三州七关，平江岭以南，至大中十四年，内库赀积如山，户部延资充满，故宰相敏中领西川，库钱至三百万缗，诸道亦然。此决非幸致。帝之才，盖不减汉宣帝？唐人之亟称之，亦有由也。

第三节　文武宣三朝藩镇叛服

唐自穆宗而后，河北三镇，已成覆水难收之势。文宗平横海，武宗平昭义，史家以为丰功，实则殊不足道，且皆竭蹶而后得之者也。

敬宗宝历元年八月，刘悟卒。子从谏求袭。左仆射李绛请速除近泽潞将帅一人，令倍道赴镇，所谓疾雷不及掩耳。弗听。卒以授从谏。明年四月，李全略卒。子同捷擅领留后。五月，幽州军乱，杀朱克融及其子延龄。次子延嗣立。虐用其人。九月，都知兵马使李载义杀之。载义，常山愍王后。唐即以为副使，知节度事。文宗太和元年五月，唐于李同捷之请，久置不问。文宗即位，同捷令母弟入朝。诏移诸兖海，而以乌重胤为沧州。同捷托三军乞留拒命。乃诏重胤及武宁王智兴，义成李听，愬子。平卢康志睦，魏博史宪诚，义武张璠，卢龙李载义讨之。同捷赂河北三镇，以求旌钺。载义初受朝命，坚于效顺，囚同捷侄及所赂来献。张弘靖之囚，幕府多见害，妻子留不遣，及是，载义悉护送至京师。见《新书》本传。而宪诚与全略婚媾，潜以粮饷助之。王廷凑亦出兵挠魏北境，以援同捷。二年七月，下诏罪状廷凑。令接界之地，随便进讨。初庭凑之叛，有傅良弼者守乐寿，李寰守博野累岁，议者以为难。《新书·牛元翼传》。乌重胤受命未久而卒，寰时为保义，穆宗长庆二年，以晋、慈二州为保义军。诏移诸横海。无功。又代以良弼。未至镇卒。又代以李祐。十一月。时诸军在野，朝廷特置供军粮料使，日费寖多；两河诸帅，每有小捷，虚张俘级，以邀赏赉；其势颇窘。先是王智兴请出全军三万，自备粮饷五月，以讨同捷。九月，拔棣州。贼大惧。诸将稍务进取。是役也，功出于其右厢捉生兵马使石雄。徐人恶智兴之虐，欲逐之而立雄。智兴请授雄一郡。朝廷征雄赴京师，授壁州刺史。今四川通江县。智兴寻杀雄相善将士百余人。仍奏雄动摇军情，请行诛戮。文宗知其能，乃长流白州。经此顿挫，徐军又不能进取矣。十二月，王庭凑诱魏博行营将亓志绍叛魏，出兵应之。诏李听以沧州行营兵进讨。三年正月，破之。志绍奔庭凑。后为庭凑所杀，见《旧书·李听传》。四月，李祐收德州。同捷乞降。祐疑其诈。时谏议大夫柏耆军前宣慰，请以骑兵三百入沧，取同捷与其家属赴京师。至德州界，谍言廷凑兵来篡，乃斩同捷首，传而献捷。诸将疾耆邀功，争上表论列。文宗不得已，贬耆循州司户。内官马国亮，又奏耆于同捷处取婢九人，再命长流爱州。寻赐死。《旧书》本传。《通鉴考异》引《实录》载诏书，有擅入沧州，专杀大将之语。《新书》本传谓同捷请降，李祐占使万洪代守沧州，耆以事诛洪，诏盖指是？耆，《旧书》本传称其学纵横家流，盖有才气而无廉隅者？专杀大将，诚为有罪，然耆曾再说谕王承宗，今又奋勇入沧取李同捷，究应宥其一死，而竟不获免，盖迫于诸将使然，可见武人之横矣。卫尉卿殷侑，尝为沧州行军司马，及是，以为沧齐德观察使。时大兵之后，满目荆榛。侑不以妻子之官，攻苦食淡，与士卒同劳苦。始至，空城而已。周岁之后，流民襁负而归。数年之后，户口滋饶，仓廪盈积，人皆忘亡。初州兵三万，悉取给于度支。侑一岁而自赡其半，二岁而给用悉周，请罢度支给赐。六年，入为刑部尚书。寻复充天平军节度。自元和末，收复十二州为三镇，朝廷务安反侧，征赋所入，尽留赡军。侑乃上表，起太和七年，请岁供两税榷酒等钱十五万贯，粟五万石。此可见方镇得人，纪纲未始不可以渐饬，而唐于收复之地，不能皆得良将以守之，实为分崩离析之由。夫欲得良将，必在豫储于平时，悉以禁军委宦官，则无此望矣。此又见德宗之措置，实为铸成一大错也。

沧景既平，史宪诚心不自安，遣子孝章入觐。又飞章愿以所管奉命。乃移诸河中，而代以李听。宪诚将以族行，惧魏军之留，问策于弟宪忠。宪忠教以分相魏请置帅，因以弱魏。复请诏听引军声图示志绍，而假道清河。帝从之。分相、卫、澶三州，别为一镇，俾孝章领之。澶州，在今河南清丰县西南。五代晋移治濮阳，今濮阳县。宪诚因欲倚听公去魏。听次清河，魏人惊。宪忠曰："彼假道取贼，吾军无负朝廷，何惧为？"乃稍安。然魏素聚甲清河。听至，悉出其甲。将入魏。魏军闻之，惧。明日，尽甲而出。听按兵馆陶不进。今山东馆陶县。众谓宪诚卖己，夜攻杀之。并监军史良佐。而推都知兵马使何进滔为帅。时太和三年六月二十六日也。七月，进滔袭听。听不为备，大败，丧师过半，仅得还滑。时河北久用兵，馈饷不给。八月，乃以进滔为魏博节度使，复以相、卫、澶三州归之。是月，亦赦王庭凑。五年，李载义为后院副兵马使杨志诚所逐。文宗召宰臣谋之。牛僧孺对曰："自安史之后，范阳非国家所有。前时刘总乡化，朝廷约用钱八十万贯，而未尝得范阳尺布斗粟。今日志诚得之，犹前日载义得之也。且范阳国家所赖者，以其北捍突厥。今若假志诚节钺，惜其土地，必自为力。爪牙之用，固不计于逆顺。"上大喜，乃即以授志诚。可见是时河北之形势矣。虽鞭之长，不及马腹，固事之无可如何者也。八年十月，志诚复为三军所逐，而立史元忠。元忠进志诚所造衮龙衣二副，及被服鞍鞯，皆绣饰鸾凤日月之形，成为王字。因付御史台鞫问，流岭南。行至商州，杀之。不能收土地甲兵，而惜此虚器，亦无谓矣。是岁十一月，王庭凑卒。军中立其子元逵。事朝廷颇恭顺。朝以绛王悟女寿安公主降之。开成五年，何进滔卒，子重顺袭。朝廷遣河中帅李执方，沧州帅刘约，各遣使劝令归阙，别俟朝旨。不从。竟就加节制。至武宗时，赐名曰弘敬。

王智兴，沧景平后入朝。改帅忠武。七年，改授河中。再入朝。九年，又改帅宣武。开成元年，卒。以智兴之骄横，而获以功名终，可谓天幸，抑亦以其不得士卒之心，不能叛，故朝廷亦不之忌也。先是，太和六年。以李听为武宁军节度。听有苍头，为徐州将，不欲听至。听先使亲吏慰劳徐人，为苍头所杀。听不敢进，固以疾辞。代以高瑀。军骄难制，士数犯法。又以崔珙代之。七年。居徐二岁，史称徐人戢畏焉。

《通鉴》：开成三年九月，义武节度使张璠，在镇十五年，为幽、镇所惮。及有疾，请入朝。朝廷未及制置。疾甚，戒其子元益举族归朝，毋得效河北故事，及薨，军中欲立元益。观察留后李士季不可，众杀之，又杀大将十余人。壬申，以易州刺史李仲迁为义武节度使。十月，易定监军奏军中不纳李仲迁，请以张元益为留后。宰相议发兵讨易定。上曰："易定地狭人贫，军资半仰度支，急之则靡所不为，缓之则自生变，但谨备四境以俟之。"乃除张元益代州刺史。顷之，军中果有异议。乃上表，以不便李仲迁为辞。朝廷为之罢仲迁。十一月，诏俟元益出定州，其义武将士始谋立元益者，皆赦不问。丁卯，张元益出定州。甲戌，以蔡州刺史韩威为义武节度使。《考异》曰：《补国史》曰：易定张公璠卒，三军请公璠子元益，继统军务。公璠乃孝忠孙也。公璠弥留之际，诫元益归阙。三军复效幽、镇、魏三道，自立连帅，坐邀制命。庙谋未决。丞相卫公欲伐而克之。贞穆公议未可兴师，且行吊赠礼，追元益赴阙。若拒命跋扈，讨之不迟。上前互陈短长，未行朝典。贞穆公有密疏进追元益诏意，云："卿太祖孝忠，功列鼎彝，垂于不朽。乃祖茂昭，克荷遗训，不坠义风。"文宗览诏意，深协睿谋。诏下定州。元益拜诏恸哭，焚墨衰，请死于众。三军将士，南向稽首，蹈舞流涕。扶元益就苫庐。请监军使幕府进诸道例，各知留后。公璠遂全家赴阙。诏以神策军使陈君赏为帅。所谓贞穆公者，李珏也。按《实录》：璠定州衙将，非孝忠孙；又李德裕此年不为相；《补国史》盖传闻之说，不可据。今从《实录》。案传闻之误，史家诚所不免，然《补国史》言之凿凿，似不能全出子虚。《新书·本纪》：太和三年三月乙巳，以太原兵马使傅毅为义武军节度使。义武军不受命。都知兵马使张璠自称节度使。戊申，以璠为义武节度使、都知兵马，盖即《实录》所谓衙将？据《通鉴》：太和元年讨李同捷。义武节度，已为张璠，盖知留后而未授节钺？《实录》仅据其实职书之，又未详其家世，遂至滋疑也。胡三省《注》在镇十五年句曰：穆宗长庆三年，璠代陈楚镇义武，亦以知后与实授无殊，故浑言之，非谓是时已降节度之命也。盖至太和三年三月戊申之后，璠乃正授节钺？楚，茂昭甥。元和讨王承宗，浑镐代任迪简帅义武，战败，以楚代之，《旧书》附《孝忠传》。云：楚家世久在定州，军中部校，皆其旧卒，人情大悦，军卒帖然，亦与此军关系甚深者也。璠之自称节度，殆亦见迫于众，非本心，故临殁仍戒其子归朝。元益奉诏而请死于众，亦见其迟留之非自由也。《通鉴》：开成五年，义武军乱，逐节度使陈君赏。君赏募勇士数百人，复入军城，诛乱者。此条盖亦本《实录》？《旧书·本纪》略同。君赏之代韩威，未知在于何时。《补国史》径言君赏而不及威，度威在镇必不久。盖至是而以神策军将帅义武之本谋遂矣。《新书·裴度传》云：张璠卒，军中将立其子元益，度遣使晓譬祸福，元益惧，束身归朝。度时节度河东，距易定密迩，此亦其军士易于就范之由欤？自孝忠至于元益，世笃忠贞，颇为难得，然易定究近三镇，故其军中又数有不安也。

　　文宗时藩镇之乱，尚有太和三年九月，安南逐都护韩约。约后与于甘露之役，盖亦良将而见逐，可见军士之骄横也。是岁，李绛出为山南西道。三年冬，南蛮寇西蜀，诏征赴援。绛于本道募兵千人赴蜀。及中路，蛮已退，所募皆还。兴元兵额素定，悉令罢归。皆怏怏。监军杨叔元，怨绛不奉己，众辞之际，以言激之。募卒遂劫库兵，入使衙。衙将王景延战死。绛为乱兵所害。从事赵存约、薛齐俱死。时四年二月十日也。以尚书右丞温造为节度。造因征蛮回兵，下车置宴，围新军千人，皆斩首于地，血流四注。杨叔元起求哀，拥造靴以请命，遣兵卫出之，以俟朝旨。敕旨配流康州。其亲刃绛者斩百断，号令者斩三断，余并斩首。内一百首祭李绛，三十首祭王景延、赵存约等，并投尸于江。平时不能整肃纲纪，而临事徒藉杀戮以立威，亦可惨矣。唐自军人骄横以来，此等大杀戮之事，亦数见不鲜，而卒不能已乱，可见淫刑之无益于治。抑杀戮如是之众，而独不能立枭杨叔元，又何以服军人之心，而寒宦寺之胆也？

武宗会昌元年，史元忠为偏将陈行泰所杀，邀节制。《新书·藩镇传》曰：宰相李德裕，计河朔请帅，皆报下太速，故军得以安。若少须，下且有变，帝许之。未报，果为次将张绛所杀。复诱其军以请。亦置未报。是时回鹘为黠戛斯所破，乌介可汗托天德塞上，事见下节。雄武军使张仲武，《地理志》：蓟州有雄武军。遣其属吴仲舒入朝，请以本军击回鹘。德裕因问北方事。仲舒曰："行泰、绛皆游客，人心不附。仲武旧将张光朝子。年五十余。通书，《传》言仲武通《左氏春秋》。习戎事。性忠义，愿归款朝廷旧矣。"德裕曰："即以为帅，得毋复乱乎？"答曰："仲武得士心，受命，必有逐绛者。"德裕入白帝曰："行泰等邀节不可许，仲武求自效，用之有名，军且无辞。"乃擢兵马留后，而诏抚王纮领节度。纮，顺宗子。诏下，绛果为军中所逐。即拜仲武副大使。《新书》本传。《旧书·本纪》：会昌元年九月，幽州军乱，逐其帅史元忠，推衙将陈行泰为留后。三军上章请符节。朝旨未许。十月，幽州雄武军使张绛遣军吏吴仲舒入朝，言行泰惨虐，不可处将帅之任，请以镇军加讨。许之。十月，诛行泰。遂以绛知兵马使。二年正月，以抚王纮为幽州大都督府长史，充幽州、卢龙节度大使。以雄武军使张绛兼幽州左司马，知两使留后。仍赐名仲武。以绛与仲武为一人，而本传亦同《新书》，《纪》盖误。《通鉴》云：仲武起兵击绛，乃遣仲舒奉表诣京师，称绛惨虐，请以本军讨之。德裕奏行泰、绛皆使大将上表胁朝廷，邀节钺，故不可与。今仲武先自发兵，为朝廷讨乱，与之则似有名。乃以仲武知留后。仲武寻克幽州。二说微异。要之，是时于幽州，业已置之度外，故应之甚缓，而转可坐观其变。德裕之处张仲武，实与牛僧孺之处杨志诚无异，以为有奇策则误矣。

会昌三年四月，刘从谏卒。《新书》本传云：昭义自悟时治邢州，而人思上党。从谏还治潞。悟苛扰，从谏宽厚，故下益附。方年壮，思立功。甘露事起，宰相皆夷族，从谏不平，三上书请王涯等罪，讥切中人。郑覃、李石，藉其论执，以立权纲。中人惮而怨之。又劾奏萧本非太后弟。仇士良积怒，唱言从谏志窥伺，从谏亦妄言清君侧，因与朝廷猜贰。又云：性奢侈，饰居室舆马。无远略。善贸易之算。徙长子道入潞，长子，今山西长子县。岁榷马，征商人，又熬盐、货铜铁，收缯十万。贾人子献口马金币，即署衙将，使行贾州县，所在暴横沓贪，责子贷钱，吏不应命，即恕于从谏，欲论奏，或遣客游刺。故天下怨怒。大将李万江，本退浑部。李抱玉送回纥道太原，举帐从至潞州，牧津梁寺。岁入马价数百万。子弟、姻娅，隶军者四十八人。从谏徙山东，惧其重迁，且生变；而子弟亦豪纵，少从谏，不甚礼。因诬其叛，夷三族，凡三百余家。姬妾有微过，辄杀之。人皆知其将亡。所为如此，岂似宽厚者？其辞盖有溢恶焉？彼其聚敛，实因与朝廷猜贰而然，其与朝廷猜贰，则原于甘露之变，故从谏虽可诛；宦寺非可诛从谏之人也。然从谏实负气，少谋略，故志虽正而遇日穷。疾病，谓妻裴氏曰："吾以忠直事朝廷，而朝廷不明我志，诸道皆不我与。我死，他人主此军，则吾家无炊火矣。"《通鉴》。弟子稹，从谏以为嗣，乃令主军事，而置大将王协、郭谊等为佐，其意仅在自全可知也。或谓如此，则何不释甲归朝？然文宗之世，政由宦寺；武宗、李德裕，又务反文宗之所为；此岂可于廷尉望山头邪？背唐室为逆，仇仇士良，不可云逆，因仇仇士良而唐室欲加诛，岂能责其不自救？顺逆之节，固不可以一端论也。

从谏既卒，稹秘不发丧，而使请医于朝。时则王协为之谋，曰："严奉监军，厚遗敕使，四境勿出兵，城中暗为备而已。"其意亦仍在自全也。朝廷早知其诈，乃令护从谏之丧归洛阳。稹拒朝旨。诏宰臣、百僚议。皆以塞上用兵，不宜中原生事，请以亲王遥领，令稹权知兵马事。独李德裕不可，曰："泽潞内地，不同河朔。前后命帅，皆用儒臣。李抱真成立此军，身殁之后，德宗尚不许继袭。泊刘悟作镇，长庆中颇亦自专。属敬宗因循，遂许从谏继袭。开成初于长子屯军，欲兴晋阳之甲，以除君侧。与郑注、李训，交结至深。外托效忠，实怀窥伺。自疾病之初，便令刘稹管兵马。不加讨伐，何以号令四方？若因循授之，则藩镇相效，自兹威令去矣。"谓泽潞不可不讨，似也，然谓其与郑注、李训交结，欲兴晋阳之甲，一若以仇士良之是非为是非者，何哉？德裕又言："刘稹所恃者，河朔三镇耳。但得魏、镇不与稹同，破之必矣。请遣重臣一人，传达圣旨。言泽潞命帅，不同三镇。自艰难已来，列圣皆许三镇承袭，已成故事。今国家欲加兵诛稹，禁军不欲出山东。其山东三州，委镇、魏出兵攻取。"上然之。乃命御史中丞李回使三镇谕旨。赐魏、镇诏书云：卿勿为子孙之谋，欲存辅车之势、至幽州，则以张仲武与太原刘沔不协，谕以和协之旨。夫唐自代宗已来，膏肓之疾，河北三镇也。若德裕之所为，是以山东三州赂镇、魏，益使强大也。虽克昭义，又何利焉？而为之者，何哉？真以泽潞内地，不同河朔邪？抑武宗怨文宗末命之不逮己，德裕怨其时曾见贬斥，务反太和之政，虽为仇士良快意而不恤也？难言之矣！

战伐之谋既定，乃移忠武王茂元于河阳，以王智兴之子宰代帅忠武。使茂元与河东刘沔、河中陈夷行及王元逵、何弘敬同讨之。以武宁李彦佐为晋绛行营节度招讨使。山南东道卢钧，宽厚能得众，命兼节度昭义。德裕又奏：贞元、太和间，诸道兵才出界，便费度支供饷。迟留逗桡，以困国力。或密与贼商量，取一县一栅，以为胜捷。今请处分：元逵、弘敬，只令收州，勿攻县邑。帝然之。《旧书·德裕传》。《通鉴》：是时指令元逵取邢州，弘敬取洺州，茂元取泽州，李彦佐刘沔取潞州。案此说诚是，然元逵、弘敬，实未如其所指示，山东诸州之下，乃积党内离，而《旧书》本传谓弘敬、元逵收洺、磁而积党遂离，以至平殄，皆如其算，亦诬矣。李彦佐逗留，德裕请以石雄为之副，至军即令代之。王元逵密表何弘敬怀两端。德裕请遣王宰迳魏博攻磁州。弘敬果惧，自趋磁州。而河阳兵为积将薛茂卿所败，王茂元又撄疾，乃改使宰援河阳。茂元卒，即统其万善营兵。《通鉴注》：《九域志》：怀州河内县有万善镇。茂卿通于宰，伪北，弃天井关在今山西晋城县南。入泽州，召宰兵，请为内应。宰疑之，不敢进。积召茂卿诛之。以兵马使刘公直代将。复取天井关。刘沔与张仲武不协，徙之义成，以李石为河东。《新书》云：先时河北诸将死，皆先遣使吊祭，次册赠，次近臣宣慰，度军便宜，乃与节。军中不许出，乃用兵。大抵不半岁不能定。故警将、逆子，皆得为之备。积初不意帝怒即见讨，及王茂元录诏示积，举族号恸，而愚懦不决。又云：李石领河东，积因石兄洺州刺史恬移书乞降。其意终在于自全，灼然可见。石以闻，右拾遗崔碣表请纳之。帝怒，斥碣邓城令。邓城县，在今襄阳县北。诏敢言罢兵者，戮贼境上。其奉行仇士良之旨，何其决也？初刘沔以兵三千戍横水。其将王遂军榆社，今山西榆社县。请济师。李石召横水卒千五百归太原，令别将杨弁率之以赴。旧例，发军人给二缣，石以支计不足，量减其一，便催上路。时近岁暮，军人聚怨。四年正月朔，逐石，与积连和。积诸将建议：我求承袭，彼叛卒，若与之，是与反者。械其使送京师。使败太原兵，生擒卒七百。帝犹不赦。监军吕义忠招榆社戍兵，复太原，擒杨弁，送京师诛之。四月，王宰攻泽州，不克。闰七月，从谏妻弟裴问，以邢州降王元逵。洺州王钊，磁州安玉，《旧纪》。《通鉴》同，《新书·藩镇传》作高玉。亦降于何弘敬。郭谊、王协，乃谋叛积。谊令积所亲董可玉说积，以谊为留后而归朝。积许之。积宅内兵马使李士贵攻谊，败死。谊遂杀积。又悉取从谏子在襁褓者二十余，并从子积、匡周等杀之。夷张谷、张沿、陈扬庭、《新书·传》云：皆有文，时时言古今成败，以佐从谏。李仲京、王渥、王羽、韩茂章、茂实、贾庠、郭台、甄戈十一族。甄戈，《新书·传》云：颇任侠，从谏厚给恤，坐上坐，自称荆卿。从谏与定州戍将有嫌，命戈取之。因为逆旅上谒，留饮三日，乘间斩其首。它日。又使取仇人，乃引不逞者十余辈劫之。从谏不悦，号伪荆卿。军中素不附者皆杀。而函积首送王宰。刘公直亦降于宰。仲京，训之兄，渥，璠之子，羽，涯族孙，茂章、茂实，约之子，庠，悚子，台，行余子，甘露难作，皆羸服奔从谏，从谏衣食之。《新书》本传。《旧书·本纪》，王璠子名珪，与仲京，羽，茂章，茂实，郭谊，刘公直，王协，刘积母阿裴，积弟、妹、从兄、张谷男，陈扬庭弟，甄戈并处斩于独柳。盖谊族其家，而送其身于朝也？《通鉴》云：李德裕复下诏，称逆贼王涯、贾𫗧等，已就昭义诛其子孙，宣告中外，识者非之。甘露之变，王涯子仲翔匿侍御史裴鐇家，鐇执以赴军。仲翔曰："业不见容，当自求生，奈何反相噬邪？"闻者哀之。见利则以宦寺之好恶为好恶，泄忿则以宦寺之是非为是非，所谓士君子者，几何其不为宦寺之孝子顺孙也？《旧书·传》云：初积拒命，裴氏召集大将妻同宴，以酒为寿，泣下不能已。诸妇请命。裴曰："新妇各与汝夫文字，勿忘先相公之拔擢。莫效李丕，背恩走投国家。丕，积将首降唐者。子母为托，故悲不能已也。"诸妇亦泣下。故潞将叛志益坚。积死，裴亦以此极刑。似其情真罪当者。然《新书·传》云：从谏妻裴，以弟立功，诏欲贷其死。刑部侍郎刘三复执不可，于是赐死。以尸还问。裴宽厚有谋。每劝从谏入朝，为子孙计。从谏有妾韦，愿封夫人，许之。诏至，裴怒，毁诏不与。从谏它日会裴党，复出诏。裴抵去，曰："淄青李师古，四世阻命。不闻侧室封者。君承朝廷姑息，宜自黜削，求洗濯，欲以婢为夫人，族不日灭耳。"从谏赧然止。及韦至京师，乃言李丕降，裴会大将妻号哭曰："为我语若夫，勿忘先公恩，愿以子托。"诸妇亦泣下，故潞诸将叛益坚，由是及祸。然则《旧书》所著，乃当日爰书之语，而其所用者，实嬖妾之言也。可谓淫刑矣。

王茂元之死也，李德裕奏，王宰止可令以忠武节度使将万善营兵，不可使兼领河阳。恐其不爱河阳州县，恣为侵扰。又河阳节度，先领怀州刺史，尝以判官摄事，割河南五县租赋隶河阳。建中二年，以李芃为河阳、怀州节度，割东畿五县隶焉。五县：河阳，在今河南孟县南。河清，在今孟县西南。济源、温，今皆为县，属河南。王屋，在济源西。不若遂置孟州，其怀州别置刺史。俟昭义平日，割泽州隶河阳节度。则大行之险，不在昭义，而河阳遂为重镇，东都无复忧矣。上采其言，以河南尹敬昕为河阳节度、怀孟观察使。孟州治河阳，至明降为县。王宰将行营以捍敌，昕供馈饷而已。及邢、洺、磁三州降，德裕请以卢弘止为三州留后。曰："万一镇、魏请有三州，朝廷难于可否。"上从之。郭谊降，德裕奏：今不须复置邢、洺、磁留后，但遣卢弘止宣慰三州及成德、魏博两道。罢卢钧山南西道，专为昭义节度使。九月，诏以泽州隶河阳节度。大行之险，在南与在北实同，视国家能否控驭耳。邢、洺、磁三州，以是时河朔三镇，皆无远图，得未入于镇、魏，亦幸也。

刘稹之死也，石雄以兵守境，军大掠，郭谊移书责之，雄衔怒。李德裕建言："乱由谊始，及兵在境，宜悉取逆党送京师。"乃诏雄率兵入，缚送谊等。有诏：从谏且死，乃署稹军，宜剖棺，暴尸于市三日。雄发视，三斩之。稹将白惟信，率余卒三千保潞城。今山西潞城县。雄召之，使往十余辈皆死。卢钧次高平，今山西高平县。惟信献款。雄欲尽夷潞兵。钧不听。坐治堂上，左右皆雄亲卒，击鼓传漏，钧居甚安。雄引去，乃召惟信，送至阙下，余众悉原。雄之暴戾而肆无上如此，无怪王智兴欲除之矣。明年，兴士五千戍代北。钧坐城门劳遣。戍卒骄，顾家属，不欲去。酒酣，反攻城。迫大将李文矩为帅。钧仓卒奔潞城。文矩投地僵卧，稍谕叛者，众乃悔服。即相与谢钧，迎还府，斩首恶，乃定。诏趣戍者行，密使尽戮之。钧请徐乘其变，而使者不发须报。时戍人已去潞一舍，钧选衙卒五百，壮骑百，以骑载兵夜趋。迟明，至太平驿，尽杀之。是时君相皆务杀戮以立威，而承之以郭谊等军人，可谓惨无人理。而《献替记》云：上信任宰臣，无不先访问，无独断之事，惟讨诛泽潞，不舍赴振武官健，及诛戮党项，此二事并禁中发诏处分，更不顾问，《通鉴》考异。则又知其事有惭德，而归过于君也，真乃凶德参会矣。宣宗立，石雄徙镇凤翔。王宰于雄故有隙，数欲沮陷。会德裕罢相，因代归。白敏中曰：功所酬已厌。拜神武统军。失势怏怏卒。

武宗之平昭义，论者或誉其能断，且以德裕为有谋。然时逾一载，仅乃克之；刍粮逾太行饷军，环六七镇；初诏卢商以户部侍郎判度支，又诏杜惊兼盐铁、度支，并二使财以赡军，军乃不乏；《旧书·本纪》会昌四年，《新书·卢商传》。其势亦殊竭蹶矣。以力服人者，非心服也，力不赡也。当时朝廷之余力，尚几何哉？若能赫然诛仇士良，雪王涯、贾𫗧、李训、郑注之冤，明先君之志，闻风内乡者，又岂特一昭义也？

宣宗大中三年四月，张仲武卒，子直方袭。五月，武宁军乱，逐其节度使李廓。《旧书·本纪》。卢弘止代之。徐方自王智兴之后，军士骄恣。有银刀都者，尤劳姑息。前后屡逐主帅。弘止在镇期年，皆去其首恶，谕之忠义。讫于交代，军旅无哗。《旧书》本传。《通鉴》：都虞候胡庆方复谋作乱，弘止诛之，抚循其余。张直方动多不法，虑为将卒所图，是年冬，托以游猎赴阙。《旧书》本传。军人推裨将周綝为留后。四年九月，綝卒。军人立裨将张允伸。《旧书·本纪》。《新书·本纪》：四年八月，卢龙军乱，逐其节度使张直方，裨将张允伸自称留后。《传》同。《旧书·允伸传》云：戎帅周綝寝疾，表允伸为留后，则《新书》误也。《通鉴》从《旧书》。九年正月，王元逵卒，子绍鼎袭。《新书·本纪》。《传》云：元逵八年卒，《纪》盖据赴日书之。七月，浙西东道军乱，逐其观察使李讷。《新书·本纪》。《传》云：性疏下，遇士不以礼，故为下所逐。《通鉴》同。《旧书·本纪》：讷迁浙东观察在十年春，恐误。以沈询代之。《通鉴》。十一年七月，王绍鼎卒。绍鼎淫湎自放，性暴，厚衰敛，升楼弹射路人以为乐。众忿其虐，欲逐之。会病死。子幼，未能事事，弟绍懿袭。《新书》纪传。十二年三月，盐州监军使杨玄价杀其刺史刘皋。《新书·本纪》。四月，岭南军乱，逐其节度使杨发。《新书·本纪》。《旧传》云：发为福州刺史，耆老以善绩闻，朝廷以发长于边事，移授广州。属前政不率，蛮夏成怨。发以严为理，军乱，为军人所囚，致于传舍。五月，湖南军乱，逐其观察使韩琮。《新书·本纪》。诏山南东道节度使徐商讨平之。《通鉴》。六月，江西都将毛鹤逐其节度使郑宪。《新书·本纪》。以光禄卿韦宙为江西观察使，发邻道兵讨平之。十二月。《通鉴》。七月，容州将来正反。《新书·本纪》。经略使宋涯捕斩之。《通鉴》。八月，宣歙将康全泰逐其观察使郑薰。淮南节度使崔铉兼宣歙池观察处置使以讨之。十月，全泰伏诛。《新书·本纪》。《通鉴》：全泰之叛在七月，《纪》盖因崔铉之讨追书之。十三年四月，武宁军节度使康季荣为士卒所逐。上以左金吾大将军田牟弘正子。尝镇徐州，有能名，复以为武宁节度使。一方遂安。《通鉴》。

第四节　回纥之亡

回鹘奉诚可汗，以贞元十一年死。无子，国人立其相骨咄禄。册拜爱滕里逻羽录没密施合胡禄毗伽怀信可汗。骨咄禄本跌跌氏。少孤，为大首领所养。辩敏材武。当天亲时，数主兵，诸酋尊畏。至是，以药葛罗氏世有功，不敢自名其族。此语欠明显。《通鉴》云：冒姓药葛罗氏，较清晰。　而尽取可汗子孙，内之朝廷。《通鉴》云：自天亲可汗以上子孙幼稚者，皆内之阙庭。永贞元年，死。册所嗣为滕里野合俱录毗伽可汗。《通鉴》同，《旧书》阙。元和三年，死。册拜爱登里啰汨密施合毗伽保义可汗。《旧书》亦阙保义之立。下文称为蔼德曷里禄没弭施合蜜毗伽可汗。于其死时，又称为毗伽保义可汗。再请婚，未报。可汗以三千骑至鸊鹈泉。礼部尚书李绛以北边空虚；吴少阳垂死，可乘其变，南事淮右；请许之，而有司度费当五百万，帝方内讨强节度，故遣宗正少卿李诚、太常博士殷侑往谕不可。穆宗立，又固求婚，许之，而可汗死。册所嗣为登啰羽录没密施句主毗伽崇德可汗。以太和公主下降。宪宗女。以上据《新书·回鹘传》。裴度讨幽、镇，回鹘请以兵从。朝议以宝应初回鹘恃功骄恣，难制，咸以为不可。命中使止之。会其已上丰州北界，不从。诏发缯帛七万匹赐之。乃还。《旧书·回纥传》。敬宗即位之年，可汗死。其弟曷萨特勒立，册为爱登里啰汨没密施合毗伽昭礼可汗。《通鉴》系宝历元年三月。《旧书》：长庆二年五月，命使册立登啰骨没密施合毗伽礼可汗，当即此可汗，误系于前。太和六年，为其下所杀。从子胡特勒立。明年，册为爱登里啰汨没密施合句录毗伽彰信可汗。《新书·回鹘传》。《旧书》云：太和七年三月，回纥李义节等将驼马到，且报可汗三月二十七日薨，已册亲弟萨特勒。《通鉴》从《新书》。复强死，而回鹘不可支矣。

开成四年，回鹘相掘罗勿作难，引沙陀共攻可汗。可汗自杀。国人立厖驳特勒为可汗。《旧书》云：开成初，其相有安允合者，与特勒柴革欲篡萨特勒可汗。可汗觉，杀柴革及安允合。掘罗勿拥兵在外，怨，又杀萨特勒，以厖馺特勒为可汗。《通鉴》同。方岁饥，遂疫。又大雪，羊马多死。武宗即位，渠长句录莫贺与黠戛斯合骑十万攻回鹘城，杀可汗，诛掘罗勿，焚其牙。诸部溃。其相馺职与庞特勒十五部奔葛逻禄。残众入吐蕃、安西。于是可汗牙部十三姓《旧书》云：近可汗牙十三部。奉乌介特勒为可汗，南保错子山。黠戛斯，乾元中为回纥所破。回鹘授其君长阿热官为毗伽顿颉斤。回鹘稍衰，阿热即自称可汗。回鹘遣宰相伐之，不胜。挐斗二十年不解。句录莫贺导阿热破杀回鹘可汗。诸特勒皆溃。阿热身自将，焚其牙及公主所庐。乃悉收其宝赆。并得太和公主。《新书·黠戛斯传》。自以李陵后，与唐同宗，使达干奉主来归。《旧书》云：令达干十人送公主至塞上。乌介怒，追击达干，杀之。劫主南度碛。《新书·回鹘传》。先是天德军使田牟，监军韦仲平，奏称回鹘叛将嗢没斯等侵逼塞下，吐谷浑、沙陀、党项，皆世与为仇，请出兵驱逐。李德裕以天德城兵才千余，诏牟约勒将士及杂虏，毋得先犯回鹘，又诏河东、振武严兵以备之。《通鉴》。于是其相赤心与王子嗢没斯、特勒那颉啜将其部欲自归，而公主亦遣使者来，言乌介已立，因请命。又大臣颉干伽思等表假振武居公主、可汗。帝使慰抚其众，输粮二万斛，而不许借振武。《新书·回鹘传》。时会昌元年十二月也。二年正月，遣兵部郎中李拭巡边。三月，还。言刘沔有威略，可任大事。时河东节度使符澈疾病，乃以沔代之，而以金吾大将军李忠顺为振武。遣将作少监苗缜册命乌介可汗。使徐行，驻于河东，俟可汗位定然后进。既而可汗屡侵扰边境，缜竟不行。《通鉴》。嗢没斯以赤心奸桀，难得要领，密约田牟，诱赤心斩帐下。那颉啜收赤心众七千帐，东走振武、大同。因室韦、黑沙，盖谓黑沙城地方之部落也。南窥幽州。节度使张仲武破之，悉得其众。那颉啜走，乌介执而杀之。然乌介兵尚强，号十万。驻牙大同北闾门山。而特勒厖俱遮、阿敦宁等凡四部，及将军曹磨众三万，因仲武降。嗢没斯亦附使者送款。《新书·纪》在五月。帝欲使助可汗复国，而可汗已攻云州。刘沔与战，败绩。《新书·纪》在六月。嗢没斯率三部及特勒大酋二千骑诣振武降。以天德为归义军，《通鉴》云：以嗢没斯所部为归义军。即拜军使。既朝，皆赐李氏。名嗢没斯曰思忠，阿历支曰思贞，习勿啜曰思义，乌罗思曰思礼，此三人，《通鉴》云：嗢没斯弟，当即上所云三部。爱邪勿曰弘顺，爱邪勿，《通鉴》云国相。即拜归义军副使。可汗遣使者藉兵，欲还故廷，且假天德城。帝不许。可汗恚，进略大同川，谓大同境内有川流之处也。民居必依于川，故古称某地方民所聚居之处曰某川。转战攻云州。《旧纪》在八月。诏益发诸镇兵屯太原以北。《旧纪》云：许、蔡、汴、滑等六镇。《通鉴》云：陈、许、徐、汝、襄阳等兵。以刘沔为回鹘南面招抚使，张仲武为东面招抚使。李思忠为西党项都将、西南面招讨使。沔营雁门。又诏银州刺史何清朝，蔚州刺史契苾通，以蕃、浑兵出振武，与沔、仲武合，稍逼回鹘。思忠数深入，谕降其下。沔分沙陀兵益思忠。河中军以骑五百益弘顺。沔进次云州。思忠屯保大栅。率河中、陈、许兵与回鹘战，败之。明年，又为弘顺所破。沔与天德行营副使石雄料劲骑及沙陀、契苾等杂虏，夜出云州，走马邑。抵安众塞，逢虏，与战，破之。乌介方薄振武，雄驰人，夜穴垒出鏖兵。乌介惊，引去。雄追北至杀胡山，乌介被创走。雄遇公主，奉主还。降特勒以下众数万。于是下诏罪状回鹘，令诸道兵马进讨。《旧书·本纪》。可汗收所余往依黑车子。《旧传》云：依和解室韦下营。诏弘顺、清朝穷蹑。弘顺厚啗黑车子以利，募杀乌介。初从可汗亡者，既不能军，往往诣幽州降。留者皆饥寒疮痍，裁数千。《旧书》云三千已下。黑车子幸其残，即杀乌介。其下又奉其弟遏捻特勒为可汗。《旧书》云：乌介嫁妹与室韦，托附之。回鹘相逸隐啜逼诸回鹘，杀乌介于金山，以其弟特勒遏捻为可汗。衮残部五千，仰食于奚大酋硕舍朗。大中初，张仲武讨奚，破之。回鹘寖耗灭。所存名王、贵臣五百余，转依室韦。仲武谕令羁致可汗等。遏捻惧，挟妻子驰九骑夜委众西走。部人皆恸哭。室韦七姓析回鹘隶之。黠戛斯怒，与其相阿播将兵七万击室韦，悉收回鹘还碛北。遗帐伏山林间，狙盗诸蕃自给。稍归庞特勒。

回纥本非大部，属突厥败亡，中国又遭安史之乱不振，得坐大。其遇中国甚骄，故其败也，中国不肯援助，而汲汲为取乱侮亡之谋，不可谓非自取之也。铁勒之众，本自西来，突厥再盛，回纥又久处甘、凉间，故其与西胡关系甚深。其亡也，遗众入中国者甚多，散入诸蕃者亦不少，而惟人西域者为能自立，至今为其地一大族，有以也。遏捻之败，庞特勒已自称可汗，居甘州，有碛西诸城。宣宗遣使者抵灵州，省其酋长。回鹘因遣人随使者来。帝即册拜温禄登里逻汩没密施合俱录毗伽怀建可汗。后十余年，一再献方物。懿宗时，大酋仆固俊自北廷击吐蕃，斩论尚热。尽取西州、轮台等城。使达干米怀玉朝，且献俘，因请命。诏可。其后王室乱，贡会不常，史亡其传。《通鉴》：僖宗乾符元年十二月，初回鹘屡求册命，诏遣册立使郝宗莒诣其国。会回鹘为吐谷浑、嗢末所破，逃遁不知所之。诏宗莒以玉册国信授灵盐节度使唐弘夫掌之，还京师。二年，回鹘还至罗川。十一月，遣使者同罗榆禄入贡。赐拯接绢万匹。胡三省曰：宣宗大中二年，回鹘西奔，至是方还。案胡意指遏捻特勒也，然自开成四年丧乱已来，回纥部落西走者甚多，乾符元年为吐谷浑、嗢末所破，二年还至罗川者，恐未必是遏捻部落也。昭宗幸凤翔，天复二年。灵州节度使韩逊表回鹘请率兵赴难。翰林学士韩偓曰："虏为国仇旧矣。自会昌时伺边，羽翼未成，不得逞。今乘我危以冀幸，不可开也。"遂格不报。然其国卒不振，时时以玉马与边州相市云。

黠戛斯既破回鹘，徙牙牢山之南。《新书》本传。又曰：牢山，亦曰赌蒲，距回鹘旧牙马行十五日。胡三省曰：回鹘旧居薛延陀北娑陵水上，开元中，破突厥，徙牙乌德犍山昆河之间，见《通鉴》会昌二年《注》。案此道里皆太远。此所云旧牙，恐当在其居郁督军山时。会昌二年十月，遣将军踏布合祖等至天德军，言先遣都吕施合等奉公主归之大唐，至今无声问。不知得达，或为奸人所隔。今出兵求索，上天入地，期于必得，又言将徙就合罗川，居回鹘故国。兼已得安西、北廷、达靼等五部落。三年二月，遣使者注吾合索献名马。诏大仆卿赵蕃饮劳之。上欲令蕃就求安西、北庭。李德裕等上言：借使得之，当复置都护，以唐兵万人戍之，以实费易虚名，非计。乃止。黠戛斯求册命。三月，以赵蕃为安抚使。命李德裕草赐书，谕以回鹘残兵，散投山谷，须尽歼夷。待赵蕃回日，别命使展礼。六月，遣将军温仵合入贡。又赐之书，谕以速平回鹘、黑车子，乃行册命。四年三月，遣将军谛德伊斯难珠等人贡。言欲徙居回鹘牙帐，请发兵之期，集会之地。上赐诏，谕以今秋可汗击回鹘、黑车子之时，当令幽州、太原、振武、天德四镇出兵要路，邀其亡逸，便申册命，并依回鹘故事。《旧书·本纪》，谛德伊斯难珠之来在去年八月，盖赐诏在此月，《通鉴》追书之。朝廷以回鹘衰微，吐蕃内乱，议复河湟四镇、十八州。胡三省曰：开元之盛，陇右、河西，分为两镇而已，盖沦陷之后，吐蕃分为四镇也。十八州，秦、原、河、渭、兰、鄯、阶、成、洮、岷、临、廓、叠、宕、甘、凉、瓜、沙也。乃以给事中刘濛为巡边使。使先备器械、糇粮，及诇可吐蕃守兵众寡。又令天德、振武、河东，训卒砺兵，俟今秋黠戛斯击回鹘，邀其南来溃众。皆委濛与节度、团练使详议以闻。五年夏，以陕虢观察使李拭为使，册其可汗为宗英雄武诚明可汗。六年九月，使者以国丧未行。是年三月，武宗崩。或以为僻远小国，不足与之抗衡；回鹘未平，不应遽有建置。诏百官集议。事遂寝。大中元年六月，以鸿胪卿李业为册黠戛斯英武诚明可汗使。当即宗英雄武诚明可汗。不知史文不具，抑此时去两字？咸通四年八月，遣其臣合伊难支表求经籍，及每年遣使走马请历。又欲讨回鹘，使安西以来悉归唐。不许。七年十二月，遣将军乙支连入贡，奏遣鞍马迎册立使，及请亥年历日。注：是年丙戌，亥明年也。以上皆据《通鉴》。《新书》云：大中元年受册后，逮咸通间三来朝。后之朝聘册命，史失其时。黠戛斯是时，颇为兴盛，故屡自通上国。然《新书》谓其卒不能取回鹘。可见回鹘西迁者，力实不弱，此其所以能遂据其地。黠戛斯盖终未能取安西、北庭？故其东殄回纥残众及讨黑车子之师，亦终未能出。漠南北一时遂无强部矣。

此时塞北部落之健斗者，当推沙陀，然其人受豢于中国，所觊觎者自在内地，而中国人亦时时用之内地，遂不克向北展拓矣。沙陀之附吐蕃也，吐蕃徙其部甘州，以朱邪尽忠为军大论。吐蕃寇边，常以沙陀为前锋。久之，回鹘取凉州。吐蕃疑尽忠持两端，议徙沙陀于河外。举部愁恐。尽忠与其子执宜谋，元和三年，悉众三万落，循乌德鞬山而东。吐蕃追之。行且战。并洮水，奏石门，关名，在今固原县北。转斗不解。部众略尽。尽忠死，执宜哀瘝伤，士才二千，骑七百，款灵州塞。节度使范希朝以闻。诏处其部盐州。置阴山府，以执宜为府兵马使。沙陀素健斗，希朝欲藉以捍虏，为市牛羊，广畜牧，休养之。其童氂自凤翔、兴元、太原道归者，皆还其部。尽忠弟葛勒阿波，率残部七百，叩振武降。授左武卫大将军，兼阴山府都督。沙陀归唐，《通鉴》亦系元和三年。《后唐懿祖纪年录》：贞元十三年，回纥奉诚可汗收复凉州。沙陀归唐在十七年。《考异》云：《德宗实录》，贞元十七年无沙陀归国事。《范希朝传》，德宗时为振武节度使，元和二年，乃为朔方灵盐节度。今从《实录》、《旧传》、《新书》。然议者以灵武迫吐蕃，恐反覆生变。又滨边益口，则食翔价。顷之，希朝镇太原，元和四年六月，见《旧纪》。因诏沙陀举军从之。希朝乃料其劲骑千二百，号沙陀军，置军使。而处余众于定襄川。执宜乃保神武川之黄花堆。神武，北魏郡，北周废为县，唐省。故城在今山西神池县东北。黄花堆，在今山阴县北。更号阴山北沙陀。王锷节度太原，建言朱邪族孳炽，散居北川，恐启野心，愿析其族隶诸州，势分易弱也。遂建十府，以处沙陀。太和中，四年。柳公绰领河东，奏陉北沙陀，素为九姓、六州所畏。请委执宜治灵、朔塞下废府十一。料部人三千御北边，号代北行营。授执宜阴山府都督代北行营招抚使。隶河东节度。死，子赤心嗣。以上据《新书·沙陀传》。执宜自归中国。再从讨镇州。王承元。王庭凑。伐吴元济。赤心从刘沔击回鹘，隶石雄诛刘稹。稹平，迁朔州刺史。仍为代北军使。大中初，吐蕃合党项及回鹘残众寇河西、太原。王锷，又以其兵进讨云。

塞北部族，强者为沙陀，大者则奚、契丹也。安禄山之强，与奚、契丹剧战斗，两蕃尝遭破坏，又其众多入中国，故一时寡弱。畏回纥，常臣属之。《新书·安禄山传》：广平王俶向长安，张通儒等衰兵十万陈长安中。贼皆奚，素畏回纥，既合，惊且嚣，遂败。盖是时之奚、契丹，尚非如回纥之习于战斗也。《旧书·张仲武传》言：奚、契丹皆有回鹘监护使，督以岁贡，且为汉谍。仲武遣裨将石公绪等谕意，两部凡戮八百余人，可见回纥待属之酷。一旦土崩，诸部遂莫为之辅，绝无如西州王众之于耶律大石者，亦以此邪？然于中国朝贡亦不绝。故事，常以范阳节度使为押奚、契丹两蕃使。自至德之后，藩臣多擅封壤，朝廷优容之，彼务自完，不生边事，故二蕃亦少为寇。每岁朝贺，常各遣数百人至幽州。则选其酋渠三五十人赴阙，引见于麟德殿，锡以金帛，遣还。余皆驻而馆之。率为常。《旧书》本传。此时实奚、契丹休养生息之好机会，其坐大盖由此也。《新书·契丹传》曰：天子恶其外附回鹘，不复官爵渠长。会昌二年，回鹘破，契丹酋屈戍始复内附。拜云麾将军，守右武卫将军。于是幽州节度使张仲武为易回鹘旧印，赐唐新印，曰奉国契丹之印。《旧书》云：会昌二年九月，制契丹新立五屈戍，可云麾将军，守右武卫将军，员外置，同正员。幽州节度使张仲武上言：屈戍等云：契丹旧用回纥印。今恳请闻奏，乞国家赐印。许之。以奉国契丹之印为文。上云五屈戍，下云屈戍等，则屈戍乃称号，非人名，《新书》实误，《辽史世表》以屈戍当彼中传说之耶澜可汗，亦非也。奚犯塞时较多。然元和元年，其君梅录尝身入朝，拜检校司空，归诚郡王。《新书》本传。《旧纪》作饶乐郡王。三年，又以部酋索低为左威卫将军，檀、蓟州游奕兵马使，没辱孤平州游奕兵马使，皆赐李氏。而回鹘平后，未尝受封印如契丹，则其势已稍弱于契丹矣。奚五部，契丹八部，则契丹部众，本较奚为盛；此时契丹文明程度，似亦稍优于奚；故其后奚遂为之隶属牟。

第五节　吐蕃衰乱

自尚结赞死后，吐蕃无大侵寇。宪宗时尝通朝贡。《新书·李吉甫传》曰：吐蕃遣使请寻盟。吉甫议：德宗初未得南诏，故与吐蕃盟，自异牟寻归国，吐蕃不敢犯塞，诚许盟，则南诏怨望，边隙日生。帝辞其使。复请献边塞亭障南北数千里求盟。吉甫谋曰："边境荒岨，犬牙相吞，边吏按图覆视，且不能知，今吐蕃绵山跨谷，以数番纸而图千里，起灵武，著剑门，要险之地，所亡二三百所，有得地之名，而实丧之，陛下将安用此？"帝乃诏谢赞普不纳。《钱徽传》言：宪宗时内积财图复河湟；其后河湟自归，群臣请上尊号，宣宗言宪宗常念河湟，业未就而殂落，今当述祖宗之烈，其议上顺、宪二庙谥号；《新书·吐蕃传》。则宪宗实有恢复河湟之志，以困于内乱而未皇也。《新书·吐蕃传》云：元和十二年，赞普死，使者论乞髯来。可黎可足立为赞普。《旧传》云：十二年四月，吐蕃以赞普卒来告，而不记立者为谁。《通鉴》则于十一年二月，书西川奏吐蕃赞普卒，新赞普可黎可足立。案后来刘元鼎入蕃，见下。其都元帅尚书令尚绮心儿谓之云：回纥小国也。我以丙申年逾碛讨逐，去其城郭二日程，计到即破灭矣，会闻本国有丧而还。《旧传》。丙申为元和十一年，则西川之奏报不误，而彼国告丧之使，逾岁始至也。十三年十月，吐蕃围宥州，入河曲。灵武、夏州、西川，皆有战事。然时仍有使来，敕言其言旋才及近甸，盖其中枢不能节制边将，一如往日也。是岁，平凉镇遏使郝玭收复原州城。十四年十月，其节度使论三摩及宰相尚塔藏，中书令尚绮心儿围盐州，党项首领，亦发兵、驱羊马以助，凡二十七日乃退。《旧书·吐蕃传》。始沙州刺史周鼎，为唐固守。赞普徙帐南山，盖谓沙州南之山。使尚绮心儿攻之。鼎请救回鹘，逾年不至。议焚城郭，引众东奔。皆以为不可。鼎遣都知兵马使阎朝领壮士行视水草。朝执鼎，缢杀之。自领州事。城守者八年。出绫一端，募粟一斗，应者甚众。又二岁，粮械皆竭。登城而谭曰：“苟无徙他境，请以城降。”绮心儿许诺。于是出降。自攻城至是，凡十一年。赞普以绮心儿代守。后疑朝谋变，置毒靴中而死。州人皆胡服臣虏，每岁时祀父祖，衣中国之服，号恸而藏之。《新书·吐蕃传》。于此，可见吐蕃谋俘略之亟，人民惮迁徙之深。然白居易《新乐府》曰：“缚戎人，缚戎人。耳穿面缚驱入秦。面缚，通行本皆作面破，影宋本有作面缚者。天子矜怜不忍杀，诏徙东南吴与越。黄衣小使录姓名，领出长安乘递行。身被金创面多瘠，扶病徒行日一驿。朝餐饥渴费杯盘，夜卧腥臊污床席。忽逢江水忆交河，垂手齐声呜咽歌。其中一虏语诸虏；尔苦非多我苦多。同伴行人因借问。欲说喉中气愤愤。自言乡贯本凉原，大历年中没落蕃。一落蕃中四十载，遗著皮裘系毛带，惟许正朝服汉仪，敛衣整巾潜泪垂。誓心密定归乡计，不使蕃中妻子知。暗思幸有残筋力，更恐年衰归不得。蕃候严兵鸟不飞，脱身冒死奔逃归。昼伏宵行经大漠，云阴月黑风沙恶，惊藏青冢寒草疏，偷渡黄河夜冰薄。忽闻汉军鼙鼓声，路旁走出再拜迎。游骑不听能汉语，将军遂缚作蕃生。配向江南卑湿地，料无存恤空防备。念此吞声仰诉天，若为辛苦度残年？凉原乡井不可见，胡地妻儿虚弃捐。”则仍有冒死逃归者，而反为边将执以要功，亦可哀矣。德宗既遣韦伦，蜀帅上所获戎俘，有司请准旧事，颁为徒隶，上曰："要约著矣，言庸二乎？"乃各给缣二匹、衣一袭归之。《旧书·吐蕃传》。则徙蕃俘江岭之法，德宗初已废，然观白居易之诗，则宪宗时又复矣。其君是恶，其民何罪？奴役蕃人，已为非理，终乃自奴役其民，不尤可哀乎？穆宗立，遣使告哀，并告册立。彼亦遣使来吊祭。然侵寇仍不绝。长庆元年九月，乃遣使请盟。十月，宰臣等与盟。又使刘元鼎入蕃。自此朝贡时至。太和五年九月，其维州守将悉怛谋来降。西川节度使李德裕差兵镇守。《旧书·本纪》。时牛僧孺当国，沮议。乃诏德裕却送一部之人还维州。赞普得之，皆加虐刑。维州为控扼要地，韦皋虽败论莽热，终未能取，及是乃既得而复失之。僧孺谓新与吐蕃盟，不宜败约，似也。然从古以来，誓盟不信，无如吐蕃者。德裕后奏论此事，谓此役前一年，吐蕃犹围鲁州，六胡州之一。其信义安在？吐蕃是时实弱，而僧孺曰：闻赞普牧马茹川，蔚茹水，今清水河，在固原北，至中卫入河。俯于秦陇，若东袭陇阪，径走回中，不三日抵咸阳桥，发兵枝梧，骇动京国，事或及此，虽得百维州何补？显系耸听之辞。又云：吐蕃疆土，四面万里，失一维州，无损其势，则此原为一道控扼之计，德裕奏论，谓得此可减八处镇兵，其说必不能诬罔也。德裕又言：累表上陈，乞垂矜救，答诏严切，竟令执还。加以桎梏，异于竹畚。及将就路，冤叫呼天。将吏对臣，无不流涕。其部送者，便遭蕃帅讥诮：既已降彼，何须送来？却将降人，戮于汉界。恣行残虐，用固携离。乃至掷其婴孩，承以枪槊。此诚从古以来，未有此事，徒快私意，大失政刑，党争之祸国，亦可见矣。德裕之为人，阴贼险诐，实较僧孺为更恶，然就此事言之，则断不能是牛而非李也。《新书·循吏传》：薛元赏时为汉州刺史，上书极言可

369

因而抚之，溃虏膺腹，不可失，此当时之公论也。《旧书·德裕传》：德裕奏论维州事曰：初河、陇尽没，此州独存。吐蕃潜将妇人，嫁与此州门子。二十年后，两男长成，窃开垒门，引兵夜入。此说颇近东野人言。上文叙事中亦言之，云：至德后河、陇陷蕃，惟此州尚存。吐蕃利其险要，将妇人嫁于此州阇者。《地理志》则云：上元元年后，河西、陇右，州县皆陷。吐蕃赞普更欲图蜀川，累急攻维州，不下，乃以妇人嫁维州门者。据《新书·地理志》，维州陷于广德元年，上距上元元年仅三载，距至德元年，亦仅七载耳。

《新书》云：赞普立几三十年，病不事，委任大臣，故不能抗中国，边候晏然。死，以弟达磨嗣。达磨嗜酒，好畋猎，喜内，且凶慆少恩，政益乱。开成四年，遣太子詹事李景儒往使。吐蕃以论集热来朝，献玉器、羊马。自是国中地震裂，水泉涌；岷山崩，洮水逆流三日；鼠食稼，人饥疫，死者相枕藉。鄯、廓间夜闻鼙鼓声，人相惊。会昌二年，死。论赞热来告丧。天子命将作监李璟吊祠。《旧书》至会昌二年始书赞普卒，则似继死于元和十一年之赞普者，至此始死，不惟佚可黎可足之名，并阙达磨一世矣。《通鉴》据《补国史》，于开成三年，书吐蕃彝泰赞普卒，弟达磨立。又于会昌二年十二月，书吐蕃遣其臣论普热来告达磨赞普之丧。《考异》云：彝泰卒，达磨立，《实录》不书，《旧传》、《续会要》皆无之。《实录》于会昌二年云：赞普立仅三十余年，有心疾，不知国事，委政大臣。彝泰以元和十一年立，即可黎可足。至此二十七年，达磨立至此五年，云仅三十年，亦是误以达磨为彝泰，疑《实录》阔略，他书皆因而误也。达磨既死，吐蕃遂大乱。初，达磨有佞幸之臣，以为相。达磨卒，无子，佞相立其妃綝氏兄尚延力之子乞离胡，才三岁。佞相与妃共制国事。吐蕃老臣数十人，皆不得与。首相结都那，见乞离胡不拜，曰："赞普宗族甚多，而立綝氏子，国人谁服其令？鬼神谁享其祀？国必亡矣。比年灾异之多，乃为此也。"拔刀劙面，恸哭而出。佞相杀之，灭其族。《新书》无佞相之说，但云：乞离胡始三岁，妃共治其国。于结都那之死，则云用事者共杀之。国人愤怒。又不遣使诣唐求册立。洛门讨击使论恐热，属其徒告之曰："贼舍国族，立綝氏，专害忠良，以胁众臣。且无大唐册命，何名赞普？吾当与汝属举义兵，入诛綝妃及用事者。"遂说三部落，得万骑。与青海节度使同盟，举兵，自称国相。至渭州，遇国相尚思罗屯薄寒山。恐热击之。思罗弃辎重，西奔松州。恐热遂屠渭州。思罗发苏毗、吐谷浑、羊同等兵合八万，保洮水，焚桥拒之。恐热至，隔水语苏毗等曰："贼臣乱国，天遣我来诛之，汝曹奈何助逆？我今已为宰相，国内兵皆得制之。汝不从，将灭汝部落。"苏毗等疑不战，恐热引骁骑涉水，苏毗等皆降。思罗西走。追获杀之。恐热尽并其众，合十余万。自渭川至松州，所过残灭，尸相枕藉。《通鉴》。恐热谋篡国，恐鄯州节度使尚婢婢袭其后，欲先灭之，兵拏仍岁不解。《新书·吐蕃传》。大中三年二月，秦、原、安乐三州及石门等七关来降。《通鉴》。七关，谓原州之石门、驿藏、木峡、制胜、六盘、石峡六关及萧关也，见《旧书·本纪》。萧关，在今固原县东南。《新书》叙三州七关之复于恐热来降后。《通鉴考异》曰：《实录》：泾原节度使康季荣奏吐蕃宰相论恐热杀东道节度使，奉表以三州、七关来降。《献祖纪年录》亦云：杀东道节度使奉表。国史叙论恐热事甚详，至五年五月始来降，此际未降也。又不云杀东道节度使。且恐热若以三州、七关来降，朝廷必官赏之，何故但赏边将而不及恐热？盖三州、七关，以吐蕃国乱自来降，非恐热帅以来，《实录》误耳。十月，西川节度使杜悰奏取维州。十二月，吐蕃以扶州归于有司。《新书·本纪》。四年九月，论

371

恐热遣僧莽罗蔺真击尚婢婢军于白土岭。《注》:《水经注》:左南津西六十里有白土城,城西北有白土川水,其地在唐河州凤林县西。案唐凤林县,在今甘肃临夏县西南。婢婢遣其将尚铎榻藏拒之,不利。复遣磨离罴子、烛卢巩力拒之。巩力请按兵拒险,勿与战,以奇兵绝其粮道,不过旬月,其众必溃。罴子不从。巩力称疾归鄯州。罴子逆战,败死。婢婢粮乏,留拓跋怀光守鄯州,帅部落三千余人就水草于甘州西。恐热大掠河、西、鄯、廓等八州。杀其丁壮,劓刖其羸老及妇人,以槊贯婴儿为戏。焚其室庐。五千里间,赤地殆尽。《通鉴》。沙州人张义潮,阴结豪杰谋归唐。一旦帅众被甲噪于州门。唐人皆应之。吐蕃守将惊走。义潮遂摄州事,奉表来降。五年正月,以为沙州防御使。义潮略定瓜、伊、西、甘、肃、兰、鄯、河、岷、廓十州,遣其兄义泽奉十一州图籍入见。于是河湟之地,尽入于唐。十一月,置归义军于沙州,以义潮为节度使。十一州观察使。又以义潮判官曹义金为归义军长史。论恐热残虐,所部多叛。拓跋怀光使人说诱之。其众或散居部落,或降于怀光。恐热势孤,乃扬言于众曰:"吾今入朝于唐,借兵五十万,来诛不服者,然后以渭州为国城,请唐册我为赞普,谁敢不从?"五年五月,入朝。求为河、渭节度使。上不许。恐热怏怏而去。复归洛门川,聚其旧众,欲为边患。会久雨,乏食,众稍散,才有三百余人,奔于廓州。《通鉴》。其后河、渭州虏将尚延心以国破亡,亦献款。咸通二年,义潮奉凉州来归。《新书·吐蕃传》。七年,北庭回鹘仆固俊击取西州,收诸部。鄯州城使张季颙与尚恐热战,破之,收器铠以献。吐蕃余众犯邠宁,节度使薛弘宗却之。会仆固俊与吐蕃大战,斩恐热,传首京师。《新书·吐蕃传》。论恐热寓居廓州,纠合旁侧诸部,皆不从。所向尽为仇敌,无所容。仇人以告拓跋怀光于鄯州,怀光引兵击破之。十月，以五百骑入廓州，生擒恐热。先刖其足，数而斩之。传首京师。其部众东奔秦州，尚延心邀击破之。悉奏迁于岭南。《通鉴》。《考异》引《实录》：张义潮奏鄯城使张季颙押领拓跋怀光下使到尚恐热将，并随身器甲等，并以进奉，为《新书》所本，而《鉴》不之取，亦未叙仆固俊斩恐热事，似以论恐热、尚恐热为一人，此恐误。当时仆固俊兵力，未必能去北庭甚远，而论恐热居廓州，仅三百人，亦未必能犯鄯州，更不能与仆固俊战。尚恐热盖别为一人，其众必较多，故为张季颙所败后，余众尚能东犯邠宁，身又能西北走，与仆固俊大战。若论恐热，则始终穷居廓州，而为拓跋怀光所就杀耳。此吐蕃乱后，诸将纷拿，见于中国史籍者也。其中枢，则《新书·传》云：会昌三年，国人以赞普立非是，皆叛去；而《通鉴》云：乞离胡君臣，不知所终；盖自会昌三年后，遂无闻焉耳矣。《新书·吐蕃传》曰：初太宗平薛仁杲，得陇上地。虏李轨，得凉州。破吐谷浑、高昌，开四镇。玄宗继收黄河、碛石、宛秀等军。中国无斥候警者几四十年。轮台、伊吾屯田，禾菽弥望。开远门揭候署曰：西极道九千九百里，示戍人无万里行也。乾元后，陇右、剑南、西山三州、七关，军、镇、监、牧三百所皆失之。大中后，虽幸吐蕃微弱，故地自归，然《地理志》谓宣、懿德微，不暇疆理，惟名存有司而已。

吐蕃虽微，西北初未遽靖，以是时为患者实多诸杂种，吐蕃惟为之率将而已。诸杂种中，以吐谷浑、党项为大。吐谷浑自吐蕃取安乐州，残部徙朔方、河东，多在今山西北境。党项则多在陕、甘、宁夏，故其为西北之患尤深。初吐蕃寖盛，拓跋畏逼，请内徙，诏庆州置静边等州以处之。其在西北者，天授中内附，散在灵、夏间。《旧书》云二十万口，《新书》云户凡二十万。禄山之乱，河、陇陷吐蕃，乃徙党项州存者于灵、庆、银、夏之境。《新书·地理志》。肃、代时与吐谷浑、奴刺等共为边患。郭子仪兼统西北诸镇，以党项、吐谷浑部落，散处盐、夏等州，地与吐蕃滨近，易相胁，表徙静边州、夏州、乐容等六府党项于银州之北，夏州之东，乐容州都督府，本隶灵州。宁朔州吐谷浑住夏曲，宁朔州，初隶乐容都督府，代宗时隶夏州。以离沮之。六州部落，在庆州者号东山部，夏州者号平夏部。《通鉴》宣宗大中五年胡《注》曰：平夏，地名。宋朝李继迁之叛，徙绥州吏民之半置平夏，以为巢穴，盖银夏之要地也。案静边州及六州部落，盖党项之两大宗，皆迁于夏东，而六州部落，又有分居庆州者也。永泰后稍徙石州，后为永安将阿史那思暕赋索无极，遂亡走河西。《通鉴》系贞元十五年。胡《注》云：唐盖置永安镇将于石州，以绥御党项。至太和中，寖强，数寇掠。然器械钝苦，畏唐兵精，则以善马购铠，善羊贸弓矢。鄜坊道军粮使李石表禁商人不得以旗帜、甲胄、五兵入部落，告者举罪人财畀之。至开成末，种落愈繁富。贾人赍缯宝鬻羊马，藩镇乘其利，强市之，或不得直，部人怨，相率为乱。至灵、盐道不通。武宗以侍御史为使招定，分三部：邠、宁、延属崔彦曾，盐、夏、长泽属李鄂，灵武、灵、胜属郑贺，不克。长泽县，在今陕西靖边县东。《通鉴》：会昌三年十一月，邠宁奏党项入寇。李德裕奏：党项愈炽，不可不为区处。闻党项分隶诸镇，剽掠于此，则亡逃归彼，节度使各利其驼马，不为擒送，以此无由禁戢。臣屡奏不若使一镇统之。陛下以为一镇专领权太重。臣今请以皇子兼统诸道，择中朝廉干之臣为副，居于夏州，理其辞讼，庶为得宜。乃以兖王岐为灵夏等六道元帅，兼安抚党项大使。又以御史中丞李回为安抚党项副使，史馆修撰郑亚为元帅判官，令赍诏往安抚党项及六镇百姓。《注》云：六镇，盐州、夏州、灵武、泾原及振武、邠宁也。以三侍御史为使之事，通鉴不载，而云：朝廷虽为党项置使，党项侵盗不已，攻陷邠宁、盐州界城堡，屯叱利寨。宰相请遣使宣慰。上决意讨之。六年二月，以夏州节度使米暨为东北道招讨党项使。为党项置使，《注》以为即指崔彦曾等三人。宣宗大中四年，内掠邠宁、诏凤翔李业、河东李栻合节度兵讨之。宰相白敏中为都统。帝出近苑，或以竹一个植舍外。帝属二矢，曰："党项穷寇，仍岁暴吾鄙。今我约：射竹中，则彼当自亡。不中，我且索天下兵翦之。终不以此贼遗子孙。"观此言，可知党项侵寇之烈矣。帝一发，竹分，矢彻诸外。左右呼万岁。不阅月，羌果破殄。余种窜南山。《新书·党项传》。《通鉴注》云：党项居庆州者号东山部，居夏州者号平夏部，其窜居南山者为南山党项。赵珣《聚米图经》：党项部落在银夏以北居川泽者，谓之平夏党项，在安盐以南居山谷者，谓之南山党项。然无几复为患，以毕諴为邠宁节度使，乃平之。事见《新书·諴传》，甚略。《通鉴》叙述较详，今录如下：大中四年九月，党项为边患，发诸道兵讨之，连年无功，戍馈不已。右补阙孔温裕上疏切谏。上怒，贬柳州司马。十一月，以翰林学士刘瑑为京西招讨党项行营招讨使。五年正月，上颇知党项之反，由边帅利其羊马，数欺夺之，或妄诛杀，乃以右谏议大夫李福为夏绥节度使。自是继选儒臣，以代边帅之贪暴者，行日复面加戒励。党项由是遂安。上以南山、平夏党项久未平，颇厌用兵。崔铉建议，宜遣大臣镇抚。三月，以白敏中为司空同平章事，充招讨党项行营都统制置等使，南北两路供军使，兼邠宁节度使。敏中请用裴度故事，择廷臣为将佐，许之。四月，敏中军于宁州。定远城使史元破党项九千余帐于三交谷。敏中奏党项平。诏平夏党项，已就安帖。南山党项，闻出山者迫于饥寒，犹行钞掠。平夏不容，穷无所归。宜委李福存谕。于银夏境内，授以闲田。向由边将贪鄙，致其怨叛，自今当更择廉良抚之。若复致侵叛，当先罪边将，后讨寇房。八月，白敏中奏南山党项亦请降，时用兵岁久。国用颇乏，诏并赦南山党项，使之安业。十月，制以党项既平，罢白敏中都统，但以司空平章事，充邠宁节度使。六年四月，以敏中为西川节度使。党项复扰边。上欲择可为邠宁帅者而难其人。从容与翰林学士中书舍人毕諴论边事。諴援古据今，具陈方略。上悦曰："吾方择帅，不意颇、牧近在禁廷。卿其为朕行乎？"諴欣然奉命。上欲重其资履，六月，先以为刑部侍郎，乃除邠宁节度使。十月，諴奏招谕党项皆降。九年三月，诏諴还邠州。先是以河湟初附，党项未平，移邠宁军于宁州，至是南山、平夏皆安，威、盐、武三州军食足，故令还理所。柳州，三交谷，《注》云：在夏州界。武州，大中五年以萧关置。然其部落实炽盛，故后拓跋思恭，复以讨黄巢起云。

第八章
懿僖无为，唐室衰败

第一节　骄奢淫逸的懿宗僖宗

《旧书·帝纪》赞，谓唐之亡决于懿宗，以其时云南侵寇不息，调兵运饷，骚动甚巨，加以庞勋起义，"徐寇虽殄，河南几空"。《旧书·懿宗纪》。又引起黄巢起义也。然以唐中叶后藩镇之跋扈人民，终必至怯于公战，勇于私斗而后已。云南、徐方之变，安得不作？而中枢政令，悉为宦寺所把持，又断不能大振纲纪，削平藩镇也。故唐自德宗、宪宗，志平藩镇而未成，顺宗、文宗，欲除宦寺而不克，而其势已不可为，败坏决裂，特待时焉而已。懿宗之骄泆，僖宗之童昏，夫固不能为讳，亦如木焉，本实先拨，疾风甚雨，特促其倾仆而已，谓其倾仆之即由于是，固不然也。

继嗣之不以正，自肃、代来久然，然未有若懿宗之尤可疑者。新旧《书·本纪》皆云：懿宗为宣宗长子，封郓王。其《诸子传》则云：宣宗子十一人。然合懿宗数之，实得十二。《旧书·诸子传》，例皆著其长幼。其叙宣宗诸子：曰靖怀太子汉，曰第二子雅王泾，曰卫王灌，曰第三子夔王滋，曰第四子庆王沂，曰第五子濮王泽，曰第六子鄂王润，曰第七子怀王洽，曰第八子昭王汭，曰康王汶，曰广王澭，靖怀及卫、康、广三王之次阙焉。《新传》于诸子，例不著其长幼。其叙次，卫王次广王下，又夔王作通王，云会昌六年封，懿宗立乃徙王，余与《旧传》同。《宗室表》：鄂王次怀王下，其余亦同《旧传》。诸子封年：新旧《传》皆云：靖怀以会昌六年封雍王，夔、庆二王同封，雅王封于大中元年，濮王封于二年，鄂王封于五年，怀、昭、康三王封于八年，卫、广二王封于十一年。封爵常例，合依长幼之次。雅王既长于夔、庆二王，何以受封反在其后？卫王既与广王同封，何以《旧传》列诸雅、夔之间？其事皆有可疑。考诸《本纪》：则《旧书》会昌六年四月制：皇长男温可封郓王，二男泾可封雅王，第三男滋可封蕲王，第四男沂可封庆王。大中元年二月制：第五子泽为濮王，第六子润为鄂王。五年正月制：第七子洽封怀王，第八子汭为昭王，第九子汶为康王。十一年六月制：皇第三男灌封卫王，十一男滢封广王。封年与新旧《传》乖违。《旧纪》既据制书，似当以之为准。夔王究封于夔，抑初封蕲后乃徙王，无可参证，亦不足深论。鄂、怀、康、广，次第皆有明文，既可补《旧传》之阙，亦足证《新表》之误。卫王不应云第三，《廿二史考异》谓为第十之误，其说极确。惟雍王之封阙焉。谓其人为子虚，则并懿宗数之，宣宗之子，恰得十一，与新旧《传》都数可谓巧合，然于理终未安也。更考诸《新纪》：则卫王之封在十年，而会昌六年之封，多一雍王渼。卫王封年之异，盖夺一一字，无足惑。靖怀之名，《通鉴》亦作渼，疑与汉因相似而误，亦不足深论，其必为一人，似无可疑。然则《旧纪》独阙靖怀之疑释，然宣宗之子，仍得十二人矣。此究何说邪？案宣宗未尝立后，故其子无嫡庶之殊，惟有长幼之异。《新书·后妃传》云：宣宗元昭皇后晁氏，懿宗追册。少入邸，最见宠答。及即位，以为美人。大中中薨。赠昭容。诏翰林学士萧寘铭其窆，具载生郓王、万寿公主。后夔、昭等五王居内院，而郓独出阁，及即位，是为懿宗，外颇疑帝非长，寘出铭辞以示外廷，乃解。皇子诞生，耳目昭著，何至疑其长幼？志铭通例，虽著所生子女，未必详其生年。《传》云具载郓王及万寿公主之生，不云著其生于何岁，亦隐见所证明者，乃懿宗之为谁子，而非在其次第。盖懿宗实非宣宗子？宣宗长子，实为靖怀？武宗以弟继兄，宣宗以叔父继犹子，固非承嗣之正，究为先君遗体。懿宗盖族属已疏，无可立之理，宦官既拥立之，乃强名之为宣宗长子，使萧实伪造铭辞，以著其为宣宗之体，又改史，或去靖怀而以郓王代之，又或增一郓王而忘其都数之不合。新旧《纪》之文，亦各有所本也。

《新书·崔慎由传》曰：宣宗饵长年之药，病渴，且中躁，而国嗣未立。帝对宰相欲肆赦，患无其端。慎由曰："太子天下本，若立之，赦为有名。"帝恶之，不答。盖虽攫疾，实未自知其将死也。然变遂起于仓卒之间。《新书·懿宗纪》曰：宣宗爱夔王滋，欲立为皇太子，而郓王长，久不决。大中十三年八月，宣宗疾大渐。以夔王属内枢密使王归长、马公儒，宣徽南院使王居方等。而左神策护军中尉王宗实、副使亓元实矫诏立郓王为皇太子。癸巳，即皇帝位于枢前。王宗实杀王归长、马公儒、王居方。《通鉴》云：上饵医官李玄伯、道士虞紫芝、山人王乐药，懿宗立后，三人皆伏诛。疽发于背。八月，疽甚。宰相及朝士皆不得见。上密以夔王属归长、公儒、居方使立之。三人及右军中尉王茂元，皆上平日所厚也，独左军中尉王宗实，素不同心。三人相与谋，出宗实为淮南监军。宗实受敕将出，亓元实谓曰："圣人不豫逾月，中尉止隔门起居，今日除改，未可辨也，何不见圣人而出？"宗实感寤复入。诸门已踵故事，增人守捉矣。元实翼道宗实，直至寝殿。则上已崩，东首环泣矣。宗实叱归长等，责以矫诏。皆捧足乞命。乃遣宣徽北院使齐元简迎郓王。壬辰，下诏立郓王为皇太子，权句当军国政事。仍更名漼。此事盖因宦官相争，危及国本。宗实之入，恐不免凭藉兵力，必非徒一亓元实翼道之也。不然，王归长等安肯束手受缚邪？

《通鉴》云：上长子郓王温无宠，居十六宅，余子皆居禁中，而《新书·后妃传》言夔、昭等五王居内院，而郓独出阁。其《通王滋传》云：帝初诏郓王居十六宅，余五王处大明宫内院，以谏议大夫郑漳、兵部郎中李邺为侍读，五日一谒乾符门，为王授经。《新书》所据材料，盖但就受经者言之，故不数康、卫、广三王。自夔至昭凡六王而云五者？或其中一王已没，又或别夔王于自庆至昭五王也。靖怀薨于大中六年，雅王史亡其薨年，若此时亦已薨，则宣宗之欲立夔王，正合长幼之序，诬为欲废长立爱，其说殊不雠矣。《新书·令狐绹传》：懿宗嗣位后，左拾遗刘蜕、起居郎张云劾绹大臣，当调护国本，而大中时引谏议大夫豆卢籍、刑部侍郎李邺为夔王侍读，乱长幼序，使先帝诏厥之谋，几不及陛下。又《杜悰传》：宣宗大渐，王归长、马公儒等以遗诏立夔王，而王宗实等入殿中，以为归长等矫诏，乃迎郓王立之，是为懿宗。久之，遣枢密使杨庆诣中书，独揖悰，他宰相毕諴、杜审权、蒋伸不敢进。乃授悰中人请帝监国奏，因谕悰劾大臣名不在者抵罪。悰遽封授使者复命。谓庆曰："上践阼未久，君等秉权，以爱憎杀大臣，祸无日矣。"庆色沮去。帝怒亦释。大臣遂安。《廿二史考异》云：《懿宗纪》及《宰相表》，悰以咸通二年二月相，距懿宗践阼之始，已两年矣。使帝衔怒诸大臣，欲置之死地，当不俟此日，《传》所云未可深信。《通鉴》载此事，与《新书》辞异意同。胡三省谓其辞旨抑扬，疑出悰家传。又引《容斋随笔》，谓懿宗即位之日，宰相四人：曰令狐绹，曰萧邺，曰夏侯孜，曰蒋伸，此时惟伸在。毕諴、杜审权乃懿宗自用，不当有此事。二说所疑诚当，然或悰实有此事，特不在其为相之时。要之懿宗之立，殆全出中人，而宰相绝未与闻其事，则隐然可见。此则视王守澄之立文宗，尚奉一裴度以行之者，又不大同矣。事变之亟，可谓降而愈烈也。

夔王，《旧书》本传云：咸通四年薨。《新书·传》云：懿宗立，徙王通。昭宗时，与诸王分统安圣、奉、宸、保宁、安化诸军，为韩建所杀。而其《本纪》于咸通四年，亦书夔王滋薨。《通鉴》亦同。则其人非特未至昭宗时，并无徙王通之事，昭宗时之通王，《旧史》不著其名，《通鉴》亦名滋。《廿二史考异》谓《新书》妄合之，德宗子有通王谌，韩建所杀者，殆谌之后嗣王也。

懿宗为荒淫之主。好音乐、燕游。殿前供奉乐工，常近五百人。每月宴设，不减十余，水陆皆备。听乐、观优，不知厌倦。赐与动及千缗。曲江、昆明、灞、浐、南宫、北苑、昭应、咸阳，所欲游幸即行，不待供置。有司常具音乐、饮食、幄帟，诸王立马，以备陪从。每行幸，内外诸司扈从十余万人，所费不可胜纪。《通鉴》咸通七年。《新书·宦者·杨复恭传》：昭宗言我见故事，尚衣上御服日一袭，太常新曲日一解，今可禁止。复恭顿首称善。帝遂问游幸费。对曰："闻懿宗以来，每行幸，无虑用钱十万，金帛五车，十部乐工五百，犊车、红网、朱网画香车百乘，诸卫士三千。凡曲江、温汤若畋猎曰大行从，宫中、苑中曰小行从。"帝乃诏类减半。又佞佛。于禁中设讲席，自唱经，手录梵夹。于咸泰殿筑坛，为内寺尼受戒。《通鉴》咸通三年。胡《注》曰：盖宫人舍俗者，就禁中为寺以处之。数幸诸寺，施与无度。咸通十二年五月，幸安国寺，赐讲经僧沈香高坐，见《旧书·本纪》。又于两街、四寺各置戒坛、度人，凡三七日。亦见《通鉴》咸通三年。三七二十一日。遣使诣凤翔法门寺迎佛骨，其所费远甚于元和时。事在咸通十四年三月。《通鉴》云：广造浮图宝帐、香舆、幡花、幢盖以近之，皆饰以金玉、锦绣、珠翠。自京城至寺三百里间，道路车马，昼夜不绝。四月，至京师，导以禁军兵仗，公私音乐，沸天烛地，绵亘数十里。元和之时，不及远矣。富室夹道为采楼及无遮会，竞为侈靡。上御安福门，降楼膜拜，流涕沾臆。赐僧及京城耆老尝见元和事者金帛。迎佛骨入禁中。三日，出置安国崇化寺。宰相已下，竞施金帛，不可胜纪。宠郭淑妃。生同昌公主，下嫁韦保衡，倾宫中珍玩，以为资送。事在咸通十年。《通鉴》云：赐第于广化里。窗户皆饰以杂宝。井阑、药臼、槽匮，亦以金、银为之。编金缕以为箕筐。十一年八月，主薨。十二年正月葬。韦氏之人，争取庭祭之灰，汰其金银。凡服玩，每物皆百二十舆。以锦绣珠玉为仪卫。明器辉焕，三十余里。赐酒百斛，饼饦四十橐驼，以饲体夫。主薨，帝杀翰林医官二十余人。悉收捕其亲族三百余人系京兆狱。宰相刘瞻、京兆尹温璋谏，皆遭贬斥。璋仰药死。伶官李可及，善为新声，帝以为威卫将军，宰相曹确执奏，不听。事在咸通八年。主除丧后，帝与淑妃思念不已，可及乃为叹百年舞曲，舞人珠翠盛饰者数百人，画鱼龙地衣，用官紬五千匹，曲终乐阕，珠玑覆地焉。《旧唐书·曹确传》。《通鉴》云：以绝八百匹为地衣。纵恣残虐如此，岂似奉佛者？岂亦如刘总及吾所疑之代宗，继嗣之际，有大不可以告人者，不慊于心，乃思奉佛以求解免，而其姿性庸下，又不知纵恣残虐之大悖于佛道邪？然国脉之为所斫丧者则多矣。

懿宗之立，令狐绹既未与闻其事，而其当国久，威权足忌，故即加罢斥，而相白敏中。咸通元年二月。未几，以入朝坠陛伤要卧家，久之复罢。事在是年九月。此后诸相多碌碌。惟杨收，于南蛮用兵时，建议于豫章募兵，且试行海运，于边事颇有裨益，见下节。而后为韦保衡所构，流死。收以四年五月相，七年十月罢。《旧传》云：其相也，以与中尉杨玄价相结，其罢也，以玄价屡有请托，收不能尽从倾之，未知信否。又云：韦保衡作相，发收阴事。明年八月，贬为端州司马。寻尽削官爵，长流欢州，赐死。《通鉴考异》云：是时保衡未作相，不之取。然云保衡作相误，云其构之未必误也。刘瞻，史亦云为保衡及路岩所排。瞻贬欢州司户参军。岩等将遂杀之，幽州节度使张公素上疏申、解，岩等乃不敢害。案观温璋之自杀，则知瞻之势亦甚危也。岩以咸通五年十一月相，持权颇久，史极诋为奸邪，然初未见实迹。于琮者，尚宣宗女广德公主。以八年七月相。韦保衡者，本为左拾遗，既尚同昌公主，进为左谏议大夫，充翰林学士，十一年三月亦为相。是年八月，主薨。《旧书·传》云：自此恩礼渐薄，《新书》则云：主薨而宠遇不衰，观其持权如故，《新书》之说殆信。十二年四月，路岩出为西川。《新书·岩传》云：岩与韦保衡同当国，二人势动天下，权侔则争，故还相怨，此说殆不足信，见下。十三年二月，于琮罢为山南东道节度使。五月，国子司业韦殷裕于阁门进状，论郭淑妃弟敬述阴事。上怒甚，即日下京兆府决杀，籍没其家。其季父及妻之父兄皆远贬。阁门使司，以受殷裕文状亦获罪。殷裕之死，决非由论郭敬述，而阁门使司以此获罪者，所以掩人耳目，使若以论敬述获罪然也。其明日，于琮罢为普王傅，分司，亲党坐贬逐者十四人。琮旋贬韶州刺史。史言广德公主与之偕行，行则肩舆门相对，坐则执琮之带，琮由是获全。《通鉴》。《通鉴考异》引《续宝运录》，谓韦殷裕拟倾皇祚，别立太子，说虽不详，以当时置君如弈棋及懿宗之荒淫残虐言之，疑若可信。盖有阴谋内禅者，而琮以贵戚遭忌邪？观此，知杨收、刘瞻等之获罪，与韦保衡之见信，亦必别有其由。盖懿宗之立，实大悖于正，加以荒淫残虐，故仍有欲覆之者也。虽愿未克作，然其势则甚危矣。

懿宗以咸通十四年七月崩。大渐之际，立第五子普王俨为太子，改名儇。帝崩，儇立，是为僖宗。时年十二。左军中尉刘行深、右军中尉韩文约居中执政，并封国公。《旧书·本纪》。《通鉴考异》曰：范质《五代通录》：梁李振谓陕州护军韩彝范曰：懿皇初升遐，韩中尉杀长立少，以利其权，遂乱天下，今将军复欲尔邪？彝范即文约孙也。按懿宗八子，僖宗第五。余子新旧《书》不载长幼，又不言所终，不知所杀者果何王也。今案《旧传》，懿宗八子：曰僖宗，曰昭宗，曰魏王佾，曰凉王健，曰蜀王佶，曰威王侃，曰吉王保，曰睦王倚。昭宗，《新书·本纪》言其次为第七，其封寿王，在咸通十三年。魏、凉、蜀三王之封在三年。威王初封郢王在六年，十年改封。吉、睦二王之封，皆在十三年。《昭宗纪》云：僖宗大渐之夕，群臣以吉王最贤，又在寿王之上，将立之。惟杨复恭请以寿王监国。然则懿宗诸子，魏王为长，凉王次之，蜀王、威王又次之，其次为僖宗，又其次为吉王，又其次为昭宗，睦王最幼。凉王，《新传》云：乾符六年薨，凉王尚获善终，蜀、威二王，未必强死。文约所杀，殆魏王邪？帝虽为行深、文约所立，然始为王时，与小马坊使田令孜同卧起，及立，政事一委之，呼为父。《新书·田令孜传》。故行深、文约之权渐落。《旧书·本纪》：乾符元年冬，右军中尉韩文约以疾乞休致，从之。四年三月，以开府、行内侍监致仕刘行深为内侍省、观军容、守内侍监致仕。《新书·田令孜传》曰：僖宗即位，擢令孜左神策军中尉。是时西门匡范位右中尉，世号东军、西军，盖兵权移而政柄随之矣。僖宗未必能自减行深、文约，必令孜之阴计也。

僖宗既立，韦保衡贬贺州，贺州，今广西贺县。再贬崖州，赐自尽。于琮自岳州刺史复为山南东道，缘琮贬逐者并放还。朝局一变矣。《新书·路岩传》云：岩之为西川，承蛮盗边后，力拊循。置定边军于邛州，扼大度治故关。取坛丁子弟教击刺，使补屯籍。由是西山八国来朝。以劳迁兼中书令。封魏国公。始为相时，委事亲吏边咸。会至德令陈蟠叟奏书，愿请间言财利。至德，今安徽至德县。陈蟠叟乃议行海运，为杨收所用者，事见下节。其攻路岩，盖亦朋党相攻也。帝召见，则曰："臣愿破边咸家，可佐军兴。"帝问咸何人？对曰："宰相岩亲吏也。"帝怒，斥蟠叟。自是人无敢言。咸乃与郭筹者相依倚为奸。岩不甚制。军中惟边将军、郭司马耳。妄给与以结士心。尝阅武都场，咸、筹莅之，其议事以书相示则焚之。军中惊以有异图，恟恟遂闻京师。岩坐是徙荆南节度使。事在咸通十四年十月。至江陵，免官流儋州，籍入其家。捕诛咸、筹等。岩至新州，今广东新兴县。诏赐死，剔取喉上有司。或言岩尝密请三品已上得罪诛殛，剔取喉验其已死，俄而自及。观此，知岩之出帅西川，实为倚畀之深，非与韦保衡相挤。观是时朝廷忌岩之甚，弥可见其局势之危也。参看下节。

《新书·田令孜传》云：僖宗冲騃，喜斗鹅、走马。数幸六王宅、兴庆池，与诸王斗鹅。一鹅至五十万钱。《通鉴》云：好蹴鞠、斗鸡。与诸王赌鹅，鹅一头至五十缗。《考异》云：鹅非可斗之物，至直五十万钱，亦恐失实，《新传》误也，今从续宝运录。见广明元年。与内园小儿尤昵狎，倚宠暴横。荒酣无检，发左藏、齐天诸库金币赐伎子、歌儿者日巨万，国用耗尽。令孜与内园小儿尹希复、王士成等劝帝籍京师两市蕃旅、华商宝货，举送内库，使者监阓柜坊、茶阁。有来诉者，皆杖死京兆府。《通鉴》云：度支以用度不足，奏借富户及胡商货财。敕借其半。盐铁转运使高骈上言："天下盗贼蜂起，皆出于饥寒，独富户，胡商未耳。"乃止。亦见广明元年。令孜知帝不足惮，则贩鬻官爵，除拜不待旨，假赐绯紫不以闻。荒淫无异懿宗，而大权旁落过之，而寰内驿骚，民穷无告，土崩瓦解之期遂至矣。

第二节　唐中叶后南蛮之患

　　《新书·南蛮传》赞曰："唐北禽颉利，西灭高昌、焉耆，东破高丽、百济，威制夷狄，方策所未有也。交州汉之故封，其外濒海，诸蛮无广土坚城，可以居守，故中国兵未尝至。及唐稍弱，西原、黄洞，继为边害，垂百余年。及其亡也以南诏。《诗》曰：惠此中国，以绥四方，不以夷狄先诸夏也。"此言唐之亡，与南方之驿骚，深有关系也。南蛮贪小利，不为大患，韩愈语，见下。而能敝唐者？以其调兵转饷，所牵动者大也。此则政理之不臧，亦未可尽咎蛮夷矣。

　　南诏异牟寻，以元和三年卒，子寻阁劝立。明年卒，子劝龙晟立。《新书》、《通鉴》同。《旧书》：寻阁劝作苴蒙阁劝，劝龙晟作龙蒙盛。淫虐不道。十一年，弄栋节度使王嵯巅弑之。立其弟劝利。劝利德嵯巅，赐姓蒙氏，谓之大容。容，蛮言兄也。蛮患肇于此矣。长庆三年，劝利卒，弟丰祐立。勇敢善用其众。始慕中国，不与父连名。太和三年，西川节度使杜元颖治无状，嵯巅袭陷嶲、戎二州，遂陷邛州，《通鉴》云：元颖专务蓄积，减削士卒衣粮。戍卒衣食不足，皆入蛮境钞盗自给。蛮反以衣食资之。由是蜀中虚实，蛮皆知之。嵯巅以蜀卒为乡导，袭陷嶲、戎二州。元颖遣兵与战于邛州南，大败。邛州遂陷。邛州，今四川邛崃县。径抵成都，陷其外郭。诏发诸镇兵往救。时先发东川、兴元、荆南兵，继以鄂、岳、襄、邓、陈、许，又以董重质为神策诸道西川行营节度使，又发太原、凤翔兵赴之。以东川节度使郭钊为西川。南诏寇东川。钊兵寡弱不能战，以书责嵯巅。嵯巅修好而退。蛮留成都西郭十日，大掠子女、百工数万人及珍货而去。蜀人恐惧，往往赴江，流尸塞江而下。嵯巅自为军殿。及大度水，谓蜀人曰："此南吾境也，听汝哭别乡国。"众皆恸哭，赴水死者以千计。此据《通鉴》。《新书》云：赴水死者什二三。《鉴》云：自是南诏工巧，埒于蜀中。《新书》云：南诏自是工文织，与中国埒也。盖于诸工尤重织也。《旧书·李德裕传》：德裕帅西川，遣人入南诏求其所俘工匠，得僧、道、工巧四千余人，盖所俘什之一耳。有文事而无武备者，亦可哀矣。诏诸道兵皆还。郭钊至成都，与南诏立约，不相侵扰。诏遣中使以国信赐嵯巅。四年十月，钊求代，以李德裕为西川。练士卒，葺堡鄣，积粮储，蜀人稍安。是岁，嵯巅以表自陈，兼疏杜元颖过失。《旧书》本传。比年使者来朝。开成、会昌间再至。《新书》本传。盖蛮志仅在虏掠。故所欲既遂，旋即戢兵也。蛮人最利俘掠，盖所以益其众也。《新书·元结传》：西原蛮入道州，掠居人数万去，遗户裁四千，亦其一证。然安南之地，慢藏诲盗，复启戎心。

　　唐初定南海，于交趾之地置交州。高宗时，又立安南都护府。《旧纪》在永隆二年即开耀元年八月。《新旧·志》皆在调露元年。《志》又云：至德二年，改为镇南都护。《新志》云：大历三年，复为安南。《旧志》则在永泰二年。其地为利薮，而居官者多贪暴，故数有不安。时占婆稍强，颇与安南相攻，梅叔鸾之乱，《旧书》即云其与林邑、真腊通谋，见《杨思勖传》。《旧纪》：元和四年八月，安南都护张舟奏破环王三万余人，获战象、兵械，并王子五十九人。《新纪》云：环王寇安南，都护张舟败之。其《环王传》云：元和初，不朝献。安南都护张舟执其伪欢、爱州都统，斩三万级，虏王子五十九，获战象、舶、铠。合观三文，知当时环王既陷欢、爱，又进犯安南，张舟特御敌之师也。《新书·裴行立传》：迁安南经略使。环王国叛人李乐山谋废其君，来乞兵。行立不受，命部将杜英策讨斩之。行立乃好战之徒，而不乘环王内衅，盖力有所不及也。而黄洞蛮为患尤烈。黄洞者，西原蛮之属黄氏者也。据《通鉴》元和十四年《注》。《新书·裴行立传》称为"黄家洞贼"。西原蛮者，居广、容之南，邕、桂之西。有甯氏者，相承为豪。又有黄氏，居黄橙洞，其隶也。其地西接南诏。天宝初，黄氏强，与韦氏、周氏、侬氏相唇齿，为寇害，据十余州。韦氏、周氏耻不肯附，黄氏攻之，逐于海滨。至德初，首领黄乾曜、真崇郁与陆州武阳、朱兰洞蛮皆叛。陆州，在今广东钦县西南。推武承斐、韦敬简为帅，僭号中越王。廖殿为桂南王，莫淳为拓南王，相支为南越王，梁奉为镇南王，罗诚为戎城王，莫浔为南海王，合众二十万，绵地数千里，署置官吏，攻桂管十八州，所至焚庐舍，掠士女。更四岁不能平。乾元初，遣中使慰晓诸首领，赐诏书赦其罪约降。于是西原、环、古等州环州在今广西境内。古州在今越南谅山东北。首领五百余人请出兵讨承斐等，岁中战二百，斩黄乾曜、真崇郁、廖殿、莫淳、梁奉、罗诚、莫浔七人。承斐等以余众面缚诣桂州降。尽释其缚，差赐布帛纵之。其种落张侯、夏永与夷僚梁崇牵、覃问及西原酋长吴功曹复合兵内寇，陷道州，据城五十余日。桂管经略使邢济击平之，执吴功曹等。余众复围道州，刺使元结固守不能下。进攻永州，陷邵州，邵州，今湖南宝庆县。留数日而去。贞元十年，黄洞首领黄少卿攻邕管。经略使孙公器请发岭南兵穷讨之。德宗不许，命中人招谕。不从。俄陷钦、横、浔贵四州。横州，今广西横县。少卿子昌沔趣勇，前后陷十三州，气益振。乃以唐州刺史阳旻为容管招讨经略使。引师掩贼，一日六七战，皆破之，侵地悉复。元和初，邕州擒其别帅黄承庆。明年，少卿等归款。拜归顺州刺史。未几复叛。又有黄少度、黄昌欢二部，陷宾、峦二州，宾州，今广西宾阳县。峦州，在今广西永淳县北。据之。十一年，攻钦、横二州。邕管经略使韦悦破走之，取宾、峦。是岁，复屠岩州。当在广西境。桂管观察使裴行立轻其军弱，首请发兵尽诛叛者。宪宗许之。兵出击更二岁，妄奏斩获二万罔天子为解。自是邕、容两道，杀伤疾疫，死者十八以上。十四年十月，安南都护李象古贪纵不法，使衙门将蛮酋杨清讨黄洞蛮，清还袭安南，杀象古。诏赦清，以为琼州刺史。以唐州刺史桂仲武为都护。清拒命。而其刑戮惨虐，人不聊生。仲武使人谕其酋豪。数月间，归附继至，得兵七千余人。朝廷以为逗留。十五年二月，时穆宗已即位。以裴行立代之。三月，安南将士开城纳仲武，执清斩之，夷其族。行立至海门而卒。《通鉴》。《注》：海门镇，在白州博白县东南。案博白县，今属广西。复以仲武为都护。杨清之平，《新纪》在三月，《通鉴》同。《旧纪》书于六月。八月，乃奏报到及献清首之日也。长庆初，以容管经略使留后严公素为经略使。复上表请讨黄氏。兵部侍郎韩愈建言："黄贼皆洞僚，无城郭，依山险，各治生业，急则畏死屯聚。前日邕管经略使，德不能绥怀，威不能临制，侵诈系缚，以致憾恨。夷性易动而难安，然劫州县，复私仇，贪小利，不为大患。自行立、阳旻建征讨，生事诡赏，邕、容两管，日以凋敝。今公素复寻往谬，诚恐岭南未有宁时，愿因改元，普赦其罪，为选材用威信者，委以经略。"不纳。后侵寇仍不绝。长庆二年五月，邕州刺史李元宗叛，奔黄洞蛮。三年七月，黄洞蛮陷钦州。寇邕州，破左江镇。十月，寇安南。四年八月，又寇安南。十一月，与环王合势陷陆州，杀刺史葛维。见新旧《书·本纪》及《通鉴》。左、右江二镇，皆在今南宁县境。宝历元年，安南李元喜奏移都护府于江北岸，《旧纪》。交州本治交趾。《新志》云：宝历元年，徙治宋平。可见其侵轶之甚矣。

大中时，安南都护李涿，《通鉴》。《考异》曰：《实录》或作琢，或作涿，《蛮书》亦作涿。《实录》及《新书》皆有《李琢传》，听之子也。不云曾为安南都护，疑作都护者别一李涿，非听子。为政贪暴，又杀蛮首杜存诚，据《考异》引《实录》，存诚为爱州刺史，兼土军兵马使。群蛮怨怒，导南诏侵盗边境。峰州有林西原，旧有防冬兵六千。胡三省曰：峰州在安南西北，林西原当又在峰州西南。南方炎瘴，至冬瘴轻，蛮乘此时为寇，故置防冬兵。其旁七绾洞蛮，酋长曰李由独，常助中国戍守，输租赋，《新书》云：安南桃林人，居林西原七绾洞，首领李由独主之。《通鉴考异》引《蛮书》称为桃花蛮，云属由独管辖，亦为界上戍卒。知峰州者言于涿，请罢戍兵，专委由独防遏，于是由独势孤，南诏柘东节度使诱之，以甥妻其子，补柘东押衙，胡三省曰：南诏于东境置柘东节度，言将开柘东境也。《新志》：自戎州开边县七十里至曲州，又一千九百七十五里至柘东城。柘从木。由独遂臣南诏，安南始有蛮患。《通鉴》系大中十二年。然朝贡犹岁至。《新书·南诏传》。初韦皋在西川，开青溪道以通群蛮，胡三省曰：即清溪关路。使由蜀入贡。又选群蛮子弟，聚之成都，教以书数，欲以慰悦羁縻之。业成则去，复以他子弟继之。如是五十年。群蛮子弟，学于成都者，殆以千数。军府颇厌于廪给。又蛮使入贡，利于赐与，所从傔人浸多。杜悰为西川节度使，奏请节减其数。诏从之。丰祐怒。其贺冬使者留表付嶲州而还。又索习学子弟，移牒不逊。自是入贡不时，颇扰边境。会宣宗崩，遣中使告哀，丰祐适卒，子酋龙立，置使者于外馆，礼遇甚薄。上以酋龙不告丧，又名近玄宗讳，遂不行册礼。酋龙乃自称皇帝。国号大礼。遣兵陷播州。咸通元年十月，安南都护李鄠复之。鄠之至，杀杜存诚之子守澄，十二月，其宗党诱导群蛮及南诏乘虚陷交趾。鄂奔武州。在今安南境。二年六月，集土军复之。朝廷以杜氏宗强，家兵多，务在姑息，赠杜存诚金吾将军，流鄂崖州。初广、桂、容三道共发兵三千人戍邕州，三年一代。邕管经略使段文楚请以其衣粮募土军以代之。才得五百许人。继者李蒙，利其阙额衣粮以自入，遽罢遣戍卒。七月，蛮乘虚入寇。时蒙已卒。经略使李弘源至镇才十日，无兵以御之，奔峦州，二十余日，蛮去，乃还。坐贬，复以文楚为经略使。至镇，城邑居人，什不存一，复坐变更旧制左迁。谓募土军以代戍卒。时杜悰为相，上言西川兵食单寡，请遣使吊祭，晓谕清平官等以新王名犯庙讳，待其更名谢恩，然后遣使册命。上从之。使未发，而南诏寇寇州，攻邛崃关，在今四川荣经县西邛崃山西麓。遂不行。三年二月，南诏复寇安南。经略使王宽，数来告急。以前湖南观察使蔡袭代之。仍发许、渭、徐、汴、荆、襄、潭、鄂等道兵合三万人授袭。蛮引去。左庶子蔡京，制置岭南，还奏事称旨，复充荆襄以南宣慰安抚使。京请分岭南为两道。乃以广州为东道，以岭南节度使韦宙为节度使，邕州为西道，以京为节度使。岭南旧分五管：广、桂、邕、容、安南，皆隶岭南节度使，京之为此，盖以重邕管之权也。《新书·孔巢父传》：从子戣，拜岭南节度使。自贞元中，黄洞诸蛮叛，久不平，容、桂二管利房掠，幸有功，请合兵讨之，戣固言不可。宪宗不听。大发江湖兵合二管入讨，土被瘴毒，死者不胜计。安南乘之，杀都护李象古。桂管裴行立、邕管阳旻，皆无功忧死。独戣不邀一旦功，交、广晏然，当时邕、桂用兵，广州应接甚少，自主安静者言之为有功，自主征讨者言之，则憾其坐视矣。蔡袭将诸道兵在安南，京奏武夫邀功，妄占戍兵，虚费馈运，请各罢还本道。袭乞留五千人，不听。作十必死状申中书，不省。京为政苛惨，设炮烙之刑，为军士所逐。代以桂管观察使郑愚。十一月，南诏率群蛮寇安南。蔡袭告急。敕发荆南、湖南兵二千，桂管义征子弟三千诣邕州，受郑愚节度。十二月，又发山南东道弩手千人赴之。四年正月，交趾陷，蔡袭死之。诸道兵赴安南者悉召还，分保岭南西道。南蛮寇左、右江，浸逼邕州。郑愚自陈儒臣，无将略，请任武臣。四月，代以义成节度使康承训。发荆、襄、洪、鄂兵万人与俱。六月，废安南都护府，置行交州于海门镇，以右监门将军宋戎为刺史，承训兼领安南及诸军行营。七月，复置安南都护府于行交州，以宋戎为经略使。发山东兵万人镇之。时诸道兵援安南者屯聚岭南，江西、湖南馈运者，皆溯湘江入泠渠、漓水，劳费艰涩，诸军乏食。润州人陈磻石，请造千斛大舟，自福建运米泛海，不一月至广州。军食以足。然有司以和雇为名，夺商人舟，委其货于岸侧；舟入海，或遇风涛没溺，则囚系纲吏、舟人，使偿其米；人颇苦之。五年正月，南诏寇巂州。诏发右神策兵五千及诸道兵戍之。以容管经略使张茵兼句当交州事。益海门镇兵满二万五千人，令茵进取安南。三月，康承训至邕州，蛮寇益炽，诏发许、滑、青、汴、兖、郓、宣、润八道兵以授之。承训不设斥候，南诏率群蛮近六万寇邕州，将入境，承训乃遣六道兵万人拒之。五道兵八千人皆没，惟天平军后一日至得免。有天平小校，将勇士三百，夜缒而出，散烧蛮营。蛮惊，间一月，解围去。承训乃遣诸军数千追之。所杀虏不满三百，皆溪僚胁从者。承训遽腾奏告捷。奏功受赏者，又皆子弟亲昵，烧营将校，不迁一级。军中怨怒，声流道路。韦宙具知所为，以书白宰相。七月，乃以张茵为岭南西道节度使，而以骁卫将军高骈为安南都护，骈崇文孙。以茵所将兵授之。六年，杨收建议：两河兵戍岭南，冒瘴雾物故者十六七。请于江西积粟，募强弩三万人，以应接岭南，仍建节以重其权。从之。五月，置镇南军于洪州。高骈治兵海门。监军李维周恶骈，趣使进军。骈以五千人先济。维周拥余众，不发一卒以继之。九月，骈掩击峰州蛮之收获者，大破之，收所获以食军。监陈敕使韦仲宰将七千人至，骈乃得益其军，进击南诏，屡破之。维周匿其捷奏，而奏骈玩寇不进。上怒，以右武卫将军王晏权代骈。晏权，智兴从子。七年六月，骈大破南诏蛮，围交趾。十余日，得晏权牒，即以军事授仲宰北归。而先与仲宰所遣告捷之使得达。上复以骈镇安南。骈遂破交趾。《旧纪》于六年秋书高骈自海门进军，破蛮军，收复安南府，盖因其进军终言之，其平定实在七年，故又于七年十月书骈奏蛮寇悉平。此为奏报到日，《新纪》书于八月，则其收复之时也。十一月，置静海军于安南，以骈为节度使。至九年八月乃归。骈从孙浔，常为骈军先锋，冒矢石，骈荐以自代焉。

唐自有蛮患以来，西川兵备，始终未能整饬，安南尤为鞭长莫及，故于南诏，常怀和意。咸通七年三月，刘潼为西川节度使。初南诏遣清平官董成等诣成都。故事，南诏使见节度使，拜伏于庭。成等以酋龙已称帝，欲与节度使抗礼。传言往返，自旦至日中不决。节度使李福怒，摔而殴之，械系于狱。福以五年二月节度西川。潼至，释之，奏遣还国。诏召至京师，见于别殿，厚赐劳而遣之。而贬福为蕲王傅。其欲和之心，可谓切矣。及高骈克交趾，遂诏安南、邕州、西川诸军，各保疆域，勿复进攻。委刘潼晓谕：如能更修旧好，一切不问。然南诏殊无和意。九年六月，凤翔少尹李师望上言：嶲州控扼南诏，为其要冲，成都道远，难以节制，请建定边军，屯重兵于嶲州，以邛州为理所。时析邛、蜀、嘉、眉、黎、雅、嶲七州为定边军。史云：师望利于专制方面，故建此策，其实邛距成都才百六十里，嶲距邛千里，其欺罔如此。案此无可以欺罔之理，疑屯驻邛州，实非本意，初计当治嶲州，故朝廷亦以师望为嶲州刺史也。嘉州，今四川乐山县。朝廷以为然。以师望为嶲州刺史，充定边军节度。南诏使杨酋庆来谢释董成之因，师望杀之，而贪残，聚私货以百万计。成卒怨怒，欲生食之。师望以计免。征还，以太府少卿窦滂代之。贪残又甚于师望。西川大将恨师望分裂巡属，阴使人致意南诏使入寇。十年十月，酋龙倾国人。十二月，陷嘉州。进陷黎、雅。滂奔导江。唐县，在今四川灌县东。西川之民，闻蛮寇将至，争走入成都。人所占地，不过一席许。雨则戴箕盎以自庇。井竭，即共饮摩诃池，隋蜀王秀所凿。至争摔溺死。或取泥汁澄而饮之。死不能具棺，即共瘗埋。节度使卢耽，召彭州刺史吴行鲁，使摄参谋，与前泸州刺史杨庆复共修守备。彭州，今四川彭县。先是西川将士，多虚职名，亦无禀给，至是，揭榜募骁勇之士，补以实职，厚给粮赐，庆复选三千人，号曰突将，皆愤郁求奋。卢耽遣使见南诏用事之臣杜元忠，与之约和。又使告急于朝，请遣使与和，以纾一时之急。朝命知四方馆事太仆卿支详为宣谕通和使。先是命左神武将军颜庆复赴援。十一年，以为东川节度使。援蜀诸军，皆受节制。窦滂自以失地，欲西川相继陷没，以分其责。每援师自北至，辄说之曰："蛮众多于官军数十倍，官军远来疲弊，未易遽前。"诸将信之，皆狐疑不进。蛮攻成都，不克。庆复破蛮于新都。今四川新都县。宋威以忠武二千人至，又大败之。蛮急攻成都，不克，乃烧攻具遁去。初朝廷使颜庆复救成都，宋威屯绵、汉为后继，而威乘胜先至成都城下，破蛮军功居多，庆复疾之，威饭士欲追蛮军，城中战士，亦欲合势俱进，而庆复牒威夺其军，勒归汉州。蛮至双流，今四川双流县。阻新穿水，狼狈失度，三日桥成乃得过，断桥而去，蜀人甚恨之。时已废定边军，蛮军既去，以吴行鲁为西川留后，旋以为节度。明年四月，以路岩代之，其治绩已见上节。十四年五月，南诏寇西川。又寇黔南。黔中经略使秦匡谋奔荆南。敕斩之，籍没其家赀，亲族应缘坐者，令有司搜捕以闻。盖颇欲以威刑，整饬边事矣。是岁七月，懿宗崩，僖宗立。十一月，路岩徙荆南，牛丛代为西川。乾符元年十一月，南诏来寇。黎州刺史黄景复御诸大度河，先胜后败。蛮陷黎州，入邛崃关，遂攻雅州。大度河溃卒入邛州，成都惊扰。民争入城。蛮兵及新津而还。今四川新津县。诏发河东、山南西道、东川兵救之。高骈时镇天平，使诣西川制置蛮事。二年正月，复以为西川节度。骈停突将职名禀给，突将作乱，骈初榜谢还之，已而遣人掩捕，并老幼杀之。修复邛崃关、大度河诸城栅，又筑城于戎州马湖镇及沐源川，各置兵戍之。自是蛮不复入寇。案南诏之志，仅在剽掠，其兵力亦无足畏，故唐边备少饬，即不复来。然唐之力，亦终不足以惩创之，其局遂复归于和矣。

先是南诏督爽，《新书·南蛮传》：爽，犹言省也。督爽，主三省也。屡牒中书，辞语怨望，中书不答，卢携奏称如此则蛮益骄。宜数其十代受恩以责之。然自中书发牒，嫌于体敌。请赐高骈及岭南节度使辛谠诏，使录诏白牒与之。胡三省曰：录诏白，今谓之录白。从之。此隐开其交涉之路也。三年，南诏遣使者诣高骈求和，而盗边不息。骈斩其使。蛮之陷交趾也，虏安南经略判官杜骧妻李瑶。瑶，宗室之疏属也。蛮遣瑶还，递木夹以遗骈。胡三省曰：递牒以木夹之，故曰木夹。范成大《桂海虞衡志》曰：绍兴元年，安南与广西帅司及邕通信问，用两漆板夹系文书，刻字其上，谓之木夹。按宋白续通典：诸道州府巡院传递敕书，皆有木夹。是中国亦用木夹也。骈送瑶京师，复牒南诏，数其罪，暨安南、大度覆败之状折辱之。此等皆无可质证，不知其书中措辞究如何也。八月，骈筑成都罗城，恐南诏扬声入寇，役者惊扰，乃奏遣僧景仙托游行入南诏，说谕骠信，夷语君也。使归附中国，仍许妻以公主，因与议二国礼仪。先是西川将吏入南诏，骠信皆坐受其拜，骈以其俗尚浮屠，故遣景仙往，骠信果率其大臣迎拜，信用其言。据《通鉴》。《新书》云：自南诏叛，天子数遣使至其境，酋龙不肯拜使者，遂绝。骈以其俗尚浮屠法，故遣景仙摄使往。酋龙与其下迎谒，且拜，乃定盟而还。案《通鉴》云托为游行，则非以使人往，酋龙迎拜，乃拜僧，非拜使者也。《鉴》亦无定盟而还之说。《新书》措辞恐不审。此实先遣使入蛮议和耳。事虽若出于骈，岂能不得朝旨而为之？观此，愈见唐望和之切也。乾符四年，酋龙卒，伪谥景庄皇帝，子法立。《新书》云：酋龙年少嗜杀戮，亲戚异己者皆斩。兵出无宁岁，诸国更雠怨，屡覆众，国耗虚。蜀之役，男子十五已下悉发，妇耕以饷军。法年少，好畋猎，酗逸，国事颛决大臣。其国亦浸衰矣。是岁，闰二月，辛谠奏南诏遣陁西段瑳宝等来请和。《新传》：陁西若判官。且言诸道兵戍邕州岁久，馈饷之费，疲弊中国，请许其和。许之。谨遣大将杜弘赍书币送瑳宝还。但留荆南、宣歙请军戍邕州，自余诸道兵，什减六七。五年，遣其酋望赵宗政来请和亲。无表，但令督爽牒中书。请为弟而不称臣。诏百寮议之。礼部侍郎崔澹等以为南诏骄僭无礼，高骈不识大体，反因一僧，呫嗫卑辞，诱致其使，若从其请，恐垂笑后代。骈闻之，上表与澹争辩。诏谕解之。是岁正月，骈移帅荆南。时相卢携欲与和亲，郑畋不可。《实录》云：畋、携因此忿争，俱罢相，其说恐不足信，见第五节。宗政还，中书不答督爽牒，但作西川节度使崔安潜书意，使安全答之。时同崔澹议者，尚有谏议大夫柳韬。安潜亦上言：安可以贱隶尚贵主？故至陈敬瑄代安潜，和议乃成。杜弘逾年还，辛谠复遣摄巡官贾宏、大将左瑜、曹朗往使，相继卒于道。六年正月，谠复遣摄巡官徐云虔往见骠信。骠信不肯称臣奉表，而欲与唐约为兄弟若舅甥。时骠信见大使抗礼，受副使已下拜。云虔还，骠信授以二木夹：一上中书、门下，一牒岭南西道。是岁十二月，卢携再相。广明元年三月，陈敬瑄代崔安潜为西川，乃作诏赐敬瑄，许其和亲，不称臣。令录诏白并移书与之。以嗣曹王龟年为宗正少卿，充使。中和二年，南诏上书，请早降公主。诏报以方议礼仪。三年七月，南诏遣布燮杨奇肱来迎公主。诏陈敬瑄与书，辞以銮舆巡幸，仪物未备，俟还京邑，然后出降。奇肱不从，直前至成都。十月，以宗女为安化长公主，妻南诏。布燮，亦清平官。《新传》云：帝以宗室女为安化长公主，许婚。法遣宰相赵隆眉、杨奇混、段义宗朝行在，迎公主。高骈自扬州上言：三人者，南诏心腹也。宜止而鸩之，蛮可图也。帝从之。隆眉等皆死。自是谋臣尽矣。蛮益衰。中和元年，复遣使者来迎主。帝以方议公主车服为解。后二年，又遣布燮杨奇肱来迎。诏检校国子祭酒张谦为礼会五礼使，徐云虔副之，宗正少卿嗣虢王约为婚使。未行而黄巢平，帝东还，乃归其使。杨奇混即杨奇肱。鸩杀三人之说，显系东野人言，传误采之耳，当时虽许以公主下降，然婚实未成也。法死，伪谥圣明文武皇帝，子舜化立。遣使款黎州修好。昭宗不答。后中国乱，不复通。唐之于南蛮，失之于专用兵力，不能简良吏抚绥，又不能用土兵，而专恃北兵屯戍，于是调发、转输，骚动全国矣。治南方者，首在清廉有恩，次则能抚用其人，不烦客兵远戍，若马总、马植、郑从谠等其选也。可参看《旧书》本传。杨思勖之讨梅叔鸾，至于尽诛其党，积尸为京观，如此残虐，安能服人？而兵力亦岂可终穷邪？《旧书·四夷传》脱略殊甚，《新书·南诏传》亦多舛误，故此节多用《通鉴》。其订正新旧《书》处，具见《考异》。

西原蛮：当敬宗时，黄氏、依氏，据州十八。经略使至遣一人诣治所。少不得意，辄侵掠诸州。横州当邕江官道，岭南节度使常以兵五百戍守，不能制。太和中，经略使董昌龄遣子兰讨平峒穴，夷其种党。诸蛮畏服。有违命者，必严罚之。十八州岁输贡赋，道路清平。其后侬洞最强。结南诏为助。懿宗与南诏约和，二洞数构败之。辛谠以从事徐云虔使南诏结和，赍美货啗二洞首领，与之通欢云。《新书》本传。

第三节　农民起义拉开序幕

论者每谓内重之世，草泽之雄，易于崛起，外重之世则不然，以汉、唐已事为证，其实非也。汉世州郡之权，不可谓不重，然赤眉、黄巾何尝不轰轰烈烈？即唐之亡，亦岂非黄巢为之邪？要之剥削残酷，民穷无告，则必皆奋起，徒陈兵而谁何，必无用也。况乎兵之屯聚久者，又必骄横而怯战，镇压起事不足，而促成起事则有余邪？

为黄巢之乱之先声者，仇甫也。甫以咸通元年正月，起于浙东，陷明州，攻越州。明越观察使郑祗德不能御，以安南经略使王式为浙东观察使，八月，起事失败，是役式闻甫用骑兵，乃阅所部，得吐蕃、回鹘迁隶数百用之，此又启用沙陀以攻黄巢之先声矣。式之受命，左右宦要，皆惮兵众而馈饷多，式曰："不亟决，东南征赋阙矣。"乃益以许、滑、淮南兵。盖唐自肃、代来，久恃江淮财赋以为命，故其重之如此也。仇甫虽失败。然黄巢以后，卒至两河、江淮，赋不上供，而唐遂瓦解矣。见第六节。

民乱将作，乃藉兵变为前驱。初王智兴得徐州，召募强壮之卒二千人，号曰银刀、雕旗、门枪、挟马等军，《旧书》本传云凡七军。《通鉴》同。番宿衙城。自后寖骄，节度使姑息不暇。田牟镇徐日，每与衙卒杂坐，酒酣抚背，时把板为之唱歌。其徒日费万计，每有宾宴，必先厌食饫酒，祁寒暑雨，卮酒盈前，然犹喧噪要求，动谋逐帅。咸通二年，温璋为节度使。衙卒知其严酷，深负忧疑。璋开怀抚谕，终为猜贰，给与酒食，未尝沥口。三年七月，遂逐璋。乃移王式于武宁。诏率忠武、义成之师往。三日，犒劳令还。既擐甲执兵，即命环衙卒杀之。三千余人，是日尽杀。《通鉴考异》曰：《旧传》曰：璋咸通末为徐泗节度使。徐州衙卒曰银刀军，颇骄横。璋至，诛其凶恶者五百人。自是军中畏法。按诛银刀军者王式也，《旧传》误。今案璋初至时，或曾诛其最激烈者，而思更抚其余，故其卒终忌之也。《旧传》不必定误，惟咸通末之末字，则必误耳。于是罢武宁军节度使，改置团练。徐卒逃亡者众，诏赦之。五年五月，又募其人赴邕管防戍。《旧纪》：咸通四年七月，制曰：徐州银刀官健，先有逃窜者，累降敕旨，不令捕逐。其今年四月十八日草贼头首，已抵极法，其余徒党，各自奔逃，所在更勿捕逐。五年五月，制曰：比因罢节之日，或有被罪奔逃。虽朝廷频下诏书，并令一切不问，犹恐尚怀疑惧，未委招携，结聚山林，终成讹误；况边方未静，深藉人才；宜令徐泗团练使选拣召募官健三千人，赴邕管防戍。待岭外事宁之后，即与替代归还。仍令每召满五百人，即差军将押送。盖徐州士卒，逃匿山林者多，思以是靖之也。然既以虐杀除之矣，则宜别筹安抚之策，而不宜再招使为兵，此诏实铸一大错也。仍成养痈之局矣。

时则徐将孟球，召募二千人往。据《旧书·崔彦曾传》。《传》云球为节度使，是时无节度使，必误。分其八百人戍桂州。初约三年而代。至咸通九年，已六年矣。戍卒求代。时徐泗观察使为崔彦曾，性严刻。都押衙尹戡，教练使杜璋，兵马使徐行俭用事，军中怨之。戡以军帑匮乏，难以发兵，请戍桂之卒，更留一年。戍卒闻之，怒。都虞候许佶，军校赵可立、姚周、张行实起事。杀都将王仲甫。推粮料判官庞勋为主，劫库兵北还。声势甚盛。时七月也。朝廷闻之，遣使赦其罪，部送归徐州。阴谋镇压。九月，勋等至湖南。监军以计诱之，使悉输其甲兵。山南东道节度使崔铉，严兵以守要害，戍卒不能入境。泛舟沿江东下。许佶等各以私财造甲兵旗帜。过浙西，入淮南。时令狐绹为节度使，都押衙李湘请伏兵高邮击之，弗听。至泗州，刺史杜慆惊弟。有备，勋等申状于崔彦曾：乞停尹戡、杜璋、徐行俭职。戍还将士，别置二营，共为一将。彦曾命都虞候元密以三千人讨之。十月，勋等占宿州。获大船，欲入江湖。元密追之，败死。勋等遂占徐州。囚彦曾，杀尹戡、杜璋、徐行俭，灭其族。勋使求节钺。又遣其将刘行及占濠州，李圆围泗州。辛云京之孙谠，寓居广陵，与杜慆有旧，入泗州，与之共守。诏以康承训为义成节度使、徐州行营都招讨使，王晏权为徐州北面行营招讨使，戴可师为徐州南面行营招讨使。承训奏乞沙陀朱邪赤心及吐谷浑、达靼、契苾酋长，各率其众以自随。庞勋以李圆攻泗州久不克，遣吴迥代之。又遣刘佶往助。刘行及亦自濠州遣王弘立助之。镇海节度使杜审权遣将翟行约以兵四千救泗州，败死。救使郭厚本以淮南兵千五百救泗州，至洪泽，今洪泽本一小湖，在未成大湖时，其地名洪泽镇。不敢进。辛谠往求救，厚本分兵五百与之。令狐绹遣李湘以数千人与厚本合。又为所败，及厚本皆被执。庞勋军据淮口，漕驿路绝。又南攻舒、庐，北攻沂、海，破沭阳、今江苏沭阳县。下蔡、今安徽凤台县。乌江、今安徽和县。巢县，今安徽巢县。占滁州。攻和州。戴可师以兵三万渡淮，为王弘立所败，可师死，时汴路既绝，江淮往来，皆出寿州，今安徽寿县。庞勋军破可师，遂乘胜围之，其道复绝。惟泗州藉辛谠屡出城护淮、浙、兵、粮以入，得不破。康承训驻宋州，诸道兵渐集。十年二月，承训以七万余人南。使朱邪赤心以三千骑为前锋。王弘立击之，大败。仍请取泗州以补过。三月，承训又败姚周兵。周走宿州，庞勋守将梁丕杀之。先是朝以王晏权数退衄。代以泰宁节度使曹翔。出兵围滕县。今山东滕县。魏博节度使何全皞，亦屡出兵攻丰县。今山东丰县。四月，庞勋杀崔彦曾，断郭厚本、李湘手足，勋前此犹向朝廷求节钺，至此乃不复犹豫。自出兵解丰县之围。曹翔兵亦退。朝又以马举代令狐绹。举将精兵三万救泗州，王弘立死。吴迥走，泗州围解。六月，举进攻濠州。庞勋遣迥助刘行及守。朝以宋威为徐州西北面招讨使。将兵三万屯丰、萧间。萧，今萧县。曹翔复引兵会之。七月，拔滕县。进攻丰、沛。沛，今江苏沛县。康承训亦进抵宿州之西。初庞勋怒梁丕专杀，黜之。使徐州旧将张玄稔代治州事。以其将张儒、张实等将城中兵数万拒守。据《通鉴》。《新书·康承训传》张实作张行实。承训围之。实潜以书白勋："令出不意掠宋、亳之郊。彼必解围而西，将军设伏要害击其前，实等出城中兵蹑其后。"勋从之。留其父举直与许佶共守徐州，身率兵而西。九月，张玄稔斩张儒等降。因请诈为城陷，引兵趋符离及徐州。唐符离县，今安徽宿县北符离集。许佶闻之，婴城守。玄稔攻克之。斩举直及佶。悉捕戍桂州卒亲族杀之，死者数千人。庞勋袭宿州，陷其南城。康承训追之。勋走渡汴，南走亳州，今安徽亳县。为沙陀所及，勋死。十月，吴迥突围走死。事败。勋之初据徐，徐人谓旌节之至，不过旬月，愿效力献策者，远近辐凑，光、蔡、淮、浙、兖、郓、沂、密群雄，皆倍道归之，阗溢郛郭，旬月间，米斗直钱二百，《通鉴》咸通九年。而仓库素无贮蓄，乃令群雄四出，于扬、楚、庐、寿、滁、和、兖、海、沂、密、曹、濮等州界，以牛马挽运粮糒，以夜继昼。招致亡命，有众二十万。男女十五已上，皆令执兵。《旧书·本纪》咸通十年。东南之民，归如流水。当其募兵也，人争赴之，至父遣其子，妻勉其夫，皆断鉏首而锐之，执以应募，《通鉴》咸通九年。盖舍此实无生路也。朝以王晏权智兴犹子，授之节以冀招怀，数月，卒无应招者，盖知应招乃是绝路也。《旧纪》咸通十年。《纪》云由徐人怨王式之诛。夫怨王式之诛者，虽衔卒之党，民亦同怨也。戍卒初擅归时，人民皆争归之，一时声势甚盛，诸将莫敢击。其攻和州也，刺史崔雍登城楼谓吴迥曰："城中玉帛子女不敢惜，只勿取天子城池。"许之。遂剽城中居民。杀判官张琢，以琢治城壕故也。《旧纪》咸通九年。雍与庞勋将吴约于鼓角楼上饮酒。认军事判官李谌为亲弟，表状驱使官张立为男，只乞二人并身，其余将士，一任处置，至束手就戮者，八百余人。其后勋益自骄，与勋同举兵于桂州者尤骄，军纪废弛，事遂失败。事既平，复改徐州都团练使为感化军节度使，盖以重其地也。康承训以功授河东节度使。明年，路岩、韦保衡劾其"讨贼逗桡，贪虏获，不时上功"，贬蜀王傅，分司东都，再贬恩州司马。可见勋之平，实其自败。以用兵论，则有同儿戏矣。

咸通四年十二月，昭义节度使沈询奴归秦与询侍婢通，询欲杀之，未果，归秦结衙将起事，杀询。五年正月，以京兆尹李蠙为昭义节度使，取归秦心肝以祭询。八年七月，怀州民诉旱，刺史刘仁规揭榜禁之，民怒，逐仁规，久之乃定。十年六月，陕州民诉旱。观察使崔荛指亭树曰："此尚有叶，何旱之有？"民怒，逐之。荛，宁弟密之曾孙，新旧《书》皆附《宁传》，云为军人所逐。其《杨嗣复传》云：嗣复子损，继荛为使，诛乱者。据《通鉴》，则损所诛乃僖宗时逐崔碣者，恐《旧传》误而《新传》又误承之也。参看第五节。此等皆人民起事之较小者也。逮僖宗立而一发不可收拾矣。

第四节　黄巢攻入长安城

僖宗乾符元年正月，翰林学士卢携上言：关东去年旱灾，自虢至海，麦才半收。秋稼既无，冬菜至少。贫者碾蓬实为面，蓄槐叶为齑。或更衰赢，亦难收拾。常年不稔，则散之邻境，今所在皆饥，无所投依，坐守乡间，待尽沟壑。其蠲免余税，实无可征，而州县以有上供及三司钱，三司，谓户部、度支、盐铁。督促甚急。虽彻屋伐木，雇妻鬻子，止可供所由酒食之费，未得至于府库也。或租税之外，更有他徭。朝廷傥不抚存，百姓实无生计，乞敕州县，应所欠残税，并一切停征，以俟蚕麦。仍发所在义仓，亟加振给，至深春之后，有菜叶、木芽，继以桑椹，渐有可食。在今数月之间，尤为窘急，行之不可稽缓。民至望菜叶、木芽以续命，而官司之苛求尚如此，乱安得不作哉？

是岁，十二月，感化军奏"群盗寇掠，州县不能禁"，敕兖、郓等道出兵讨之，盖徐方承大战之后，民益无以为生也。而关东又遭水旱。于是濮州人王仙芝，聚众起于长垣，今河南长垣县。仙芝之起，《通鉴》系乾符元年末。《考异》曰："仙芝之反，《实录》在二年五月。"《续宝运录》：仙芝传檄诸道，末称乾符二年正月三日，则其起必在二年前。因系元年岁末。明年，冤句人黄巢亦起兵应之。冤句，今山东菏泽县。宋威时为平卢节度，朝廷以为宿将，倚以为诸道行营招讨草贼使。三年七月,威败仙芝于沂州,奏仙芝已死,纵遣诸道兵,身还青州,而仙芝实未死,行动如故。九月,仙芝西破汝州,执刺史王镣,宰相铎之从父昆弟也。敕赦仙芝及其党尚君长罪,除官以招谕之。十月,仙芝南攻唐、邓,陷郢。复进及淮南。蕲州刺史裴偓,王铎知举时所擢进士也,王镣以书为仙芝说偓,偓与约,敛兵不战,为之奏官。诸宰相多言不可。王铎固请许之。乃以仙芝为左神策军押衙兼监察御史,遣中使以告身授之。黄巢闻仙芝欲降,大怒曰:"始者共立大誓,横行天下,今独取官赴左军,使此五千余众安归乎?"因殴仙芝伤首。其众反对不已。仙芝畏众怒,遂不受命。乃分其军三千余人从仙芝、君长,二千余人从巢,分道而去。已而复合于查牙山。《旧纪》在四年七月。《通鉴考异》引《实录》:三年十二月,招讨副都监杨复光奏尚让据查牙山,官军退保邓州。四年四月,黄巢引其众保查牙山。查牙山,在今河南遂平县西。四年七月,围宋威于宋州。忠武节度使崔安潜,使将张自勉以七千人解其围。先是宰相郑畋,以威衰老多病,招讨副使曾元裕奉命守东都,而拥兵蕲、黄,欲以安潜为行营都统,李琢为招讨使代威,琢,晟孙。自勉为副使代元裕。及是,卢携亦为相,与王铎俱欲使自勉受威节度,畋以威与自勉,已有疑忿,在其麾下,必为所杀,不肯署奏,各求罢,皆不许。畋复请罢黜威,不听。十一月,招讨副都监杨复光遣人说诱仙芝,仙芝遣尚君长等请降。宋威遣兵于道劫取,奏称战于颍州西南所擒。复光奏辩。命侍御史与中人即讯,不能明,乃斩之。五年正月,仙芝攻荆南,节度使崔知温不能御,山南东道李福悉众救却之。曾元裕又破仙芝于申州东。乃以元裕为招讨使代宋威,威还青州,九月卒。张自勉副之,而移西川高骈于荆南。二月,元裕破仙芝于黄梅,追斩之。《旧纪》、新旧《传》皆云宋威斩仙芝,此据《通鉴》。《考异》曰从《实录》。黄梅,今湖北黄梅县。黄巢方攻亳州，尚君长之弟让，以仙芝余众归之。巢袭破沂、濮。遗天平节度使张裼书，请奏之。诏以为武卫将军，令就郓州解甲。巢距不至。三月，自滑州略宋、汴，攻卫南，县名，在今河南滑县东。遂攻叶、今河南叶县。阳翟。今河南禹县。诏发河阳、宣武兵卫宫阙，东都宫阙。又诏曾元裕还东都，且发义成兵守轘辕、在今河南偃师县南。伊阙、河阴、武牢，大为巢所致。已王仙芝旧部王重隐占饶州，转略湖南。重隐死后，其将徐唐莒据洪州。四月，饶州将彭令璋复饶州，唐莒伏诛。见《新纪》。别将曹师雄略宣、润。诏曾元裕、杨复光救宣、润。其众复入浙西，乃又移高骈于镇海，黄巢亦南渡江，占虔、吉、今江西吉安县。饶、信。今江西上饶县。七月，攻宣州，不克。入浙东，开山路七百里入福建。十二月，占福州。今福建闽侯县。高骈遣将张璘、梁缵分道击之。巢趋广南。王铎自请击之，诏以为荆南节度使、南面行营招讨都统。《旧纪》、《传》在五年，云为诸道行营都统。《通鉴》从《实录》及《新纪》、《表》。铎奏李系为副，系，晟曾孙。兼湖南观察使，将精兵五万并土团屯潭州。巢与浙东观察使崔璆、岭南节度使李迢书，求天平节钺。二人为奏闻，朝廷不许。巢复上表求广州，亦不许。而除巢率府率。《新传》云：巢求为天平，郑畋欲许之，卢携、田令孜不可，乞广州，仆射于悰以为广州市舶宝货所聚，乃拜巢率府率。《旧传》云：郑畋与枢密使杨复恭请授同正员将军，卢携驳其议。乃授率府率。《实录》但载于琮议，又云：或云以正员将军縻之，宰相亦沮其议，乃除率府率。见《通鉴考异》。时六年六月也。巢怒，攻入广州。未几，士卒罹疫。乃自桂州编大筏，乘暴水沿湘而下。历衡、永，占潭州。李系奔朗州。尚让乘胜逼江陵。王铎留其将刘汉宏守，自率众欲会山南东道刘巨容之师。汉宏大掠江陵，率其众北归为群盗。巢遂趋襄阳，巨容与江西招讨使曹全晟淄州刺史，见下。破之荆门。今湖北荆门县。巢复渡江，攻鄂州，转入饶、信、池、宣、歙、杭等州。诏罢王铎，以高骈为诸道行营都统。《旧·卢携传》。《本纪》系广明元年三月。明年，为广明元年，高骈遣张璘击之。巢复请降。骈许为求节钺。时昭义、感化、义武等军皆至，骈奏巢不日当平，请悉遣归。许之。巢告绝于骈。骈怒，使张璘击之，败死。巢遂占宣州。七月，自采石渡江。骈上表告急。诏责其散遣诸道兵。骈遂称风痹，不复出战。唐四易统率，悉皆败北，巢遂长驱北上矣。高骈之散遣诸道兵，深为后世士人訾议。其实即留之，亦无济于事。巢专避实击虚，力不敌则走山险，官军追击则非其敌，围困力又不足，即能战亦不足用，况是时之兵，多不能战，诸镇杂集，又不易指挥邪？此时之事势，已了如指掌。骈岂不知巢之策略，盖亦出势不得已。至巢渡江而北，则已气完力厚，而骈大将新折于外，即欲迎战，亦不可得矣。骈后来诚偃蹇，盖正由此时遣散兵卒，负大衅于朝廷，欲自赎而无其路，日莫途远，乃倒行而逆施之。谓其在此时已畜异志，欲坐观成败，则未必然也。

巢既渡江，诏诸道发兵屯溵水。泰宁节度使齐克让屯汝州。乾符二年，兖海军赐号泰宁。先是张裼卒，乾符六年三月。衙将崔君裕自知州事，淄州刺史曹全晟讨诛之。及是，以全晟为天平节度使、东面副都统。全晟以众寡不敌，退屯泗上。徐州兵三千赴溵水，过许昌，谓供备疏阔，大噪。忠武将周岌亦赴溵水，闻之，夜还，袭杀徐卒，遂杀节度使薛能，自称留后。克让恐为所袭，引兵还兖州。诸道兵屯溵水者皆散。巢遂悉众渡淮。克让退保潼关。

僖宗朝，诸相纷纭，意见不一，而田令孜实阴握大权。是岁三月，以其兄陈敬瑄为西川节度使。令孜本陈氏。旋又以杨师立为东川，牛勖为山南西道，皆令孜腹心，左神策将也。及是，令孜阴怀幸蜀之计，而阳请率神策军守潼关。乃以为左右神策内外八镇及诸道兵马都指挥制置招讨等使，以飞龙使杨复恭为副。复恭本林氏子。宦者杨志廉，贞元末为中尉，子钦义，大中朝为中尉。钦义子三人：玄翼，咸通中掌枢密。玄定，乾符中为右军中尉。玄价，河阳监军。复恭玄翼子，复光玄价子也。神策军士，皆长安富族，世籍两军，自少迄长，不知战陈，闻科集，父子聚哭，各于两市出直万计，雇负贩、屠沽及病坊穷人代行。令选弩手，仅得二千八百人。令左军将张承范率以赴之。齐克让之卒，亦仅万人，且皆饥疲。而巢众有六十万。十二月，克让及承范之师先后溃，潼关失守。令孜以神策兵五百奉帝走兴元。明年为中和元年七月，至成都。黄巢入长安，称帝，国号齐。

第五节　沙陀横行中国

僖宗时，不徒内有黄巢之乱也，外又有沙陀之事。沙陀以残部依唐朝，本非大敌，而唐养兵百万而不能战，每倚其军为选锋，于内战用之尤亟，卒使之入据中原，亦可哀矣。

沙陀酋长朱邪赤心，嗣其父为阴山都督、代北行营招抚使。回鹘为黠戛斯所破，犯塞，刘沔尝以其众击之于杀胡山。伐潞，隶石雄。潞平，迁朔州刺史，仍为代北军使。大中初，吐蕃合党项及回鹘之众入河西，太原王宰统代北诸军进讨，沙陀常深入冠诸军。宣宗复三州、七关，征西成皆罢，乃迁赤心蔚州刺史、云州守捉使。平庞勋，进大同军节度使。赐氏李，名国昌。回鹘叩榆林，入灵、盐，诏国昌为延节度使。又入天德，乃徙节振武。以上据《新书·沙陀传》。咸通十三年，以恃功恣横，专杀长吏，徙为大同军防御使。国昌称疾不赴。是岁，卢龙节度使张允伸卒，子简会，为平州刺史张公素所逐，朝廷因而授之。幽州与吐浑、契苾共攻沙陀，不利。朝以前河东节度使李业能安集代北部落，以其子钧为灵武节度使，使宣慰沙陀及六州蕃、浑。时乾符元年也。《旧书·本纪》。二年，张公素为其将李茂勋所逐，茂勋，回鹘阿布思之族，降张仲武，仲武使戍边，屡有功，赐姓名。朝廷又因而授之。三年，茂勋请致仕，以子可举知留后。五年二月，云州沙陀兵马使李尽忠执大同防御使段文楚，召国昌子沙陀副兵马使克用于蔚州。克用至，杀文楚。《通鉴考异》曰：后唐张昭远《庄宗功臣列传》及《旧纪》，克用杀文楚，在咸通十三年十二月，欧阳《五代史记》取之。赵凤《后唐太祖纪年录》在乾符三年，薛居正《五代史》、《新·沙陀传》取之。不著撰人姓名之《唐末三朝见闻录》在乾符五年二月，《新纪》取之。惟《实录》在乾符元年，不知所据何书。克用既杀文楚，岂肯晏然安处，必更侵扰边垂，朝廷亦须发兵征讨，而自乾符四年以前，皆不见其事。《唐末见闻录》叙月日，今从之。案沙陀若绝无违犯，幽州何事与吐浑、契苾攻之？《新书·沙陀传》曰：王仙芝占荆、襄，朝廷发诸州兵讨捕，国昌遣刘迁统云中、突骑击之，数有功。《旧书·本纪》：李福之援江陵，实用沙陀军五百骑，盖即此军？然则自乾符四年以前，沙陀不特未尝犯顺，且仍听驱使也。岂时朝廷姑息，文楚虽死，幽州一讨之不克，即使李钧抚安之，而沙陀亦遽听命欤？《考异》之说，虽亦有见，《实录》、《旧纪》所记年月，终当存疑。朝以太仆卿卢简方代文楚。《旧纪》在咸通十三年十二月，《实录》在乾符元年十二月。旋以为振武节度使，移国昌于大同。国昌欲父子并据两镇，不受代。与克用合兵，陷遮虏军，在今五寨县西北。进击宁武军及岢岚军。皆山西今县。简方行至岚州而卒。河东节度使窦浣，以都押衙康传圭为代州刺史。又发土团千人至代州。至城北，娖队不发，求优赏。时府库空竭，浣遣马步都虞候邓虔往慰谕之。土团殴虔，床舆其尸入府。浣与监军自出慰谕，人给钱三百，布一端，《通鉴》。《旧纪》云：借率富户钱五万贯以赏之。众乃定。押衙田公锷给乱军钱布，众遂劫之以为都将，赴代州。六月，以前昭义节度使曹翔为河东节度使。七月，翔至晋阳。捕土团杀邓虔者十三人杀之。义武兵至晋阳，不解甲，欢噪求优赏。翔斩其十将一人，乃定。于是发忠武、昭义、河阳之兵，会于晋阳，以御沙陀。九月，翔自率军赴忻州，中风而卒。诸军皆退。昭义兵掠晋阳坊市，民自共击之，杀千余人，乃溃。十月，诏昭义节度使李钧及李可举与吐谷浑酋长赫连铎、白义诚，安庆、萨葛酋长米海万合兵讨国昌父子于蔚州。据《通鉴》。《新纪》同。《旧纪》系四年十月，盖误前一年。安庆、萨葛，旧纪作沙陀安庆、薛葛。《新五代史·唐纪》：僖宗以李钧为灵武节度使，宣慰沙陀六州三部落使。注云：六州三部落，皆不见其名处，据《唐书》除使有此语耳。疑安庆、萨葛与朱邪，即所谓三部落也。后降李琢时，安庆都督为史敬存，《通鉴》、《旧纪》同。此处安庆下疑夺酋长史敬存五字。十一月，岢岚军翻城应沙陀。是月，以河东宣慰使崔季康为河东节度、代北行营招讨使。十二月，季康、李钧与克用战于洪谷，地属岢岚军，见《旧纪》。败绩。钧死。昭义兵还至代州，士卒剽掠。代州民杀之殆尽。《通鉴》从《旧纪》，《实录》略同，见《考异》。《新五代史》在六年冬，以情事核之，恐误。《旧纪》及《新史》皆云钧中流矢卒，《通鉴》云战死，盖依《实录》。《实录》又载广明元年八月，河东奏钧为猛虎军所杀。又曰："与贼战败，归而其下杀之。"《唐末

411

见闻录》云：代州军变时，为百姓捉到，而不云如何处之。并见《通鉴考异》。六年二月，河东军回至静乐，今山西静乐县。作乱，崔季康逃归。都头张锴、郭𥘵率行营兵攻杀季康。以陕虢观察使高浔为昭义节度使，邠宁节度使李侃为河东节度使。五月，河东衙将贺公雅所部士卒作乱。焚掠三城。北都城左汾右晋，汾东曰东城，两城之间有中城。执孔目官王敬送马步司。侃与监军自出慰谕，为之斩敬于衙门，乃定。都虞候每夜密捕公雅士卒族灭之。余党近百人，称报冤将，大掠三城。焚马步都虞候张锴、府城都虞候郭𥘵家。侃曲顺军情，令收锴、𥘵斩于衙门，并逐其家，以公雅为马步都虞候。锴、𥘵临刑，泣言于众曰："所杀皆捕盗司密申，今日冤死，独无义士相救乎？"军士复大噪，篡锴、𥘵归都虞候司。寻下令复其旧职，并召还其家。收捕盗司元义宗等三十余家诛灭之。以马步都教练使朱玟等为三城斩斫使，将兵分捕报冤将，悉斩之，军城始定。侃称疾。敕以康传圭为河东行军司马，征侃诣京师。八月，以东都留守李蔚充河东节度使。闰十月，蔚有疾。以供军副使李邵权观察留后，监军李奉皋权兵马留后。蔚薨，都虞候张锴、郭𥘵署状绌邵。胡三省曰：状，奏状。以少尹丁球知观察留后。十一月，以康传圭为河东节度使。传圭自代州赴晋阳，张锴、郭𥘵出迎。乱刀斫杀之。至府，又族其家。十二月，以朱玟为代州刺史。广明元年正月，沙陀入雁门关，寇忻、代，二月，逼晋阳，陷太谷。今山西太谷县。遣汝州防御使诸葛爽率东都防御兵救河东。康传圭遣前遮虏军使苏弘轸击沙陀，不利。传圭怒，斩之。沙陀还代北。传圭又遣都教练使张彦球将兵三千追之。至百井，镇名，在阳曲。军变，还杀传圭。三月，以宰相郑从谠为河东节度使。从谠知张彦球有方略，百井之变，非其本心，独推首乱者杀之，召彦球慰谕，悉以兵柄委之，军中由是遂安。可见治骄兵者当用文臣，不当用武夫之好杀者矣。四月，以太仆卿李琢为蔚、朔等州招讨都统行营节度使。琢，听子，晟之孙。旋以为蔚朔节度使。仍充都统。以诸葛爽为北面行营副招讨。五月，又以为振武节度使。未之镇移夏绥，见下。琢与李可举、赫连铎共讨沙陀。李克用遣大将高文集守朔州，自将拒可举。铎遣人说文集。七月，文集与克用族父李友金、萨葛都督米海万、安庆都督史敬存皆降于琢。克用还击文集，李可举遣兵邀败之。李琢、赫连铎进攻蔚州。李国昌战败，部众皆溃，独与克用及宗族入达旦。《旧纪》云：克用使傅文达守蔚州，至是文达降，不云国昌战败。于是以赫连铎为云州刺史，大同军防御使，白义成为蔚州刺史，米海万为朔州刺史。以上据《通鉴》，参用新旧《书·本纪》。此时朱邪部落，已迫溃亡，非唐更召之，实不易复振也。

僖宗时，宰相中之露头角者，为郑畋、王铎及卢携。黄巢起义，畋颇主抚，铎与携皆主剿。铎自出师而败，携倚高骈而亦败，此盖事势使然，非一二人所能擅回者。史谓携之败抚议，由其倚高骈，欲其立功；又初荐宋威而王铎代之，携疾铎，欲激怒巢；乃好党争者私见测度之辞，未可据为信史也。畋、携尝以忿争同日罢相。《旧纪》、《传》在乾符六年五月，云由争黄巢剿抚。《新纪》、《表》及《实录》在五年五月。《新传》与《旧书》同。《实录》云：由携欲降主和南蛮，畋不可。《通鉴》亦系其事于五年五月。然恐当以《旧书》为是。争南蛮尚主事，未必如此激烈也。巢入京师，斫携棺，磔尸于市，足见其恨携之深。巢之将渡淮也，宰相豆卢琢计救师未至，请假巢天平节，使无得西，而以精兵戍宣武，塞汝、郑路。携请召诸道兵壁泗上，以宣武节度统之，巢且还攻东南，徘徊山浙，救死而已。此时之巢，岂能为彼等所骗？然高骈不能扼巢使无渡江，诸道乌合之众，又能守泗乎？且召之可皆至乎？齐克让战实颇力，然不能守汝、郑，并不能守潼关，他军其能守泗乎？此时巢势正盛，锐不可当，长驱直入，无可抵御者。潼关既破，携罢相，即饮药死。携死，王徽、裴澈相，更软弱无力。时郑畋为凤翔节度使。谒上道次，请留，不许，乃密约邻道讨之。邻道皆遣兵往会，禁兵分镇关中者数万，亦皆往从，军势略振。中和元年三月，诏以畋为京城四面诸军都统，泾原节度使程宗楚副之，前朔方节度使唐弘夫为司马，隐然系恢复之重矣。

关辅而外，诸军之抗巢者亦多。代北之平也，诏郑从谠以本道兵授诸葛爽及朱玫，使南讨巢。又以李琢为河阳节度使。旋以神策将罗元杲代之。爽以代北行营兵屯栎阳。在今陕西临潼县北。黄巢将朱温屯东渭桥，巢使说劝爽，爽降巢，巢以为河阳节度使，罗元杲奔行在。已而爽复来降，诏仍以为河阳节度。河中都虞候王重荣作乱，逐其帅李都，朝即以为留后。据《通鉴》。事在广明元年十一月。《旧书·重荣》及《王处存传》，均谓李都降贼，而重荣逐之，《新传》则李都之后，尚有一窦滂，亦为重荣所逐，说出《北梦琐言》，皆不足信。见《通鉴考异》。黄巢破潼关，重荣降之，旋又降唐，与义武节度使王处存合兵，营于渭北。党项拓跋思恭起兵，思恭，《新五代史》作思敬。《通鉴考异》曰：欧公意谓薛《史》避国讳耳，思敬别是一人，欧公误。与延节度使李孝昌会。诏使权知夏绥。周岌既杀薛能，朝即以为忠武节度。长安失守，岌亦降巢。监军杨复光屯邓州，巢使朱温攻之。复光走许州，说岌归降。岌从之。岌之乱许，薛能将秦宗权在蔡州，托辞赴难，选募蔡兵，逐刺史据其地，岌为节度，即以为刺史。宗权不从岌命，复光又往说之，宗权乃遣将以兵三千从复光。逗留不进。复光杀之，并其兵。遂以忠武之师复邓州。于是唐弘夫屯渭北，王重荣屯

沙苑，在今大荔县西南。王处存屯渭桥，拓跋思恭屯武功，而郑畋屯
鳌屋。巢四面皆敌矣。

然乌合之众之不易用久矣。是岁四月，巢使尚让、王播攻凤
翔。唐弘夫败之。乘胜进迫长安。巢走。弘夫与程宗楚、王处存入
城，不整，且诸军不相继。巢侦知之，还袭。弘夫、宗楚皆死。巢复
入长安。巢以王玫为邠宁节度使，邠宁将朱玫杀之。让节度于别将
李重古，而自率兵讨巢。六月，屯于兴平。忠武兵三千屯武功。巢
使王播围兴平，玫走。李孝昌与拓跋思恭移屯东渭桥，巢使朱温拒
之。八月，孝昌、思恭战不利，亦引去。王重荣先与高浔合兵，克华
州，是月，巢将李详亦复占之。盖郑畋之于诸军，实不能统率，故
心力不齐，无由进取也。十月，凤翔行军司马李昌言作乱，畋以留
务委之，身赴行在。京西遂成瓦解之势。十二月，王铎率荆襄之师
至。二年正月，代畋为都统，而畋入相。铎之将，亦与畋无异。诸将
环伺京城而不能进。然巢亦不能进取。使朱温占同州。九月，温降于
王重荣。李详闻之，亦欲降。巢知，杀之，以弟思邺守华州。十一
月，为详旧卒所逐，亦降于重荣。巢兵势稍蹙矣。然诸军之不能进取
如故。而沙陀遂入。

先是代北监军陈景思率李友金及萨葛、安庆、吐谷浑诸部入
援。至绛州，刺史瞿稹，亦沙陀也，谓景思曰："贼势方盛，未可轻
进，不若且还代北募兵。"景思从之，与还雁门。募兵得三万人。皆
北方杂胡。屯于崞西。今山西崞县。犷悍暴横，稹与友金不能制。友
金乃说景思，请赦李国昌、克用，召以为帅。诏许之。中和元年三
月，景思赍诏入达旦，召克用军屯蔚州。克用因大掠雁门以北。五
月，率蕃汉兵万人南出石岭关。在阳曲东北。郑从谠塞其道，不得
前。克用儳道至太原，营城下，纵兵大掠。从谠求援于振武。振武节

度使契苾璋自将赴之。克用乃北还。陷忻、代，因留居代州。蔚州刺史苏祐会赫连铎欲攻之。二年，克用先袭陷蔚州。铎与李可举攻之。克用燔府库，弃而去。祐投镇州，为节度使王景崇所杀。成德王绍懿，咸通七年卒，传兄绍鼎之子景崇。国昌亦自达旦归代州。契苾璋奏与天德、大同共讨克用。诏郑从谠与相知应接。初朝廷以庞勋降将汤群为岚州刺史。群潜通沙陀。朝廷疑之，徙之怀州。十月，群据城叛附沙陀。郑从谠遣张彦球讨斩之。时李克用据忻、代，数侵掠并、汾，争楼烦监。王处存与克用，世为婚姻。诏处存谕克用："若诚心款附，宜且归朔州俟朝命。若暴横如故，当与河东、大同军共讨之。"此时朝廷之于克用，尚未必倚其力也。而杨复光养父玄价，见上节。与国昌善，亦欲召之，言于王重荣。王徽为东面宣慰使，亦以为然。时王铎在河中，乃以墨敕召克用，谕郑从谠。十一月，克用将沙陀万七千，自岚、石路趋河中。不敢入太原境，独与数百骑过太原城下，与从谠别。从谠以名马、器币赠之。《新书·沙陀传》云：从谠不肯假道，案从谠不肯假道，而克用兵遂不敢入境，可见从谠之能拒克用也。十二月，乃以克用为雁门节度使。《旧纪》在元年四月，《旧五代史》同。《通鉴考异》曰：此际盖止赦其罪，复为大同防御使，及陷忻、代，自称留后，朝廷再召之，始除雁门。《新表》：中和二年，以忻、代二州隶雁门节度，更大同节度为雁门节度其证也。以上兼据《旧纪》、《新·沙陀传》及《通鉴》。沙陀本非强大，前此河东数内乱，故任其鸱张，此时郑从谠之力，已足以御之，乃唐反抑从谠而必召克用，可谓放虎自卫矣。

克用既至河中，自夏阳渡河，军于同州。夏阳，在今陕西郃阳县东。三年正月，进屯沙苑。王铎承制，以克用为东北面行营都统，杨复光、陈景思为监军。复光东面，景思北面。制以铎为义成节度使，令赴镇。于是非以主军用客军，反以客将为元帅矣。二月，克用合河中、易定、忠武之兵败尚让。黄巢弟揆与黄璠袭据华州，克用围之。三月，巢使尚让救之，不克。四月，克用与河中、忠武之兵进取长安。义成、义武之兵继之。巢弃长安，自蓝田东出。使其将孟楷以万人为先锋，攻蔡州。秦宗权与战，不胜，遂降之。楷进攻陈州，刺史赵犨擒斩之。楷，巢爱将也，巢怒，与宗权合兵围之，时六月也。七月，李克用自长安引兵还雁门。寻有诏，以为河东节度使，召郑从谠赴行在，而以李国昌为代北节度使，镇代州。此时克用虽有功，实无遽授以河东之理。以从谠守北门，纵不能慑服沙陀，亦必不遽至陷没，且安知不可合契苾、吐浑等徐图之乎？而遽自撤藩篱，开门揖盗，可谓失计之甚矣。朱温之降也，诏赐名为全忠。黄巢既败，以为宣武节度使。时溥者，感化将，迫走其节度使支详，朝廷遂以代之。事在中和元年十二月。全忠、溥、周岌共救赵犨，黄巢兵势尚盛，不能敌，共求救于李克用。四年二月，克用出天井关。诸葛爽以河桥不完为辞拒之，乃更自蒲、陕济。四月，会许、汴、徐、兖之师于陈州。陈州之围始解。五月，巢趋汴州。克用追破之于中牟北。巢将多降于全忠，尚让降于时溥。巢奔兖州。克用追至冤句，以粮尽而还。六月，时溥将李师悦追败巢于瑕丘。在今山东滋阳县西。巢众殆尽。至狼虎谷，在泰山东南，莱芜县界。自刭，以首畀其甥林言，使将诣时溥。遇沙陀博野军，夺之。并斩言以献于溥。巢亡，始末凡十年。

黄巢之用兵，可谓极飘忽之致，此固自古已来所谓"流寇"者皆然，然未有若巢之尤甚者也。或者谓"流寇"之兵力，实不足畏，特以其到处裹胁，如水之流，使官军无从措手，终至不可收拾耳。其实不然。有随从之众，必有为中坚者，使为中坚者而亦散亡，所谓"流寇"即遄已矣。然则"流寇"初起时，看似所至皆遭击散，实则其众初未尝坏，此即向来史籍所谓真贼者也。此其所以终能强大也。于此，可见向来史籍所传官军克捷之说皆不实。何则？不能溃其中坚，即击散其随从，亦不可云克捷，况所谓击散其随从者，亦什九为夸张之辞也。财富萃于城市，其原实在乡村。苟无乡村，城市安能自立？故用兵者恒以困守孤城为非计。据乡村以困城市，确为革命军之良策。《新书·巢传》言：巢之起，关以东大抵畏巢婴城守，而巢得放兵四出，此唐败绩失据之由也。革命军之起也，既无政柄可以号令，又无资粮械器，其徒众尚少，非藉里胁何以自强？王仙芝之起，"无少壮虏之"，黄巢渡淮，不剽财货，犹驱丁壮以为兵，由此。欲里胁，则劫之以威，且破坏其闾井，以绝其顾望不可，故恒不免于残酷。黄巢之攻潼关，至于驱民填堑者以此。然非特此也，贵贱、贫富，其当平均，为人心之所同然。故世所谓空想社会主义者，其由来实甚旧。人人知其当平均，而所目击身受者，其不平均乃特甚，则怨恨之心生，怨恨深而残杀随之矣。王仙芝之起也，其檄文自称天补平均大将军，《通鉴考异》引《续宝运录》。黄巢渡江时，犹以天补大将军为号，广明元年十一月齐克让奏，亦见《通鉴》。其怀挟空想社会主义可知。史言巢众尤憎官吏，得者皆杀之。其在长安，有书尚书省门为诗以嘲革命军者。尚让怒。应在省官员及门卒，悉抉目倒悬之。大索城中，能为诗者尽杀，识字者给贱役，凡杀三千余人。即藏怒蓄怨之已久，有以致之也。夫欲革命，必藉众力，今若此，宁非驱民以资敌？为之魁者，宁不知之？故初起时广泛流动，发动群众，忙于战斗，组织不严，至其声势已盛，则亦必思立纪律。黄巢渡淮，即整众而行，不剽财货，入东都，坊市晏然，《旧纪》。即由于此。夫欲立纪律，循空想必不如修旧法之易行也。为之魁者，亦宁不知之？故其徒众虽疾官吏与士人，而其魁又恒思抚用之。黄巢之入闽。俘民绐称儒者皆释；入福州，焚室庐，大杀官吏，过崇文馆校书郎黄璞家，令曰"此儒者，灭炬弗焚"，又求处士周朴；得之。朴不肯从，巢怒，斩之。此为巢之不能自克，然不害其本意之欲求士人也。其事也。不特此也，《旧书·巢传》言：其起也，士人从而附之。其驰檄四方，章奏论列，皆指目朝政之弊，盖士不逞者之辞？则巢之用士人旧矣。夫欲修旧法，固莫如用旧吏与士人，然其法卒不能立者，何也？曰：其所由来者远矣。言中国人之分职者，曰士、农、工、商。士不能执兵，抑士、工、商人数皆少，又非受暴政最酷者。暴政恒施诸为数最多之农民，故非至农民皆思乱，乱必不作，作亦不烈。故农民者，革命军之本也。然农民之所知者，身受之苦耳。其所愤恨欲斩刈之者，被此苦于其身之官吏豪强耳。官吏豪强，非能毒我也，必有阴相之者。故欲革命，非颠覆王室不可。此非农民所尽知也。且其足迹不出里闬，邻境之事，即非所知。故虽思乱者众，亦不能相结合。故农民者，大乱之资，而身不能为大乱者也。合从讨伐，轶于三代，必非辍耕陇畔者之所能为也。然则为之者谁也？曰：士、农、工、商，国之石民耳。世之不士、不农、不工、不商者则多矣，其有以武断用为食，其徒必相结合，且其声气所通颇广者，则世所谓江湖上人，言其不土著也，此等人古称之曰亡命、曰恶少年，今称之曰无赖、棍徒等，上海人称之曰流氓，其结合则曰帮、曰会、曰党。其魁则古所谓豪杰也。刘邦不事家人生产作业，刘秀藏匿死亡，吏不敢到门郭，解七国乱时，隐然若一敌国，以至窦建德、刘黑闼之徒皆是也。黄巢世鬻盐，富于赀，喜养亡命，亦其伦也。大乱之起也，为之徒众者必农民，为之率将者多豪杰。江湖上人，亦喜言平均。此等人或无家室，或虽有而不之顾；身亦不如恒人倚家室以为生，而多藉朋辈周给；故其好言平均，较各色人为甚。农民则正相反。然本以武断耽佚，乐习纵恣，故其所谓纪律者，特存于其徒党之间，而不能推诸全社会。此理易明。彼以其纪律结合其徒党，劫夺人以为食，则必有为其劫夺者而后其纪律存焉。若推诸全社会，则无可以劫夺之人，其徒无以自存，其党亦将离散矣。故此等人可以为盗，不可以为兵，以军纪必禁劫夺也，为政立法更无论矣。帝王亦起于群雄，其能否成功，正视其能否自制御其徒党，废弃其党中旧有之纪律，而改用全社会共认之法耳。巢众入长安，遇穷民于路，争行施遗，甫数日，即大掠缚棰居人索财，号淘物，巢之将官且有阅甲第以处，争取人妻女乱之者。巢既称号，下令军中禁妄杀，悉输兵于官，史言其下皆盗贼，不能从也。即巢亦不能自守法。召王官无至者，即大索里闾。张直方者，素豪杰，士多依之，或告巢："直方谋反，纳亡命者。"巢攻之，夷其家，大臣死者百余人。史言自是遂酷虐居人。其再入长安也，怒坊市百姓迎唐师，乃下令洗城，丈夫丁壮，杀戮殆尽，流血成渠。《旧书·黄巢传》：其《王处存传》云：召集两市丁壮七八万并杀之。血流成渠。《新书·巢传》云：纵击杀八万人，血流于路可涉也，语亦本于《旧书》，然纵击二字已失实，血流成渠，人人知为形容之语，不责其实，改为叙述之辞，则不成语矣。岂以血流成渠为信然邪？此何为者邪？社会之演进必有其定律，陈义虽高，非至其时则不能行。故空想终为空想，不如复旧之易循。历代革命，只能倾覆旧朝，不能革易帝制者以此。此社会演进定律使然，不能全以自私无识等责之也。黄巢、王仙芝，屡欲受抚。或曰：此非其本心，特蓄力以俟时耳。然仙芝之降，至于遣尚君长，谓非真欲降唐得乎？即君长亦必有降意，不然，仙芝不能遣之也。巢入长安，遽称尊号，且陈符命。《旧书·巢传》：巢僭位，御楼宣赦，且陈符命，曰：唐帝知朕起义，改元广明，以文字言之，唐已无天分矣。唐去丑口而著黄，天意令黄在唐下，乃黄家日月也。土德生金。予以金王，宜改年为金统。其为本怀，尤显而易见。此固不足，然空想既不能行，则复旧不能亟，而欲复旧，亦其难如此，然则群雄之中，获成功而为帝王者，亦自有其由，而非尽由于徼幸也。

谓豪杰之起，徒徇私欲者非也，其目的固在拯民于水火之心，此陈龙川之论不诬也。然始焉非藉广结群众，不足以自立，既足以自立矣，又不能永保纪律；至于官军，则本与盗贼无异，非旧朝官吏将卒皆与盗贼无异，天下原不至于大乱也。史称：黄巢之据长安也，京畿百姓，皆砦于山谷，累年废耕耘。巢坐空城，赋输无入。谷食腾踊，米斗三十千。巢军食树皮，以金玉买人于行营之师。官军皆执山砦百姓鬻于巢军，人获数十万。其走关东也，地仍岁无耕稼，人饿倚墙壁间。巢军俘人而食，日杀数千，有舂磨砦，为巨碓数百，生纳人于臼，碎之，合骨而食，周余黎民，靡有孑遗，岂虚语哉？此皆全社会所造之恶业，待时而发，亦不能专为一二人咎也。

是时之草寇，尚非独黄巢也。乾符三年正月，尝敕福建、江西、湖南诸道观察、刺史，皆训练士卒。又令天下乡村，各置弓刀鼓板，以备群盗。先是浙西狼山镇遏使王郢等六十九人有战功，狼山，在今江苏南通县南。节度使赵隐，赏以职名，而不给衣粮。郢等论诉不获，遂劫库兵起事。行收徒众，近万人。攻陷苏、常，乘舟往来，泛江入海，转攻二浙，南及福建，其势甚强。是岁七月，以前岩州刺史高杰充缘海水军都知兵马使讨之。郢因温州刺史鲁实请降。温州，今浙江永嘉县。实屡为之论奏。敕郢诣阙。郢拥兵迁延，半年不至，固求望海镇使。今浙江镇海县。朝廷不许，以郢为右率府率，仍令左神策军补以重职。其先所掠之财，并令给与。四年正月，郢诱鲁实入舟中，执之。乃以右龙武大将军宋皓为江南诸道招讨使。先征诸道兵外，更发忠武、宣武、感化三道，宣、泗二州兵，新旧合万五千余人，并受皓节度。二月，郢攻破望海镇。入明州。又攻台州，陷之。诏二浙、福建各出舟师以讨之。镇海节度使裴璩，严兵设备不与战，而密招其党朱实降之。散其徒六七千人，输器械二十余万，舟航粟帛称是。于是郢党离散。郢收余众，东至明州甬桥。镇遏使以筒箭射杀之。余党皆平。以上据《通鉴》。案王郢，《新书·本纪》称为突陈将，《通鉴考异》引《实录》及程匡柔《唐补记》同，而《旧纪》称为海贼。是年三月，以草贼大举进攻河南、山南，下诏招抚，历述投降受官爵者以歆动之，中有朱实之名，盖即郢党之降者。郢虽身为军官，为之徒党者，实皆海贼也。多陷缘海缘江郡县，至发数道之兵以讨之，亦可云东南之剧贼矣。时又有柳彦璋剽掠江西。乾符四年六月，攻入江州，执刺史陶祥。使祥为之上表。彦璋亦自附降状。敕以为右监门将军，令散众赴京师。以左武卫将军刘秉仁为江州刺史。彦璋不从，以战舰百余固溢江为水寨，剽掠如故。十二月，秉仁单舟入其寨，彦璋出不意迎拜。秉仁斩彦璋，散其众。亦据《通鉴》。广明元年，有江华人蔡结攻入道州，江华，今湖南江华县。宿州人鲁景仁攻入连州。宿州，今安徽宿县。连州，今广东连县。景仁本从黄巢，巢北上时，以病留连州，遂据其地。后与蔡结皆为马殷所破。中和元年，有鄞人钟季文攻入明州，鄞县，今浙江鄞县。临海人杜雄攻入台州，永嘉人朱褒攻入温州，温州永嘉郡，今浙江永嘉县。遂昌人卢约攻入处州。遂昌，今浙江遂昌县。约后为钱镠所平。以上皆据《新书·本纪》。此等皆其较大者，其较小而名不著于史传者，则不知凡几矣，可谓群盗如毛矣。

非徒草寇也，藩镇奸命者亦不绝。乾符元年，感化军发兵诣灵武防秋。会南诏寇西川，敕往救援。蛮退，遣还。二年三月，至凤翔。欲擅归徐州。内养王裕本、都将刘逢搜唱率者八人斩之。众然后定。此事若不能遏止，又一场大战也。十月，昭义军乱，大将刘广逐其节度使高湜。十二月，王仙芝攻沂州，天平军奏遣将士张晏等救之。三年正月，还至义桥，闻北境复有盗，留使捍御。晏等不从，喧噪趣郓州。都将张思泰、李承祐走马出城，裂袖与盟，以俸钱备酒肴慰谕，众然后定。诏本军宣慰，一切无得穷诘。四月，原州刺史史怀操贪暴，军乱，逐之。十二月，青、沧军士戍安南者还至桂州，逐观察使李瓒。《新纪》在四年十二月，《通鉴》依《实录》系三年。以右谏议大夫张禹谟为桂州观察使。桂管监军李维周骄横，与于逐帅之谋，诏禹谟并按之。四月，陕州军乱，逐其观察使崔碣。贬碣怀州司马。五月，以给事中杨损为观察使。损至，诛首乱者。忠武都将李可封戍边，还至邠州，迫胁主帅，索旧欠盐粮，留止四日，阖境震惊。七月，还至许州，节度使崔安潜悉按诛之。八月，盐州军乱，逐刺史王承颜。据《通鉴》。《新纪》在九月。诏高品牛从珪往慰谕之。贬承颜象州司户。承颜及崔碣，素有政声，以严肃为骄卒所逐，朝廷与贪暴致乱者同贬，时人惜之。军中请以大将王宗诚为刺史。诏宗诚诣阙，将士皆释罪，仍加优给。十月，邠宁节度使李侃奏遣兵讨宗诚，斩之，余党悉平。四年十月，河中军乱，逐其节度使刘侔。五年三月，湖南军乱，都将高杰逐其观察使崔瑾。广明元年三月，安南军乱，节度使曾衮出城避之。诸道兵戍邕管者，往往自归。九月，东都奏汝州所募军李光庭等五百人自代州还，过东都，烧安喜门，焚掠市肆，由长夏门去。十月，先是征振武节度使吴师泰为左金吾大将军，代以诸葛爽，师泰使军民上表留己，乃复以为振武，而以爽为夏绥。中和元年二月，清平镇使陈晟执睦州刺史韦诸，自为刺史。二年九月，桂州军乱，逐其节度使张从训。以上兼据《通鉴》及《新纪》。此等皆旋即平定，或不甚关系大局者，其推波助澜，与于割据之局者，别叙于后。要之唐至此一时，已成不可收拾之势矣。

第六节　僖宗第二次流亡

僖宗入蜀，既由田令孜扈从，是时为西川者又系陈敬瑄，政权自仍在令孜之手。史方令孜，容有溢恶，其人亦匪无才，然局量太狭，与南北司皆如水火，宦官秉政，本为人情所不与，尽力协和，犹惧不济，而更专以钩心斗角为务。一人之智，安能胜天下之力邪？

高骈之去西川也，崔安潜代之。安潜谓蜀兵怯弱，乃募陈、许壮士，与蜀人相杂训练。得三千人，分为三军。忠武故有黄头军，是军亦戴黄帽，遂袭其号。《通鉴》系乾符六年。僖宗入蜀，田令孜为行在都指挥处置使。四方贡金帛，辄赐从驾诸军，而不及蜀军。中和元年七月，黄头军使郭琪作乱。陈敬瑄讨平之。先是左拾遗侯昌业上疏，言令孜专权，召至内侍省赐死。事在广明元年二月。及是，上与令孜保东城，群臣皆不得见。左拾遗孟昭图又上疏极言之。疏言："君与臣一体相成，安则同宁，危则共难。昔日西幸，不告南司，故宰相、御史中丞、京兆尹悉碎于贼，惟两军中尉以扈乘舆得全。昨昔黄头乱，火照前殿，陛下惟与令孜闭城自守，不召宰相，不谋群臣。欲入不得，求对不许。天下者高祖、太宗之天下，非北司之天下，陛下者九州之天子，非北司之天子，安有天子播越，而宰相无所与，群司百官，弃若路人"云云。令孜匿不奏，而矫诏贬昌图嘉州司马，使人沈诸蟆颐津。在今四川眉山县东。其毒害士大夫如此。三年，京城之平，就加杨复光同、华等州制置使。六月，复光卒于河中。令孜闻之，甚悦。遽罢其兄复恭枢密使。复恭称疾归蓝田。于是北司之中，复相水火矣。复光之以忠武兵击邓州，分其八千人以为八都，使衙将鹿晏弘、晋晖、王建、韩建、张造、李师泰、庞从等八将之。据《通鉴考异》云：刘恕十国纪年上云八都，而下只有七人姓名，诸书不可考故也。复光死，晏弘等去河中，逐牛勖，据兴元。朝廷不得已，四年正月，以为留后。晏弘猜忌，众心不附。令孜密遣人以利诱之。十一月，王建、韩建、张造、晋晖、李师泰率众数千，逃奔行在。令孜皆养为子，使各将其众，号为随驾五都。不隶神策。而遣兵讨晏弘。晏弘走。先是陈敬瑄多遣人历县、镇诇事，谓之寻事人。所至多所求取。有二人过资阳镇，胡三省曰：时盖置镇于资阳县。案唐资阳，今四川资中县。独无所求，镇将谢弘让邀之，不至，自疑有罪，夜亡入群盗中。捕盗使杨迁诱使出首，而执以送使，节度使。云讨击擒获，敬瑄不问，杖弘让脊二十，钉于西城二七日。十四日。煎油泼之，又以胶麻掣其创，备极惨酷。邛州衙官阡能，因事违期，避杖亡命为盗。迁复诱之。能方出首，闻弘让之冤，乃大骂迁，发愤为盗。驱掠良民，不从者举家杀之。逾月，众至万人。横行邛、雅间。攻陷城邑，所过涂地。蜀中先少盗贼，自是纷纷竞起，州县不能制。据《通鉴》。又有涪州刺史韩彦升，涪州，今四川涪陵县。彦升为涪州刺史，见《新书·高仁厚传》。作乱峡中，致道路梗绝，百官乏俸，民亦阙盐。案敬瑄所司察者，盖尚重于有位，故叛者以军人为多。然其为祸已如此，可见司察之不足以为治矣。敬瑄遣兵讨阡能，多败。后遣衙将高仁厚，乃讨平之。以仁厚为眉州刺史。又许以为东川节度，令讨平韩彦升。事在中和二年。杨师立闻之怒。是年，征师立为右仆射，师立遂反，以讨敬瑄为名。又遣仁厚讨平之。即以为东川节度。两川暂归于令孜、敬瑄矣。然北归后变故旋作。

中和四年，黄巢平。明年，改元曰光启。正月，僖宗自蜀还京。三月至。时国命所制者，河西、山南、剑南、岭南西道数十州，余皆自擅兵赋，迭相吞噬。江淮转运路绝。两河、江淮，赋不上供，但岁时供奉而已。《旧书·本纪》。田令孜在蜀，招募新军，以千人为一都，凡五十四都。分隶左右神策，各二十七都，为五军。令孜为左右十军使。军旅既众，南衙北司，官属万余，三司转运，无调发之所，度支惟以关畿税赋，支给不充，赏劳不时，军情咨怨。《旧纪》。乃不得不为救急之计。安邑、解县两池。解，今为县，属山西。榷盐税课，本盐铁使特置盐官，以总其事。黄巢乱离，王重荣兼领榷务岁出课盐三千车，以献朝廷。令孜举广明前旧事，请以两池榷务归盐铁使，以赡禁军，而自兼两池榷盐使。重荣上章论诉，不省。徙诸泰宁，以泰宁节度使齐克让为义武，而徙王处存于河中。五月。盖以处存、重荣，皆李克用之党，为此处置，以免其有违言也。亦可谓煞费苦心矣。然仍无济于事。处存亦不欲徙，上章为重荣申理，言其有大功，不宜轻有除改。不听。至晋州，刺史不纳，遂还。八月。初李昌言卒，弟昌符代为凤翔。令孜使与静难节度使朱玫时赐邠宁军号静难。共讨重荣。李克用救之。玫、昌符与战，大败，各走归本镇。时十二月也。克用进逼京城。令孜以帝夜如宝鸡。群臣无知者。惟翰林学士承旨杜让能，太子少傅孔纬等数人追至。上以纬为御史大夫，使还召百官。宰相萧遘、裴澈，皆疾令孜不肯行。而朱玫、李昌符亦耻为令孜用，且惮蒲、晋之强，更与之合，遘、澈诒玫书，令迎车驾。令孜再以帝走兴元。时杨复恭已复为枢密使，令孜乃荐以自代，用为左神策中尉、观军容使，而自除西川监军，往依陈敬瑄。

令孜虽去，仍不足以回人心。朱玫之迎驾也，嗣襄王煴襄王僙，肃宗子，煴僙之曾孙。以疾不能行，为所得。以之归凤翔，欲立之。萧遘不可。玫不听。遂以煴监国，还长安。遘称疾，往依弟永乐令蘧。唐永乐县，在今山西永济县东南。玫以兵部侍郎郑昌图代之，十月，以煴称帝。从《新纪》及《通鉴》。《旧书》在五月朔误。藩镇多受其伪署。而李昌符与玫不合，更通表兴元。时杜让能为相，请使杨复恭谕王重荣。重荣即请讨玫，李克用将盖寓，亦说克用讨玫以自湔洗。见《通鉴》。据《考异》，说出《后唐太祖纪年录》。六月，乃命扈跸都将杨守亮出金州，扈跸都，五十四都之一。守亮，本姓訾，名亮，与弟信俱从王仙芝，仙芝死，从徐唐莒，复恭平江西，俱养为子，更名守亮、守信。与重荣、克用共讨之。玫使其将王行瑜追帝，复恭复使说之。十二月，行瑜还长安，杀玫。裴澈、郑昌图以襄王煴走河中。王重荣杀煴，囚澈、昌图。诏杀之。亦杀萧遘于永乐。朱玫诚为悖戾，然士夫亦或与之合，可以见人心之离矣。皆宦竖专权之祸也。

朱玫既平，以王行瑜为静难节度使，杨守亮为山南西道节度使。三年三月，车驾还京师。至凤翔，李昌符以宫室未完，请驻跸府舍。从之。六月，天威都头杨守立天威，亦五十四都之一。守立亦复恭假子。本姓名曰胡弘立。与昌符争道，麾下相殴。昌符拥兵烧行宫。守立击败之。昌符走陇州。李茂贞者，本姓名曰宋文通。为博野军卒。此博野军属镇州。军戍京师，屯奉天。黄巢起义时，郑畋使败尚

427

让。以功为神策指挥使。朱玫乱，从驾山南，拜武定节度使，时以洋州为武定军。赐姓名。及是，使讨昌符。八月，破斩之，以为凤翔节度使。骄将阉党，遍布畿甸，乱源又潜伏矣。

第九章
大唐帝国自此亡

第一节　昭宗征河东

光启四年二月，僖宗不豫，自凤翔还京。既至，改元曰文德。三月，崩。群臣欲立吉王保。杨复恭请立寿王杰。更名敏，又更名晔，是为昭宗。昭宗亦唐室贤主。史称其意在恢复旧业，号令天下，观其所为，信为不诬，而惜乎其时之不可为也。

时势之最逼者，为关内诸将及河东。然关内诸将，逆迹未显，河东则外族也；且自乾符已来，久肆悖惊；苟有机会，图先除之固宜。然朝廷实无其力，其不得不有赖于藩镇者又势也。

李克用之追黄巢也，还至汴州，朱全忠犒之。克用乘醉任气，全忠不平，使将围驿火之。克用缒城得脱。归河东，求讨全忠。诏和解之。然汴、晋自此遂为深仇矣。沙陀兵力，于一时为最强，材武能制之者，盖舍全忠莫属，然全忠是时，尚为秦宗权所困，力未足与河东敌也。

黄巢之乱，实非巢死而即平，其继之者，则秦宗权也。宗权遣其将秦彦攻江淮，秦贤攻江南，秦诰占襄阳，孙儒占孟洛、陕虢，至于长安，张晊占汝郑，卢塘攻汴州。《旧书·宗权传》，《通鉴》同。此乃总叙之辞，非一时事。《新传》又益遣弟宗言寇荆南，宗衡乱鄂岳二语。皆慓锐惨毒，所至屠残人物，燔烧郡邑。西至关内，东及青齐，南出江

431

淮，北至卫滑，鱼烂鸟散，人烟断绝，荆榛蔽野。宗权既乏食，啖人为储。军士四出，则盐尸而从。时河南惟朱全忠及赵犨，足以自守，而天平亦与为掎角。

曹全晟既帅天平，与贼战死。军中立其兄子存实。中和元年十月。朝亦以节度使授之。二年五月。魏博何弘敬，传子全皞。咸通七年。年少好杀戮，为其下所杀。十一年。立大将韩君雄。僖宗立，赐名允中。卒，子简继之。乾符元年。中和二年八月，简攻河阳。诸葛爽弃城走。简留兵戍之，而攻郓州。曹存实逆战，败死。都将朱瑄，收余众拒守，简不能下。三年正月，朝以瑄为节度使。二月，诸葛爽复取河阳。简释瑄，引兵还击。李罕之者，初随黄巢。渡江后降于高骈。骈表知光州事。为秦宗权所迫，收余众依诸葛爽。爽署为怀州刺史。及是，爽使罕之拒简。时简欲引魏人入关，三军屡谏不从。偏将乐行逢，因众心摇，说激之。衙军奔归魏州。爽军乘之。简乡兵八万大败。行达先归，众共立为留后。简为其下所杀。四年正月，朝以行达为留后，赐名彦祯。以上皆据《通鉴》。新旧《唐书》及《五代史》，记天平事舛误殊甚。《旧书·本纪》：张裼之为天平，在乾符二年七月。裼传则在三年冬，以四年卒于镇。《本纪》：四年三月，黄巢占郓州，逐节度使薛崇。《新纪》则云：巢占郓、沂二州，节度使薛崇死之，而五年又书天平节度使张裼卒，衙将崔君裕自知州事。疑张裼死后，薛崇尝继其任，而后君裕代之，以阅时不久，故诸书或不之及，而径以君裕承裼，致《新纪》有五年之误笔，一若裼反承崇之后也。全晟之杀君裕，《新书·本纪》系年与《通鉴》同。《旧书·朱瑄传》云：宋州人。父庆，盗盐抵法。瑄逃于青州，为王敬武衙卒。中和初，黄巢据长安，诏征天下兵。敬武遣衙将曹全晟率兵三千赴关西，以瑄为军候。会青州警急，敬武召全晟还，路由郓州，时郓帅薛崇，为王仙芝所杀，郓将崔君裕权知州事。全晟知其兵寨，袭杀君裕，据有郓州，自称留后。以瑄有功，署为濮州刺史，《新书》同。《旧五代史》则云：中和二年，谏议大夫张濬征兵青州，敬武遣将曹全晸率军赴之。巢败出关，全晸以本军还镇。会郓帅薛崇卒，部将崔君预据城叛，全晸攻之，杀君预，自为留后。《新史》全晸作全晟，薛崇作薛宗，余与《旧史》同。敬武之据青州，事在中和元年，张濬之征兵青州，则事在二年，说见第三节。巢败出关而后东还，其事必在四年三月以后，此时存实且已死，安得更有全晸，其误不待更辩，然王仙芝之死在乾符五年，而《旧书》云薛崇为其所杀，实隐见《新纪》谓崇死在四年之确。新旧《史》知其不合，乃改为仙芝所杀为卒，虽善弥缝，恐非实录也。《新书·纪》云：中和二年十月，韩简寇郓州，天平节度使曹全晸死之，部将崔用自称留后。《旧书·韩简传》云：简攻郓，郓帅曹全晸败死，郓将崔君裕。收合残众保郓州。用与君裕，盖即一人？用其名，君裕其字。此皆未知存实、全晸相继之事，乃误以韩简所杀者为全晸，而又误以全晸所承之君裕为在全晸之后。《新书·本纪》，于中和三年书曹存实克郓州，四年书濮州刺史朱宣逐天平节度使曹存实，自称留后，其误盖又因此而来。《旧五代史·朱瑄传》，并谓光启中韩允中攻郓，全晸为其所害，其支离蔓衍，真乃不可究诘矣。今故概以《通鉴》为据。朱瑄，《新唐书》、《新五代史》皆作宣。《新五代史注》云：流俗以宣瑾兄，于名加玉者非也。《通鉴》亦作瑄。《考异》云：从《旧传》、《薛史》、《实录》。韩允中，《旧传》作允忠。《通鉴》依《实录》、《新传》作中。简之死，新旧《传》皆云疽发背卒。《旧纪》云为部下所杀。《诸葛爽传》云为衙军所杀。《新纪》与《旧纪》同。《通鉴》亦同《旧纪》。《考异》云从《实录》也。朱瑄弟瑾，为天平衙将。求婚于泰宁节度使齐克让。亲迎之夕，衷甲窃发，逐克让而代之。朝亦以为泰宁节度使。时光启二年也。先是僖宗还跸，惮秦宗权之强，下诏招抚之。宗权顾称帝。乃以时溥为蔡州四面行营都统讨之，而以赵犨为蔡州节度使。宗权攻汴之兵，屡为朱全忠所破。三年五月，自将精兵会之。全忠求救于兖、郓，朱瑄、朱瑾皆来赴。先是义成节度使安师儒，委政于两厢都虞候夏侯晏、杜标。二人骄恣，军中忿之。小校张骁潜出，聚众二千攻州城。师儒斩晏、标首谕之，军中稍息。朱瑄谋取滑州，遣濮州刺史朱裕诱杀骁。而全忠先遣其将朱珍、李唐宾袭滑州，克之，虏师儒以归。以衙将胡真知留后。据《通鉴》。事在光启二年十一月。《旧纪》系十二月，云：滑州军乱，逐其帅安师儒，推衙将张骁主留后。师儒奔汴州，朱全忠杀之。遂以兵攻滑，斩张骁。以告行在。朝廷以全忠兼领义成军节度使。《通鉴考异》谓命全忠兼领义成之文，出于《实录》。大顺元年，始以全忠兼宣义，全忠犹辞，以授胡真，《实录》误也。参看第三节。及是，其兵亦至。全忠以四镇兵攻宗权，大破之。宗权宵遁。蔡人之守东都、河阳、许、汝、怀、郑、陕、虢者皆弃去。宗权之势，自是稍衰。然全忠先以朱珍为淄州刺史，募兵东道，至是，谓瑄招诱宣武军士，移书诮让，瑄复书不逊，全忠遣珍与葛从周攻曹、濮，遽与兖、郓启衅矣。杨行密与孙儒争淮南，见第五节。使来求援。全忠为奏于朝。制授全忠兼淮南节度使行营兵马都统。《旧纪》在闰十一月。全忠以行密为副使，宣武行军司马李璠为留后，使衙将郭言将千人送之。假道于时溥。溥自以于全忠为先进，顾不得领淮南，意甚恨望，不许。璠至泗州，以兵袭之。郭言力战，乃免而还。文德元年正月，朝廷又以全忠为蔡州四面行营都统代溥，徐、汴之怨益深。

曹全晟之定江陵也，朝以泰宁都将段彦谟代为江西招讨使。全晟北还，荆南监军杨复光以忠武都将宋浩权知府事。复光父尝监忠武军，浩已为大将，见复光，少之，遂有隙。彦谟亦耻居浩下。复光曰：胡不杀之，彦谟遂引僄士击杀浩。复光奏浩罪，荐彦谟为朗州刺史。朝以工部侍郎郑绍业节度荆南，以复光监忠武军。绍业惮彦谟，逾半岁乃至。僖宗入蜀，召绍业还行在。复光更引彦谟代为节度。与监军朱敬玫不协。敬玫别选壮士三千人，号忠勇军，自将之。彦谟谋攻敬玫，敬玫先攻杀之。时中和二年六月也。朝复以郑绍业为荆南。绍业逗留不进。敬玫署押衙陈儒领府事。明年，朝即以为节度。四年九月，鹿晏弘弃兴元东出。秦宗权遣其将秦诰、赵德諲会之，共陷襄州。刘巨容走成都。宗权署德諲为山南东道留后。晏弘转掠，复还许州。周岌闻其至，弃镇走。据《通鉴》。《旧纪》云：晏弘杀岌。朝不能讨，即以为忠武节度。后为秦宗权所杀。事在光启二年七月。忠勇军暴横，陈儒不能制。郑绍业尝遣大将申屠琮率兵五千援京师，光启元年正月，军还，儒告使除之，琮复专军政。雷满据朗州，见第五节。三以兵薄城，厚啖以利乃去。淮南将张瑰、韩师德叛高骈，据复、岳二州，自署刺史。儒请瑰摄行军司马，师德摄节度副使，共击满、师德引兵上峡，大掠，归于岳州。瑰还逐儒。儒将奔行在，瑰又劫还因之。荆南故将，夷戮殆尽。朱敬玫数杀大将、富商，取其财。朝使杨玄晦代之。敬玫留居荆南。瑰遣卒贼之，尽取其财。郭禹者，本成氏，青州人。乘醉杀人，为仇家所捕，落发为僧。后入蔡贼中，为贼帅假子，更姓名为郭禹。当戍江陵，亡为盗。后诣陈儒降。瑰欲杀之。禹率千人袭据归州。今湖北秭归县。是岁九月，秦宗权弟宗言来寇，马步使赵匡欲奉儒出，瑰觉之，杀匡，而绝儒食，七日死。三年十二月，赵德諲陷荆南。瑰留其将王建肇守城而去。据《通鉴》。《新书》云：瑰死。文德元年，四月，郭禹击荆南。建肇奔黔州。诏以禹为荆南留后。禹复故姓，更名汭。赵德諲既失荆南，又度秦宗权必败，五月，举地附朱全忠。全忠方为蔡州四面行营都统，举以自副。制以山南东道为忠义军，以德諲为节度使。全忠之势弥盛矣。

是月，全忠遂大发兵击秦宗权，围之蔡州。八月，拔其南城。留大将胡元琮围之，而身还汴。宗权闻许州无备，袭取之。元琮引兵复收许。十二月，宗权为其将申丛所囚，折其一足，降于全忠。蔡将郭璠复杀丛，送宗权于汴。明年，为龙纪元年二月，全忠送诸京师，斩之。三月，以赵犨为忠武节度使，以陈州为理所。忠武军本治许州。犨弟昶、珝，本与犨同在行间。及是，犨有疾，以事授昶。诏即以为节度。犨德全忠之援，委输调发，常先他镇，昶亦能继之，全忠更得近助。然兖郓、徐泗未平，仍未能悉力北向也。

河东之声势，则是时颇盛。沙陀之起也，慕之最甚者为幽州，为之内主者，为河中及易定，及其得太原，则当其东出之道者为镇州，东南出之道者为泽潞，而居河南北之间，举足重轻者，则魏博也。王景崇尝以兵附王处存入关。中和三年，卒，子镕继之。光启元年，与李可举约，灭王处存而分其地。镕时尚幼，镕立年十岁。主之者盖可举也。可举遣将李全忠攻入易州，处存复取之。镕遣兵攻无极，今河北无极县。亦为李克用所败。全忠惧罪，收余众还袭幽州。可举自焚死。众推全忠为留后。乐彦祯骄汰，子从训，又召亡命之徒五百余辈，出入卧内，号为子将。军人藉藉。从训闻而忌之，易服遁出。彦祯命为六州都指挥使。未几，又使兼相州刺史。军府疑贰。彦祯危愤而卒。《旧传》。《新传》云：因之，迫为桑门，寻见杀。众推都将赵文珛知留后。《旧纪》作罗宗弁，盖误以罗弘信之姓冠文拼。而又讹其名。从训领兵三万至城下，文珛按兵不出，众疑惧，复害之。推罗弘信为帅。出战，败从训。又遣将讨击杀之。时文德元年也。是役也，从训求救于朱全忠。全忠为之出兵攻内黄，今河南内黄县。然不能救也。

高浔之败于李详也，十将成麟杀浔，入于潞州。成将孟方立又杀麟，自称留后。《新书·本纪》。中和元年。成麟，《孟方立传》作成邻。《王徽传》误以为刘广。方立引还邢州。潞人请监军吴全勖知留后。王铎墨制假方立知邢州事。方立不受，而囚全勖。以书请铎，愿得儒臣守潞。铎使其参谋中书舍人郑昌图知昭义。军中多附方立，昌图不能制。宰相请以重臣镇之。乃用旧相王徽。徽固让于昌图。而昌图不三月辄去。方立遂称留后于邢州，而表其将李殷锐为潞州刺史。于是大将家及富室，皆徙山东。潞人不悦。监军祁审诲，因人心不安，使乞师于李克用，请复军府于潞。中和三年十月，克用遣弟克修取潞州，杀李殷锐。克修，《五代史·唐家人传》云克用弟，《唐书·孟方立传》则云从父弟。四年八月，奏以克修为昭义节度使，许之。自是泽、潞与邢、洺、磁，分为两镇矣。皆以昭义为名。而泽州实入于河阳。张全义者，濮州临濮人。今濮县南之临濮集。少以田家子役于县，为县令所辱，亡入黄巢军。巢入长安，以为吏部尚书水运使。巢亡，依诸葛爽。及是，爽表为泽州刺史。初，爽奏李罕之为河南尹、东都留守，使捍蔡。光启元年，孙儒攻之。罕之走保渑池。东都陷。儒焚宫阙、剽居民去。爽遣将收东都，罕之逐出之，爽不能制。二年十月，爽卒。大将刘经与张全义共立其子仲方。经自引兵镇洛阳。袭罕之于渑池，为所败。弃洛阳，走归河阳。罕之军于巩，将渡河。经遣全义拒之。全义反与罕之合。攻河阳，不胜，走保怀州。而河阳为孙儒所陷，诸葛仲方奔大梁。《旧纪》误为爽。全义据怀州，罕之据泽州以拒之。三年，宗权为朱全忠所败，孙儒亦弃河阳。罕之据河阳，全义据东都，共求援于李克用。克用以其将安金俊为泽州刺史助之，而表罕之为河阳节度使，全义为河南尹东都留守。罕之性猜暴，部卒日剽人以食。全义善积聚，劝民力耕，储储稍集。罕之食乏，求之无涯，全义不能厌。是岁六月，王重荣为衙将常行儒所杀。重荣兄重盈，时为陕虢节度使，诏以其子珙知留后，而移诸河中。重盈至，执行儒杀之。罕之陷绛州，又攻晋州。重盈密结全义，文德元年，全义袭取河阳，俘罕之家。罕之奔泽州，求救于李克用。克用遣康君立攻河阳。朱全忠使丁会、葛从周、牛存节救却之。表会为河阳留后。复以全义为河南尹。自昭义之分，孟方立倚朱全忠为助。李克用击之无虚岁。龙纪元年，克用复大发兵，遣李存孝与李罕之攻之。拔磁、洺，进攻邢州。方立猜忌，诸将多怨，不为用，自杀。众奉其从弟迁。据《新书·方立传》。《旧书·昭宗纪》、《新五代史·唐庄宗纪》云迁方立弟，盖浑言之。《旧五代史·唐武皇纪》云方立侄，恐误。朱全忠救之。假道于魏博，罗弘信不许。乃遣大将王虔裕将精甲数百入邢州。大顺元年正月，迁食尽，执虔裕以降。克用表安金俊为邢、洺、磁团练使。于是昭义全入河东，魏博又不与汴，朱全忠虽得河阳。亦不易争衡河北矣。

李全忠得卢龙，旋卒，子匡威嗣。匡威颇有才气。大顺元年二月，李克用攻赫连铎。铎求救于匡威。匡威自将兵三万赴之，大败其兵。是役：《旧纪》云：克用遣大将安金俊攻云州，为燕军所执。《实录》同，见《通鉴考异》。《通鉴》从《太祖纪年录》、《唐末见闻录》，云金俊战死。又云：此役克用自将。《旧书·张濬传》：濬败后克用上书论诉，云：臣昨遇燕军，以礼退舍，匡威浅昧，厚自矜夸，乃言臣中矢石，覆士卒。致内外吠声一发，短谋竞陈，误陛下君臣之分，可见其为甚败矣。遂与铎共上表请讨克用。朱全忠亦请率汴、滑、河阳之兵，与河北三镇共举。乞命大臣为统帅。下三省、御史台四品已上官议。宰相张濬、孔纬主之，杜让能、刘崇望以为不可。上从濬、纬议。五月，以濬为河东行营都招讨制置宣慰使，京兆尹孙揆副之。朱全忠为南面招讨使。李匡威为北面招讨使，赫连铎副之。先是克用巡潞州，怒供具不厚，笞克修，克修惭愤成疾死。克用表其弟克恭代之。为潞人所杀，附于朱全忠。全忠使河阳留后朱崇节入之，权知留后。克用使康君立、李存孝围之。六月，诏削李罕之官爵，以孙揆为昭义节度使。七月，全忠使葛从周犯围入潞州，李谠、李重胤、邓季筠攻泽州，请揆赴镇。于是张濬合宣武、镇国、静难、凤翔、保大、定难诸军于晋州。保大，鄜坊军名。八月，分兵三千，命揆赴镇。李存孝伏兵擒之，送诸克用。克用诱以为河东副使，不屈，锯杀之。存孝又救泽州。擒邓季筠。李谠、李重胤遁去。后全忠诛之。朱崇节、葛从周亦弃潞州。于是宣武之兵败，而幽、云师亦无功。《旧纪》云幽、云攻雁门，《通鉴》据《实录》，云李匡威攻蔚州，赫连铎攻遮虏军，盖数处有战事。可见兵虽不利，战非不力。克用遣薛志勤、李存孝两道攻晋、绛。诸军惟镇国韩建力战，而为存孝所败。静难、凤翔、保大、定难之军，皆不战而归。张濬独与禁军及镇国、宣武之师合万余人守晋州。十一月，亦弃之去。王师全局瓦解。明年正月，遂贬濬及孔纬，而复李克用、李罕之官爵矣。此役之败，盖由朱全忠连兵徐、郓，身未能至行营，求兵粮于镇、魏，镇、魏又皆不之助。说本《旧书·昭宗纪》。盖时人议论如此，自与情事相合。全忠视克用，似失之太轻。然亦由官军之败太速，其不能战太甚，使全忠无所用力。此则合诸镇之兵以成军，心力不齐，不易统率之故。郭子仪尚以此致败，况张濬素文臣乎？然以征河东为失策固不可。濬之言曰："先朝再幸山南，实沙陀之罪。比虑河北诸侯，与之胶固。今两河大藩，皆欲诛讨，不因其离而除之，是当断失断也。"其说果有以易乎？无以易乎？镇、魏不能同心，宣武末由陈力，燕、云师出无功，岂事先所能逆睹哉？濬初以杨复恭荐，自处士为太常博士，而力主声讨河东，与复恭立异，正见其一心君国，卓然不党。史顾诬以依附田令孜。《旧书·溥传》曰：溥初发迹依复恭，复恭失势，乃依田令孜，以至重位，而反薄复恭。及再幸山南，复恭代令孜为中尉，罢溥知政事。昭宗初在藩邸，深疾宦官。复恭有援立大勋，恃恩任事，上心不平之。当时趋向者，多言溥有方略，能画大计。复用为宰相，判度支。此说述昭宗心事是也，谓溥依附田令孜，则绝无证据。且溥以光启三年相，至此亦未尝罢相也。且云：朝议之际，上本然复恭之言，而朱全忠密遗溥之亲党赂溥，溥恃全忠之援，论奏不已，天子黾勉从之。昭宗英断，或失之慺，岂劫于宰相者乎？只见其时之人，惟党争贿赂之知也。

第二节　河东与邠岐华之争

讨河东之兵，虽挫于外，然仍能裁抑杨复恭，可见昭宗之英断矣。复恭自辅立昭宗后，专典禁兵，颇擅朝政。昭宗稍裁抑之。复恭诚非正人，然史言其罪状，亦有近诬者。如昭宗之舅王瑰，史云复恭奏为黔南节度使，至吉柏江，覆舟而没。《旧书》但云物议归咎复恭而已，《新书》则云：守亮阴勒利州刺史为之，显以揣测之辞为事实。然则谓孔纬出守，复恭使人劫之，斩其旌节，赀贮皆尽者，亦显系归恶之谈也。《新传》又云：复恭养子六百人，监诸道军，恐其数亦太多。《旧传》云：僖宗再幸山南，复用复恭为枢密使。寻代田令孜为右军中尉。车驾还京，授观军容使。僖宗晏驾，迎寿王践阼。文德元年，加开府金吾上将军，专典禁军。既军权在手，颇擅朝政。昭宗恶之，政事多访于宰臣。故韦昭度、张濬、杜让能，每有陈奏，即举大中故事，稍抑宦者之权。此是当时真相。复恭承田令孜之后，袭当时宦者积习，自不甘于退让，于是干戈之衅生矣。复恭本与河东交关，然张濬之讨河东，复恭虽持异议。竟不能沮，即可见其权力，去田令孜甚远也。吉柏江在州境。其假子守立，勇武冠军，上抚而用之，赐姓名曰李顺节。大顺二年九月，罢复恭兵，出为凤翔监军，不肯行，因丐致仕。诏许之。复恭遁居商山。俄人居昭化坊第。第近玉山营，其假子守信为军使。或告其父子且谋乱。此事《旧传》亦云系诬告。《新传》云：许其致仕，赐几杖，使者还，遣腹心杀之于道，至是诏治杀使者罪，盖加讨时之口实也。乃使李顺节与神策军使李守节讨之。守信拥其众，以复恭走兴元。十二月，两军中尉刘景宣、西门君遂传诏召李顺节入，令部将斫杀之。贾德晟者，与顺节俱掌天威军。明年为景福元年四月，又为君遂所杀。内官之祸稍澹，然畿辅骄将，乘之而起。

杨守亮之为兴元也，复恭又以其假子守贞为龙剑节度使。领龙、剑、利、阆四州。阆州，今四川阆中县。守忠为武定节度使，领洋、果、阶、扶四州。果州，今四川南充县。守厚为绵州刺史。僖宗之走宝鸡，置感义军于兴、凤二州，以杨晟为节度使，守散关，在宝鸡西南。王行瑜追乘舆，晟与战，败绩，弃关走。虢州刺史满存，以兵赴阙，收复二州，即以为防御使，昭宗又擢为节度使，亦复恭之党也。复恭既走兴元，守亮等同举兵，以讨李顺节为名，景福元年正月，凤翔李茂贞、静难王行瑜、镇国韩建、匡国王行约、匡国，同州军名。行约，行瑜弟。天雄李茂庄天雄，秦州军名。请讨守亮。乞加茂贞山南西道招讨使。朝议不可。乃诏两解之。《旧纪》云：内臣皆不可其奏。昭宗亦以茂贞得山南之后，有问鼎之志，久之不下。《新书·杨复恭传》云：宦者惜类执不可。帝亦谓茂贞得山南必难制，诏两解之。二月，茂贞、行瑜擅兴兵。茂贞表求招讨使不已，朝廷不得已与之。《旧书·牛徽传》：茂贞恃强，章疏不已。昭宗延英召谏官、宰相议可否。以邠凤皆有中人内应，不敢极言，相顾辞逊。上情不悦。徽奏曰："两朝多难，茂贞实有翼卫之功，恶诸杨阻兵，意在嫉恶，所造次者，不俟命而出师也。近闻两镇兵入界，多有杀伤，陛下若不处分，梁汉之民尽矣。须授以使名，明行约束，则军中争不畏法。"帝曰："此言极是。"乃以招讨之命授之。盖当时已势不可已，欲谋整饬，惟有徐图讨伐矣。七月，茂贞克凤州，满存走兴元。八月，又拔之。复恭与守亮、守信及存共奔阆州。《通鉴》：出奔者尚有守贞、守忠，恐非是。守贞、守忠抗命后，未闻其至兴元也。参看第六节。茂贞求帅兴元。二年正月，诏以为山南西道兼武定节度使，以果、阆二州隶武定，而以宰相徐彦若帅凤翔。茂贞欲兼据凤翔，不奉诏。上表不逊。与宰相杜让能书，辞又悖戾。上与让能谋讨之。八月，以嗣覃王嗣周为京西招讨使，神策将李鐵副之，送徐彦若赴镇。《旧书·杜让能传》：京师百姓，闻茂贞聚兵甲，群情恟恟。数千百人守阙门，俟中尉西门重遂出，拥马论列，曰："乞不分割山南，请姑息凤翔，与百姓为主。"重遂曰："此非吾事，出于宰相也。"昭宗怒，诏让能只在中书调发画计，不归第月余。宰相崔昭纬阴结邠、岐为城社，凡让能出一言，即日达于茂贞。行瑜、茂贞令健儿数百人杂市人于街，崔昭纬、郑延昌归第，市人拥肩舆诉曰："岐帅无罪，幸相公不加讨伐，致都邑不宁。"二相舆中谕之曰："大政圣上委杜太尉，吾等不与。"市豪褰帘熟视，又不之识。因投瓦石击二相之舆。崔、郑下舆散走，匿身获免。是日丧堂印、公服。天子怒，捕魁首诛之。由是用兵之意愈坚。京师之人，相与藏窜，严刑不能已。让能奏曰："陛下初临大宝，国步未安。自艰难已来，且行贞元故事，姑息藩镇。茂贞迩在国门，不宜起怨。臣料此时未可行也。"帝曰："政刑削弱，诏令不出城门，此贾生恸哭之际也。书不云乎？药不瞑眩，厥疾弗瘳。朕不能屑屑度日，坐观凌弱，卿为我主张调发，用兵吾委诸王。"让能对曰："陛下愤藩臣之倔强，必欲强干弱枝，以隆王室，此则中外大臣，所宜戮力以成陛下之志，不宜独任微臣。"帝曰："卿位居元辅，与朕同休共戚，无宜避事。"让能泣辞曰："臣待罪台司，未乞骸骨者，思有以报国恩耳。安敢爱身避事？况陛下之心，宪祖之志也。但时有所不便，势有所必然，他日臣虽受晁错之诛，但不足以殄七国之患，敢不奉诏，继之以死。"一似征讨之意，全出昭宗，让能始终以为不可者，此诬辞也。茂贞求兼领山南，《旧纪》书于七月，乃因征伐之计决于是时而追书之。茂贞急于得山南，无至此时始求之之理，其移镇而以徐彦若代之之命，《新纪》书于正月是也。《旧纪》：是岁三月，以捧日等五都头为节度使，并加特进同平章事，各令赴镇，并落军权，时朝议以茂贞傲侮王命，武臣难制，欲用杜让能及亲王典禁兵，故罢五将之权，兼以平章事悦其心。可见其调度业已早定。《牛徽传》：师出，上召徽谓之曰："卿能斟酌时事。岐军乌合，朕料必平，卿以为捷在何日？"虽所亿不中，然亦可见岐军无足深畏。茂贞使兵士杂市人，布讹言以耸动京师之人，盖亦欲沮败其事？惟畏之，乃欲沮败之也。覃王何以败绩，史乘阙焉。然昭宗非赏罚不明之主，后仍任以军事，则知败非其罪。兵之胜败，原有难于逆料者，要不得谓败绩为必然之势，昭宗而外，杜让能辈皆能豫烛也。不独史所传让能之事不足信，即崔昭纬，史谓其阴结邠、岐，以害让能，《新书》至入之《奸臣传》，亦毫无实迹。昭纬与让能，同处相位，若党邠、岐，让能岂有全无所知之理，而犹对之漏泄机密乎？百姓拥诉，中尉曰："此非吾事，出于宰相可也。"昭纬、延昌，身亦为相，而曰："大政圣上委杜太尉，吾等不与，则势所不可。"唐人史料，可笑往往如此，实则昭纬特不附太原，因受恶名耳。九月，茂贞、行瑜遣兵逆战，官军溃。茂贞乘胜逼京师。上为杀观容军使西门君遂、内枢密使李周潼、段诩，令收兵归。茂贞仍陈兵临皋驿，在长安西。迫上杀杜让能，而以骆全瓘、刘景宣为左右军中尉。茂贞遂以凤翔兼山南，行瑜赐号尚父，赐铁券。朝廷动息，皆为两镇所制矣。

时则韦昭度、崔胤并相。胤亦唐末忠臣，然此时尚未大显头角。昭宗求治心切，乾宁元年，复相郑綮二月。及李溪。六月。《旧书·綮传》曰：时议以昭宗命台臣，张濬、朱朴、綮三人尤谬，季末之妖也。唐人舆论，直是毫无是非，非背公之党论，则无知之谰言耳。传言綮为庐州，黄巢自岭表还，经淮南，綮移巢文牒，请不犯郡界，巢笑而从之。天子嘉之，赐绯鱼袋。罢郡，有钱千缗寄州帑。后郡数度失守，郑使君寄库钱未失，至杨行密为刺史，送所寄于京师还綮。度其政绩必有大过人者。《新书·杨行密传》云：合肥人。年二十，亡入盗中，刺史郑綮捕得，异其貌，曰："而且富贵，何为作贼。"纵之。僖宗在蜀，刺史遣通章行在，日走三百里，如约而还。此文盖采自两书，故不言遣其通章者为何人。《北梦琐言》谓郑綮尝以杨行密为本州步奏官，则此刺史亦即綮也。可见其知人之明矣。《传》又云：僖宗自山南还，以宰相杜让能弟弘徽为中书舍人。綮时为给事中，以弘徽兄在中书，弟不宜同居禁近，封还制书。天予不报。綮即移病休官。无几，以左散骑常侍征还，朝政有阙，无不上章论列，事虽不行，喧传都下。执政恶之，改国子祭酒。物议以綮匡谏而置之散地不可。执政惧，复用为常侍。此可见其风节。又云：綮善为诗，多侮剧刺时，故落格调，时号郑五歇后体，此长庆讽谏之伦也。又云：光化初，昭宗还宫，庶政未惬，綮每形于诗什而嘲之。中人或诵其语于上前。昭宗见其激讦，谓有蕴蓄，就常奏班簿侧注云：郑綮可礼部侍郎平章事，昭宗之用綮，必非如此轻率，此乃委巷之言耳。既入视事，侃然守道，无复恢谐，得视为东方朔之流乎？三月余移疾乞骸，尤明哲保身之君子也。溪之相也，知制诰刘崇鲁出班掠麻恸哭，言其依附杨复恭、西门君遂，竟罢之。此事《旧书·崇鲁》及《韦昭度传》均谓为崔昭纬所使，并谓李茂贞等之称兵，乃昭纬所召。亦莫须有之辞也。崇鲁则自非正士。縡亦不久退。七月。二年二月，上终相李溪。行瑜、茂贞攻之，并及韦昭度。三月，溪复罢。四月，昭度亦致仕。此时之邠、岐，可谓志得意满，然黄雀复随其后矣。

昭宗讨太原之无功，实缘镇、魏之未能协力，而魏当南北之冲，所系尤巨。故朱全忠于其年大顺元年。十月，即出兵攻之。及明年正月而罗弘信服。然幽、镇顾为晋弱。安金俊之丧也，克用代以安知建。潜通于朱全忠。克用知之，又代以李存孝。事在大顺二年三月。知建奔青州，朝廷以为神武统军，将诣京师，过郓州，朱瑄与克用方睦，伏兵河上杀之。存孝负擒孙揆功，自谓当得昭义，而克用以康君立为之，怨。又与克用假子存信不睦。存孝亦克用假子。其本姓名曰安敬思，其先盖西胡？存信，回鹘张君政子。景福元年十月，以邢、洺、磁三州自归于朝廷。《旧纪》在大顺元年十月，误。今从《通鉴》。且结王镕、朱全忠为援。二年二月，克用攻镇州，李匡威救却之。匡威之出兵也，家人会别，酒酣，报其弟匡筹之妻。匡筹怒，据城拒匡威。匡威部下多亡归。王镕德其援己，迎而馆之。匡威顾利其幼弱，谋夺其位。为镇军所杀。匡筹以此为名攻镕。其将刘仁恭又叛于其后。不克，奔河东。七月，克用再攻镇州。王镕既失援，请助攻邢州以乞和。克用许之。是岁，十二月，克用纳刘仁恭于幽州。李匡筹奔京师，道为沧州节度使卢彦威所杀。彦威，沧州衙将，光启元年，逐其节度使杨全玫。制以保銮都将曹诚为义昌节度使，未之任。大顺元年，讨河东，王镕、罗弘信为论请，乃以为义昌节度。保銮，亦五十四都之一。义昌，沧州军名。乾宁元年三月，克用遂取邢州，杀李存孝。先是已下云州，赫连铎奔吐谷浑。据《通鉴》。事在大顺二年七月。是岁六

445

月，又破吐谷浑，杀铎。于是自河以北，无与克用抗者，遂有余力以问鼎于关中矣。

乾宁二年正月，王重盈卒，军中立重荣养子珂。史云：重荣兄重简子。王珙等则云本其家苍头。重盈子保义节度使珙、保义，陕虢军名。绛州刺史瑶攻之，言其非王氏子。与朱全忠、王行瑜、李茂贞、韩建相结。珂急，使请婚于李克用。克用许之。王行瑜平后，克用以女妻之。荐之天子，许嗣镇，而以崔胤尸节度使之名。行瑜、茂贞、建为珙请，不得。五月，行瑜使其弟行约攻河中，而与茂贞、建各将兵数千人入朝。杀韦昭度、李溪及枢密使康尚弼。迫上以王珙为河中，移王行约于陕虢，而以王珂代镇同州。行瑜、茂贞各留兵二千宿卫京师，乃归镇。《旧纪》云：或云：三帅本谋废上立吉王保，闻太原兵起，乃止。克用大发兵声讨三人。攻绛州，杀王瑶。七月，至河中。王行约弃同州走京师，行约弟行实为左军指挥使，谋劫上幸邠州。李茂贞假子继鹏本姓名阎圭。为右军指挥使，谋劫上幸凤翔。两军合噪承天门街。上登楼欲谕止之。捧日都头李筠，《旧五代史·李茂贞传》作李云。将本军于楼前侍卫。继鹏攻筠，矢及楼扉。上惧，下楼，时盐州六都兵屯京师，素为两军所惮，上急召以自卫，两军乃退走，各归本镇。此所谓左右军，即行瑜、茂贞所留，至此各走归本镇，非故禁卫之左右军也。《新书·本纪》，以同州节度使为王行约，左军指挥使为王行实。《王重荣传》同，《通鉴》亦同，而其《兵志》及《王行瑜传》、《宦者传》，均以帅同州者为行实，留宿卫者为行约，恐误。讨杨守亮时，帅同州者即行约也。又《王重荣传》，谓是役骆全瓘与王行实谋劫天子幸邠州，刘景宣与李继鹏欲劫全瓘请幸凤翔。《宦者传》则谓全瓘与继鹏欲劫上狩岐，又谓继鹏与刘景宣子继晟纵火剽东市。《通鉴》与《宦者传》同。全瓘苟本欲幸岐，则与继鹏意合，继鹏无庸以兵劫之，恐当以《重荣传》为是。《旧纪》云：景宣附凤翔，明全瓘不附也。两军合噪承天门街，语本《新书·重荣传》。《通鉴》云：继鹏连奏请车驾出幸，行约引左军攻右军，盖与继鹏争劫驾，而继鹏又因劫驾不得而攻李筠也。或传行瑜、茂贞将自来迎驾，帝虑为所迫，时扈跸都头李居实继至，乃以李筠及居实之兵自卫，幸石门，镇名，在南山中。诏李克用、王珂讨行瑜，彰义张璘扼凤翔。彰义，泾原军名。克用入同州，遣兵攻华州，闻行瑜、茂贞将迎驾，乃舍之，移兵渭桥。李茂贞惧，杀李继鹏及骆全瓘、刘景宣，上表请罪。乃舍茂贞，专讨行瑜。十一月，行瑜弃州走，为其下所杀。克用请遂讨茂贞。或曰："茂贞复灭，则沙陀不可制矣。"乃弗许。克用亦还河东。此固事势使然，然茂贞及韩建，实未受惩创，武夫岂知自戢？故不转瞬而播迁之祸复作矣。

上夙有用诸王练兵以自强之意，《通鉴》乾宁二年云：上以郊畿多盗，欲令宗室诸王将兵巡警，又欲使之四方抚慰藩镇。南北司用事之臣，恐其不利于己，交章论谏。上不得已，四月，下诏悉罢之。诸王奉使将兵，于北司诚有不利，南司何与焉？盖恐其激变，不欲操之过急也。然及石门还后，上卒行其志。于神策两军之外，更置安圣、捧宸、保宁、宣化等军，选补数万人，使诸王将之。嗣延王戒丕、嗣覃王嗣周又自募麾下数千人。李茂贞以为欲图己，勒兵扬言欲诣阙讼冤。士民争亡匿山谷。上命通王滋及嗣周、戒丕分将诸军，以卫近畿。茂贞引兵逼京畿。嗣周与战于娄馆，胡三省曰：盖在兴平西？败绩。七月，茂贞逼京师。戒丕请自鄜州济河幸太原，而身先往告之。上出至渭北，韩建遣其子奉表请幸华州。上不许。而建奉表相继，至富平，建自来见，乃许之。盖至河东亦非善地，或尚不如韩建之易与也。河东足以慑华州，华州不足以慑河东。于是上居华州者二年。

　　上之在华州，仍不忘自强。初韦昭度李溪死，上起孔纬为相。又以张濬为兵部尚书、租庸使，欲复用之。而李克用上言：若朝相濬，暮请以兵见，乃止。纬已老，一从上至石门，还京师遽卒。时则崔胤为相。至华州，罢胤而相陆扆。扆盖处事较和平者也。覃王送徐彦若赴凤翔，扆尝言其不可，后天复元年，驾自凤翔还京，赦后诸道皆降诏书，独不及凤翔，扆亦谏正，可以见其宗旨。当时诸臣，处置藩镇，有主激烈者，亦有较和平者。如扆及牛徽、韩偓是也。昭宗所用，乃其较激烈者。史家颇不谓然，然和平亦于事无济，缓进之措施，且势不及待，亦不得责昭宗及其所任诸臣为鲁莽也。八月，帝又以朱朴为相。朴亦负大志，且有才能者。《旧书·朴传》云：乾宁中为国子博士。腐儒木强，无他才技。道士许岩士，出入禁中，尝依朴为奸利，从容上前荐朴有经济才。昭宗召见。对以经义，甚悦。即日拜谏议大夫平章事，在中书，与名公齿，笔札议论，动为笑端。数月，岩士事败，俱为韩建所杀。谓许岩士依朴为奸利，乃韩建语耳。岩士为奸利待依朴，安能荐朴？若谓在朴为相之后，又岂得曰岩士因倚朴为奸利而荐之也？何其自比于逆乱，设淫辞而助之攻，而又理不可通也？《新书》载朴议迁都南阳，似迁而实切于务，说见下节。又云：帝益治兵，所处可一委朴。朴移檄四方，令近者出甲士，资馈饷，远者以羡余上。此岂腐儒所能为乎？而讥其无他才技，笔札议论，动为笑端。此乃浮薄之士轻视经生之讪。其实唐代经生，学以致用，风节凛然，如刘蕡及朴者，岂浮薄之进士，所能望其万一邪？《新传》云：朴三贬郴州司户参军卒，不云为韩建所杀，《旧传》亦恐误。九月，朱全忠与河南尹张全义及关东诸侯表请迁都洛阳。全忠又言崔胤不宜出外，乃复相胤而贬陆扆。此等举动，虽足以慑岐、华，究不能遂戢其悖逆也。时李茂贞方与王建相攻，见第六节。诏以建为凤翔西面行营招讨使。八月。旋又以宰相孙偓为凤翔四面行营都统，前定难节度使李思谏为静难节度使副之，以讨茂贞。茂贞上表请罪。请献钱十五万，助修宫室，上出幸后，茂贞入长安，燔宫室、市肆。韩建复左右之，师遂不行。明年正月，罢偓，思谏正副都统。盖时茂贞逆状太昭著，不声讨之，无以自解于天下，为此以缓诸侯问罪之师也，然建之悖戾，亦不减于茂贞。四年正月，建奏防城将告睦、济、韶、通、彭、韩、仪、陈八王谋杀臣，劫车驾幸河中，请勒归十六宅。所领军士，并纵归田里。八王依《旧纪》。《诸子传》同。《新书》仪王作沂王，恐误，说见下。遂罢殿后四军。此依《通鉴》。《注》云：即安圣、奉宸、保宁、宣化也。《旧书·纪》云：殿后侍卫四军二万余人皆放散，说与之同。《新书·李巨川传》云：帝在石门，数遣嗣延王。通王将亲军。大选安圣、奉宸、保宁、宣化四军，又置殿后军，合士二万，建恶卫兵强不利己，与巨川谋，即上飞变，告八王欲胁帝幸河中，因请囚十六宅，选严师傅督教。尽散麾下兵。书再上，帝不得已，诏可，又废殿后军，且言无示天下不广。诏留三十人为控鹤排马官，隶飞龙坊。自是天子爪牙尽矣。则殿后军在四军之外。《旧书·诸子传》云：三都军士，放还本道，殿后都亦与三都元绕行官扈跸，至是并急诏散之，则又似安圣等四军时阙其一，故合殿后军为四。天子卫士尽矣。建复胁上杀李筠。召还诸王之衔命四方者。禁止诸方士出入禁廷。请立上长子德王裕为太子，更名裕，盖为废立万一之备也。太子詹事马道殷以天文，将作监许岩士以医得幸于上。二月，建诬以罪，杀之。且言孙偓、朱朴与二人交通，罢其相。天子真若赘旒然矣。六月，李茂贞表王建攻东川，连兵累岁，不听诏命。贬建为南州刺史。南州，在今四川綦江县南。以茂贞为西川，覃王嗣周为凤翔。茂贞不受代，围覃王于奉天。韩建为之移书，乃解。七月，徙天雄、李继徽于静难，继徽，茂贞养子，本姓名曰杨崇本。反并邠宁亦为其所有矣。八月，延王戒丕还自晋阳。建与知枢密刘季述矫制

449

发兵围十六宅。杀通、沂、睦、济、韶、彭、韩、陈、覃、延、丹十一王。《新书·十一宗诸子传》：通王滋，会昌六年始王夔，懿宗立，徙王。昭宗乾宁三年，领侍卫诸军，是时诛王行瑜，而李茂贞怨，以兵入觐。诏滋与诸王分统安圣、奉宸、保宁、安化军卫京师。与睦王、济王、韶王、彭王、韩王、沂王、陈王、嗣延王戒丕、嗣丹王允、嗣覃王并为韩建所杀。济、韶、彭、韩、沂、陈、延、覃、丹九王，史逸其胄系云。《本纪》：四年八月，韩建杀通王滋、沂王禋、韶王、彭王、嗣韩王、嗣陈王、嗣覃王嗣周、嗣延王戒丕、嗣丹王允。以通王为宣宗子误。《廿二史考异》云：彭王惕宪宗子，沂王禋昭宗子，吴缜已纠之矣。然昭宗子冲孺，未握兵柄，何至为韩建所忌。且禋在昆弟中次居第四，使建欲害诸皇子，又不应舍长而及幼。旧史昭宗纪有仪王无沂王，疑沂乃仪之讹。《新纪》作沂王禋，又史家妄益之也。《通鉴考异》云：顺宗子经封郯王，会昌后避武宗讳改郯作覃，则嗣覃王嗣周，当是经之后，予谓嗣丹王允，当是代宗子丹王逾之后。嗣延王戒丕，当是玄宗子延王玢之后。嗣韩王当是高祖子韩王元嘉之后。元嘉后改封郓，懿宗以郓王即位，复其故名。宗子有济王环，代宗子有韶王暹，敬宗子有陈王成美，济、韶、陈三王，疑亦嗣王也。九月，以彰义节度使张琏为凤翔、西川行营招讨使，以讨李茂贞。琏璠子。复以王建为西川。削茂贞官爵，复姓名曰宋文通。十二月，匡国节度使李继瑭奔凤翔。以韩建兼匡国节度使。建遂兼有同、华。光化元年正月，下诏罪己息兵。二月，复李茂贞姓名、官爵，复以为凤翔节度使。盖仍所以掩饰天下之耳目也。此时朱全忠之势，已日益强大，非复空言涂饰，所能戢其雄心。李茂贞既无以自解，韩建劫制乘舆，亦将来天下之兵，乃俱致书于李克用请修好，而于八月奉上归长安。盖又思结河东以抗汴梁也。然无及矣。

第三节　朱温与李克用争霸

乾宁、光化之间，李茂贞、韩建，所以能横行无忌者，以朱全忠、李克用方剧争，莫能过问关中之事也。克用日弱，而全忠骤强，形势遂一变矣。

全忠最切近之敌，为时溥及朱瑄、朱瑾。全忠之取之，皆用持久微极之策。《新书·宣传》语。自光启至大顺六七年间，汴军四集，徐、泗、濠三州之民，不得耕稼，又频岁水灾，人丧什六七。时溥窘蹙求和，全忠要以移镇。溥许之。全忠奏闻。景福元年二月，以宰相刘崇鲁为感化节度使。溥虑出城见害，不受代。是岁十一月，濠、泗皆附于全忠。全忠初使子友裕，继使将庞师古攻徐州。二年四月，拔之。溥自焚死。兵力萃于兖、郓，全忠先遣兵春秋入其境剽掠，人不得耕织，为俘者什五六，如是者数年，瑄、瑾势亦日蹙。乾宁二年四月，朱友恭围兖州。友恭，全忠养子，本姓名曰李彦威。瑾求救于河东。河东将史俨、李承嗣入郓，友恭乃退。十月，全忠，复使葛从周往攻，而自以大军继之。李克用又使俨、承嗣往。三年，续遣李存信以万骑往救。假道于魏，存信御军无法，侵其刍牧。罗弘信怒，袭败之。全忠乘机，深结弘信，弘信遂归心焉，汴、晋强弱之势一变矣。三月，全忠又使庞师古伐郓。旋令葛从周守之。全忠之攻瑄，凡十兴师，四败绩，而瑄才将俱尽，气益沮，乃专为守御计。四月，克用攻魏以救郓。全忠又使庞师古守郓，而召葛从周还拒克用。六月，大败其兵。擒其子落落。《新五代史·唐家人传》：克用八子，庄宗其长，而《旧史·武皇纪》，落落为克用长子，见擒时为铁林指挥使。又《梁太祖纪》：天复二年，尝擒克用子延鸾，见下。沙陀史皆不著，盖讳之也。送罗弘信杀之。所以坚魏、晋之衅也。从周复还攻郓。克用兵之往援者，皆阻于魏，不得前。十一月，再自将以攻魏。全忠又使从周往救，自以大军继之。克用度不敌，引还。从周再攻郓。四年正月，瑄出走，为野人所执，献诸全忠，杀之。朱瑾出城求食，留其将康怀贞守。后避末帝讳，改名怀英。从周至，怀贞降。瑾无所归，与史俨、李承嗣奔淮南。初平卢将王敬武逐其节度使安师儒，自为留后。朝廷因而授之。敬武之逐安师儒，《新纪》在中和二年九月。《通鉴》同。《旧纪》在元年十月。《新书·敬武传》云：隶平卢军为偏校，事节度使安师儒。中和中，盗发齐、棣间，遣敬武击定。已还，即逐师儒，自为留后。时王铎方督诸道行营军复京师，因承制授敬武平卢节度使，趣其兵使西。《旧书·张濬传》云：拜谏议大夫。其年冬，王铎至滑台，兼充天下行营都统。方征兵诸侯，奏用濬为都统判官。时王敬武初破弘霸郎，军威大振。累诏征平卢兵，敬武独不赴援。铎遣濬往说之。敬武已受伪命，复怙强不迎诏使。濬责之。并召将佐集于鞠场谕之。诸将改容引过。谓敬武曰："谏议之言是也。"即时出军，从濬入援京师。《新书》略同。王铎之为都统及义成节度使，事在中和二年正月。《旧书·张濬传》所谓其年冬者，必不得为元年。然若敬武之逐安师儒在二年九月，则似不得遽受伪命，而其间亦不容有累诏征兵，则《旧纪》谓在元年十月者，似足信也。《五代史·王师范传》云：父敬武，初为平卢衙将。广明元年，无棣人洪霸郎合群盗于齐、棣间，安师儒遣敬武讨平之。其事已在一年前，似不得云初破。《旧书·僖宗纪》：乾符四年三月，下诏招降草贼，述投降受赏者，有弘霸郎受职禁营之语，则其事更在前矣。弘霸郎之事，疑其平实在乾符四年以前，敬武有功焉，广明元年，乃其迁衙将之岁，叙其破弘霸郎，盖原其所自起，已为追溯之辞，距张濬之征兵，则益远矣。《旧书·濬传》述此，不合加一时字，遂至滋疑也。无棣，在今山东无棣县北。卒，子师范自称留后。龙纪元年。师范时年十六。棣州刺史张蟾不从。诏以崔安潜充平卢节度使。蟾迎安潜至州，与共讨师范。师范遣都指挥使卢弘击蟾。弘还攻师范。师范以重赂迎之，而使小校刘鄩伏甲杀之。自将攻棣州，杀张蟾。崔安潜逃归。朝遂以师范为平卢节度使，大顺二年。全忠已并兖、郓，遣兵攻师范。师范下之。讨李克用也，更命义成军曰宣义，以朱全忠为节度。全忠请以胡真为之。然制于全忠，一如巡属。竟以全忠兼镇。于是郓、齐、曹、棣，天平。兖、沂、密，泰宁。徐、宿，感化。陈、许，忠武。郑、滑、濮，宣义。皆入于全忠，淄、青亦纳款，河以南无与全忠抗者已。河北刘仁恭，姿颇桀惊。李克用兴其兵攻魏州，救朱瑄，皆不答。以书让之，又嫚骂，执其使。尽囚太原兵之在燕者。《新五代史·高行周传》云：妫州人。世为怀戎戍将，父思继，兄弟皆以武勇雄于北边。为李匡威戍将。匡威为弟匡筹所篡，晋王将讨其乱，遣人招之。思继兄弟从之。为晋兵前锋。克用以刘仁恭守幽州，以其兄某为先锋都指挥使，思继为中军都指挥使，弟某为后军都指挥使。高氏兄弟，分掌燕兵。克用临诀，谓仁恭曰："思继兄弟，势倾一方，为燕患者，必高氏也，宜善为防。"克用留晋兵千人为仁恭卫。多犯法，思继等数诛杀之。克用责仁恭，仁恭以高氏为诉，由是晋尽诛思继兄弟。仁恭以其兄某子行珪为衙将，思继子行周，年十余岁，亦收之帐下，稍长，补以军职。盖当时与晋龃龉最甚者为幽州，克用思弱之，乃先以顺己之高氏兄弟统其众，又授意刘仁恭使除之，而不意仁恭转借己力以除高氏，而抚用燕兵也。仁恭之不顺克用，自不得谓为非计。然既如此，则宜袭李匡威之遗策，与镇、魏、汴梁交好，共拒河东。而乃恃其兵力，到处启衅，是则为狂妄、不度德、不量力也已。是岁，克用击之，败绩。卢彦威残虐。光化元年三月，仁恭使子守文袭取之。兵势益盛。全忠与之修好。是岁四月，全忠使葛从周攻洺州，拔之。五月，又取邢、磁。即以从周为昭义留后守之。十月，克用使李嗣昭攻之，不克。十二月，河东所奏昭义节度使薛志勤卒。李罕之屡求方镇于克用，克用不与。及是，自以兵据潞州。请于克用，克用又不许。罕之降于全忠。克用使李嗣昭伐之，取泽州。先是罗弘信卒，子绍威立。九月。二年，刘仁恭攻之。三月，全忠救之，大败其兵。所丧失者孔多，仁恭由是不振。全忠使丁会取泽州。五月，克用使李君庆攻潞州，全忠使丁会往救，大破之。克用杀君庆，代以李嗣昭。李罕之疾亟，全忠表为河阳节度，罕之旋卒。以丁会代之，而使张归霸守邢州。七月，召葛从周还，代以贺德伦。八月，李嗣昭陷泽、潞。九月，克用表孟迁为留后。先是克用使李嗣昭助王珂攻王珙。珙战频败，性又惨刻，为衙将李瑶所杀。十一月，军校朱简又杀璠，附于全忠。全忠录以为子，更名友谦。三年四月，葛从周击刘仁恭。五月，拔德州，围沧州。守文求救于克用。克用使周德威攻邢、洺。又继之以李嗣昭。八月，陷洺州。九月，全忠复之。以王镕与克用交通，移兵伐之。镕服。全忠又遣张存敬会魏博兵击刘仁恭，下二十城。自瓦桥趋幽州。瓦桥关，在今河北雄县南。道泞不得进，乃还。王处存子郜，处存以乾宁二年卒，郜袭。厚于守光，使处存弟处直以兵扰其后。存敬败之。遂围定州。郜奔晋阳。军中立处直请和。天复元年正月，全忠使存敬攻河中，取晋、绛，克用救之，不得进。珂又使求救于李茂贞及韩建，皆不能应。二月，存敬围河中。珂降。迁于大梁。后全忠使入朝，杀诸幽州传舍。先是全忠乘破幽州之势，已使葛从周自土门攻河东。光化二年三月。土门关，即井陉关，在今河北井陉县东北。及河中服，克用请成。全忠不许。三月，使氏叔琮、葛从周等讨之。合兖郓、成德、义武之师，数道并下。降潞州，逼晋阳。克用登城备御，不遑饮食。五月，以刍粮不给，又久雨士卒疟利，乃还。以丁会守昭义，己兼帅河中，而表孟迁为河阳，后见杀。丁会帅昭义，落邢、洺、磁，但以泽州为属郡，孟迁帅河阳，但以怀州为属郡，见《旧纪》。

昭宗之还长安也，崔胤罢而陆扆相。一年之间，朝局安静。三年二月，出胤为广州节度。朱全忠表论之。至湖南，召还。六月，复相。宰相王抟，劝上勿急除宦官，罢，旋赐死。骆全瓘、刘敬宣之死，景务修、宋道弼代为左右中尉，亦见杀。朝局复不安矣。宦官知汴梁不可力抗，乃图与之交结。时则刘季述、王仲先为左右中尉。疾崔胤尤甚。季述乃外约朱全忠为兄弟。遣从子希正与汴邸官程岩谋废帝。会全忠遣天平节度副使李振上计京师。岩因曰："主上严急，内外慑恐，左军中尉欲废昏立明，若何？"振曰："百岁奴事三岁主，常也。乱国不义，废君不祥，非吾敢闻。"希正大沮。先是皇子病，季述引内医工车让、谢筠，久不出。季述等共白帝："宫中不可妄处人。"帝不纳。诏著籍不禁。由是疑帝与有谋。帝夜猎苑中，醉，杀侍女三人。明日，午漏上，门不启。季述见胤曰："宫中殆不测。"与仲先率王彦范、薛齐偓、李师虔、徐彦回总卫士千人毁关入。谋所立未决。是夜，宫监窃取太子以入。季述等因矫皇后令曰："车让、谢筠，劝上杀人，禳塞灾咎，皆大不道，两军军容知之。今立皇太子以主社稷。"黎明，陈兵廷中，谓宰相曰："上所为如此，非社稷主，今当以太子见群臣。"即召百官署奏。胤不得对。季述卫皇太子至紫廷院。左右军及十道邸官俞潭、程岩等诣思玄门请对。士皆呼万岁。入思政殿，遇者辄杀。季述出百官奏。宫监掖帝出思政殿，入囚少阳院。十一月六日。太子即位于武德殿。更名缜，帝复位后，复还东宫。降为德王，复名裕。崔胤告难于朱全忠，使以兵除君侧。全忠封胤书与季述，曰："彼翻覆，宜图之。"季述以责胤。胤曰："奸人伪书，从古有之。必以为罪，请诛不及族。"季述易之，乃与盟。胤谢全忠曰："左军与胤盟，不相害，然仆归心于公。并送二侍儿。"全忠得书。恚曰："季述使我为两面人。"自是始离。季述子希度至汴言废立本计。又遣李奉本赍示太上皇诰。全忠狐疑不决。李振入见曰："竖刁、伊戾之乱，以资霸者。今阉奴幽劫天子，公不讨，无以令诸侯。"乃因希度、奉本，遣振至京师与胤谋。都将孙德昭、董从实盗没钱五千缗，仲先众辱之，督其偿，株连甚众。胤问其不逞，曰："能杀两中尉迎太上皇而立大功，何小罪足羞？"又遣客密告德昭，割带纳蜜丸通意。德昭邀别将周承诲。期十二月晦伏士安福门待旦。仲先乘肩舆造朝。德昭等劫之，斩东宫门外，叩少阳院呼曰："逆贼斩矣。"帝疑未信。皇后曰："可献贼首。"德昭掷仲先头以进。宫人毁扉出。御长乐门。群臣称贺。承诲驰入左军，执季述、彦范至楼前。胤先戒京兆尹郑元规集万人持大梃，帝诘季述未已，万梃皆进，二人同死梃下。遂尸之。两军支党，死者数十人。中官奉太子遁入左军。齐僵死井中，出其尸斩之。全忠槛送岩京师，斩于市。季述等夷三族。初延英宰相奏事，帝平可否，枢密使立侍，得与闻。及出，或矫上旨谓未然，数改易，桡权。至是诏如大中故事：对延英，两中尉先降，枢密使候旨殿西。宰相奏事已毕，案前受事。师虔请于屏风后录宰相所奏。帝以侵官不许。下诏与徐彦回同诛。史所言刘季述废立事如此。据《新书·宦者传》。朱全忠与崔胤久有谋，岂有是时狐疑，反卖胤于季述之理？盖季述等日暮途穷，挺而走险，明知全忠不己与，亦不暇顾？程岩小人，季述盖饵之以利？岩不知利害，遂与通谋耳。《旧五代史·李振传》谓季述遣养子希度以唐之社稷，输于太祖，此时唐之社稷，岂季述等所能输邪？不以兵力，安能得之？若用兵力，何待宦竖？《通鉴考异》谓此说出于敬翔所撰之《大唐编遗录》，殊不足信也。薛《史》又谓张濬谓太祖：同中官则事易济，且得所欲，据《考异》，说出梁贞明中所撰《太祖实录》。盖谓濬亦同此，欲自掩其惭德耳，其不足信更甚矣。

　　帝既反正，赐孙德昭姓名曰李继昭，周承诲曰李继诲，董从实曰李彦弼。并同平章事，遥领节度使，留宿卫。崔胤请主神策左军，以陆扆主右。时李茂贞来朝，语人曰："崔胤志灭藩镇矣。"帝召李继昭等问。对曰："臣世世在军。不闻书生主卫兵。且罪人已得，持军还北司便。"盖德昭等本宦官党，特以盗官钱谋自救，非有匡辅王室之心，故欲仍旧贯也。乃以韩全诲为左神策中尉，张彦弘为右。袁易简、周敬容为枢密使。全诲、彦弘，并曾监凤翔军，盖皆茂贞之党也。崔胤怒，约郑元规遣人狙杀之，不克。全诲等讽茂贞留选士四千宿卫，以养子李继筠、继徽总之。朝权仍为凤翔所把持矣。《新书·韩全诲传》。《传》又云：胤亦讽朱全忠内兵三千，居南司，以娄敬恩领之。韩偓闻岐、汴交戍，数谏止胤。胤曰："兵不肯去耳。"偓曰："初何为召邪？"胤不对。《偓传》则云：初李继昭等以功进同中书门下平章事，时谓三使相。后稍稍更附韩全诲、周敬容，皆忌胤，胤闻，召李茂贞入朝，使留族子继筠宿卫。偓闻，以为不可，胤不纳。《通鉴》同。据《考异》：谓胤请朱全忠纳兵，说出《唐补记》。谓其召李茂贞使留兵，则出韩偓《金銮密记》。《考异》曰：《旧纪》、《梁实录》、《编遗录》、薛居正《五代史·梁纪》诸书，皆不言全忠尝遣兵宿卫京师，若如《唐补记》所言，岐、汴各遣兵数千人戍京师，则昭宗欲西幸时，两道兵必先斗于阙下，不则汴兵皆为宦官所诛，不则先遁去。今皆无此事，盖程匡柔得于传闻，又党于宦官，深疾崔胤，未足信也。然胤所以欲留茂贞兵为己援者，盖以茂贞自以诛刘季述为己功，必能与己同心，雠疾宦官，以利诱之，遂复与宦官为一耳。今从《金銮记》。知《唐补记》之不足信，卓矣，以《金銮记》为可信，犹未免千虑一失。是时茂贞之兵，岂犹胤所能召邪？全诲、彦弘及彦弼合势恣暴，中官倚以自骄，帝不平。有斥逐者，皆不肯行。胤固请尽诛之。始张濬判度支，杨复恭以军赀乏，奏假盐麴一岁入，以济用度，遂不复还。至胤，乃白度支财尽，无以禀百官，请如旧制。全诲摘李继筠诉军中匮甚，请割三司隶神策。帝不能却，罢胤盐铁使。全诲等与继诲、彦弼、继筠交通谋乱。《通鉴》曰：继昭独不肯从。帝问令狐涣。涣请召胤及全诲等宴内殿和解之。韩偓谓不如显斥一二柄臣，许余人自新，妄谋必息。不然，皆自疑，祸且速。虽和解之，凶焰益肆。帝乃止。涣中书舍人，偓给事中，时并为翰林学士。《偓传》曰：帝疾宦人骄横，欲尽去之。偓曰："陛下诛季述时，余皆赦不问。今又诛之，谁不惧死？天子威柄，今散在方面，上下同心，摄领权纲，犹冀天下可治。宦人忠厚可任者，假以恩幸，使自翦其党，蔑有不济。今食度支者乃八千人，公私牵属，不减二万，虽诛六七巨魁，未见有益，适固其逆心耳。"此说亦不可信。为梗者正在巨魁，苟能去之，即权纲振矣。然取以干戈，犹且不克，岂假小竖以恩宠，即可翦除邪？是时全忠并河中，胤为急诏令入朝。全忠得诏，还汴，悉师讨全诲，而祸不可遏矣。

昭宗复位，改元天复。元年十月，全忠发大梁。至河中，表请幸东都。十一月，趋同州。韩建幕僚司马邺知留后，迎降。韩全诲等遂劫帝如凤翔。全忠至华州，韩建降。署为忠武节度使，以兵援送之。建入梁，拜司徒。后镇许州，太祖崩，军乱，见杀。全忠入长安，遂至凤翔。诏令还镇。乃移兵北攻邠州。盖虑急攻或生内变，负迫胁之名也。李继徽时守邠州，降。复姓名曰杨崇本。质其妻于河中，仍令守邠州。韩全诲遣中使征江淮兵屯金州，以胁全忠。金州刺史冯行袭，均州人也。逐刺史据州。刘巨容表为刺史。中和四年。杨守忠为武定，表为行军司马，使领兵檻谷口，以通秦、蜀。李继鹏据金州，行袭攻拔之，昭宗即授金州防御使。后又立昭信军，以为节度使。光化元年，天祐二年，改曰戎昭军。至是，行袭尽杀中使，收其诏敕送全忠。全诲又以诏命征兵河东。李克用使李嗣昭以骑五千趣晋州。二年正月，陷慈、隰。逼晋、绛。全忠还河中。使兄子友宁与晋州刺史氏叔琮御之。三月，大败其兵，禽克用子廷鸾。乘胜攻河东，围晋阳。克用议走云州。未果，而汴军疾疫，乃还。《旧五代史·武皇纪》《李嗣昭传》皆谓克用与嗣昭、周德威谋奔云州。李存信等坚请入北蕃。嗣昭争之，克用妻刘氏亦以为言，乃止。《新书·沙陀传》《新五代史·唐家人传》《嗣昭传》略同，惟《沙陀传》误以刘氏为李国昌妻，《嗣昭传》云：存信等劝奔契丹。四月，崔胤如河中，告全忠：茂贞将劫天子入蜀，劝速迎驾。全忠从之。六月，复至凤翔，然仍不急攻。十一月，保大节度使李茂勋来援。茂勋，茂贞从弟。全忠遣兵袭取鄜坊，茂勋遁去。旋来降，更名曰周彝。茂贞出战屡北，城中食又尽，乃密谋诛宦官，遗全忠书，许其迎驾。三年正月，遂杀韩全诲、张彦弘、袁易简、周敬容，及李继筠、李继诲、李彦弼等，而奉车驾诣全忠营。遂归长安，大诛宦官。《旧书·本纪》云：第五可范已下七百人。《新书·宦官传》云八百余人。内诸司一切罢之。诸道监军使已下，及管内经过并居停内使，仰随处诛夷。准故事，量留三十人，各赐黄绢衫一领，以备宫内指使。仍不得辄有养男。左右神策军，并令停废。宣传诏命，即令官人出入。三百年来之狐兔，一朝俱尽，而城社亦随之崩摧矣。

东诸侯中，王师范雅好儒术，故其志趣，究与寻常武夫不同。是月，师范乘关东兵多在凤翔，分遣诸将，诈为贡献及商贩，以入汴、徐、兗、郓、齐、沂、河南、孟、滑、河中、陕、虢、华等州，期以同日俱发。适诸州者多事泄被擒，独行军司马刘鄩取兖州。时泰宁节度使葛从周屯邢州。青州衙将张居厚，亦杀华州刺史娄敬思而旋败。留守大梁节度判官裴迪闻变，使朱友宁东巡。友宁召葛从周，与共攻师范。全忠闻变，亦分兵先归，使友宁并将之。三月，从周围兖州，友宁攻青州。全忠引四镇及魏博兵十万继之。六月，师范与淮南将王茂章击杀友宁，全忠自将兵二十万兼行赴之。茂章度众寡不敌，引还。全忠使杨师厚守青州。九月，师范降。《旧书·本纪》《旧五代史·刘鄩传》皆在十一月。《通鉴》从《旧史·梁纪》。《梁太祖实录》《唐实录》在此月。仍使权淄青留后。刘鄩得师范命乃降。天祐二年正月，命李振代师范。二月，师范举族西迁。既受唐禅，友宁妻诉仇人于朝，乃族师范于洛阳。

第四节　朱温灭唐建梁

昭宗自凤翔回京，运祚之迁移，已成必然之势，然唐室仍能再三与梁相抗者，则昭宗能用人之效也。

是时在凤翔所命相苏检、卢光启皆见杀，韦贻范前卒。处事和平如陆康，虽参机密而不肯为相如韩偓者，亦遭贬斥，大权尽归崔胤矣。时则神策两军及内外镇兵，悉属六军，胤兼判六军、十二卫事。《新书·胤传》云：胤自凤翔还，揣全忠将篡夺，顾己宰相，恐一日及祸，欲握兵自固。谬谓全忠曰："京师迫茂贞，不可无备，须募兵以守。"今左右龙武、羽林、神策，播幸之余无见兵，请军置四步将，将二百五十人，一骑将，将百人，使番休递侍。以京兆尹郑元规为六军诸卫副使，陈班为威远军使，募卒于市。全忠知其意，阳相然许。胤乃毁浮图取铜铁为兵仗。全忠阴令汴人数百应募。以其子友伦入宿卫。案友伦为全忠次兄存之子。会为球戏，坠马死。全忠疑胤阴计，大怒。时传胤将挟帝幸荆襄，而全忠方谋胁乘舆都洛，惧其异议，密表胤专权乱国，请诛之。即罢为太子少傅。全忠令其子友谅友谅为全忠长兄全昱之子，友伦死后，全忠使典宿卫。以兵围开化坊第，杀胤。汴士皆突出，市人争投瓦砾击其尸。元规、班等皆死。实天复四年正月。胤罢凡三日死，死十日，全忠胁帝迁洛。《本纪》：胤罢在天复四年正月乙巳，己酉见杀，戊午，全忠迁唐都于洛阳，则三日当作五日。《通鉴》胤见杀在戊申，与三日之说合。《旧纪》：胤死在三年十二月，必误。发长安，居人悉东，彻屋木自渭循河下。老幼系路，啼号不绝。皆大骂曰："国贼崔胤，导全忠，卖社稷，使我及此。"先是全忠虽据河南，顾强诸侯相持，未敢决移国，及胤闲内隙与相结，得梯其祸取朝权，以成强大，终亡天下。案唐祚果移，胤一人握兵，安能自固？此不待辩。此时即练兵，岂能与全忠为敌？《宦者传》言：李茂贞请杀韩全诲等，帝既恶宦人胁迁，而茂贞又其党，全忠虽外示顺，终悖逆，皆不可倚，欲狩襄汉依赵匡凝，然不得去，乃定计归全忠，以纾近祸。匡凝者，德諲子，以景福元年继其父。其《传》亦言昭宗有意都襄阳，依凝以自全。又言天祐元年，封匡凝为楚王，时诸道不上供，惟匡凝岁贡赋天子。则匡凝之忠于唐实笃，其与唐有成谋且旧。时传胤将挟帝幸荆襄，盖非虚语？全忠阴令汴卒应募，说出《唐太祖纪年录》，殊不足信。见《通鉴考异》。胤是时，决无与汴为敌之理。欲敌汴，杀友伦亦何益？《旧纪》云：友伦卒，全忠怒，杀同鞠将校数人，可知全忠亦未疑胤。不然，此时当图胤，何止杀同鞠将校。其练兵，盖欲以为适荆襄之卫也。帝如凤翔时罢胤诏，已云始将京兆府官钱，委元规召卒，后用度支使榷利，令陈班聚兵，《旧书·胤传》。则二人之为胤爪牙已旧，用之未必启全忠之疑。《新书·韩偓传》：偓侍宴，与元规、班并席。辞曰："学士不与外班接。"主席者固请，乃坐。既元规、班至，终绝席。后朱全忠欲召偓杀之，元规曰："偓位侍郎学士承旨，公无遽。"全忠乃止。此虽小节，亦可见元规之贤。全忠之诛胤，盖实以其幸荆襄之谋，其如何泄露，则不可知耳。唐之不能自立，此时势已显然。即微全忠，茂贞、克用，亦岂不足亡唐？全忠欲亡唐，亦何待胤之召？以唐之亡，由胤导全忠卖社稷，盖长安惮迁者之辞，于朝事实无所知，而史遂据为实录，入胤于《奸臣传》，世尚有真是非哉？

胤既得罪，崔远与柳璨并相。璨时为左拾遗。《旧书·传》曰：昭宗好文。初宠待李溪颇厚。洎溪不得其死，心常惜之。求文士似溪者。或荐璨高才，召见，试以诗，甚喜。无几，召为翰林学士。崔胤得罪前一日，召璨入内殿草制敕。胤死之日，既夕，璨自内出，前驱传呼相公来。人未见制敕，莫测所以。《通鉴》：崔胤以乙巳得罪，璨以丙午相，则此事即在召入内殿草制之日，云胤死之日误也。《新传》误同。翼日，对学士，上谓之曰："朕以柳璨奇特，似可奖任，若令与政事，宜授何官？"承旨张文蔚曰："陛下拔用贤能，固不拘资级。若循两省迁转，拾遗超等入起居郎，临大位非宜也。"帝曰："超至谏议大夫可乎？"文蔚曰："此命甚惬。"即以谏议大夫平章事，改中书侍郎。任人之速，古无兹例。《新传》云：璨起布衣，至是不四岁。昭宗之任李溪，岂真以其能文？盖亦如其任马道殷、许岩士，特以是为名耳。其任璨亦犹是也。《旧书·本纪》：帝以天祐元年正月发京师。次陕州，全忠迎谒于路。二月，辞赴洛阳亲督工作。四月，帝遣晋国夫人可证传诏谕全忠，言中宫诞蓐未安，取十月入洛阳宫。全忠意上迟留俟变，怒甚。谓衙将寇彦卿曰："亟往陕州，到日便促官家发来。"闰四月，车驾发陕州，次谷水行宫。时崔胤所募六军兵士，胤死后散亡并尽，从上东迁者，惟诸王小黄门十数，打球供奉内园小儿共二百余人。全忠在陕，仍虑此辈为变，欲尽去之，以汴卒为侍卫。至谷水顿，全忠令医官许昭远告内园等谋变，因会设幄，酒食次并坑之。乃以谋逆闻。由是帝左右前后侍卫职掌，皆汴人也。既至东都，又杀医官阎祐之，国子博士欧阳诗，云言星谶也。此可见帝左右前后，志存匡辅者之多，柳璨为帝所特擢，其为人亦可想见矣。《通鉴》云：全忠令医官许昭远告医官使阎祐之，司天监王墀，内都知韦周，晋国夫人可证等谋害全忠，悉收杀之。时杨崇本复叛，全忠使子友裕击之。六月，全忠至洛阳。七月，如河中。八月，昭宗遇弑。《旧纪》云：全忠令左龙武统军朱友恭、右龙武统军氏叔琮、枢密使蒋玄晖为之。又云：自帝迁洛，李克用、李茂贞、王建、赵匡凝连盟举义，以兴复为辞。全忠方事西讨，虑变起于中，故害帝以绝人望。《新书·蒋玄晖传》云：帝驻陕州，命卫官高瑰持帛诏赐王建，告以胁迁。且言全忠以兵二万治洛阳，将尽去我左右。君宜与茂贞、克用、行密同盟，传檄襄、魏、幽、镇，使各以军迎我还京师。令判官李振自河中至洛阳，与友恭等图之。玄晖选龙武衙官史太等百人入弑帝，复执何皇后。后求哀于玄晖，玄晖以全忠止令害帝，释后而去。十月，全忠还洛。杀友恭、叔琮。复友恭本姓名曰李彦威。《纪》言河南尹张廷范收彦威等，临刑大呼曰："卖我性命，欲塞天下之谤，其如神理何？操心若此，欲望子孙长世，得乎？"呼廷范谓曰："公行当及此，勉自图之。"此等语未必实。玄晖、廷范，后皆效忠唐室，此时未必肯与弑逆之谋。玄晖，史固谓其事全忠为腹心，《新书》本传。然友恭、叔琮，亦皆战将也，虽欲弭谤，肯轻弃乎？然则玄晖是时，必未与弑逆之谋，特身为内枢密，龙武入宫不能拒,人遂亿为与谋,且谓史太等由其选用耳。抑谓玄晖与弑昭宗不实,而谓其救全何后则真,故后来后与之有谋;亦或玄晖此时,早与唐有密谋,后乃从而哀之;亦或后未尝哀之,而玄晖特全后以为后图也。一时之忠臣义士,可谓多矣。然亦可见昭宗之能得人心也。

既弑昭宗,立其子辉王祚,更名祝,是为哀帝。时年十三。哀帝与德王,并何后所生,见《旧书》本传。《旧纪》:天祐二年二月,社日,枢密使蒋玄晖宴德王裕已下九王于九曲池,既醉,皆绞杀之,竟不知其瘗所。《诸子传》昭宗十子,哀帝外为德王裕、棣王祤、虔王禊、沂王禋、遂王祎、景王秘、祁王祺、雅王禛、琼王祥,盖即所谓九王,《新书》别有端王祯、丰王祁、和王福、登王禧、嘉王祜、颍王褆、蔡王祐,则其幼未见杀者也。《旧纪》云莫知瘗所,而《诸子传》云投尸九曲池,则其事亦传闻不审。是时昭宗新丧,诸王可否燕集,事亦可疑。欲杀之,其道多矣,何必邀燕,行之于众见之地?此事真相,恐已不传,为玄晖所为以否,更无以言之矣。

《旧书·张濬传》云:濬虽退居山墅,朝廷或有得失,必章疏上言,德王废立之际,濬致书诸藩,请图匡复。然则岂有劝全忠同宦官之理?《梁太祖实录》之说,其不足信明矣。王师范青州起兵,欲取濬为谋主。事虽不果,其迹颇泄。朱全忠将图篡代,惧濬构乱四方,不欲显诛,密讽张全义令图之。乃令衙将杨麟率健卒五十人,有如劫盗,围其墅而杀之,天复三年十二月晦夜也。此虑唐臣之害己而为之,犹可曰:革易之际,不得不然也,天祐二年三月,罢宰相独孤损、裴枢、崔远,五月,与陆扆、吏部尚书。王溥、工部尚书。赵崇、守太保致仕。王赞兵部侍郎。同贬,六月,令所在赐自尽。时七人已至滑州,皆并命于白马驿。全忠令投尸于河。《旧纪》。《通鉴》云:全忠聚枢等及朝士贬官者三十余人于白马驿,一夕尽杀之,投尸于河,与《柳璨传》云璨疏三十余人者相合，见下。此事则殊无谓。盖汴人之倾险者所为，全忠虽狡谲，究武夫寡虑，为其所误。然唐士大夫好党争，务进趣，相贼害，不恤竞豪毛之利，快睚眦之怨，而纵滔天之祸，亦不得辞其责也。《旧五代史·苏循传》云：迁洛之后，唐室旧臣，阴怀主辱之愤，名族之胄，往往有违祸不仕者，此盖全忠蓄憾之由。《新五代史·唐六臣传》云：梁王欲以嬖吏张廷范为太常卿，裴枢以为太常卿唐常以清流为之，廷范乃梁客将，不可，梁王由此大怒，曰："吾常谓裴枢纯厚，不陷浮薄，今亦尔邪？"则其所以激之使发者也。《旧史·李振传》云：昭宗迁都之后，王室微弱，朝廷班行，备员而已，振皆颐指气使，旁若无人。朋附者奖升，私恶者沈弃。每自汴入洛，朝中必有贬窜，唐朝人士，目为鸱鸮。柳璨谮杀裴枢等，振自以咸通中尝应进士举，累上不第，尤愤愤。乃谓太祖曰："此辈自谓清流，宜投于黄河，永为浊流。"太祖笑而从之。唐之亡，为册礼等使者，张文蔚、苏循、杨涉、张策、薛贻矩、赵光逢六人。《新史·唐六臣传》。文蔚等五人，全身免祸而已。惟循子楷，乾宁二年登进士第遭覆落，怀愤，乃驳昭宗之谥，献媚新朝。清流之祸，盖皆此等人所为，于当路之人无与。《旧书·柳璨传》云：裴枢、独孤损、崔远，皆宿素名德，与璨同列，意微轻之，璨深蓄怨。昭宗迁洛，诸司内使，宿卫将佐，皆朱全忠腹心也。璨皆将迎，接之以恩，厚相交结，故当时权任皆归之。天祐二年五月，西北长星竟天，扫太微文昌帝坐诸宿。占者云：君臣俱灾，宜刑杀以应天变。蒋玄晖、张廷范谋杀衣冠宿望难制者。璨即首疏素所不快者三十余人，相次诛杀。班行为之一空。此说不独厚诬璨，并恐诬玄晖、廷范，特以玄晖、廷范为汴人，而璨与汴人相交结，遂亿度以为如此耳。璨名族，若谓骤进，则当时不次拔擢者甚多，裴枢等何事轻之哉？或曰：既如是，璨何以坐视其祸而不救。并不引退？此则势无可为，欲就大谋，固不得不忍人之所不能忍。然遂以此蒙谤于天下后世矣。此则其遇可哀，而其心亦愈苦矣，而可以成败论之哉？

此时欲图篡夺，仍非先耀兵威不可，全忠固深知之，故迁唐无几，即复出兵。初成汭之败，赵匡凝取江陵，表其弟匡明为留后。是岁八月，全忠使杨师厚攻匡凝，而自将大兵继之。匡凝战败，奔扬州。匡明走成都。全忠遂有荆南。十月，乘胜攻淮南。十一月，至寿州。寿人坚壁清野以拒之，乃还。而洛中之变复作。《旧书·本纪》：全忠以十一月丁卯十三日。至大梁。时哀帝以此月十九日亲祠圆丘。戊辰，裴迪自大梁回，言全忠怒蒋玄晖、张廷范、柳璨等谋延唐祚，而欲郊天改元，玄晖、璨大惧。庚午，敕南郊改取来年正月上辛。辛巳，授全忠相国，总百揆，进封魏王，全忠先已封梁王。备九锡。先是北院宣徽使王殷使寿州行营，构蒋玄晖于全忠。全忠怒，急归大梁。上令刑部尚书裴迪赍诏慰劳全忠。全忠忿恨，语极不逊。故行相国百揆之命，以悦其心，蒋玄晖自至大梁陈诉，怒犹不解。十二月甲午，十日。上召三宰相议事。柳璨曰："人望归元帅，陛下揖让释负，今其时也。"乃赐璨茶药，便令进发。乙未，敕枢密使蒋玄晖宜削在身官爵，送河南府处斩。丰德库使应顼，尚食使朱建武，送河南府决杀。庚子，敕枢密使及宣徽南北院并停。枢密公事，令王殷权知。《通鉴》云：省枢密使及宣徽南院使，独置宣徽使一员，以王殷为之，赵殷衡为副使。两院人吏，并勒归中书。诸司、诸道人，并不得到宣徽院。凡有公事，并于中书论请。延义、千秋两门，只小黄门三人句当，其官健勒归本军。辛丑，敕每月只许一、五、九日开延英，计九度。又敕每遇延英坐朝日，只令小黄门祇候引从，宫人不得擅出内门。《旧纪》：昭宗迁洛后，敕除留宣徽两院、小马坊、丰德库、御厨、客省、閤门、飞龙、庄宅九使外，其余并停。仍不差内夫人传宣。此次之敕则云：宫嫔女职，本备内任。近年已来，稍失仪制。宫人出内宣命，采御参随视朝，乃失旧规，须为永制。今后每遇延英坐朝日，只令小黄门祗候引入，宫人不得擅出内门。庶循典仪，免至纷杂。《通鉴》记昭宗至洛后事曰：敕内诸司惟留宣徽等九使，余皆停废，仍不以内夫人充使。《考异》曰：初诛宦官后，内诸司使皆以内夫人领之，至此始用外人。《实录》改充使为宣事，误也。记此事曰：敕罢宫人宣传诏命及参随视朝。胡三省《注》曰：既宣传诏命，则《实录》云宣事，亦未为误，但天祐三年方罢宫人宣传诏命，故以为误。观《旧书》之文，则宫人宣事，实罢于迁洛之初。此时所罢，只是参随视朝。敕云出内宣命，特连及前事。与参随视朝，并指为有失旧规耳。非谓至此始罢。《实录》不误，《通鉴》自误也。乙巳，汴州别驾蒋仲伸决杀，玄晖季父也。又敕蒋玄晖追削为凶逆百姓，仍委河南府揭尸于都门外聚众焚烧。玄晖死后，王殷、赵殷衡又谮于全忠云：内人相传，玄晖私侍积善宫，何太后所居。与柳璨、张廷范为盟誓，求兴唐祚。戊申，全忠令王殷害皇太后。又杀宫人阿秋、阿虔，言通导蒋玄晖。己酉，追废皇太后为庶人。庚戌，敕以宫闱内乱，播于丑声。难以惭恶之容，入于祖宗之庙。其明年上辛亲谒郊庙宜停。癸丑，柳璨责授朝议郎，守登州刺史。太常卿张廷范责授莱州司户。少卿裴碉青州北海尉。温韬临淄尉。临淄，今山东临淄县。祠部郎中知制诰张茂枢博昌尉。博昌，在今山东博兴县南。并员外置。甲寅，柳璨贬密州司户，再贬长流崖州百姓，委御史台赐自尽。是日，斩于上东门外，张廷范除名，委河南府于都市集众以五车分裂。温韬、裴碉、张茂枢并除名，委御史台于所在赐自尽。柳璨弟瑀、瑊，送河南府决杀。三年正月戊午，敕右拾遗柳瑗贬洺州鸡泽尉，璨疏属也。鸡泽，今河北鸡泽县。郊天何以能延祚？说殊可疑。《新五代史·蒋殷传》云：待诸侯助祭者，以谋兴复，盖为近之。是年三月，敕贬西都留守判官左谏议大夫郑寶崖州司户，寻赐死，亦见《旧纪》。疑亦与于是谋者也。哀帝尚幼，此谋必何太后主之。蒋玄晖、张廷范皆全忠腹心。观全忠怨毒之深，则知谓其谋延唐祚，必非虚语。玄晖，《新书·传》云：少贱不得其系，廷范且故优人，然其所为，乃皎然为全躯保妻子之士大夫所不及，人岂可以类限哉？抑廷范、全忠欲以为太常卿，虽出私意，然亦可见其人足与于士大夫之列，不徒非优伶，并非武夫也。此真所谓小人而有士君子之行者矣。以视王殷、赵殷衡何如哉？而皆获罪以死，而殷、殷衡是用，以是可知梁祚之不长矣。岂沙陀之能亡梁哉？诚百世之龟鉴也。王殷，本姓蒋。幼为王重盈养子。梁祖取河中，以王氏旧恩，录其子孙，表为衙将。末帝时叛梁。事见后。赵殷衡，不知其家世。少孤，流落汴州。富人李让得之，养为子。梁祖镇宣武，以让为养子，乃冒姓朱氏。稍长，给事太祖帐下。太祖诸儿乳母有爱之者，养为子。乳母夫姓赵，又冒姓赵氏。入梁后改姓名曰孔循。又事唐。权知汴州，明宗叛，自魏而南，庄宗东出汜水，循持两端，遣迎明宗于北门，庄宗于西门，供帐牲饩如一，戒其人曰："先至者入之。"此等人乃真嬖幸耳。或曰：玄晖、廷范既君子，始何以事梁？此则其境遇为之，不足责也。或又曰：昔所谓君，皆民贼耳，助梁篡唐亡谓，拒朱存李，又何取焉？此则时代为之，不能以今日之义责古人也。抑有功德于民者，当处帝王之位，此在昔日，理势皆然。故丁丧乱之世，真能戡定群雄，抚宁黎庶者，正人自亦与之。若梁祖，则所戡定者实止河南，其民且未苏息，此外更无论矣。遽以暴戾求大位，安怪助之者皆小人？国于天地，必有与立，盈朝皆小人，谁与立哉？再世而亡，非不幸也。昭宗之见弑也，夫人裴贞一，昭仪李渐荣死之。《旧纪》：蒋玄晖选龙武衙官史太等百人叩内门，言军前有急奏，面见上。至椒殿院，贞一夫人启关，谓玄晖曰："急奏不应以卒来。"史太执贞一杀之。急趣殿下。玄晖曰："至尊何在？"昭仪李渐荣临轩谓玄晖曰："院使莫伤官家，宁杀我辈。"帝方醉，闻之，遽起。史太持剑入椒殿。帝单衣旋柱而走。太追而弑之。渐荣以身护帝，亦为太所杀。观此，知玄晖当日，实无弑逆之心，故贞一、渐荣，皆与之有言，而何后亦向之求哀也。及是，阿秋、阿虔，又以身殉国。据《通鉴》，则尚有晋国夫人可证。是知妇人之不与政事，特其处境使然，苟或与之，其才智义烈，固无殊于男子也。柳璨临刑呼曰："负国贼柳璨，死其宜矣。"《旧书》本传。此盖自憾所谋之未成，忠臣义士无穷之心也，而史又以此语，定其爱书，犹为有目人乎？

内难既夷，全忠复用兵于外。初田承嗣召募军中子弟，置之部下，是为魏之牙军。年代寖远，父子相袭，亲党胶固。其凶戾者，强买豪夺，逾法犯禁，长吏不能禁。变易主帅，有同儿戏，小不如意，则举族被害。罗绍威惩其往弊，心衔之。天祐二年七月，牙军裨校李公俭作乱，奔沧州。绍威愈惧，使求援于全忠。全忠遣李思安会魏博军攻沧州。全忠女妻威子廷规，先是卒。全忠遣长直军校马嗣勋选兵千人，密于舆中实兵甲入魏，言助女葬事。三年正月五日至。全忠亲率大军济河，言视行营于沧、景。威欲因而出迎，假全忠帐下锐卒，入而夹攻之。牙军颇疑，坚请不出。威恐泄其事，慰纳之。是月十四夜，率厮养百十辈，与嗣勋合攻之。时宿于牙城者千人。迟明，杀之殆尽。凡八千家。皆夷其族。《新书》云：绍威遣人潜入库，断弦解甲。军趋库，得兵不可战，因夷灭。嗣勋重伤，旬日而卒，见《旧五代史》本传。魏军攻沧州者闻之，作乱。累月乃平之。八月，全忠攻沧州，刘仁恭自将救之。不敢进。使求救于李克用。克用使李嗣昭与共攻潞州。十二月，丁会降敌，全忠乃还。四年正月，至大梁。三月，遂受唐禅，国号梁，更名晃，是为梁太祖。奉唐帝为济阴王，迁于曹州。明年二月，害之，谥曰哀皇帝。后唐自以为继唐室，明宗时，改谥曰昭宣光烈孝皇帝，庙号景宗。中书覆奏："少帝行事不合称宗，存谥而已。"《旧书》仍称为哀帝，曰："知礼者亦以宣、景之谥非宜，今只取本谥。"《新书》及《通鉴》，皆取后唐所定谥。《新书》目录，仍作哀皇帝。《纲目》则简称为昭宣帝。唐系出何族不可知，然自隋世去西魏赐姓以来，久自侪于华夏矣。神不歆非类，似不应用异族所定之谥。自汉已下，庙号、谥法皆一字，惟东晋、萧梁、北魏、北齐有两字，唐始累数字为谥，佶屈不可诵，读史者于诸帝乃多称其庙号。哀帝无庙号可称，截取首两字称之，虽合简易之理，究非完具之辞，自不如仍称之为哀帝之得也。《旧书·哀帝纪》云：全忠自弑昭宗之后，岐、蜀、太原，连兵牵制，关西日削。幸罗绍威杀衙军，全获魏博六州。将行篡代，欲威临河朔，乃再兴师临幽、沧，冀仁恭父子乞盟，则与之相结，以固王镕、绍威之心。而自秋迄冬，攻沧州无功，及丁会失守，烧营遽还。盖讥其师出之无成绩。《通鉴》谓其威望大沮，恐中外因此离心，欲速受禅以镇之。此皆太过。梁祖在当日，已席莫强之势，潞州小挫，何至遂沮人心？然河东未平，遽谋禅代，要不免易盈欲速之诮也。又百代之龟鉴矣。

第五节　唐末割据（上）

唐自肃、代以来，藩镇遍布，久成分裂之势，然中枢名分犹存，藩镇所擅之地，亦究不甚大，故自河北而外，迄未有能久据土自专者也。逮黄巢起而情势一变矣。

高骈之罢都统及盐铁转运使也，史称其既失兵柄，又落利权，攘袂大诟，累上章论列，语辞不逊。由是贡赋遂绝。骈好神仙，信方士吕用之。用之又引其党张守一、诸葛殷，共相蛊惑。间骈旧将。又说以绝俗累，宾客、将吏，皆不得见。又请置使巡察，骈即以用之领之。用之乃擢废吏百余，号为察子，令居衢哄间，诛所恶者数百族。募卒二万，为左右莫邪都，与守一分将之。于是太阿倒持矣。毕师铎者，黄巢将，降骈。骈使以骑三百戍高邮。高邮戍将张神剑，师铎为子娶其女，亦恶用之。两人谋自安之计。用之伺知之，亟请召师铎还。师铎母在广陵，遣信令师铎遁去。郑汉璋者，师铎归顺时副使，时为淮宁军使，《新书·骈传》：骈置淮宁军于淮口。师铎潜往见之，又与俱至高邮见神剑。乃发兵，以诛用之、守一、殷为名。神剑留高邮，而师铎、汉璋，以兵三千至广陵城下。用之自督战。令曰："斩一级，赏金一饼。"士多山东人，坚悍颇用命。师铎惧，退舍自固。秦彦者，亦黄巢将，降骈。骈以为和州刺史。彦袭宣州据之。师铎使乞师焉。彦遣衙将秦稠以三千人助之。城陷。用之亡走。骈撤备与师铎相见。署为节度副使。汉璋、神剑，亦皆署职事。时光启三年四月也。秦稠阅府库监守之，密召彦，或谓师铎，还政高公，自典兵马，阻彦渡江。师铎犹豫未决而彦至。乃自为节度使，而署师铎行军司马。师铎不悦。初秦宗权寇庐、寿间，庐州刺史募杀贼，差首级为赏。杨行密以功补队长。行密杀都将，自为八营都知兵马使。刺史走淮南。高骈因表行密为庐州刺史。吕用之恐其难制，遣俞公楚以兵五千屯合肥阴图之。行密击杀公楚。毕师铎兵起，用之以骈命署行密行军司马，督其兵进援。至天长而扬州陷。天长，今安徽天长县。行密薄城而屯，用之引兵归之。张神剑亦运高邮粮以给。海陵镇遏使高霸，亦以兵属焉。众至万七千人。秦彦出击之，大败。彦遂杀高骈。十月，广陵食尽。彦与师铎皆出走。行密遂入广陵，自称淮南留后。而秦宗权之兵至。

是时江东之地，亦甚纷扰。高骈之移淮南也，泾原周宝继之帅镇海。宝与骈同隶右神策军，骈以兄事宝。后骈先贵，意轻之，遂有隙。居邻镇，交恶殊甚。刘汉宏之降，朝以为宿州刺史。汉宏恨赏薄，有望言，会浙东观察使得罪，遂使代之。事在广明元年。浙东观察使，治越州。初王郢之乱，临安人董昌，临安，今浙江临安县。以土团讨贼有功，补石镜镇将。石镜镇，在临安南。《新五代史》作石鉴。《旧五代史》云：昌为于潜镇将，盖唐时其地属于潜。曹师雄寇两浙，杭州募诸县乡兵各千人以讨之，号杭州八都，昌为之长。钱镠者，亦临安人。初贩盐为盗。后为昌偏将，以功为石镜都知兵马使。中和元年，昌引兵入杭州。杭州刺史路审中将之官，惧而还。周宝不能制，即表为杭州刺史。僖宗之在蜀也，刘汉宏贡输踵驿而西。三年，升浙东为义胜军，以汉宏为节度使。汉宏谋并浙西，与董昌构兵，屡为钱镠所败。光启二年五月，镇海衙将张郁作乱，陷常州。六月，周宝使衙将丁从实击之。郁奔海陵依高霸。十一月，钱镠克越州，刘汉宏奔台州。杜雄执送昌，杀之。雄据台州。诏即以为观察使，而以钱镠知杭州。周宝募亲军千人，号后楼兵，禀给倍于镇海。三年二月，镇海将刘浩作乱。后楼兵亦叛。宝奔常州依丁从实。浩迎度支催戡使薛朗，推为留后。初感化偏将张雄、冯弘铎见疑于时溥，合兵三百，渡江袭据苏州。雄自称刺史。稍聚兵至五万，战舰千余，自号天成军。徐约者，亦黄巢将，降高骈。骈使为六合镇遏使。今江苏六合县。四月，宝诱约使击雄，雄逃入海。五月，钱镠遣兵讨薛朗。十月，陷常州。丁从实奔海陵。镠以周宝归杭州，旋卒。《新五代史》云病卒。《新唐书·本纪》云镠杀之。镠遂克润州。刘浩走。擒薛朗以归，杀之。

秦宗权遣弟宗衡渡淮，孙儒为副，刘建锋为前锋。光启三年，十一月，至广陵，营于杨行密故寨。张雄之败也，匿其众海中，而使别将赵晖入据上元。行密围扬州，毕师铎厚赍宝币，啖雄连和。雄率军浮海屯东塘。城中刍粮尽，相约交市，金一斤，通犀带一，得米五升。此据《旧书》。《新书》云：以银二斤易斗米。雄军得货，不战而去。扬州陷，秦彦、毕师铎投雄，雄不纳。将趋宣州。秦宗衡召之，乃还，与宗衡合。未几，宗权召宗衡还蔡拒朱全忠。孙儒称疾不往。宗衡屡促之。儒怒，与饮酒，手刃之，传首于全忠。盖儒知宗权非全忠敌，故绝之而结好于全忠，冀专力于淮南也。儒时有骑七千。分兵掠邻州，不淹旬，众至数万。以城下乏食，与秦彦、毕师铎袭高邮。张神剑奔扬州。杨行密杀之。又令高霸率兵民归府城。霸与丁从实俱往，行密又皆杀之。旋又杀张守一。孙儒亦杀秦彦、毕师铎、郑汉璋。于是扰乱淮南者皆尽，惟儒与行密剧争矣。行密亦求援于朱全忠。制以全忠兼淮南节度使、行营兵马都统。《旧纪》在十一月，《旧史》在八月，《通鉴》从《实录》在闰十一月。全忠遣张廷范致朝命，以行密为副使，而以宣武行军司马李璠为留后。遣衙将郭言将千人送之，为时溥所拒，乃还。文德元年二月，全忠奏以行密为淮南留后。此时全忠隔于时溥，力亦不能及淮南也。

孙儒兵锋甚锐，是岁四月，陷扬州。行密走归庐州。儒又与时溥连和。秦彦之去宣州也，以池州刺史赵锽自代。行密南攻之。明年，为龙纪元年六月，克之。诏以行密为宣歙观察使。大顺元年，赐宣歙军号曰宁国，以行密为节度。而庐州为孙儒所陷，兵锋又转向江南。

先是钱镠遣将攻徐约，约败死，镠遂有苏州。是岁十月，行密将田頵攻常州。十一月，取之。十二月，孙儒又渡江攻陷之，使刘建锋守。建锋又攻取润州。朱全忠之帅淮南，以刘瓒为楚州刺史，使朱珍以五千人送之。为时溥所拒。珍拔萧县，与徐兵相拒。珍与同列李唐宾交恶，杀之。全忠至萧，诛珍，代以庞师古。是月，全忠使师古击孙儒。明年，为大顺元年，正月，下天长、高邮。二月，战于陵亭，在兴化县境。为儒所败，乃还。行密乘虚取润州。进攻常州。儒使以卑辞厚币求好于全忠。全忠表为淮南节度使。未几，全忠杀儒使者，复为仇敌。八月，行密取苏州。闰九月，刘建锋取常州，遂围苏州。十二月，拔之。行密将守润州者亦遁去。二年二月，儒悉众济江。行密城戍望风奔溃。儒军于黄池。镇名，在今安徽当涂县境。五月，大水，诸营皆没，乃还。留兵据滁、和州。行密击取之。七月，全忠使于行密，约共攻儒。儒乃悉众再济江。尽焚扬州庐舍，杀老弱以充食。行密将张训、李德诚入扬州。十二月，儒焚掠苏、常，引兵逼宣州。行密坚守，而分兵断其粮道。儒军食尽，又大疫，使刘建锋及裨将马殷分兵掠诸县。行密知其兵少，纵击，大破之。儒痁作不能战，为行密所擒。斩之。时景福元年六月也。刘建锋、马殷收余众南走。行密归扬州。八月，朝以为淮南节度使。行密与田頵，少同里闬，相善，其得庐州，多頵之力。安仁义者，沙陀将，归行密。行密宠异之，使将骑兵，居頵右。卒藉二人之力，以破孙儒。于是以頵为宣州留后，使仁义守润州。先是徐兵南侵，至楚州，张训、李德诚败之。遂取楚州，执刘瓒。二年六月，克庐州。八月，克歙州。乾宁元年，泗州来降。二年，拔濠州。遂取寿州，使妻弟朱延寿守之。又遣兵袭取涟水。在今江苏涟水县北。三年五月，朱延寿取蕲、光州。行密遂全有淮南矣。

孙儒之去苏、常也，钱镠遣兵复取苏州，而润州入于杨行密，彼此争常州。景福二年九月，朝以镠为镇海节度使。镇海军治润，镠此时居杭为之。至光化元年。遂徙军额于杭。董昌姿狂妄，好托神以诡众。初为治廉平。时天下贡输不入，昌独赋外献常三倍，得封陇西郡王。昌求为越王，不许。客倪德儒此据《新唐书》。《新五代史》云衙将。曰："咸通末，《越中秘记》言有罗平鸟，主越祸福。中和时，鸟见吴越，四目而三足，其鸣曰罗平天册，民祀以禳难。今大王署名，文与鸟类。"即图以示昌。昌大喜。乾宁二年，昌僭号。国曰大越罗平，建元天册。镠讨之。昌求救于杨行密。行密遣兵攻苏、杭、嘉兴以救之，不克。嘉兴，今浙江嘉兴县。为请于朝。诏赦昌罪。镠不从。三年四月，行密陷苏州。镠将顾全武围越，镠使召之，全武不肯。卒克越，擒昌杀之。据《新唐书》。《新五代史·吴越世家》云：昌投水死。《旧五代史·镠传》云：擒昌以献。于是改威胜军曰镇东，以镠兼镇海、镇东两节度。镠遂兼有浙东西。镠遣顾全武攻苏州。四年九月，取之。湖州刺史李师悦，与董昌连和，亦结好于杨行密。卒，子继徽代。及是，亦奔扬州。其将沈攸，以州归镠。

王仙芝之攻江西也，高安人钟传，高安，今江西高安县。鸠夷僚依山险为壁，众至万人。柳彦璋略抚州而不能守，传入据之。诏即以为刺史。中和元年，江西将闵顼，从《新传》。《实录》同。《通鉴》依程匡袁唐补纪作勖。防秋安南，还过潭州，逐观察使，自为留后。钟传逐江西观察使，据洪州。二年五月，诏复置镇南军，以顼为节度使，欲藉其力以讨传。顼知其意，辞不行。七月，从高骈请，以传为江西观察使。传既去抚州，南城人危全讽复据之。南城，今江西南城县。又使其弟仔倡据信州。三年八月，升湖南为钦化军，以闵顼为节度使。初高骈镇荆南，补武陵人雷满为裨将，领蛮军。从骈至淮南，满文身断发。凿深池于府中，客有过者，召宴池上。酒酣，取坐上器掷水中，因裸而入取器，久之乃出，盖古之越族也。《旧史》称为武陵洞蛮。《新史》云：聚诸蛮为土团军，骈召隶麾下。逃归，聚众千人，袭朗州，杀刺史。诏即以为兵马留后。后昭宗以澧朗为武贞军，拜满为节度使。陬溪人周岳，胡三省曰：郎溪，当在武陵界。亦聚众据衡州。石门洞酋向瑰，石门县，属澧州，今湖南石门县。亦集夷僚陷澧州。以上三事，《通鉴》皆系中和元年末。四年，鄂州刺史崔绍卒，路审中时客居黄州，募兵三千人据之。鄂州将杜洪，亦据岳州，逐刺史。光启元年，南康人南康，今江西南康县。卢光稠占虔州，自称刺史。以其里人谭全播为谋主。秦宗权使其弟宗言寇荆南。围江陵，不能克。二年六月，周岳攻潭州。闵顼招黄皓入城共守。皓杀顼。岳攻拔州城，擒皓杀之。七月，更命钦化军曰武安，以岳为节度使。十二月，安陆人周通攻鄂州，路审中亡去。杜洪乘虚入鄂。湘阴人湘阴，今湖南湘阴县。邓进思又乘虚陷岳州。三年，赵德諲陷荆南。张瑰留其将王建肇守城而去。文德元年，成汭攻之。建肇奔黔州，汭据江陵。已见第一节。邓处讷者，与闵顼俱防秋安南，同归过潭州。顼既帅潭，署为邵州刺史。顼死，处讷誓为报仇，与雷满相结。景福二年，攻潭州，克之。杀周岳。朝即以为武安节度使。此僖、昭时江西、湖南纷乱之情形也。

孙儒之亡也，刘建锋、马殷收余众七千南走。推建锋为主，殷为先锋，以张佶为谋主。略虔、吉等州，有众数万。乾宁元年，入湖南。邓处讷使邵州土豪蒋勋防之。殷使说勋，勋即夜去。殷以邵军旗帜袭入潭州，杀处讷。勋求邵州，建锋不许。即起兵据州。建锋使殷攻之，未克，而建锋私御者陈赡妻，为赡所挝杀。时三年四月也。诸将共杀赡，推佶为留后。佶让于殷，而代之攻邵州。四年二月，克之。时杨师远据衡州，唐世旻据永州，《九国志》云：皆以郡人起兵据郡。蔡结据道州，《新书》：据道州者又有何庾，云与结皆蛮酋。陈彦谦据郴州，彦谦，亦郴人。鲁景仁据连州，殷所有者，潭、邵而已。光化元、二两年，殷遣将出征，悉平之。又下桂州，有桂管。《通鉴》：乾宁二年十二月，安州防御使家晟，与朱全忠亲吏蒋玄晖有隙，恐及祸，与指挥使刘士政、兵马监押陈可璠将兵三千袭桂州，杀经略使周元静而代之。晟醉侮可璠，可璠手刃之。推士政知军府事，可璠自为副使。诏即以士政为经略使。光化三年，殷遣兵击士政，擒可璠，士政降，桂、宜、岩、柳、象五州，皆降于湖南。《新唐书·本纪》：乾宁二年，安州防御使宣晟陷桂州，静江军节度周元静，部将刘士政死之。然光化三年，亦书马殷陷桂、宜、岩、柳、象五州，《刘建锋传》亦云：殷攻桂管，执士政，则乾宁二年之记事必误。惟家晟与宣晟，未知孰为误字耳。又殷取桂管，《五代史·楚世家》云在乾宁三年，亦非。宜州，今广西宜山县。割据之势成矣。

刘瓒为朱全忠所署，而张训、李德诚执之，扬、汴似应因此启衅，然是年十一月，舒、庐二州求援于全忠，舒州，今安徽怀宁县。庐州刺史蔡俦，本行密使守庐州者，后叛降孙儒。及是，与舒州刺史倪章相结，共拒行密。全忠尚牒报行密。盖楚州实为时溥所逼，行密不啻取之于徐也。逮泗州降而扬、汴始隙。乾宁元年，永兴土团帅吴讨，骆殷据黄州，降于行密，永兴，今湖北阳新县。黄州时隶鄂岳，杜洪讨之，行密遣朱延寿救之。洪引还。讨畏逼请代，行密使翟章知州事。骆殷弃永兴走。后归杜洪，仍守永兴。时钱镠亦畏淮南之逼。三年，与钟传、杜洪俱求援于朱全忠。全忠使朱友恭以万人渡淮。四年，朝以杜洪绝东南贡献之路，命行密讨之。五月，朱友恭陷黄州，执翟章。九月，全忠大举击行密。使庞师古自清口趋扬州，葛从周自安丰趋寿州，安丰县，在今寿县西南。而自将屯宿州，行密与朱瑾拒师古。十一月，大败之。师古死。从周亦为朱延寿所败。全忠引还。光化二年正月，行密与朱瑾攻徐州，军于吕梁。在徐州东南。全忠自将救之，行密还。七月，行密取海州。初赵晖据上元，数剽江道，张雄击杀之，自屯上元。大顺初，以上元为升州，授雄刺史。卒，《通鉴》在景福二年七月。冯弘铎代之。倚其兵舰完利，欲求润州。行密不许。而田頵阴图之。天复二年，弘铎悉军南向，声讨钟传，实袭頵。为頵所败。收残众欲入海。行密惧其复振，使迎犒于东塘，劫与俱归，而使李神福刺升州。是岁，行密自将攻全忠。至宿州，以粮运不继，引还。明年正月，使李神福、刘存击杜洪。取永兴，骆殷走。遂围鄂州。洪求救于全忠。初成汭据江陵，得秦宗权故将许存，任之。与俱下夔州。时在文德元年，夔州为宗权别将常厚所据。又溯江西上，逐王建肇，取渝、涪二州。以存为万州刺史。今四川万县。旋遣兵袭之。存与王建肇俱降于王建。建以存为养子，名宗播。汭声势颇振。时马殷新得湖南，附于全忠。全忠乃使人说殷、汭及雷满子彦威共救洪，满以天复元年卒，彦威继之。而使韩勍屯滠口。在今湖北黄陂县南。汭以巨舰下，马殷遣将许德勋会彦威将袭江陵，掠其人及货财而去。汭将士闻之，皆无斗志。五月，神福败之君山。在今岳阳县西南洞庭湖中。汭赴水死。韩勍亦引去。于是杜洪束手待毙矣，而淮南之内变起。

田頵与杨行密故等夷，安仁义则异族也，狼子野心，其无足怪。孙儒平后，钱镠仍与行密岁相攻，胜负略相当。天复元年八月，或告行密：镠为盗所杀。行密使李仁福攻杭州。镠使顾全武拒之。轻神福。神福伪退，全武追之，为所擒。遂攻临安。城坚，久不拔，而知镠定不死，乃于要路多张旗帜，为虚寨。镠谓淮南兵大至，请和。神福受其犒赂而还。镠之兵势一挫。孙儒之死也，士卒多奔浙西。镠爱其骁悍，以为中军，号武勇都。镠起临安，既贵，唐名其所居曰衣锦营，后又升为衣锦城，镠常游之，宴故老。二年八月，武勇都左右指挥使许再思、徐绾乘镠往游叛，逼衙城。镠夜微服逾城入。再思、绾召田頵。时顾全武已复归。乾宁四年全武之攻苏州，淮南将周本救之。秦裴以三千人据昆山。苏州既下，援师亦退，裴久之乃降，行密既获全武，归之以易裴。建策求救于行密。镠使与子传璙。行密以女妻传璙，而使召颢，曰："不还，吾且使人代镇宣州矣。"镠又以子传璙为质于颢。十二月。颢乃以再思、绾归宣州。是役也，非行密召颢，杭州其殆矣。三年八月，颢与安仁义俱叛行密，且与朱延寿通谋。行密召延寿杀之，《旧五代史》云：颢使进士杜荀鹤于延寿，且自闲道至大梁。事微泄，行密先以公牒征延寿，次悉兵攻宣城。延寿飞骑赴命。迄扬州一舍，行密使人杀之。其说最近事情。新唐书延寿传云：行密绐病目，行触柱僵，妻掖之。行密泣曰："吾丧明，诸子幼，得舅代我，无忧矣。"遣辩士召之。延寿疑不肯赴。姊遣婢报，故延寿疾走扬州。拜未讫，士擒杀之，而废其妻。《新五代史·吴世家》及《通鉴》略同。《五代史补》且谓行密诈称失明仅三年，又谓奋袖中铁椎击杀延寿。东野人之言也。而召李仁福于鄂，使攻预。仁福败颢水军。行密又使台濛助之。十一月，预率死士出战，败，死。濛克宣州。王茂章攻润州，至天祐二年正月，乃克之，斩仁义。

田颢既败李仁福，以天祐元年三月，再击杜洪。八月，以疾病还，刘存代之。十月，光州叛行密，行密遣兵围之，与鄂州皆告急于朱全忠。十一月，全忠自将兵五万渡淮，军于霍丘，今安徽霍丘县。分兵救鄂州。淮南兵释光州之围，而汴兵之救鄂州者不克。明年二月，州陷。执杜洪送广陵，杀之。全忠屡与行密争无功，实因北方多故，不克专力于南故也。

杨行密与钱镠，虽因内患暂息干戈，且相救助，然及内患既平，即兵争复起。田颢之攻临安，筑垒以绝往来之道。镠患之，募能夺其地者，赏之以州。衢州制置使陈璋，将卒三百，出城奋击，遂得其地。镠即以为衢州刺史。衢州，今浙江衢县。胡三省曰："观此，则当时制置使在刺史之下。"颢退，越州客军指挥使张洪，以徐绾之党自疑，率部兵三百奔衢州。胡三省曰："客军，亦孙儒散卒。"璋纳之。初朱褒与兄敖，俱为温州衙校。褒逐刺史而代之。及卒，敖继其任。事在天复二年。至是，又为其将丁章所逐。田頵遣使招之，道出衢州，璋听其往。镠由是恨之。天祐元年，镠使衢州罗城使叶让杀璋，事泄，璋杀让，降于行密。二年正月，镠遣兵围之，行密使将陶雅救之。败其兵，擒镠从弟镒及将王球。陈询者，兄晟，初为余杭镇使，逐睦州刺史而代之。事在中和四年。朝即以为刺史。卒，询继其任。事在光化三年。武勇都之乱，询与田頵通，亦叛镠。四月，陶雅合衢、睦之兵攻婺州。今浙江金华县。九月，取之。行密以雅为江南都招讨使，歙、婺、衢、睦观察使。陈璋为衢、婺副招讨使。璋攻暨阳，今浙江诸暨县。两浙将方习败之。进攻婺州，十一月，行密卒，子渥立。十二月，陈询不能守睦州。奔广陵。陶雅入据之，渥之入立，行密使王茂章代为宣州观察使。三年，渥遣兵袭之。茂章奔两浙。钱镠以为镇东节度副使，更其名曰景仁。雅惧茂章断其归路，引兵还歙。陈璋闻之，自婺州退保衢州。两浙兵攻之。杨渥遣周本迎璋，璋归于本。婺、衢、睦三州，皆入于钱氏。天复三年，丁章为木工李彦所杀。其将张惠代之。天祐二年，卢约使弟佶陷温州，惠奔福州。开平元年，镠遣子传璙、传瓘讨佶。佶悉众拒之。两浙兵袭陷温州，斩佶。移兵攻处州，约降。约据处州，湖州刺史高澧残忍，镠欲诛之。澧附于淮南。镠遣兵讨之。四年二月，澧率麾下奔广陵。两浙之疆域遂定。自天复已来，钱氏颇为淮南弱，终能巩固两浙者，则行密死后，渥不能用其众，为之驱除难也。

然杨渥在两浙，虽不克与钱氏争，其在上流，则仍颇得势。初邓进思卒，弟进忠继之。天复二年。许德勋袭江陵，还过岳，劫之，举族迁于长沙。马殷遂有岳州，以德勋为刺史。天祐三年，杨渥使陈知新攻岳州，取之。是岁，钟传卒，子匡时立，传初以养子延规从《通鉴》。《新五代史》同。《新唐书》作次子匡范。为江州刺史，恨不得立，降淮南。渥使秦裴击匡时，虏之。吉州刺史彭玕，赤石洞蛮，而传之健将也，降湖南。开平元年，渥使刘存等将水军三万攻湖南。殷使秦彦晖破之。遂取岳州。又遣兵会彭玕攻洪州，不克。雷彦威弟彦恭，逐彦威而代之。自其父满，即以杀掠为事，荆湖间岁被其患。朱全忠取荆南，以贺瑰为留后。壤闭门自守。全忠以为怯，以高季昌代之。季昌，汴州富人李让家僮。梁祖镇宣武，让以入赀得幸，养为子，易姓名曰朱友让。季昌以友让故得进见，太祖奇其材，命友让以子畜之，因冒姓朱氏。后乃复姓为高。是岁九月，诏削彦恭官爵，命季昌、殷讨之，杨渥救之，不克。二年五月，朗州陷。彦恭奔淮南。向瑰亦降于殷。殷遂有澧、朗。季昌遣兵屯汉口，绝殷朝贡之路。殷使许德勋以水军击之。季昌惧，请和。殷又遣兵击岭南，取昭、贺、梧、蒙、龚、富六州，蒙州，在今广西蒙山县南。龚州，今广西平南县。富州，今广西昭平县。疆域益恢廓矣。三年，危全讽自称镇南节度使，率抚、信、袁、吉之兵，号十万，攻洪州。抚、信、袁、吉，皆镇南军巡属。又请兵于殷。袁州刺史彭彦章，玕之兄也。殷遣将会之围高安，以助全讽。淮南将周本败全讽，擒之。乘胜克袁州，执彦章。进攻吉州，玕奔湖南。歙州刺史陶雅遣兵袭饶、信，危仔倡请降，已而奔两浙。饶州刺史唐宝亦弃城走。卢光稠亦以虔州来附。初光稠攻岭南，取韶州，事在天复二年。使子延昌守之。四年十二月，光稠疾病。欲以位授谭全播。全播不受，而立延昌。渥使拜为虔州刺史。延昌受之。亦因马殷通表于梁。曰："我受淮南官，以缓其谋耳。必为朝廷经略江西。"梁以延昌为镇南留后。延昌表其将廖爽为韶州刺史。乾化元年十二月，延昌以游猎无度，为百胜军指挥使黎球所杀。梁以球为虔州防御使。旋死。衙将李彦图代知州事。刘岩攻韶州，取之。廖爽奔湖南。二年十二月，李彦图卒。州人奉谭全播知州事。遣使内附。梁以为百胜防御使、虔韶二州节度开通使。以上皆据《通鉴》。与《新五代史·光稠全播传》合。惟《传》光稠之卒，在开平五年，黎球作黎求耳。《新唐书·昭宗纪》：光稠之卒，在天祐元年，云衙将李图自称知州事，《刘知谦传》亦谓光稠卒在天祐初，又云：子延昌自称刺史，为其下所杀，推李图总州事，恐皆误。《五代史·光稠全播传》云：梁初，江南、岭表，悉为吴与南汉分据，而光稠独以虔、韶二州请命于京师，愿通道路，输贡赋。太祖为置百胜军，以光稠为防御使，兼五岭开通使。叉建镇南军，以为留后。据《通鉴》，则开通之命，始于全播。然是时，韶州已失矣，使名岂得虚加？疑其名实始光稠时，因循以授全播也。贞明四年正月，淮南将王祺以洪、抚、袁、吉之兵击全播。久不下。军中大疫。祺亦病，代以刘信。全播求援于两浙、闽、楚。诸国救之，皆不克。而虔仍不下。九月，信取质纳赂而还。时徐温执吴政，以兵三千授信子英彦，使往自其父曰："全播守卒皆农夫，重围解，相贺而去，闻大兵再往，必逃。"十一月，信引兵还击，虔人果溃。执全播归广陵。卒，年八十五矣。江西皆入于吴。

第六节　唐末割据（下）

陈敬瑄之平东川，实藉高仁厚之力。光启二年，仁厚复据梓州绝敬瑄。杨师立降将郑君雄，时为遂州刺史，亦陷汉州，攻成都。敬瑄使部将李顺之逆战，君雄死。又发维、茂州羌军击仁厚，斩之。东川复归掌握矣。未几，王重荣叛，田令孜自除西川监军，往依敬瑄，杨复恭复为观军容使，而形势又一变。

复恭斥令孜之党，出王建为利州刺史。依《通鉴》。新旧《史》皆作璧州。时又出晋晖为集州，张造为万州，李师泰为忠州。三年，又以右卫大将军顾彦朗为东川。至剑门，敬瑄使吏夺其节。彦朗不得入，保利州。敬瑄诬劾其擅兴兵略西境。僖宗下诏申晓讲和，乃得到军。杨守亮为山南，忌王建，屡召之。建不安其郡，袭据阆州。见第二节。守亮不能制。田令孜以其故养子，以书召之。建与顾彦朗雅旧，乃留其家于梓州，而自以兵二千西。至鹿头关。敬瑄中悔，遣人止之。建怒，破关而进。拔汉州。彦朗以其弟彦晖为汉州刺史，发兵助建攻成都。盖时彦朗亦有觊觎西川之志也。文德元年三月，昭宗立。建疏敬瑄罪，请讨之。因求邛州。彦朗亦为之请。六月，以韦昭度为西川节度使，兼两川招抚制置等使，而征敬瑄为龙武统军。敬瑄不受代。十二月，诏削官爵，以昭度为行营招讨使，杨守亮副之，顾彦朗为行军司马，割邛、蜀、黎、雅置永平军。治邛州。四州本属西川。以王建为节度使，充行营都指挥使以讨之。敬瑄坚守成都，不能克，而属州多降于建。大顺元年九月，建克邛州。二年三月，朝议欲息兵，乃复敬瑄官爵，令建、彦朗各率兵归镇。建不听，而谓韦昭度曰："京洛已东，群侯相噬，腹心之疾也，相公宜亟还京师。敬瑄小丑，责建可办。"昭度未决。建阴令东川将擒其亲吏，于行府门前脔食之。谓其盗军粮。昭度惧。称疾，以印节授建东还。建即绝栈道，而急攻敬瑄。成都城中，饿殍狼籍，军民强弱相陵，将吏斩之不能禁。更为酷法，死者相继，而为者不止。初杨晟弃散关，袭文州，逐其刺史，并据成、龙、茂等州。成州，今甘肃成县。王建攻成都，田令孜以晟故将，与连和，使守彭州。晟时馈敬瑄食。建以兵据新都，其道又绝。令孜不得已，携西川印节诣建营授之。明旦，敬瑄启关迎建。时八月也。十月，朝以建为西川节度使，而罢永平军。建表敬瑄子陶为雅州刺史，使敬瑄随之之官。明年，乃罢之，寓居新津。后及令孜皆为建所杀。

成都降之翼月，顾彦朗卒，彦晖自称留后。十月，昭宗讨杨复恭。复恭与其假子守信走兴元。于是守亮、守贞、守忠、守厚等同起兵，以讨李顺节为名。十二月，朝以顾彦晖为东川节度使，遣中人送之节，守亮使守厚夺之，而发兵攻梓州。彦晖求救于王建。建使其养子宗侃等救之，宗侃本姓名为田师侃。密戒之曰："兵退，彦晖必犒师，尔等于行营报晏，因执之，无烦再举矣。"宗侃以告彦晖，彦晖不出。景福元年，杨晟与杨守亮等约攻王建，又使其将吕尧以兵二千会守厚攻梓州。建遣将击斩尧。别遣兵围晟。晟遗守贞、守忠、守厚书，使攻东川，以解彭州之围。时神策督将窦行实戍梓州，守厚密诱之为内应。未至。谋泄，行实见杀，守厚遁去。守贞、守忠军至，无所归，盘桓绵、剑间，及守厚皆为建所破。八月，李茂贞拔兴元，复恭与守亮、守信、满存皆奔阆州。茂贞欲抚用彦晖，二年正月，奏请更赐之节。诏以为东川节度使。茂贞又遣兵救梓州。建遣兵败之于利州。彦晖求和，请与茂贞绝，许之。乾宁元年五月，建克彭州，杨晟见杀。七月，李茂贞遣兵攻阆州，拔之。杨复恭、守亮、守信奔河东，道为韩建兵所获，献之，皆伏诛。从《通鉴》。《旧纪》云：韩建杀复恭、守亮，传首阙下。《宦者传》云：执送京师，枭首于市，皆不及守信。盖略之也。《新传》云：建斩复恭、守信，槛车送守亮京师，枭首长安市。《守亮传》同。复恭固非纯臣，然谓其欲专权则可，谓其有叛志则不可。《旧传》云：李茂贞收兴元，进复恭前后与守亮私书六十纸。内诉致仕之由云：承天是隋家旧业，大侄但积粟训兵，不要进奉。吾于荆榛中援立寿王，有如此负心。门生天子，既得尊位，乃废定策国老，必茂贞诬之也。守厚适卒，其将以城降王建。亦据《通鉴》。《新书·守亮传》云：守厚死巴州。又云：满存奔京师，为左武卫大将军。二年，李克用讨李茂贞，建乘之，使王宗侃取利州。凤翔将之守阆、蓬、渠、通等州者，皆降于建。蓬州，在今四川仪陇县东南。渠州，今四川渠县。是岁十二月，建攻东川。三年七月，李茂贞逼京师，上走华州。八月，以建为凤翔西面行营招讨使。四年正月，赦茂贞。二月，建使假子宗涤、本姓名曰华洪。宗祐以兵五万攻东川。又使宗侃取渝州，宗阮取泸州，宗阮，本姓名曰文武坚。峡路始通。五月，建自将攻东川。六月，茂贞表建攻东川，连兵累岁，不听诏命。诏贬建为南州刺史。以茂贞为西川，覃王嗣周为凤翔，茂贞不受代。已见第二节。九月，建围梓州。是月，讨李茂贞，复以建为西川。亦见第二节。十二月，建入梓州，顾彦晖自杀。建以王宗涤为东川留后。朝廷初以刘崇望为东川，闻建已用宗涤，即以授之，而召崇望还。宗涤以东川封疆五千里，文移往返，动逾数月，请分遂、合、泸、渝、昌五州，别为一镇。建表言之。光化二年，置武信军于遂州，以五州隶之。以建养子宗佶为节度使。宗佶本姓甘。三年七月，以建兼东川、武信都指挥制置等使。

天复元年十一月，韩全诲劫帝如凤翔，征兵于建。朱全忠亦使来乞师。建外修好于全忠，罪状李茂贞，而阴劝茂贞坚守，许之救援。以王宗佶、宗涤为扈驾指挥使，将兵五万，声言迎驾，实袭山南诸州。二年八月，拔兴元。九月，武定节度使拓跋思敬以洋州降于建。十月，建拔兴州。今陕西略阳县。三年，四月，出兵攻秦、陇。八月，建养子宗本本姓名曰谢从本。请取荆南，从之。使将兵下峡。十月，定夔、施、忠、万四州。以宗本为武泰留后。武泰军旧治黔州，宗本以其多瘴疠，请徙治涪州，许之。或劝建攻取凤翔。建

485

曰："茂贞虽常才,然名望夙素,与朱公力争不足,守境有余,韩生所谓入为捍蔽,出为席藉者也。适宜援而固之,为吾盾卤耳。"据《旧五代史》。《通鉴》以为建判官冯涓之谋。乃与茂贞修好。以女妻其侄天雄军节度使继勋。天祐二年,建遣将击冯行袭。行袭奔均州。其将全师朗以城降。建更其姓名曰王宗朗,据《通鉴》。全师朗,《新书·行袭传》作金行全。补金州观察使,以渠、开、巴三州隶之。宗朗不能守,焚城邑奔成都。行袭复取金州。奏金州荒残,乞徙理均州,从之。更以行袭领武定军。明年,废戎昭军,并均、房隶山南东道,以行袭为匡国节度使。三年,唐封建为蜀王。是年,建取归州,见第一节。尽有三峡。明年,唐亡。建驰檄四方,合兵讨梁。四方知其非诚,皆不应。《新五代史·世家》。建又遣使于李克用,请各王一方,俟破贼之后,访唐宗室嗣帝位,然后各归藩守。《旧五代史·唐武皇纪》。克用时方失势,亦不敢从也。建遂自称帝,国号蜀。

王建之初起也,其兵实合溪、峒酋豪而成。《新书·顾彦朗传》。《传》又曰:韦昭度为招讨使,彦晖、建皆为大校,彦晖详缓有儒者风,建左右髡发黥面若鬼,见者皆笑。及彦晖败,录笑者皆杀之。髡发黥面,则越人之饰也。是处剽掠,与盗贼无异。建取阆、利二州时,即所至杀掠。及攻成都,又大剽蜀土,十一州皆罹其毒,民不聊生。皆见《旧五代史》本传。《通鉴》:陈敬瑄恶顾彦朗与建相亲,谋于田令孜。令孜曰:"建吾子也,不为杨兴元所容,故作贼耳。"及建为敬瑄所拒,令孜登城慰谕,建与诸将,于清远桥上髡发罗拜,曰:"今既无归,且辞阿父作贼矣。"当时视建皆如贼,建亦以贼自居,敬瑄之拒之,盖亦以此?用此等兵以除敬瑄,转使川局不可收拾,实失策之大者。此杨复恭不顾大局,徒快私忿之罪也。《新书·陈敬瑄传》:建好谓军中曰:"成都号花锦城,玉帛子女,诸儿可自取。"谓票将韩武等:"城破,吾与公递为节度使一日。"其所以用其众者如此。其后城破，虽以张勔为斩砍使，禁杀掠，然前此巴蜀之民，为所杀掠者，已不知凡几矣。且是时建之众恐皆已富裕，故可禁其杀掠。陈敬瑄守成都凡三年，兵力不可谓弱，杨晟、杨守亮等，疾建亦不可谓不甚，然竟不能与之一决，而皆束手坐待围歼，所谓藩镇者，其御侮之力，可以想见。御侮不足，然戕贼人民则有余。敲骨吸髓，继以非刑，而生人几于尽矣！哀哉！《新书·陈敬瑄传》：敬瑄之拒建，使富人自占赀多少，布钜梃榜不实者，不三日，榆钱如市。有谋降者。田令孜支解之以怖众。城中粮尽，以筒容米，率寸粥钱二百。人至相暴以相啖。敬瑄不能止。乃行斩、劈二法，亦不为戢。坐困如此，竟不能背城一决，可谓有人气乎？而于斩刈其民，何其决哉？

王潮者，光州固始人。固始，今河南固始县。为县佐史。王潮先世，新旧《五代史》皆云农民。《旧史》又谓审知起自陇亩，故能以节俭自处。《新唐书》谓其五世祖为固始县令，因家焉，乃误采天祐三年闽中所立审知德政碑，见《十七史商榷》，惟《新书》谓其世以訾显，说当不诬，故王绪署为军正，使主廪庚。潮盖农民之豪也。中和元年，寿州屠者王绪，与其妹夫刘行全聚众据本州。复陷光州。秦宗权表为刺史。绪以潮为军正。光启元年，宗权责租赋于绪，绪不能给，宗权发兵击之。据《通鉴》。《新史·闽世家》云：召其兵会击黄巢，绪迟留不行，宗权发兵攻绪。案绪之南走，事在光启元年，黄巢已先一年死，宗权更先降巢矣。绪悉二州兵五千，驱吏民渡江，自江西入福建，陷汀、漳，汀州，今福建长汀县。然不能守也。绪性猜忌好杀，潮执之。《通鉴》云：刘行全亦死，五潮说前锋将，伏壮士篁竹中擒之。说本路振九国志，见《注》。《新书·潮传》，则执绪者即刘行全。绪后自杀。攻陷泉州。今福建晋江县。事在光启二年八月。《新书》及新旧《史》皆云：泉州刺史廖彦若贪暴，州人迎潮，此亦饰辞。《十七史商榷》云：果尔，则潮为民除害，碑当夸美，何乃讳而不言？潮攻杀范晖，碑乃言陈岩病不能视事，军士等惧无所统御，皆愿有所依从，潮遂以泉郡委仲弟审邦，而与审知偕赴，则于攻杀晖亦讳之，其诞明矣。初建州人陈岩，建州，今福建建瓯县。聚众保乡里，号九龙军。福建观察使郑镒奏为团练副使。黄巢将据福州，官军不能下，岩率众拔之。《新书·潮传》。镒畏逼，举岩自代。《通鉴》系中和四年。潮遣使降于岩。岩表潮为泉州刺史。大顺二年，岩卒。妻弟都将范晖自为留后。《通鉴考异》云：十国纪年在大顺二年。《昭宗实录》在明年三月，恐约奏到。又云：薛《史》、《闽中录》、《闽书》皆云晖岩婿，余书皆云妻弟。林仁志《王氏启运录》载监军程克谞表云妻弟，此最得实，今从之。景福元年二月，潮使弟审知与从弟彦复攻之。至二年五月乃克。晖走死。昭宗假潮福建等州团练使，俄迁观察使。乾宁中，以福州为威武军，即拜节度使。四年十二月，卒。舍其子延兴、延虹、延丰、延休而命审知。审知让于兄审邦，审邦不受，审知遂主闽事。

刘隐，其先上蔡人。今河南上蔡县。祖仁安，始徙岭表。《旧史》云：仕唐为潮州长史，因家岭表。《新史》作安仁，云徙闽中，商贾南海，因家焉。父知谦，为岭南小校。节度使韦宙以兄子妻之。击群盗，屡有功。黄巢攻破广州，入湖、湘间，广州表谦为封州刺史、贺江镇遏使，以御梧、桂以西。岁余，有兵万人，战舰百余艘。乾宁元年卒。岭南节度使刘崇龟表其子隐刺封州。二年，赐岭南军额曰清海，以薛王知柔为节度使。仍权知京兆，俟反正日赴镇。时驾在石门。三年十二月，知柔行至湖南，广州衙将卢琚、谭弘玘拒之。使弘玘守端州。弘玘欲结隐，许妻以女。隐伪许之。托亲迎，伏甲斩弘玘。遂袭广州，斩琚。而迎知柔。知柔表隐为行军司马。据《通鉴》：《新史·世家》谭弘玘作单玘。光化元年，韶州刺史曾衮举兵攻广州，广州将王瑰率战舰应之。隐击破之。韶州将刘潼据浈涵，隐讨斩之。胡三省曰：浈涵。当在韶州浈昌县界。或曰：据浈阳、涵洭二县间。案唐浈昌县，故城在今南雄县西南。浈阳，在英德县东。涵洭，今英德县西之涵光镇。三年，宰相徐彦若出为清海，代知柔。天复元年十二月，彦若薨。遗表荐隐权留后。朝以兵部尚书崔远为节度使。远至江陵，闻岭南多盗，且恐隐不受代，不敢前。天祐元年，朝廷召远还。隐使以重赂结朱全忠，全忠乃奏以隐为清海节度使。据《通鉴》。《新书》同。《新史》：隐拜节度在天复二年。恐误。

以上吴、吴越、楚、前蜀、闽、南汉六国，当唐末虽未称尊，实已自立为国：河东梁之深仇，幽州僭称尊号，凤翔亦开府称王，李茂贞之封岐王，《旧五代史》本传在光化中，《新史》在昭宗居华州后，《通鉴》在天复元年。《旧书·昭宗纪》：景福元年，即云以岐王李茂贞为兴元尹山南西道节度使。二年十一月，又云：制以凤翔节度使李茂贞守中书令，进封秦王，则其封岐王且进封为秦已旧。然新旧《史·茂贞传》，皆云梁祖建号后，茂贞开岐王府。《新史》云：庄宗已破梁，茂贞称岐王上笺，以季父行自处。及闻入洛，乃上表称臣，遣其子从曦来朝。庄宗以其耆老，甚尊礼之，改封秦王。《旧史》虽无称岐王上笺之事，亦有进封秦王之文。其事，《通鉴》系同光二年二月。《考异》云：《实录》：同光元年十一月，已称秦王茂贞遣使贺收复。自后皆称秦王。至二年，制秦王李茂贞可封秦王。岂有秦王封秦王之理？必是时始自岐王封秦王也。案此说未谛。梁初之岐王，盖茂贞所自称，非用唐封爵，故初与庄宗抗礼时犹称之，及称臣则去之耳。自称之岐王既去，唐所封之秦王，亦废弃已久，则茂贞是时无爵。后唐自以为继唐之后，乃稽唐旧封而称之，继又下制复之。故《考异》所引《实录》之文，除可封秦王外，余秦王之上，皆当增一故字，则不致启后人之疑，而亦不致来不辞之诮矣。而未计及此，则执笔者之疏也。封号虽循《唐旧》，据其自称岐王而言，自亦可云改封。欧《史》措语多疏，此处却不误也。茂贞虽仅称王，而妻称皇后，视朝出入拟天子，其不以人臣自居亦明矣。故既称臣于后唐，其岐王之号，即不得不去也。若用唐封爵，岂有释进封之秦，而用初封之岐之理哉？皆非梁所能臣也。《职方考》云：西有岐、蜀，北有燕、晋，乃据其实言之。粉纷之局，起自黄巢。巢身虽丧败乎，然秦宗权固继其后者。马殷，孙儒将，儒，宗权将；王潮所用者，王绪之众，绪亦尝隶宗权；其有所成就，犹巢有所成就也，而梁祖亲巢将，遂霸有中原，尤不必论矣。抑且不仅此。杨行密以抗孙儒起，然其所用之黑云都，实儒之众也。钱镠亦以抗巢起，然其所用之武勇都，亦儒之众也。此外强兵悍将，出自巢军者，尚未易悉数。巢之用兵，所长在飘忽，在勇悍，在坚凝。马殷、王绪，间关千里，莫之能遏，巢飘忽之遗风也。黑云都，武勇都之勇悍，盖巢众之中坚。有此勇悍之众，而不坚守一地者，兵权谋形势则然，非不能也。梁祖之至汴州也，连年阻饥，公私俱困。外为强敌所攻，内则骄军难制，人皆危之，而帝锐气益振，《旧五代史·本纪》。此则极坚凝之长，盖巢因处境有异，而未能发挥之以尽其用者。然则巢之旋转大局者，岂特陈胜、吴广之于嬴秦而已。而谓有州郡藩镇之兵，即足遏闾巷阡陌方张之焰，不愈疏乎？